DIREITOS HUMANOS E FUNDAMENTAIS E DESENVOLVIMENTO SOCIAL

CIP-BRASIL. CATALOGAÇÃO-NA-FONTE
SINDICATO NACIONAL DOS EDITORES DE LIVROS, RJ

D635

Direitos humanos e fundamentais e desenvolvimento social / organização Grasiele Augusta Ferreira Nascimento, Viviane Coêlho de Séllos Knoerr, João Marcelo de Lima Assafim, Lafayette Pozzoli. - 2. ed. - São Paulo : Letras Jurídicas, 2022.
352p.: il.; 15,5 x 23cm

Inclui bibliografia e índice
ISBN 978-85-8248-055-7

1. Direitos humanos. 2. Direitos fundamentais. I. Nascimento, Grasiele Augusta Ferreira. II. Knoerr, Viviane Coêlho de Séllos. III. Assafim, João Marcelo de Lima. IV. Pozzoli, Lafayette.

14-09444 CDU: 341.481

13/02/2021

Grasiele Augusta Ferreira Nascimento
Viviane Coêlho de Séllos Knoerr
João Marcelo de Lima Assafim
Lafayette Pozzoli
Organizadores

DIREITOS HUMANOS E FUNDAMENTAIS E DESENVOLVIMENTO SOCIAL

2ª Edição - 2022
São Paulo - SP

Coleção Programas Jurídicos
Conselho Editorial Integrado

LETRAS Jurídicas

Capa:
Cícero Silva / Cláudio Freire

Diagramação:
Cícero Silva

Revisão:
Júlia Carolina de Lucca

Editor Responsável
Claudio P. Freire

2ª Edição - 2022 - São Paulo - SP

LETRAS Jurídicas

Rua Eduardo Prado, 28, Casa 1 – Vila Bocaina
CEP 09310-500 – São Paulo-SP
Tel./Fax: (11) 3107-6501 – Celular (11) 99352-5354
Site: www.letrasjuridicas.com.br
E-mail: vendas@letrasjuridicas.com.br

Impressão no Brasil

Conselho Editorial Letras Jurídicas

APRESENTAÇÃO A SEGUNDA EDIÇÃO

O presente livro chegou na segunda edição reformulado em seus artigos. A primeira edição foi na forma digital, pela Editora Clássica. A proposta inicial foi de fazer uma "Coleção Programas Jurídicos", ideia nascida no seio dos Congressos e Encontros do CONPEDI – Conselho Nacional de Pesquisa e Pós-graduação em Direito, que sempre proporciona bons contatos e articulações dentro da área do direito. A primeira edição foi fruto de um esforço dos coordenadores e coordenadoras dos Programas de Pós-Graduação em Direito do Unicuritiba (Paraná), do Unisal (São Paulo), da Ucam (Rio de Janeiro) e do Univem (São Paulo).

Assim, o presente livro "Direitos Humanos, fundamentais e Desenvolvimento Social" contém artigos de professores e orientandos dos quatro Programas. Dividido em 2 partes (PARTE I – Direitos Humanos e Fundamentais e Parte II – Desenvolvimento Social) o projeto envolve a nucleação de grupos de pesquisa resultantes das respectivas áreas de concentração e linhas de pesquisa dos Programas.

Os artigos estão ligados diretamente à forma de produzir ciência no Brasil, ou seja, tem como referencial básico as linhas de pesquisa dos programas. Isto demonstra claramente uma conexão existente entre a pesquisa e os propósitos do projeto pedagógico dos programas.

São instrumentos que os autores disponibilizam para uma melhor compreensão do direito nos dias de hoje, o seu processo de interpretação além de apontar caminhos que podem subsidiar na solução de problemas na efetividade de normas e princípios. A presente obra é voltada aos interesses de todo cidadão, notadamente aquele que faz ou fez um Curso Jurídico e se volta à efetivação da justiça e da cidadania em seu sentido mais amplo.

Em trabalhos como o presente é difícil não lembrar do saudoso professor André Franco Montoro que sempre afirmava: "ciência e humildade devem caminhar juntas". Neste sentido, o apoio à publicação pode apontar para uma oportunidade de revelação de talentos de pesquisadores, com trabalhos inéditos e significativos no contexto da difusão da produção científica, criando uma cultura de transmissão do conhecimento e poder conceber o direito na sua função promocional da pessoa humana, permitindo que juristas e alunos inspirados no humanismo possam fazer a devida adaptação à realidade do país e o direito ter tal operacionalidade e funcionamento, como se é identificado na realidade social.

Apresentar o presente livro é acreditar, como acreditaram os seus autores, que os artigos possam ajudar na construção das ciências, notadamente na área do direito. É com o espírito de quem aprendeu a amar o conhecimento como instrumento essencial na construção da solidariedade, da fraternidade e da paz no mundo que temos a satisfação de levar até você leitor o presente trabalho.

Em tempo, gostaríamos de agradecer uma vez mais ao CONPEDI, por propiciar oportunidade de encontro entre pesquisadores podendo criar uma obra tão bela e enriquecedora, científico-acadêmica, para a sociedade, fruto do esforço de muitos dedicados pesquisadores brasileiros.

Enfim, a você, leitor e pesquisador, ensejamos um bom uso desse material proveitoso e trabalhado com muito esmero.

Grasiele Augusta Ferreira Nascimento
Viviane Coêlho de SéllosKnoerr
João Marcelo de Lima Assafim
Lafayette Pozzoli

Prefácio

DIREITOS HUMANOS: A PROSPECTIVA E O REPTO HERMENÊUTICO

Prof. Dr. Cândido Mendes[*]

A temática dos direitos humanos vem, hoje, ao fulcro mesmo do que seja a pós-contemporaneidade, como ainda a víamos no começo do novo século. O 11 de setembro não nos leva só ao umbral das guerras de religião, mas ao repto à presunção da universalidade, como a entendemos no quadro do Ocidente. Aí estão as declarações seguidas de muçulmanos de que os direitos humanos são uma ideologia do mundo europeu, a romper com o que se pensava, ainda há uma década, constituísse a ponte definitiva no *vis-à-vis* da humanidade. Como reencontrar a *entente* básica, no universo das *jihads*, do terrorismo institucionalizado, em nome da especificidade identitária, ou na preocupação da ONU de repensar a cidadania como a fundadora desse trânsito último do reconhecimento coletivo?

Frente às declarações de direito, surgidas da Revolução Francesa, avulta, agora, a prioridade, nesses mesmos termos, do reconhecimento da diferença e de como atropela o emergir multissecular da noção mesma daquelas prerrogativas do humano no universo da cultura, no tríptico do Iluminismo. Tal como fixou Régis Debray, após a liberdade e a igualdade, apenas desponta, no último século, a fraternidade.

A extrema riqueza dos presentes textos é a de permitir a máxima amplitude dialética desse novo questionamento, nos seus múltiplos confrontos,

[*] Membro do Conselho das Nações Unidas para a Aliança das Civilizações, membro da Academia Brasileira de Letras e da Comissão Brasileira de Justiça e Paz.

como o das exigências ambientais, frente aos imperativos da justiça social, ou do respeito a estes mesmos direitos na realidade carcerária. Deste prisma, há que salientar a significação dos textos, ao constituírem os direitos das coletividades vítimas de poluição na responsabilização de seus agentes, pelo princípio do poluidor-pagador, já assentado para a garantia, a largo prazo, da sustentabilidade do desenvolvimento.

No plano prospectivo, o repertório se adensa no clamor pelos direitos emergentes, diante do avanço da burocracia internacional, no pleito pela razoabilidade dos prazos, no processo da Corte ibero-americana. Sobreleva, também, o reforço do direito a conhecer, na nova complexidade social, assumida pela produção da inovação, ou diante do enorme avanço da bioética, e da possível manipulação genética, proposta pela pesquisa com células-tronco.

Atenta-se, no repositório, e frente ao caso brasileiro, ao quanto a pesquisa se aparta da universidade – em confronto à exigência constitucional – e se atrela à produção de patentes da economia de empresa, concentrada na constituição de monopólios e no bloqueio do acesso à tecnologia por parte de concorrentes.

A polêmica das pesquisas com células-tronco desemboca sobre a verdadeira questão social da pós-modernidade, nas múltiplas inquisições sobre os limites de uma medicina regeneradora do organismo, da clonagem à transposição nuclear; da indisponibilidade do corpo humano, da assistência médica à procriação, e do anonimato, ou não, da decisão seminal; mas, sobretudo, dos novos horizontes da medicina preditiva, e dos limites, sempre em termos de direitos humanos, ao uso dos testes genéticos. Identicamente, e sempre dentro de uma intrínseca prospectiva, no entendimento desses direitos, não desponta, ainda, o humanismo da pós-contemporaneidade, exigindo mais da convergência entre os direitos sociais e os individuais, a partir de um mesmo reclamo pela cidadania. O Iluminismo vivia, ainda, da expectativa do fruir-se a conviviabilidade como desfecho da sociedade livre e igualitária. Mas se supera essa presunção pelo reclamo pelo "mais-ser" do homem, e de todos os homens, nascido da conquista e da exploração das potencialidades desse mesmo ser. Reponta aí a consciência crescente da redução da ignorância sobre a dinâmica cerebral, e o avanço da causalidade cumulativa desses circuitos, com efeitos radicais sobre o aprendizado, o avanço sobre transparências inerciais do contexto, e a mera decantação da memória.

No quadro, ainda, das condições-limite de vigência dos direitos humanos, o repertório aborda o caso Mauerschützen, e a execução, em Berlim, durante a Guerra Fria, de fugitivo do regime, alvejado, no nado de escape, no rio Spree. Legal a ordem dos disparos, ela manifestaria à evidência o confronto com a cláusula Radbruch, ou seja – frente à ordem jurídica da humanidade –, a injustiça flagrante e inescapável dos tiros. Avultava o imperativo da suprapositividade da lei e de seu irredutível permeio pela moral, no que é ganho histórico em todo o processo de avanço da consciência coletiva.

É também dentro dessas novas condições-limite que mal irrompem, ainda, a defesa dos crimes de imagem e a garantia desses direitos elementares na sociedade midiática contemporânea. A Carta brasileira de 88 é premonitória nesse aspecto, tanto exige a correção, proporcional ao agravo, da notícia atentatória à imagem da pessoa. Mais ainda, numa premonição da nossa entrada na sociedade virtual, e de seus simulacros, a Constituição dota a cidadania do *habeas data*, que, analogamente ao *habeas corpus*, impõe o conhecimento de dados reservados constantes em registros, ou banco de dados de entidades governamentais, sob a conduta da pessoa. Assentou-se, por aí mesmo, a defesa contra a conduta preemptiva, por informes manipulados e arbitrários, no atentado a pessoas suspeitas ao regime político.

Na verdadeira situação extrema em que se argue, hoje, o procedimento da eutanásia e da irrecorribilidade da sua iniciativa, deparamos, também, com o extremo oposto, já, dos direitos do nascituro, no confronto com as arguições de direitos da mãe, de um conflito de vida, de riscos de saúde, ou, já, do estrito conforto dos cônjuges. Os presentes textos compõem o planisfério, sem restos, do que de mais agudo surge nessa problemática, na dialética entre o individual e o coletivo, em que o eixo da sua realidade é o concreto do ser histórico, além do que Foucault entendeu como seus "regimes de verdade". Nesse quadro, avança uma hermenêutica a se prevenir, no melhor sentido do *Dasein*, do que é, para o homem, a natureza diante da *techné*, ou do patamar da justiça, frente a esse "mais-ser", em que o desfrute da dignidade é sempre uma descoberta e, sobretudo, uma prospectiva.

SUMÁRIO

PARTE I – DIREITOS HUMANOS E FUNDAMENTAIS

PARTE I

DIREITOS HUMANOS E FUNDAMENTAIS

A DIGNIDADE HUMANA E OS FUNDAMENTOS DOS DIREITOS SOCIAIS NAS SOCIEDADES DEMOCRÁTICAS

José Marcos Miné Vanzella(*)
Antônio Sávio da Silva Pinto(**)

1. INTRODUÇÃO

O presente ensaio procura esclarecer os fundamentos jus-filosóficos dos direitos sociais nas sociedades democráticas contemporâneas. Trata-se de explicitar o vínculo dos direitos sociais com as condições necessárias de

(*) Possui graduação em Filosofia pela Faculdade Salesiana de Filosofia, Ciências e Letras de Lorena (1986); graduação em Geografia pela Faculdade Salesiana de Filosofia, Ciências e Letras de Lorena (1989); Mestrado em Filosofia pela Universidade Gama Filho (1998) e Doutorado em Filosofia pela Universidade Gama Filho (2005). Atualmente, é professor efetivo do Centro Universitario Salesiano de São Paulo e efetivo da Faculdade Dehoniana. Atua no Programa de mestrado em direito do UNISAL, na linha de pesquisa Direitos sociais, econômicos e culturais, e respectivo grupo de estudos Discriminação e proteção jurídica das minorias, com ênfase no projeto Direitos fundamentais e inclusão social pluralista. É membro do núcleo de sustentação do GT Ética e Cidadania da ANPOF. Participa do grupo de pesquisa de Habermas CNPq. Possui experiência na área de Filosofia Moderna e Contemporânea e Ética, atuando principalmente nos seguintes temas: fundamentação do direto, democracia, direitos fundamentais, cooperação social, ecologia e ética.

(**) Advogado. Doutorando em "Innovation in Engineering Education" na UNESP de Guaratinguetá-SP. Mestre em Direitos Sociais Constitucionais e Especialista em Direito Penal e Processual no Centro UNISAL de Lorena-SP. Professor de Direito Constitucional, de Direito Civil e de Processo Civil no Damásio Educacional de São Paulo-SP e no Centro UNISAL de Lorena-SP. Palestrante, consultor e assessor para implementação de metodologias ativas e aprendizagem significativa. Fundador da empresa MESTRA Educacional LTDA. Fundador do LMi (Laboratório de Metodologias Inovadoras) do Centro UNISAL de Lorena-SP, que coordenou e promoveu a pesquisa de tecnologias e metodologias ativas de aprendizagem para a inovação acadêmica.

uma sociedade bem ordenada, que repousam na preservação da dignidade da pessoa humana. Desse modo, procura-se, no primeiro momento, explicitar, com Rawls e Häberle, algumas ideias fundamentais de uma sociedade bem ordenada. No segundo passo, busca-se esclarecer o bem de instituições democráticas justas. Por fim, procura-se esclarecer, com Habermas, a relação do princípio da dignidade da pessoa humana com os direitos fundamentais, sua reinterpretação progressiva numa ampla esfera pública que refaz, se necessário, as normas constitucionais, sua hermenêutica e as instituições que as tornam efetivas.

2. IDEIAS FUNDAMENTAIS DE UMA SOCIEDADE BEM ORDENADA

Ao se levantar a pergunta sobre quais seriam as ideias fundamentais para uma sociedade bem ordenada, um nome logo é lembrado, John Rawls. Ele possui o grande mérito de ter trazido de volta o debate sobre a questão da justiça para o centro da filosofia do direito após a hegemonia do positivismo jurídico. Seu trabalho *Justiça como equidade* (2003), no qual revisa suas teses de *Uma teoria da justiça* (2002), é aberto com uma parte dedicada às ideias fundamentais. Depois de abordar as funções da filosofia política, ele apresenta a questão da sociedade como um sistema equitativo de cooperação. Sua meta é estabelecer uma base filosófica moral para instituições democráticas da liberdade e igualdade. Em suas palavras: "A ideia mais fundamental nessa concepção de justiça é a ideia de sociedade como um sistema equitativo de cooperação social que se perpetua de uma geração para outra." (2003, p. 7). Essa ideia é central para a organização de seu pensamento, associada às ideias de cidadãos como pessoas livres e iguais, e à ideia de uma sociedade bem-ordenada, regulada por uma concepção pública de justiça. Três aspectos essenciais são destacados: cooperação social, termos equitativos e o bem racional de cada participante. (p. 8-9). Este ensaio busca esclarecer essa base moral que se torna jurídica, por meio da releitura hermenêutica do princípio da dignidade humana, fonte das sucessivas gerações de direitos humanos, que desemboca nos direitos sociais.

A compreensão fundamental de uma sociedade baseada na cooperação é compartilhada também por outro importante teórico do direito, Peter

Häberle, o qual defende o Estado constitucional cooperativo de pessoas livres e iguais. Partindo do legado da Revolução Francesa, ele afirma o que não pode ser renunciado – um princípio de esperança e um princípio de responsabilidade – como três teses fundamentais para a ordem política. Explicitando o que não pode ser esquecido da Revolução Francesa, escreve a seguinte síntese:

> Los derechos del hombre y su fundamento, a dignidad humana (desde Kant y Schiller), la separación de poderes (Locke y Montesquieu), así como la democracia (gracias a Rousseau y al Federalista) conforman barreras culturales que no permiten el paso atrás y fundan elementos básicos de cualquier avance constitucional hacia el futuro. (1998, p. 88).

Aqui a cooperação social supõe uma herança histórica irrenunciável que fundamenta os elementos básicos necessários à projeção de avanços constitucionais. E se observa a reafirmação dos direitos humanos fundada na dignidade humana como o primeiro ponto afirmado pelo autor. Outra ideia essencial apontada por Häberle é a perspectiva da esperança, a qual afirma valores culturais como liberdade, justiça, solidariedade, igualdade e fraternidade (1998, p. 99). Ele propõe, assim, uma direção para a ação política e social que resulta em avanços constitucionais. Por fim, o autor incorpora o princípio moral da responsabilidade desenvolvido por Hans Jonas, que aqui se apresenta a partir de sua tradução para o português: "Aja de modo que os efeitos de tua ação sejam compatíveis com a permanência de uma autêntica vida humana sobre a Terra" (JONAS, 2006, p. 48). Tal princípio reflete a importância crescente da questão ambiental como essencial na organização das sociedades.

Retornando ao pensamento de Rawls, verifica-se com clareza que a ideia de uma sociedade bem ordenada é regulada por uma concepção pública de justiça, a qual é base de uma unidade social mais razoável (2003, p. 12-13). Essa concepção também abrange certa responsabilidade entre gerações, abordada principalmente no item "44 O problema da justiça entre gerações", da obra *Uma teoria da Justiça* (2002a, p. 314 et seq.). Nessa perspectiva entra a questão ecológica. A justiça como equidade apresenta-se como uma moral política, princípio norteador do sentido da ação à qual, na perspectiva do autor norte-americano, é direcionada para a estrutura básica da sociedade, composta de: constituição; judiciário independente; legalidade da propriedade; estrutura econômica e família (2003, p. 13-17).

Sua ideia de "posição original" é um modelo artificial do que se consideram condições equitativas de cooperação (p. 20 et seq.). No sétimo item, Rawls esclarece sua ideia de pessoas livres e iguais. Para ele, as pessoas são consideradas livres e iguais por possuírem em grau mínimo as duas faculdades morais: senso de justiça e concepção de bem (p. 26). Portanto, a concepção normativa de pessoa livre e igual habilita a participar de um sistema equitativo de cooperação, em que todos aceitam os mesmos princípios de justiça e procuram justificar seus juízos políticos por meio de uma razão pública (p. 36 et seq.). Essa ação possibilita o equilíbrio reflexivo e o consenso sobreposto. Rawls esclarece o sentido de consenso sobreposto na seguinte passagem: "numa sociedade bem ordenada, os cidadãos afirmam dois pontos de vista [...]. Um deles é a concepção política que todos afirmam. O outro é uma das várias doutrinas religiosas, filosóficas e morais [...]" (p. 45-46). O consenso sobreposto articula-se com as duas faculdades morais da pessoa, o equilíbrio reflexivo e o *modus vivendi* da sociedade.

Configuram-se assim as ideias fundamentais de uma sociedade bem ordenada, que caracterizam um Estado constitucional cooperativo de pessoas livres e iguais. Esses pontos são comuns a Rawls e a Häberle. É evidente que as configurações teóricas são diferentes, mas todos eles se situam no mesmo pano de fundo. Pontuando a abordagem entre Rawls e Häberle, pode-se afirmar ainda que: o princípio da esperança de Häberle é análogo ao papel da moral política de Rawls, enquanto norteadora do aprimoramento das instituições e o princípio responsabilidade se liga ao princípio da justiça entre gerações. A plena afirmação da dignidade humana implicará a realização moral dos cidadãos e o desenvolvimento de um conteúdo de justiça que se encarna, segundo Rawls, especialmente numa estrutura básica justa da sociedade. Ao passo que, para Häberle, no estado de bem-estar de uma sociedade aberta à luz de um pensamento possibilista (2008b). No item que segue, aborda-se o conteúdo da justiça na concepção de Rawls.

3. O BEM DE INSTITUIÇÕES DEMOCRÁTICAS JUSTAS

A partir da terceira parte de *Uma teoria da justiça*, Rawls mostra a necessidade de dar um conteúdo efetivo à justiça e pensar o bem da justiça política. Para ele: "[...] algo é bom apenas se se adequar modos de vida que são consistentes com os princípios da justiça já disponíveis" (2002a, p. 438).

Nesse sentido, menciona: "[...] a teoria do bem usada na argumentação a favor dos dois princípios da justiça fica restrita apenas a pontos essenciais" (p. 438). Rawls quer: "explicar a preferência racional pelos bens primários" (p. 440). A construção de Rawls se dirige para a interpretação da exigência de racionalidade ele lembra o princípio aristotélico "participar da vida de uma sociedade bem-organizada constitui um grande bem" (2002a, p. 635). No momento seguinte, assevera: "No entanto, para participar plenamente dessa vida, devemos reconhecer os princípios de sua concepção normativa, e isso significa que devemos confirmar nosso sentimento de justiça" (p. 636). Retomando em seguida o argumento kantiano, que identifica "o desejo de agir de forma justa e o desejo de expressar a nossa natureza de pessoas livres e morais, acaba especificando o que, em termos práticos, é o mesmo desejo" (p. 636). Aqui a vontade do sujeito não se apresenta em sua figura abstrata como encerrada em si mesma. Finalmente, conclui a questão em Teoria da Justiça, com a seguinte passagem:

> Assim uma sociedade bem-organizada satisfaz os princípios da justiça, que são coletivamente racionais a partir da perspectiva da posição original; e do ponto de vista do indivíduo, o desejo de afirmar a concepção pública da justiça como o fator determinante de nosso plano de vida coerente com os princípios da escolha racional. (p. 643).

O bem racional da sociedade bem-organizada, ao satisfazer os princípios da justiça e ser reconhecido pelos indivíduos, é o que funda a ideia da sociedade de pessoas livres e iguais. Rawls se vê então instigado a pensar as instituições de uma estrutura básica justa, o que faz a partir do parágrafo 41 de *Justiça como equidade*. Ele evidencia a passagem do abstrato ao concreto (2003, p. 192 et seq.) ao analisar os sistemas sociais (p. 193), confrontando-os a partir do parágrafo 43 com as ideias de bem na *Justiça como equidade* (p. 198 et seq.).[1] Apresenta no parágrafo 45 o valor equitativo das liberdades políticas iguais (p. 210 et seq.) e no parágrafo 46 recusa o valor equitativo para outras liberdades (p. 213 et. seq.). Finalmente, no parágrafo 49, pensa as instituições econômicas de uma democracia de cidadãos-proprietários (p. 225 et seq.). Como comenta José Nedel: "Assim, uma concepção política

[1] Capitalismo *laissez faire*, sociedade de bem-estar social, socialismo de Estado, democracia de cidadãos proprietários e socialismo liberal.

liberal da justiça pode integrar em si ideias de bem". (2000, p. 42). No parágrafo 50, afirma a família como instituição que faz parte da estrutura básica (p. 230 et seq.). Chegando, no parágrafo 51, à discussão da flexibilidade de um índice de bens primários (p. 258 et seq.).

Em seu texto de 1988, *A prioridade do justo e as concepções do bem*, incorporado ao livro *O liberalismo político* e a coletânea *Justiça e democracia*, Rawls reafirma a complementariedade entre o justo e o bem, esclarecendo o sentido da prioridade do justo e sua relação com o bem político. Veja-se como Rawls esclarece a questão:

> A ideia da prioridade do justo é um elemento essencial daquilo que chamei de liberalismo político.* Ela tem um papel central na teoria da justiça como equidade* [...]. Proponho-me dissipar os mal-entendidos relativos ao significado dessa prioridade do justo. Mostrarei como ela está ligada a cinco ideias do bem que se encontram na teoria da justiça como equidade:
> 1) a ideia do bem como racionalidade;*
> 2) a ideia dos bens primários;*
> 3) a ideia de concepções abrangentes* e aceitáveis do bem;
> 4) a ideia de virtudes políticas;
> 5) a ideia do bem representado por uma sociedade (política) bem-ordenada (2002b, p. 293-294).

Não vamos aqui explorar as cinco ideias do bem apontadas nessa passagem, pois o que interessa é mesmo sua ideia em conjunto, sua ligação com a justiça e em especial com os direitos sociais. Por isso, convém apenas retomar o comentário de Oliveira a respeito da segunda ideia do bem:

> Através dos dois princípios de justiça, deve ser efetivada a distribuição equitativa de bens primários. Os mais fundamentais de todos os bens primários são: o autorrespeito e a autoestima, acompanhados das liberdades básicas, rendas e direitos a recursos sociais como a educação e saúde. (2003, p. 17).

Esse comentário mostra a preocupação do autor com a efetivação dos bens inerentes a uma sociedade justa. Ao afirmar que a prioridade do justo está ligada às cinco ideias do bem indicadas, Rawls faz o movimento de dar um conteúdo efetivo à ideia de justo, pensando o justo não apenas como princípio abstrato e meramente procedimental. Desse modo, ele pode esclarecer o sentido de complementariedade entre o justo e o bem. Quando Rawls afirma que a concepção de justiça deve poder incluir formas de vida variadas às quais os cidadãos possam se dedicar e que lhes indicam a finalidade, ele vincula a justiça ao complemento da determinação do bem (2002b, p. 294). Por isso, assevera na sequência as características de uma concepção de moral política e apresenta a forma lógica da conexão justo -bem, mantendo-se vinculado às ideias intuitivas fundamentais da cultura, porém, sem ter a pretensão de abarcar a totalidade da conexão numa visão abrangente (p. 295). Uma concepção política do justo só é efetiva apoiando-se em diferentes ideias de bem. Pergunta-se: em que condições isso é possível para o liberalismo político? Rawls responde:

> A principal condição parece ser que as ideias em questão devem ser ideias políticas. Elas devem pertencer a uma concepção política razoável da justiça, de maneira que 1) sejam ou possam ser compartilhadas por cidadãos considerados como pessoas livres e iguais e 2) não pressuponham nenhuma doutrina particular perfeitamente (ou parcialmente) abrangente (2002b, p. 296).

Desse modo, os bens primários diferentes de valores fundamentais da existência repousam no entendimento político do que é vantajoso nas questões de justiça política (p. 304). É nessa esfera intersubjetiva que os bens primários podem ser reconhecidos pelo Estado. Os cidadãos defendem a mesma concepção de si mesmos como livres e iguais e que suas concepções de bem tenham necessidade dos mesmos bens primários para se desenvolver (p. 301). A partir dessas considerações, Rawls apresenta a lista de bens primários: direitos e liberdades básicas; liberdade de circulação, escolha e ocupação; prerrogativas de posições, responsabilidade; rendas e riquezas; bases sociais do respeito próprio (p. 302). Nedel (2000, p. 85) comenta que, ao declarar constantemente que seus princípios são substantivos, Rawls parece querer efetivamente superar o formalismo de Kant.

Um procedimento justifica-se com referência a valores neutros, ligados aos bens primários ou correspondendo aos valores que sustentam os princípios da discussão livre e racional entre pessoas razoáveis, preocupadas em encontrar a verdade ou um acordo razoável. Rawls identifica três tipos de fundamentação: a justificação de ordem política que só leva em conta argumentos políticos; a justificação plena por uma pessoa individual; e a justificação pública da concepção política pela sociedade política, a qual funciona em equipe com as outras duas justificações (HABERMAS; RAWLS, 1998, p. 89-90).

> A teoria da justiça como equidade não é processualmente neutra, sem ressalvas importantes. É evidente que seus princípios de justiça são concretos e vão muito mais além do que os valores processuais; o mesmo acontece com suas concepções políticas da pessoa e da sociedade. Se lhe aplicamos a ideia da neutralidade processual, devemos fazê-lo na medida em que se trata de uma concepção política que visa ser o centro de um consenso por justaposição. Isso quer dizer que ela espera constituir uma base pública de justificação para a estrutura básica de um regime constitucional. Procedendo a partir de ideias intuitivas fundamentais, implícitas no seio da cultura política pública [...]. Esse terreno comum ou neutro é a concepção política da justiça enquanto centro de um consenso por justaposição (RAWLS, 2002b, p. 308-309).

Rawls não deixa dúvidas quanto à sua intenção de uma proposta que se efetiva por uma base de valores razoáveis alcançados por consenso sobreposto, a partir de ideias intuitivas implícitas na cultura política pública. Conforme comenta Oliveira, Rawls desenvolve uma teoria ideal e uma teoria não ideal, ocupando-se a segunda da exequibilidade da justiça como equidade, na medida em que a cultura política, os movimentos sociais e as reformas constitucionais viabilizam pelo "equilíbrio reflexivo", uma aproximação dos ideais de justiça (OLIVEIRA, 2003, p. 12). Também se deve lembrar, como salienta Nedel (2000, p. 163), que, ao responder à crítica de Habermas (que atribui à justiça como equidade um caráter substantivo), Rawls, confirma essa perspectiva em sua teoria. Ele ainda afirma que os cidadãos possuem também fins em comum, como se pode ver na passagem que segue:

> Uma sociedade bem-ordenada [...] pela teoria da justiça como equidade não é, portanto, uma "sociedade privada", pois nela os cidadãos têm de fato fins últimos em comum. [...] adotam a mesma concepção política da justiça [...]. Ademais, a justiça política pode fazer parte dos objetivos mais fundamentais dos cidadãos graças aos quais eles definem o tipo de pessoa que querem ser. (OLIVEIRA, 2008, p. 321).

Fica claro o esforço de superação da abstração dos indivíduos isolados, sendo nítida sua afirmação de um bem comum, estabelecido no plano da razão pública que garante o consenso da justiça como equidade. Rawls expressa assim sua concepção de bem coletivo compatível com as liberdades individuais. Reafirma que, quando há um fim último comum, o bem concretizado é social. Em suas palavras:

> Assim, estabelecer e dirigir com êxito instituições democráticas suficientemente justas (ainda que sempre imperfeitas), e isso durante um longo período, eventualmente reformando-as progressivamente ao longo de gerações, malgrado as falhas prováveis e mesmo certas, representam um bem social muito importante e como tal reconhecido.
> Que esses bens políticos e sociais devam existir é tão evidente [...]. Não precisamos estabelecer a importância absoluta do bem no sentido político, mas apenas a sua importância no seio de uma concepção política da justiça. Teremos assim explicitado as cinco ideias do bem. (RAWLS, 2002b, p. 323-324).

Rawls considera que a teoria da justiça como equidade é capaz de garantir as liberdades individuais e os fins coletivos pela articulação e complementariedade do justo e do bem. O sentido da prioridade do justo não deve ser pensado de forma abstrata sem o conjunto de suas determinações ligadas ao bem político no Estado de direito. Mas também o bem político não pode ser pensado de maneira abstrata sem a determinação efetiva de sua abertura à efetivação dos diferentes bens privados, o que Rawls considera possível a partir do consenso sobreposto. Ele considera a possibilidade de pensar a efetivação dos bens políticos e individuais, porque parte do conceito político de pessoa moral. Enquanto tal, entende que não há outra escolha possível fora da cooperação social a não ser a má vontade ou a obediência reticente, ou a resistência, e a guerra civil. Fica assim superada a abstração do indivíduo como substância e fim em si mesmo. Isso remete à existência social da pessoa humana dotada das faculdades morais: a ideia principal é que a posição original vincula a concepção da pessoa, assim como sua concepção associada da cooperação social, a certos princípios de justiça particulares (RAWLS, 2002b, p. 162). Por consequência, a partir da posição original e do que já se viu no consenso sobreposto, pessoa, sociedade e justiça só podem ser pensadas essencialmente se pensadas juntas e em suas determinações recíprocas, que implicam a ideia do bem. Do contrário, seriam pensadas de forma abstrata inessencial e, por consequência, opressora. Em sua *Réplica a Habermas*, Rawls afirma seu distanciamento do naturalismo:

> Creio que Habermas pensa que em minha concepção as liberdades dos modernos são um tipo de lei natural e que, por isso, como no caso de Kant em sua interpretação, são ideias substantivas externas que impõe assim restrições à vontade pública do povo. As liberdades dos modernos não impõem restrições prévias à vontade constituinte do povo como objeta Habermas. (HABERMAS; RAWLS, 1998, p. 113-114).

As liberdades dos modernos são pensadas em conjunto com a vontade constituinte, a partir da articulação justo-bem. Justamente por esse motivo, Rawls não aceita que o liberalismo político deixe a autonomia política em competição com a autonomia privada, pois lhes reconhece conexão interna e pressuposição mútua (HABERMAS; RAWLS, 1998, p. 118). Para Rawls: "Ambas as classes de liberdade estão enraizadas em uma ou nas duas faculdades morais, na capacidade de um sentido para a justiça e na capacidade para a concepção do bem" (1998, p. 118).

Em seu livro História da filosofia moral, Rawls faz certa defesa de Kant, contra uma crítica de Hegel, na qual reafirma a tese de que os cidadãos têm o mesmo fim:

> em sua doutrina, os cidadãos têm *precisamente o mesmo fim* de assegurar aos outros cidadãos, assim como a si mesmos, seus direitos e liberdades constitucionais básicos. Além disso, esse fim compartilhado é caracterizado por princípios razoáveis de direito e justiça; é uma forma de vida política razoável e justa (2005, p. 419-420).

Essa posição é perfeitamente compatível com o liberalismo de Rawls, o qual também reconhece ter aprendido com Hegel a ver o profundo enraizamento social do povo dentro da estrutura estabelecida de suas instituições políticas. Em suas palavras: "Assim, se interpretarmos bens coletivos como estados das coisas institucionais – digamos o próprio esquema de instituições livres – que beneficiam os indivíduos de maneira geral, então, novamente não há conflito com a tradição liberal" (2005, p. 423). A justiça torna-se efetiva a partir de sua institucionalização por meio de um reconhecimento público, por meio do consenso sobreposto.

Sen (2012) procura ampliar a discussão da justiça no contesto da democracia num sentido que explicita seu teor racional. Isso o aproxima da concepção de democracia deliberativa de Habermas, que demostra o sentido de solidariedade social alcançada por meio da racionalidade obtida no procedimento deliberativo, situando sua concepção entre o liberalismo e o republicanismo (HABERMAS, 2002, p. 264-284). As concepções de uma ampla esfera pública crítica são trabalhadas por Habermas já em *Mudança estrutural da esfera pública* (1984) e o sentido do agir comunicativo na célebre *Teoria do agir comunicativo* (2012b). A concepção de Sen é por ele descrita na seguinte passagem:

> Neste trabalho, a democracia é avaliada no que concerne à argumentação racional pública (capítulos 15-17), resultando em uma compreensão da democracia como

> "o governo por meio do debate" [...]. Mas a democracia também precisa ser vista de forma mais genérica quanto à capacidade de enriquecer o debate fundamentado através das melhorias da disponibilidade informacional e da factibilidade de discussões interativas. A democracia tem de ser julgada não apenas pelas instituições que existem formalmente, mas também por diferentes vozes, de diversas partes da população, na medida em que de fato possam ser ouvidas (AMARTYA SEN, 2011, p. 15).

Fica claro o sentido de uma ampla esfera pública de debate crítico, preconizada por Sen a partir de autores como Stuart Mill, no contexto norte-americano. Em sentido semelhante, também na Alemanha, como Habermas, Peter Häberle opõe-se à ideia de uma sociedade fechada dos intérpretes da constituição, enunciando a seguinte tese:

> No processo de interpretação constitucional estão potencialmente vinculados todos os órgãos estatais, todas as potências públicas, todos os cidadãos e grupos, não sendo possível estabelecer-se um elemento cerrado ou fixado com *numerus clausus* de intérpretes da constituição. (HÄBERLE, 1997-2002).

Häberle faz um catálogo sistemático dos intérpretes da constituição, o qual desemboca na ampliação da esfera de interpretação em direção à sociedade aberta. Ele discute em outro texto *Os problemas da verdade no estado constitucional*, em que sua posição desemboca na afirmação da concorrência mútua das mídias e na proibição da mentira como fator de correção da opinião pública. Habermas (2004) discute o tema em *Verdade e justificação*, reafirmando o sentido clássico de verdade, com pretensão de universalidade e sua conexão pragmática com o mundo da vida, que faz tomar o válido por verdadeiro.

4. O PRINCÍPIO DA DIGNIDADE HUMANA E OS DIREITOS FUNDAMENTAIS

Habermas, ao reconstruir a *autocompreensão* das ordens jurídicas modernas, toma como ponto de partida os direitos que os cidadãos têm que atribuir uns aos outros, caso queiram regular legitimamente sua convivência com meios do direito positivo (1997, p. 113). Coloca-se no mesmo campo que os autores precedentes de afirmar uma sociedade cooperativa de pessoas livres e iguais. A legitimidade do direito é concebida a partir da ideia de um nexo intrínseco entre Estado de Direito e democracia. A legitimidade do Estado está vinculada à democracia e à inclusão social, a partir da afirmação dos direitos humanos e do princípio da dignidade humana. Esse nexo está presente também em nossa Constituição Federal, já no seu preâmbulo, o qual afirma um amplo conjunto de direitos e valores fundamentais como "[...] a liberdade, a segurança, o bem-estar, o desenvolvimento, a igualdade e a justiça [...]"(2009), que abonam não só as condições formais como as materiais para o bem-estar. A instituição do Estado Democrático deve ser entendida como condição para a afirmação de princípios e valores. E desde o preâmbulo afirma-se que tipo de sociedade se pretende formar: "uma sociedade fraterna, pluralista e sem preconceitos" (2009). Trata-se de um objetivo evidentemente programático, mas que produz um efeito civilizador e orientador para a interpretação da legislação constitucional e infraconstitucional.

Já no Título I de nossa Constituição Federal, que trata dos princípios fundamentais, aparecem, no artigo 1.º, os seguintes fundamentos de nosso Estado, que articulam a democracia ao princípio da dignidade da pessoa humana, confirmando o pluralismo político:

> I – a soberania; II – a cidadania; III – a dignidade da pessoa humana; IV – os valores sociais do trabalho e da livre iniciativa; V – o pluralismo político.
> Parágrafo único. Todo o poder emana do povo, que o exerce por meio de representantes eleitos ou diretamente, nos termos desta Constituição. (2009, p. 3).

Segundo Habermas: "A dignidade humana é a 'fonte' moral da qual os direitos fundamentais extraem seu conteúdo." (2012a, p. 11). É ela que possibilita o consenso sobreposto, entre os cidadãos de diferentes origens culturais e religiosas, tanto aqui no Brasil, ou, como ele relata, na fundação das Nações Unidas. "Cada um podia concordar com a posição de que a dignidade humana tinha um significado central, mas não por que e de que forma" (2012a, p. 12). A afirmação da dignidade humana se mostra como o grande princípio promotor da afirmação dos direitos humanos e sua positivação como direitos fundamentais. A formulação do conceito de dignidade humana, que tornou possível esse importante passo do direto moderno, foi inicialmente feita por Kant, como ilustra a passagem:

> [...] um ser humano considerado como uma pessoa, isto é, como o sujeito de uma razão, moralmente prática, é guindado acima de qualquer preço, pois como

> pessoa (*homo noumenon*) não é para ser valorado meramente como um meio para o fim de outros ou mesmo para seus próprios fins, mas como um fim em si mesmo, isto é, ele possui uma dignidade (um valor interno absoluto) através do qual cobra respeito por si mesmo de todos os outros seres racionais do mundo. (KANT, 2008, p. 276).

Essa formulação do princípio da dignidade humana fundamenta o direito nas sociedades democráticas modernas, porém, sua interpretação é dinâmica e configurada de forma diferente nos teóricos, como visto em Rawls e Häberle. Suas raízes remetem à tradição cristã da imagem de Deus. Andrade, comentando Mirandola, lembra que: "enquanto os demais seres têm uma natureza determinada específica, que condiciona e limita a sua atividade, o homem é a única criatura que é liberta dessa natureza determinante. Ele é que cria a sua natureza e é autor e projeto de si" (2004, p. 7). Essa perspectiva abre caminho para a compreensão da historicidade do desenvolvimento do conceito. É nessa perspectiva que Habermas escreve:

> A luz dos desafios históricos, em cada momento são atualizadas *outras* dimensões do sentido da dignidade humana. Essas características da dignidade humana, especificadas em cada ocasião, podem levar tanto a uma *maior* exploração do conteúdo normativo dos direitos fundamentais assegurados, como ao descobrimento e à construção de *novos* direitos fundamentais. (2012a, p. 15).

Nessa passagem, manifesta-se a perspectiva pós-metafísica que, para além de uma concepção abstrata, exige a concretização pragmática do princípio da dignidade humana e dos conteúdos normativos dos direitos fundamentais. Surgem, assim, vias para uma nova interpretação do sentido do conceito citado e sua relação com a ordem jurídica. Por isso, Habermas escreve:

> A dignidade humana é um sismógrafo que mostra o que é constitutivo para uma ordem jurídica democrática – a saber, precisamente os direitos que os cidadãos de uma comunidade política devem se dar para poderem se *respeitar* reciprocamente como membros de uma associação voluntária de livres e iguais. *Somente a garantia desses direitos humanos cria o* status *se cidadãos que, como sujeitos de direitos iguais, pretendem ser respeitados em sua dignidade humana.* (2012a, p. 17).

A partir da interpretação das condições necessárias à dignidade humana vinculam-se os direitos fundamentais, que os membros de uma ordem jurídica se atribuem configurando plenamente o *status* de cidadão enquanto sujeito de direitos. Pelo conceito de dignidade humana, o conteúdo universalista da moral é transferido para o direito: "Visto que a promessa moral deve ser resgatada na moeda política, os direitos humanos mostram uma face de Jano, voltada simultaneamente à moral e ao direito" (HABERMAS, 2012a, p. 18). Nessa perspectiva, os direitos humanos podem ser traduzidos "no *médium* do direito coercitivo e ter realidade política efetiva na robusta configuração de direitos fundamentais efetivos." (p. 18). Configuram-se, assim, os direitos que protegem o cidadão contra aquelas formas da violência, do preconceito, da intolerância e da discriminação que foram superadas historicamente na consciência social e garantem as condições sociais e ambientais necessárias a sua dignidade.

> Sob a premissa revolucionária de que, do ponto de vista jurídico é permitido tudo o que não está explicitamente proibido, os direitos subjetivos, e não os deveres, formam o ponto de partida da constituição do sistema de direitos. [...] Em uma comunidade jurídica, as obrigações surgem para a primeira pessoa em virtude das pretensões que uma segunda pessoa pode lhe apresentar. (HABERMAS, 2012a, p. 18).

Desse modo, as obrigações surgem da afirmação das garantias dos direitos fundamentais. Habermas percebe "[...] uma mudança das perspectivas, simetricamente entrelaçadas, que vai do respeito e da estima pela autonomia de *cada outro* para as pretensões de reconhecimento e estima da *sua própria* autonomia *por parte* do outro" (2012a, p. 22). E o reconhecimento que os cidadãos reivindicam "tem o significado robusto do respeito *exigido* pelo *status* próprio *merecido* e alimenta-se, neste aspecto, das conotações daquela "dignidade" que, no passado, estava associada ao pertencimento a corporações prestigiadas socialmente (p. 23). Desse novo lugar hermenêutico pode-se compreender melhor o inciso IV do artigo 3.º da nossa Constituição Federal, que afirma o objetivo de "promover o bem de todos, sem preconceitos de origem, raça, sexo, cor, idade e quaisquer outras formas de discriminação" (2009, p. 2). É importante absorver a complexidade crescente de nossa sociedade, que por um lado implica o reconhecimento de exigências funcionais sistêmicas e, por outro, a interação social que se realiza também através do entendimento comunicativo, sempre aberto a novas interpretações e pretensões de validade (HABERMAS, 2012a, p. 205 et seq.). Já em "Direito e Democracia", Habermas afirmou que "para preencher a função de estabilização das expectativas nas sociedades modernas, o direito precisa conservar um nexo interno com a força socialmente integradora do agir comunicativo" (1997, p. 115). Para tanto, Habermas pretende esclarecer a relação entre direito subjetivo e público e supera a concorrência autonomia pública e privada. Nessa esteira, direitos subjetivos

> [...] pressupõem a colaboração de sujeitos, que se reconhecem reciprocamente em seus direitos e deveres, reciprocamente referidos uns aos outros, como membros livres e iguais do direito. Tal reconhecimento recíproco é constitutivo para uma ordem jurídica, da qual é possível extrair direitos subjetivos reclamáveis. (1997, p. 121).

Habermas explica que as ordens modernas do direito não podem ser legitimadas em contradição com a justiça e ideais de vida pós-tradicionais: "argumentos em prol da legitimidade do direito devem ser compatíveis com os princípios morais da justiça e da solidariedade universal – [...] – bem como com os princípios éticos de uma conduta de vida autorresponsável" (1997, p. 132-133). Nesse sentido, vão nossos princípios constitucionais, já desde seu preâmbulo, do qual resulta um conteúdo normativo do exercício da nossa autonomia política. Assim, "a cooriginalidade da autonomia privada e pública somente se mostra quando conseguimos decifrar o modelo da autolegislação através da teoria do discurso, que ensina serem os destinatários simultaneamente os autores de seus direitos" (p. 137). O nexo interno implica a estrutura intersubjetiva dos direitos por um lado e a estrutura comunicativa da autolegislação por outro. A moral autônoma e o direito positivo se encontram numa *relação de complementação* recíproca e se diferenciam simultaneamente do *ethos* (HABERMAS, 1997, p. 140).

Habermas continua expondo que "o *princípio da democracia* resulta de uma especificação correspondente para tais normas de ação que surgem na forma do direito e que podem ser justificadas com o auxílio de argumentos *pragmáticos, ético-políticos e morais* [...]" (p. 141). Esse autoentendimento coletivo exige, portanto, o consenso sobreposto e a inclusão do outro. Abre-se, desse modo, o espaço conceitual que permitiu a Habermas afirmar em *Naturalismo e Religião* o sentido epistêmico complementar e cooperativo da razão religiosa e da razão secular, configurando os elementos necessários à compreensão do tipo de consenso sobreposto, exigido por uma sociedade pluralista e pós-secular, como aquela configurada nos seus escritos *Ay Europa* e *Sobre a constituição da Europa*. "Os argumentos decisivos têm de poder ser aceitos, em princípio, por todos os membros que compartilham 'nossas tradições e valores fortes'" (1997, p. 143). O princípio da democracia significa que "[...] somente podem pretender validade legitima as leis jurídicas capazes de encontrar o assentimento de todos os parceiros do direito, num processo jurídico de normalização discursiva" (1997, p. 145). Ele exige, assim, a preservação de todos os parceiros do direito. E, para configurar esse meio democrático, os parceiros do direito precisam se atribuir reciprocamente os direitos fundamentais que os protegem contra as diversas corporificações da violência nos moldes do preconceito e da intolerância. Desse modo, Habermas aponta os direitos recíprocos dos cidadãos para regular legitimamente sua convivência: maior medida possível de iguais liberdades subjetivas; configuração autônoma do status de um membro; possibilidade de postulação judicial de direitos; autonomia política e formação de opinião; condições de vida garantidas social, técnica e ecologicamente necessários para um aproveitamento igualitário das liberdades anteriores (2008b, p. 159-160).

É a partir deste contexto interpretativo que se devem ler os direitos sociais de nossa constituição, definidos no artigo 6.º: "São direitos sociais a educação, a saúde, o trabalho, a moradia, o lazer, a segurança, a previdência social, a proteção à maternidade e à infância, a assistência aos desamparados, na forma desta constituição." Eles são necessários na medida em que constituem condição para as liberdades fundamentais e a legítima preservação da dignidade dos parceiros do direito, o que é fundamental para uma sociedade democrática que se pretende cooperativa, bem ordenada, de pessoas livres e iguais.

5. CONSIDERAÇÕES FINAIS

Este ensaio procurou esclarecer a relação da dignidade humana e os fundamentos dos direitos sociais nas sociedades democráticas. A questão de esclarecer os fundamentos dos direitos sociais nas sociedades democráticas contemporâneas teve como consequência um estudo do pensamento de Rawls, o qual coloca o sentido da filosofia política, onde destaca cooperação social, justiça e o bem da sociedade ordenada conforme a justiça como equidade. Essas ideias fundamentais desembocam na compreensão do fundamento da pessoa moral com suas duas faculdades morais: senso de justiça e capacidade para elaborar sua própria concepção de bem.

Com Härbele, expôs-se que democracia, direitos humanos e divisão de poderes são condições irrenunciáveis na constituição de uma sociedade cooperativa que se ligam a uma esperança moderada, a qual permite uma progressão no sentido de ideais políticos e o princípio de responsabilidade.

O vínculo dos direitos sociais com as condições necessárias de uma sociedade bem ordenada repousa na preservação da dignidade da pessoa humana, que exige instituições democráticas justas, às quais cabe garantir as condições plenas dos parceiros do direito, para que possam desfrutar em igualdade de condições das liberdades fundamentais. Condição sem a qual não há justiça ou sociedade bem ordenada.

Com Habermas, explicitou-se a relação do princípio da dignidade da pessoa humana com os direitos fundamentais, sua reinterpretação progressiva numa ampla esfera pública, a qual refaz a compreensão das garantias necessárias aos parceiros do direito. Abre-se assim a afirmação dos direitos sociais nas normas constitucionais, na sua hermenêutica e nas instituições que os tornam efetivos, como condição necessária de qualquer ordem política que se pretenda justa e legítima.

Referências

ANDRADE, Vander Ferreira de. **A dignidade da pessoa humana**: valor-fonte da ordem jurídica. São Paulo: Saraiva, 2004.

CONSTITUIÇÃO Federativa do Brasil. 42. ed. São Paulo: Saraiva, 2009.

HABERMAS, Jürgen; RAWLS, John. **Debate sobre o liberalismo político**. Barcelona: Paidos Ibérica, 1998.

HABERMAS, Jürgen. **Mudança estrutural da esfera Pública**. Trad. Flávio Kothe. Rio de Janeiro: Tempo Brasileiro, 1984.

__________. **Direito e democracia**: entre facticidade e validade. Trad. Flávio Beno Siebeneichler. Rio de Janeiro: Tempo Brasileiro, 1997. v. 1 e 2.

__________. **A inclusão do outro**: estudos de teoria política. Trad. George Sperber e Paulo Astor Soethe. São Paulo: Loyola, 2002.

__________. **Verdade e justificação**. Ensaios filosóficos. Trad. Milton Camargo Mota. São Paulo: Loyola, 2004.

__________. **Ay, Europa!** Trad. José Luis López de Lizaga, Pedro Madrigal y Francisco Javier Gil Martin. Madrid: Editora Trotta, 2009.

__________. **Sobre a constituição da Europa**. Trad. Denilson Luis Werle, Luiz Repa e Rúrion Melo. São Paulo: Unesp, 2012a.

__________. **Teoria do agir comunicativo**: sobre a crítica da razão funcionalista. Trad. Flávio Beno Siebeneichler. São Paulo: Martins Fontes, 2012b. v. 2.

HÄBERLE, Peter. **Libertad, igualdad, fraternidad**: 1789 como historia, actualidad y futuro Del Estado constitucional. Prólogo de Antonio López Pina. Madrid: Minima Trotta, 1998.

__________. **Hermenêutica constitucional**: a sociedade aberta dos intérpretes da constituição: contribuição para a interpretação pluralista e "procedimental" da Constituição. Trad. Gilmar Ferreira Mendes. Porto Alegre: Sergio Antônio Fabris, 1997.

JONAS, Hans. **O princípio Responsabilidade**. Trad. Marijane Lisboa e Luiz Barros Montes. São Paulo: Contraponto, 2006.

KANT, Immanuel. **A metafísica dos costumes**. Trad. Edson Bini. 2. ed. Bauru: Edipro, 2008.

NEDEL, José. **A teoria ético-política de John Rawls**. Uma tentativa de integração de liberdade e igualdade. Porto Alegre: EDIPCURS, 2000. (Coleção Filosofia – 108).

__________. **Os problemas da verdade no estado constitucional.** Trad. Urbano Carvelli. Porto Alegre: Sergio Antônio Fabris, 2008a.

__________. **Pluralismo y constitución**. Estudos de teoria constitucional de la sociedade aberta. Madrid/Tecnos. 2008b.

OLIVEIRA, Niramar. **Rawls**. Rio de Janeiro: Jorge Zahar, 2008.

RAWLS, John. **Justiça como equidade**. Uma reformulação. Trad. Claudia Berlinder. São Paulo: Martins Fontes, 2003.

__________. **Uma teoria da justiça**. Trad. Almiro Pisetta e Lenita Maria Rímoli Esteves. São Paulo: Martins Fontes, 2002a.

__________. **Justiça e democracia**. Trad. Irene A. Paternot. São Paulo: Martins Fontes, 2002b.

__________. **História da filosofia moral**. Trad. Ana Aguiar Cotrim. São Paulo: Martins Fontes, 2005.

__________. **Political liberalism**. Columbia: Columbia University, 2005b.

SEN, Amartya. **A ideia de justiça**. Trad. Denise Bottmann, Ricardo Doninelli Mendes. São Paulo: Companhia das Letras, 2011.

DIREITO AO PRAZO DE DURAÇÃO RAZOÁVEL DO PROCESSO NA CORTE INTERAMERICANA

Luís Henrique Barbante Franzé(*)
Eduardo Luiz Penariol(**)

1. INTRODUÇÃO

O Estado Democrático de Direito – principalmente neste atual estágio –, assegura o direito ao cidadão de exigir do Estado uma prestação jurisdicional efetiva, pois não basta apenas ingressar no judiciário, mas sair levando consigo efetivamente o bem da vida a que tenha direito, em tempo justo onde o direito seja efetivamente tutelado.

Nesse cenário, ganha importância o tempo razoável para o Estado entregar efetivamente a tutela jurisdicional, sem embaraçar o direito ao contraditório e a ampla defesa.

O Brasil, por exemplo, priorizou – ao menos no âmbito das normas –, a entrega da tutela jurisdiciona dentro de um prazo razoável, por meio

(*) Pós-Doutor pela Faculdade de Direito da Universidade de Lisboa (2011), doutor em Direito pela Pontifícia Universidade Católica de São Paulo (2006), mestre em Direito pela Faculdade de Direito de Bauru (2001), graduado em Direito pela Faculdade de Direito de Bauru (1990). Atualmente é advogado militante; professor na graduação da Universidade Metodista de Piracicaba (UNIMEP); foi professor nos programas de mestrado e graduação do Centro Universitário Eurípides Soares da Rocha (UNIVEM) e Líder do grupo de pesquisa Constitucionalização do Direito (CODIP); Relator na 10ª Turma do Tribunal de Ética da OAB-SP. Tem experiência na área de Direito, com ênfase em Direito Constitucional e Processual Civil. E-mail: lhbfranze@gmail.com

(**) Mestre e Pós-Graduado em Direito pelo Centro Universitário Eurípides Soares da Rocha de Marília/SP. Graduado pela Universidade de Marília/SP. Procurador Fiscal do Município de Pongai/SP. Professor do Curso de Graduação da Universidade Metodista UNIMEP Lins/SP. Consultor Jurídico no Município de Uru/SP. E-mail: eduardopenariol@ig.com.br

da assinatura da Convenção Americana de Direitos Humanos, também conhecida como *Pacto de San José da Costa Rica* (Convenção Americana, art. 7.º, § 7.º). Em paralelo, este direito foi inserido, no texto constitucional, como direito fundamental (CF, art. 5.º, inc. LXXVIII).[1]

No entanto – na prática –, é notório que o poder público brasileiro não vem cumprindo sua obrigação de entrega da tutela jurisdicional em prazo razoável. Esse desrespeito ao prazo razoável, no âmbito interno do país, deixa como única alternativa ao lesado a busca pela sua observância no âmbito internacional.

Daí a importância do estudo, que também verificará a ultrapassagem do prazo razoável frente as Cortes Europeia e Interamericana.

Cumpre ressaltar que este trabalho não pretende adentrar nas causas dessa demora que, sem dúvida, passam pela falta de gestão do poder público no judiciário, pela necessidade de uma total mudança no comportamento dos operadores do direito, a fim de contribuírem para uma justiça mais efetiva em nossa sociedade.

2. DIREITO FUNDAMENTAL AO PRAZO RAZOÁVEL DE DURAÇÃO DO PROCESSO

Conforme se nota o inciso LXXVIII do artigo 5.º da Constituição Federal,[2] o Estado vem colocar o direito à duração razoável do processo como um direito fundamental, como autonomia constitucional imputando o dever do Estado em desenvolver ações no sentido de possibilitar uma entrega jurisdicional mais célere.

Importa destacar que se parte do conceito de direito fundamental dos ensinamentos de Sarlet,[3] em que, para este, os *direitos fundamentais* significam

---

[1] O mencionado inc. LXXVIII foi inserido no art. 5.º da CF, por meio da Emenda Constitucional n.º 45, de 8 dez. 2004.

[2] Constituição da República Federativa do Brasil, art. 5.º, LXXVIII, "a todos, no âmbito judicial e administrativo, são assegurados a razoável duração do processo e os meios que garantam a celeridade de sua tramitação".

[3] Adverte Sarlet, que há uma diferença entre os direitos fundamentais e os direitos humanos, porque: "O termo direitos fundamentais é aplicado aqueles direitos do ser humano reconhecidos e positivados na esfera do direito constitucional positivo de um determinado Estado (caráter nacional). Ele difere-se do termo direitos humanos, com o qual é

a positivação das condições essenciais para a vida digna de qualquer ser humano. Já os *direitos humanos* implicam essas condições essenciais reconhecidas no plano internacional, por meio de tratados, isto é, possuindo caráter supranacional.

Nesse sentido, Luño (1998, p. 46-47) ressalta que os direitos fundamentais são aqueles garantidos pelo ordenamento jurídico positivo, que na maior parte dos casos estão na norma constitucional, possuindo um sentido mais preciso e estrito, pois descrevem apenas um conjunto de direitos jurídicos reconhecido pela constituição e garantido pelo próprio direito positivo. Além disso, ainda ressalta que são direitos delimitados espacial e temporalmente, cuja denominação responde a seu caráter básico ou fundamentador ao sistema jurídico positivo do Estado de Direito.

Com isso percebe-se que o Brasil reconhece os direitos humanos ao assegurar em seu inc. II do art. 4.º da CF Brasileira, que: "A República Federativa do Brasil rege-se nas suas relações internacionais pelos seguintes princípios: [...] II – prevalência dos direitos humanos."

No mesmo entendimento, Piovesan (2009) traz que este princípio também busca a integração, aos direitos humanos, das normas internas do país.[4]

Portanto, com a edição da Emenda Constitucional 45/2004, o constituinte brasileiro inseriu o prazo razoável no âmbito dos direitos fundamentais, ao expressar que: "Art. 5.º [...] LXXVIII – a todos, no âmbito judicial e administrativo, são assegurados a razoável duração do processo e os meios que garantam a celeridade de sua tramitação."

Não bastasse, as normas definidoras dos direitos fundamentais têm aplicabilidade imediata (CF, art. 5.º, § 1.º).[5] Imputa ainda em consignar que

---

frequentemente confundido e utilizado como sinônimo, na medida em que este se aplica aos direitos reconhecidos ao ser humano como tal pelo Direito Internacional por meio de tratados e que aspiram à validade universal, para todos os povos e tempos, tendo, portanto, validade independentemente de sua positivação em uma determinada ordem constitucional (caráter supranacional." (SARLET, 2006, p. 35-36).

4 Sobre esse posicionamento, Piovesan salienta que: "A prevalência dos direitos humanos, como princípio a reger o Brasil no âmbito internacional, não implica apenas o engajamento do País no processo de elaboração de normas vinculadas ao Direto Internacional dos Direitos Humanos, mas sim a busca da plena integração de tais regras na ordem jurídica interna brasileira. Implica, ademais, o compromisso de adotar uma posição política contrária aos Estados em que os direitos humanos sejam gravemente desrespeitados" (PIOVESAN, 2009, p. 40).

5 Bem observa Silva que *eficácia* é a aptidão da norma para produzir efeitos (abstratamente) e, por isso, nao se confunde com *aplicabilidade*, que a produção dos efeitos no caso

a responsabilidade do Estado é objetiva (CF, art. 37, § 6.º), configurando-se independentemente de sua culpa, bastando que o interessado demonstre a conduta, o dano e o nexo causal.[6]

Com isso, simultaneamente, o prazo razoável é um direito humano porque está inserido em tratados internacionais, bem como é direito fundamental, pois está positivado na atual Constituição brasileira.

Em paralelo, é irrefutável a importância do processo como mecanismo de pacificação social. Desse modo, o processo não pode ignorar o fator *tempo*. Logo, a sociedade, ou aqueles que participam do processo como partes, tem o direito que processo se desenvolva em prazo razoável (MARINONI, 2009).

Contudo, na perspectiva do infrator, o excesso de prazo na solução do conflito gera certa sensação de impunidade, ensejando o descrédito do Estado pela sociedade, enquanto responsável pelo poder judiciário.[7]

Sopesado o fator *tempo*, em relação às partes, pode ser constatado que o processo não pode ser muito rápido, pois poderia atropelar o contraditório e a ampla defesa. Mas também não pode ser muito longo a ponto de impedir o prazo razoável. Daí a importância de ajustar o binômio tempo/

---

concreto, ao expressar: "norma aplicável, nesse sentido, é aquela que não somente é dotada de eficácia – capacidade para produzir efeitos –, mas, também, cujo suporte fático se conecta com os fatos de um determinado caso concreto" (SILVA, 2008, p. 56). Vale ressaltar que Silva adverte sobre a imprecisão técnica do Constituinte, pois os direitos fundamentais têm aptidão para produzir efeitos imediatamente e, por isso, seria correto o termo eficácia plena (e não aplicabilidade imediata), ao expressar: "Há aqui, na minha opinião, uma confusão entre eficácia dos direitos fundamentais, sua forma de produção de efeitos e seu âmbito de aplicação. O texto constitucional, que dispõe que os direitos fundamentais terão aplicação imediata, faz menção a uma potencialidade, à capacidade de produzir efeitos desde já" (p. 57).

6 Sobre a objetividade da responsabilidade do Estado, concordamos com Maciel, ao salientar que: "(...) a demora na prestação jurisdicional que causa dano ao jurisdicionado, motivada, por exemplo, por omissão humana que signifique ineficiência, deve resultar responsabilidade objetiva para o Estado, não dependente da mostra de culpa, nos termos do artigo 37, parágrafo 6.º, da Constituição Federal, agora combinado com o mencionado inciso LXXVIII do art. 5.º" (MACIEL, 2006, p. 167-168).

7 Esse péssimo estímulo à infração legal é exposto por Gálvez e Palacios, em tradução livre, ao expressarem: "*Por quê debo cumplir com mis obligaciones juridicas, si esta sociedad 'premia' al incumplido com un proceso de reconocimiento del derecho tan largo, complicado y moroso que, em la eventualidad de que alguna vez me den la razión, es seguro que habrá de desaparecido em mi el interés por tal satisfacción*" (GÁLVEZ; PALACIOS, 2003, p. 189).

processo, para que seja balanceada a efetividade de quem tenha razão, diante da segurança jurídica da defesa do infrator.

Verificada a importância de o processo entregar efetivamente ao jurisdicionado o bem da vida almejado, utilizando apenas o prazo suficiente para realizar a justiça, emerge a importância de definir o prazo razoável, que será buscada no item subsequente.

3. CONCEITO DE "PRAZO RAZOÁVEL"

Não raramente, a doutrina veicula definições subjetivas que se limitam a afirmar que o prazo razoável não será nem mais, nem menos, do que o suficiente para que os jurisdicionados obtenham a resposta efetiva do judiciário sobre o bem da vida perseguido.

Em outras palavras, a expressão "prazo razoável" possui elevada carga de subjetividade, sendo imperiosa a necessidade de uma definição que seja a mais objetiva possível, para facilitar a atuação do intérprete na identificação desse prazo.

Uma boa definição – com maior objetividade – é trazida por Miguel Teixeira de Sousa, ao ressaltar que a ofensa ao prazo razoável estará presente quando o tempo do processo exceder a soma dos prazos definidos em lei, para a realização dos atos do judiciário e das partes.[8]

Assim, somando os prazos regrados pela lei processual, como por exemplo, no procedimento ordinário, uma vez distribuída a ação, é acrescentado um dia que o serventuário tem para submeter os autos à conclusão do juiz (CPC, art. 228). Depois, são adicionados mais dois dias para o despacho determinando a citação. São somados ainda 30 dias que o oficial de justiça tem, em geral, para cumprir o mandado. Depois, são adicionados dois dias para o mandado cumprido ser juntado pelo serventuário, além do prazo de 15 dias para a contestação do réu (CPC, art. 335) e assim por diante. Enfim, da soma de todos os prazos até o efetivo término do processo é

[8] Essa definição é trazida por Sousa, ao expressar: "Não é certamente possível definir em abstracto o prazo razoável para a duração dos processos, mas é sempre viável analisar se, em função das circunstâncias do caso concreto, a duração do processo excedeu aquilo que seria justificado. Para isso, basta confrontar a duração efectiva do processo com a duração que ele deveria ter tido se fossem respeitados todos os prazos legais definidos para os actos do tribunal e das partes" (SOUSA, 2000, p. 30).

que se poderá auferir, no caso concreto, a quantidade de dias que – se ultrapassados –, implicará a ofensa ao prazo razoável de duração do processo.

Portanto, se o tempo levado para o término do processo – no caso concreto – ultrapassar a soma de todos os prazos normatizados, então restará violado o prazo razoável.

Entretanto, infelizmente, esse prazo é constantemente violado em nossa realidade, onde a parte litigante não tem meios de proteção a essa violação, haja vista que o Estado que colocou o prazo razoável como um direito fundamental não se preocupou em desenvolver mecanismo de se recorrer dessa prática abusiva.

Essa realidade gera uma situação de impotência, restando como única e última alternativa para o jurisdicionado, a postulação perante organismos internacionais, conforme será trazido nos itens subsequentes.

4. CORTE EUROPEIA DOS DIREITOS DO HOMEM E O PRAZO RAZOÁVEL

A convenção dos países europeus formalizou um documento comum de direitos à liberdade, que focou os valores políticos e culturais presentes nas democracias ocidentais, para fomentar um sistema supranacional que impossibilitasse a renovação de regimes ditatoriais e o cometimento das atrocidades ocorridas durante a Segunda Guerra Mundial. O documento foi assinado em 4 de novembro de 1950 e entrou em vigor em 3 de setembro de 1953, após amplos debates entre os países membros, a chamada Corte Europeia (RAMOS, 2008, p. 84).

1.1. Finalidade da Corte Europeia

A Corte Europeia surgiu como resposta às atrocidades cometidas durante a Segunda Guerra Mundial, conforme segue:

a) O Conselho da Europa se reuniu e criou a Convenção Europeia de Direitos Humanos (5/5/1949), para promover a unificação do continente europeu com maior segurança (PIOVESAN, 2009, p. 65);
b) O referido Conselho adotou a Convenção Europeia para proteger os direitos humanos e liberdades fundamentais, que teve vigência em

1953, sendo ratificado por apenas oito Estados (Dinamarca, República Federal da Alemanha, Islândia, Irlanda, Luxemburgo, Noruega, Suécia e Reino Unido) (PIOVESAN, 2009, p. 65). Atualmente, esse Conselho é integrado por 47 países (COUNCIL of Europe, 2011, p. 1);

c) Desse modo, a Corte Europeia dos Direitos Humanos (CEDH) passou a ser a última instância para o cidadão europeu postular pela observância aos direitos humanos estabelecidos pela Convenção Europeia, inclusive quanto à observância do prazo razoável de duração do processo.[9]

Atualmente, essa Corte também vem sendo requisitada no abuso quanto à ultrapassagem do prazo razoável de duração do processo (ARRUDA, 2006, p. 152; RAMOS, 2008, p. 87) –, já que possui jurisdição sobre mais do que 800 milhões de pessoas, se somada à população de cada um dos 47 países que adotam a Convenção Europeia (COUNCIL of Europe, 2011, p. 1).

1.2. Pressupostos de admissibilidade para a reclamação

A legitimidade para postulação foi atribuída para que a Corte possa entrar no mérito da reclamação. No entanto, há alguns obstáculos prévios (pressupostos) que devem ser examinados e superados.

Assim, os pressupostos, que estão elencados no art. 35 da Convenção,[10] são:

---

[9] Se houver violação aos direitos humanos, o cidadão europeu pode exercer o seu direito de petição diretamente na Corte Européia dos Direitos Humanos, conforme previsto no art. 34 da Convenção Européia, ao expressar: "A Corte pode receber petições de qualquer pessoa, organização não governamental ou grupo de indivíduos que se considere vítima de violação por qualquer Alta Parte Contratante dos direitos reconhecidos na Convenção ou nos seus protocolos. As Altas Partes Contratantes comprometem-se a não criar qualquer entrave ao exercício efectivo desse direito." (LENART, 2011, p. 1).

[10] Artigo 35.° (Condições de admissibilidade) 1. O Tribunal só pode ser solicitado a conhecer de um assunto depois de esgotadas todas as vias de recurso internas, em conformidade com os princípios de direito internacional geralmente reconhecidos e num prazo de seis meses a contar da data da decisão interna definitiva. 2. O Tribunal não conhecerá de qualquer petição individual formulada em aplicação do disposto no artigo 34.° se tal petição: a) For anônima; b) For, no essencial, idêntica a uma petição anteriormente examinada pelo Tribunal ou já submetida a outra instância internacional de inquérito ou de decisão e não contiver factos novos. 3. O Tribunal declarará a inadmissibilidade de

a) Prévio esgotamento dos recursos internos do respectivo país;
b) Decurso do prazo de seis meses, contados da decisão definitiva do respectivo país;
c) Impossibilidade de anonimato;
d) Inexistência de litispendência internacional;
e) Ausência de abuso do direito de petição.

Percebe-se que, analisando tais pressupostos a finalidade da Corte Europeia, não é atuar de modo que venha a substituir o ordenamento de cada país, mas apenas exercer a função subsidiária, quando a realidade local for omissa em relação aos direitos humanos.[11]

Ainda no que tange à exigência do prévio esgotamento dos recursos internos, deve ser interpretada em conjunto com o art. 41 da Convenção Europeia, que permite o ajuizamento da reclamação também quando o direito interno do país infrator não for eficaz para reparar o dano sofrido.[12] Aliás, esse temperamento já foi adotado pela Corte Europeia.[13]

Como por que a interpretação não poderia ser outra, haja vista que, se o objeto reclamado é exatamente a demora para a tutela jurisdicional definitiva, seria paradoxal a obrigação para que a vítima aguarde o esgotamento e julgamento dos recursos existentes no país infrator.

Como também, por consequência, a falta desses pressupostos levará ao não conhecimento da reclamação, sem a análise de mérito da mesma.

1.3. Argumentos discutidos no exame das condenações

A Corte Europeia, em suas decisões, vem fundamentando as condenações dos países que ultrapassam o prazo razoável, principalmente, no § 1.º

---

qualquer petição individual formulada nos termos do artigo 34.º sempre que considerar que tal petição é incompatível com o disposto na Convenção ou nos seus protocolos, manifestamente mal fundada ou tem carácter abusivo. 4. O Tribunal rejeitará qualquer petição que considere inadmissível nos termos do presente artigo. o Tribunal poderá decidir nestes termos em qualquer momento do processo. (LENART, 2011, p. 1).

[11] Também nesse sentido: MUZZUOLI, 2002, p. 340.

[12] Artigo 41.º (Reparação razoável) Se o Tribunal declarar que houve violação da Convenção ou dos seus protocolos e se o direito interno da Alta Parte Contratante não permitir senão imperfeitamente obviar às consequências de tal violação, o Tribunal atribuirá à parte lesada uma reparação razoável, se necessário. (LENART, 2011, p. 1).

[13] Corte Europeia dos Direitos do Homem, caso Gaglione, de 7/12/2010.

do art. 6.º da Convenção Europeia para Proteção dos Direitos do Homem e das Liberdades Fundamentais que, em nossa tradução livre, expressa:

> Toda pessoa tem direito a uma audiência justa e pública, num prazo razoável por um tribunal independente e imparcial, estabelecido por lei para a determinação de seus direitos e deveres de natureza civil, tanto no mérito de qualquer acusação em matéria penal que é enviado.

As consequências dessas impugnações relativas à violação do prazo razoável, tanto na esfera civil quanto penal, levou a Corte Europeia dos Direitos do Homem a impor condenações indenizatórias aos países europeus violadores, tal como ocorreu com a França, Itália e Grécia.

No entanto, cumpre trazer algumas ponderações sobre a legitimidade dessas condenações, como os argumentos que têm sido usados pelos países infratores, em suas respectivas defesas.

O primeiro argumento é de que a Corte Europeia não poderia atuar em casos concretos, estabelecendo indenização para o caso específico do próprio lesado.

Essa defesa tem sido refutada pela Corte Europeia, mediante o entendimento de que a Convenção Europeia tem como principal finalidade exatamente agir com efetividade, inclusive na proteção de casos concretos.[14] Não pode ser esquecido que a inobservância do prazo razoável de duração do processo ofende a própria democracia.[15] E, devido a essa importância, deve ser observado o caso concreto, inclusive para resguardar o princípio geral da boa administração, que deve ser observado para não comprometer a credibilidade e eficácia da justiça.[16]

O segundo argumento usado é a inexistência de direito a qualquer indenização, porque os juros de mora já contemplariam essa finalidade indenizatória.

A Corte Europeia também tem afastado essa alegação, porque os juros não tiveram como fato gerador essa demora do Judiciário, bem como não servem para reparar o dano moral advindo do excesso de prazo.[17]

---

[14] Corte Europeia dos Direitos do Homem, caso Imbrioscia, de 24/11/1993.

[15] Corte Europeia dos Direitos do Homem, caso Delcourt, de 17/01/1970.

[16] Corte Europeia dos Direitos do Homem, casos Boddaert, de 12/10/1992 e Moreira de Azevedo, de 23/10/1990.

[17] Corte Europeia dos Direitos do Homem, caso Gaglione, de 7/12/2010.

De fato, não há como acolher a defesa dos países infratores, pois o prazo razoável deve ser observado pelos países, sob pena de violar um direito fundamental do ser humano e, por outro lado, os juros de mora não têm o condão de compensar a dor advinda do estado de perplexidade e dúvida, causado pela demora da prestação judicial.

1.4. Valor das condenações

A Corte Europeia tem fixado indenizações que variam entre mil a dois mil euros, por ano de demora (SCHENK, 2011, p. 1). E ainda que Itália e França lideravam o *ranking* de violações à celeridade. A situação da Itália chega a ser dramática, pois, enquanto a média dos maiores violadores se encontra em 200 condenações, a daquele país passou das 900 no mesmo período.

Diante da preocupação de não sofrer mais condenações da Corte Europeia, a Itália promulgou a Lei n.º 89 de 24/3/2001 – conhecida como Lei Pinto –, que foi alterada pela Lei n.º 3.137, de 20 de janeiro de 2010, com o propósito de proteger o cidadão contra o excesso de prazo, nos termos do art. 111 da CF italiana, bem como do art. 6.º da Convenção Europeia para a Proteção dos Direitos do Homem e das Liberdades Fundamentais.

De forma geral, as condições para a postulação da indenização prevista na Lei Pinto, se dão na esfera *subjetiva* e *objetiva.*

Para atender a condição subjetiva é que se trata de parte do processo, em nada importando que a referida parte seja vencedora ou vencida.[18]

Já, no aspecto objetivo, deve ser observado o excesso de prazo, mediante os seguintes critérios:

[18] Esse entendimento também é trazido por Valéria Baffa, ao expressar: "São 2 (dois) os requisitos para propor a ação: "subjetivos e objetivos. Primeiramente, somente as partes do procedimento 'incriminado' podem ser tuteladas pela Lei Pinto. Neste caso, a legitimação ativa é limitada às partes principais do processo, ou seja, autor e réu, ou recorrente e recorrido. A Lei Pinto não distingue se se trata da parte vencedora ou sucumbente do processo. Frisa-se que o remédio pode ser utilizado na falta de uma sentença do processo principal. O requisito objetivo é formado por vários elementos. Antes de tudo, deve existir um processo instaurado e este deve ter sido registrado regularmente. Tal processo deve ter – ou ter tido – um decurso muito longo. Ou seja, o mesmo deve ter tido uma evolução natural e, certamente, de duração anormal com relação aos processos normais. Tal requisito, obviamente, refere-se aos 2 (dois) graus de jurisdição e à Corte de Cassação." (BAFFA, 2012, p. 1).

O processo é considerado iniciado, na data de apresentação da petição inicial (Lei 89/2001, art. 2.º, 3 – bis);
O excesso de prazo razoável se caracterizará após: 2 (dois) anos em primeiro grau; outros 2 (dois) anos se os autos forem para o segundo grau; outros 2 (dois) anos se forem para os tribunais superiores, podendo ser acrescido 1 (um) ano para qualquer outro eventual recurso (Lei 89/2001, art. 2.º, 3 – ter).

Vale ressalvar que, se não houver recurso no processo, o excesso de prazo razoável já ficará caracterizado após dois anos do ajuizamento da ação.

Mas, uma vez verificado o excesso de prazo, vem outra questão: quais os critérios para a valoração do dano?

Esses critérios são trazidos pela Lei Pinto, ao ressalvar que devem ser sopesados, caso a caso, os itens, a saber:

a) O valor da demanda (Lei 89/2001, art. 2.º, 3 – quater);[19]
b) Se a parte venceu o processo, pois a parte vencida, embora tenha legitimidade, sua indenização será reduzida para um quarto do valor (Lei 89/2001, art. 2.º, 3 – quater);
c) Existem dois tetos, sendo o mínimo de mil euros e o máximo de 20 mil euros (Lei 89/2001, art. 3.º, 7).[20]

Facilmente, verifica-se que a indenização é um meio de punir a consequência e não a causa geradora da morosidade que consiste, notadamente, na falta de gestão adequada do judiciário e no baixo investimento feito no judiciário, pelo poder público.

[19] Lei 89/2001, com alterações da Lei 3.137/10, art. 2.º, 3 – quater, expressa: "*Nella liquidazione dell'indennizzo, il giudice tiene conto del valore della domanda proposta o accolta nel procedimento nel quale si assume verificata la violazione di cui al comma 1. L'indennizzo è ridotto ad un quarto quando il procedimento cui la domanda di equa riparazione si riferisce è stato definito con il rigetto delle richieste del ricorrente, ovvero quando ne è evidente l'infondatezza*".

[20] Lei 89/2001, com alterações da Lei 3.137/10, art. 3.º, item 7, expressa: "*La corte pronuncia, entro quattro mesi dal deposito dell'opposizione, decreto motivato e immediatamente esecutivo com cui conferma, modifica o revoca il provvedimento opposto. Il decreto è impugnabile per cassazione. La corte provvede sulle spese ai sensi degli articoli 91 e seguenti del codice di procedura civile. Se l'opposto non si costituisce e l'opposizione è respinta, il giudice condanna d'ufficio l'opponente al pagamento, in favore della cassa delle ammende, di una somma equitativamente determinata, non inferiore a 1.000 euro e non superiore a 20.000 euro*".

Por outro lado, a própria Corte Europeia apenas passou a admitir as reclamações relativas ao excesso de prazo na justiça italiana, depois de o interessado buscar a reparação pela Lei "Pinto".[21] No entanto, recentemente, a Itália tem sido condenada pela Corte Europeia, agora por demorar demasiadamente a realizar o pagamento dessas indenizações originárias exatamente do excesso de prazo.[22]

Ao não fazer "vista grossa" a essas violações do direito fundamental, percebe-se a importância da Corte Europeia de Direitos Humanos, que obriga o país infrator a rever suas prioridades de investimentos.

2. GARANTIA DO PRAZO RAZOÁVEL NA CONVENÇÃO AMERICANA DE DIREITOS HUMANOS (CADH)

2.1. Finalidade da CADH

Com o propósito de assegurar que as eventuais violações aos direitos humanos sejam punidas, foi criada a Convenção Americana de Direitos Humanos (CADH), também conhecida como "Pacto de San José da Costa Rica", na Conferência Interamericana sobre Direitos Humanos, em novembro de 1969, ou seja, após 16 anos da criação da Corte Europeia, aproximadamente. Porém, a CADH apenas foi ratificada pelo Brasil no ano de 1992.

Por meio dessa Convenção, criou-se o sistema interamericano de direitos humanos, composto principalmente por dois órgãos:

a) Comissão Interamericana de Direitos Humanos, que investiga eventuais violações aos direitos humanos, exercendo função *administrativa* (Convenção Americana, art. 41);[23]

[21] Corte Europeia dos Direitos do Homem, caso Brusco, de 6/9/2001.

[22] Corte Europeia dos Direitos do Homem, caso Gaglione, de 7/12/2010.

[23] Convenção Americana Sobre os Direitos Humanos, Artigo 41: "*La Comisión tiene la función principal de promover la observancia y la defensa de los derechos humanos, y en el ejercicio de su mandato tiene las siguientes funciones y atribuciones: a) estimular la conciencia de los derechos humanos en los pueblos de América; b) formular recomendaciones, cuando lo estime conveniente, a los gobiernos de los Estados miembros para que adopten medidas progresivas en favor de los derechos humanos dentro del marco de sus leyes internas y sus preceptos constitucionales, al igual que disposiciones apropiadas para fomentar el debido respeto a esos derechos; c) preparar los estudios e informes que considere convenientes*

b) Corte Interamericana de Direitos Humanos, que julga as referidas violações, tendo função *jurisdicional* (Convenção Americana, art. 52)[24] (ANDREU-GUZMÁN, 2003, p. 304).

Quanto à proteção dos direitos humanos, há uma grande diferença entre o sistema europeu e o da América, que reside na legitimidade para reclamar. Isso porque o cidadão pode postular diretamente na Corte Europeia dos Direitos do Homem, dando mais efetividade aos seus direitos. Entretanto, na América, o pedido deve ser dirigido à *Comissão* Interamericana dos Direitos Humanos e, somente se aceito, é que essa pedirá o julgamento da *Corte* Interamericana dos Direitos Humanos (Convenção Americana, art. 61[25]).[26] Logo, no continente americano há menor efetividade, pois o cidadão não pode reclamar diretamente para a Corte.

Por fim, os países integrantes da CADH deveriam cumprir as recomendações da Comissão e as sentenças da Corte.[27] Porém, algumas vezes, as recomendações das Comissões são desprezadas pelos países, como foi feito pelo Brasil no caso Ximenes.

---

para el desempeño de sus funciones; d) solicitar de los gobiernos de los Estados miembros que le proporcionen informes sobre las medidas que adopten en materia de derechos humanos; e) atender las consultas que, por medio de la Secretaría General de la Organización de los Estados Americanos, le formulen los Estados miembros en cuestiones relacionadas con los derechos humanos y, dentro de sus posibilidades, les prestará el asesoramiento que éstos le soliciten; f) actuar respecto de las peticiones y otras comunicaciones en ejercicio de su autoridad de conformidad con lo dispuesto en los artículos 44 al 51 de esta Convención, y g) rendir un informe anual a la Asamblea General de la Organización de los Estados Americanos."

24 Convenção Americana Sobre os Direitos Humanos, Artigo 52. 1: "*La Corte se compondrá de siete jueces, nacionales de los Estados miembros de la Organización, elegidos a título personal entre juristas de la más alta autoridad moral, de reconocida competencia en materia de derechos humanos, que reúnan las condiciones requeridas para el ejercicio de las más elevadas funciones judiciales conforme a la ley del país del cual sean nacionales o del Estado que los proponga como candidatos.*"

25 Convenção Americana Sobre os Direitos Humanos, Artigo 61. 1: "1. *Sólo los Estados Partes y la Comisión tienen derecho a someter un caso a la decisión de la Corte.*"

26 Sobre as atribuições de Corte e da Comissão, Bicudo esclarece que: "*En ese sentido, la Comisión es el único ente facultado para llevar casos a la Corte de parte de las víctimas, y así lo ha venido haciendo.*" (2003, p. 229).

27 Sobre as atribuições de Corte e da Comissão, Hélio Bicudo esclarece que: "*Ahora bien, para que llegue a sus fines, para que los cumpla, es fundamental que los países acaten las sentencias de la Corte y las recomendaciones de la CIDH. Mas eso es de la competência de los órganos políticos de la OEA. Vamos a esperar que lo hagan*" (BICUDO, 2003, p. 234).

2.2. Pressupostos de admissibilidade para a reclamação

Para peticionar perante a Comissão dos Direitos Humanos, é necessário que haja:

a) O esgotamento da jurisdição interna;
b) A ultrapassagem do prazo de seis meses da ciência da decisão definitiva;
c) A não provocação de outra instância internacional e a petição qualificando a parte.[28]

Assim, nos termos do art. 46, 2, da Convenção Americana,[29] os pressupostos do esgotamento e decurso do prazo de seis meses podem ser dispensados, quando forem verificados, no país infrator, os aspectos, a saber:

a) Inexistência do devido processo legal;
b) Embaraços ao direito de recorrer da vítima;
c) Demora injustificada na decisão sobre os recursos.

Com isso, se houver o excesso de prazo razoável, a parte poderá peticionar para a Comissão e, somente se esta entender pertinente, é que levará a questão à apreciação da Corte.

---

[28] Convenção Americana Sobre os Direitos Humanos, Artigo 46, 1: "*Para que una petición o comunicación presentada conforme a los artículos 44 ó 45 sea admitida por la Comisión, se requerirá: a) que se hayan interpuesto y agotado los recursos de jurisdicción interna, conforme a los principios del Derecho Internacional generalmente reconocidos; b) que sea presentada dentro del plazo de seis meses, a partir de la fecha en que el presunto lesionado en sus derechos haya sido notificado de la decisión definitiva; c) que la materia de la petición o comunicación no esté pendiente de otro procedimiento de arreglo internacional, y d) que en el caso del artículo 44 la petición contenga el nombre, la nacionalidad, la profesión, el domicilio y la firma de la persona o personas o del representante legal de la entidad que somete la petición.*"

[29] Convenção Americana Sobre os Direitos Humanos, Artigo 46. 2: "*Las disposiciones de los incisos 1.a. y 1.b. del presente artículo no se aplicarán cuando: a) no exista en la legislación interna del Estado de que se trata el debido proceso legal para la protección del derecho o derechos que se alega han sido violados; b) no se haya permitido al presunto lesionado en sus derechos el acceso a los recursos de la jurisdicción interna, o haya sido impedido de agotarlos, y c) haya retardo injustificado en la decisión sobre los mencionados recursos.*"

2.3. Argumentos discutidos no exame das condenações

A observância do prazo razoável está inserida, principalmente, no item 1 do art. 8.º,[30] que assegura o direito de a pessoa ser ouvida judicialmente em prazo razoável, bem como pelo item 1 do art. 25,[31] que impõe o direito a recurso rápido e efetivo.

Vale ressaltar que a primeira condenação do Brasil por violação aos direitos humanos, pela Corte Interamericana, ocorreu no caso Ximenes Lopes, onde os fatos se passaram da forma, a saber (CORTE Interamericana de Direitos Humanos, 2011, p.):

a) Damião Ximenes Lopes – que possuía deficiência mental –, faleceu no dia 1.º de outubro de 1999, em razão de tratamento desumano e degradante praticado por uma casa de repouso;
b) No dia 22 de novembro de 1999, a irmã do falecido (Irene Ximenes Lopes Miranda), apresentou reclamação na Comissão Interamericana;
c) No dia 8 de outubro de 2003, após o procedimento de praxe, a Comissão Interamericana concluiu que o Brasil era responsável pela violação aos direitos consagrados nos artigos 4 (direito à vida); 5 (direito à integridade pessoal); 8 (garantias judiciais) e 25 (proteção judicial). Porém, como o Brasil não adotou as medidas determinadas pela Comissão, esta submeteu o caso à Corte Interamericana, no dia 30 de setembro de 2004;
d) Por meio da sentença proferida no dia 4 de junho de 2006, a Corte reconheceu a responsabilidade do Brasil, que foi condenado a pagar aos familiares da vítima falecida, o valor equivalente a US$ 178.350,00, sendo US$ 53.350,00 a título de dano material e US$ 125 mil a título de danos morais;

---

[30] Convenção Americana Sobre os Direitos Humanos, Artigo 8. (Garantias Judiciales) 1: "*Toda persona tiene derecho a ser oída, con las debidas garantías y dentro de un plazo razonable, por un juez o tribunal competente, independiente e imparcial, establecido con anterioridad por la ley, en la sustanciación de cualquier acusación penal formulada contra ella, o para la determinación de sus derechos y obligaciones de orden civil, laboral, fiscal o de cualquier otro carácter.*"

[31] Convenção Americana Sobre os Direitos Humanos, Artigo 25 (Protección Judicial) 1: "*Toda persona tiene derecho a un recurso sencillo y rápido o a cualquier otro recurso efectivo ante los jueces o tribunales competentes, que la ampare contra actos que violen sus derechos fundamentales reconocidos por la Constitución, la ley o la presente Convención, aun cuando tal violación sea cometida por personas que actúen en ejercicio de sus funciones oficiales.*"

e) Na data em que a Corte reconheceu a responsabilidade do Brasil (4/7/2006), ainda não tinha sido proferida sentença no processo penal iniciado no dia 27/3/2000 (denúncia oferecida pelo Ministério Público), bem como na ação civil de reparação de danos.

Nesse julgamento, a Corte salientou os elementos que devem ser considerados para a constatação do excesso de prazo razoável: complexidade do assunto (a demora deve ser causada pela atividade jurisdicional e não pela dificuldade própria da questão submetida ao juízo); atividade processual do interessado (o prejudicado não pode contribuir para a demora); e a conduta das autoridades judiciais (velar pelo célere término do processo).

Esses elementos (complexidade do assunto, atividade processual do interessado e conduta da autoridade judicial) também foram usados para estabelecer o excesso de prazo razoável em julgamento mais recente, onde a Corte Interamericana condenou o Brasil no caso da guerrilha do Araguaia.[32]

[32] Corte Interamericana de Direitos Humanos, caso Gomes Lund e Outros (guerrilha do Araguaia), de 24/11/2010: "A jurisprudência brasileira firme, inclusive placitada por decisão recente do mais alto órgão do Poder Judiciário, o Supremo Tribunal Federal, esbarrou em jurisprudência tranquila desta Corte ao deixar de observar o jus cogens, ou seja, normas peremptórias, obrigatórias aos Estados contidas na Convenção Americana sobre Direitos Humanos (também conhecida como 'Pacto de São José da Costa Rica', doravante indicada também somente como 'Convenção'). Em apertada síntese, é por esta razão que o País está sendo condenado nesta sentença, pelas violações à Convenção, a saber: a) desaparecimento forçado e os direitos violados das 62 pessoas desaparecidas – violação dos direitos à personalidade jurídica, à vida, à integridade pessoal e à liberdade pessoal (artigos 3, 4, 5 e 7), às garantias judiciais e proteção judicial (artigos 8 e 25), em combinação com a obrigação de respeitar os direitos previstos e o dever de adotar disposições de direito interno (artigos 1.1); b) aplicação da Lei de Anistia como empecilho à investigação, julgamento e punição dos crimes – violação dos direitos às garantias judiciais e à proteção judicial (artigos 8.1 e 25), em combinação com a obrigação de respeitar os direitos previstos na Convenção e o dever de adotar disposições de direito interno (artigos 1.1 e 2), em detrimento dos familiares das vítimas desaparecidas e da pessoa executada; c) ineficácia das ações judiciais não penais – violação dos direitos às garantia judiciais e à proteção judicial (artigos 8.1 e 25), em combinação com a obrigação de respeitar os direitos previstos na Convenção (artigo 1.1), detrimento dos familiares das vítimas desaparecidas e da pessoa executada; d) falta de acesso à informação sobre o ocorrido com as vítimas desaparecidas e executada – violação do direito à liberdade de pensamento e expressão (artigo 13), em combinação com a obrigação de respeitar os direitos previstos na Convenção (artigo 1.1), em prejuízo dos familiares das vítimas desaparecidas e da pessoa executada, e e) falta de acesso à justiça, à verdade e à informação

Nesse caso do Araguaia, a condenação se limitou a obrigar o Brasil a retirar os empecilhos, inclusive de direito (como a coisa julgada, por exemplo), que impeçam a exata apuração dos fatos e respectiva condenação, em prazo razoável. No entanto, não teve condenação em dinheiro.[33]

2.4. Valor das condenações

Diferentemente da Corte Europeia, a Corte Interamericana não tem a praxe de condenar a valores financeiros apenas em razão do excesso de prazo, como se verificou no caso da guerrilha do Araguaia.[34]

Aliás, mesmo no caso Ximenes, a condenação apenas ocorreu porque houve um conjunto de situações excepcionais que geraram o dano (idade avançada; incapacidade, demora na tramitação, dentre outros).

– violação do direito à integridade pessoal (artigo 5), em combinação com a obrigação de respeitar os direitos previstos na Convenção (artigo 1.1), em detrimento dos familiares dos desaparecidos e da pessoa executada, pela violação e sofrimento gerados pela impunidade dos responsáveis."

[33] Corte Interamericana de Direitos Humanos, caso Gomes Lund e Outros (Guerrilha do Araguaia), de 24/11/2010: "Este Tribunal salientou que o direito de acesso à justiça deve assegurar, em um prazo razoável, o direito das supostas vítimas ou de seus familiares a que se faça todo o necessário para conhecer a verdade do ocorrido e, se for o caso, sancionar os responsáveis. A falta de razoabilidade no prazo de andamento de um processo judicial constitui, em princípio, por si mesma, uma violação das garantias judiciais. A esse respeito, a Corte considerou quatro elementos para determinar a razoabilidade do prazo: a) a complexidade do assunto; b) a atividade processual do interessado; c) a conduta das autoridades judiciais, e d) a afetação provocada na situação jurídica da pessoa implicada no processo."

[34] Corte Interamericana de Direitos Humanos, caso Gomes Lund e Outros (guerrilha do Araguaia), de 24/11/2010: "254. Os representantes solicitaram ao Tribunal que ordene ao Brasil a investigação dos fatos, o julgamento e a punição de todos os responsáveis, em um prazo razoável, e que disponha que o Estado não pode utilizar disposições de direito interno, como prescrição, coisa julgada, irretroatividade da lei penal e ne bis in idem, nem qualquer excludente de responsabilidade similar, para eximir-se de seu dever. O Estado deve remover todos os obstáculos de facto e de iure, que mantenham a impunidade dos fatos, como aqueles relativos à Lei de Anistia. Adicionalmente, solicitaram à Corte que ordene ao Estado que: a) sejam julgados na justiça ordinária todos os processos que se refiram a graves violações de direitos humanos; b) os familiares das vítimas tenham pleno acesso e legitimação para atuar em todas as etapas processuais, em conformidade com as leis internas e a Convenção Americana, e c) os resultados das investigações sejam divulgados pública e amplamente, para que a sociedade brasileira os conheça."

2.5. Inserção dos tratados no direito brasileiro

Inicialmente, cumpre trazer o Enunciado do § 2.º do art. 5.º da CF[35] assegura que os direitos e garantias constitucionais não excluem outros, inclusive quando advindos dos tratados internacionais. A propósito, já tivemos a oportunidade de trazer este tema em outra obra (FRANZÉ, 2012, p. 179-183).

Contudo, a questão interessante é sobre a hierarquia que esse tratado terá, após ser introduzido no sistema jurídico interno, ou seja, será equivalente à norma constitucional ou não. Por óbvio, essa questão é importante, porque também repercute o âmbito do controle de constitucionalidade em relação ao tratado.[36]

Com o escopo de solucionar esse impasse, a emenda constitucional 45/2004 inseriu o § 3.º no art. 5.º da CF,[37] impondo que o tratado internacional ingresse no sistema jurídico interno, guardando equivalência com a emenda constitucional, quando: a) versar sobre direitos humanos; b) for aprovado por duas vezes em cada casa do Congresso (Câmara dos Deputados e Senado); c) tiver quórum qualificado de 3/5 dos votos nas votações.

No entanto, não resolveu toda a questão, porque essa norma constitucional (CF, art. 5.º, § 3.º), omitiu a hierarquia do tratado, quando nada dispuser sobre direitos humanos ou quando tiver sido aprovado antes da EC 45/2004 (independentemente de versar sobre direitos humanos).

Esse tema foi debatido pelo Supremo Tribunal Federal, nos autos do recurso extraordinário 466.343,[38] em que foi reconhecida a inadmissibilidade da prisão do depositário infiel prevista em tratado da qual o Brasil é signatário (Convenção Americana de Direitos Humanos – *Pacto de San José*

[35] CF, art. 5.º, § 2.º: "Os direitos e garantias expressos nesta Constituição não excluem outros decorrentes do regime e dos princípios por ela adotados, ou dos tratados internacionais em que a República Federativa do Brasil seja parte."

[36] A propósito, essa matéria convida a melhor reflexão sobre a tradicional pirâmide proposta por Hans Kelsen, onde as normas constitucionais ficariam posicionadas na maior hierarquia, isto é, ficam no topo do sistema jurídico.

[37] CF, art. 5.º, § 3.º: "Os tratados e convenções internacionais sobre direitos humanos que forem aprovados, em cada Casa do Congresso Nacional, em dois turnos, por três quintos dos votos dos respectivos membros, serão equivalentes às emendas constitucionais."

[38] SUPREMO Tribunal Federal, Tribunal Pleno, recurso extraordinário 466.343, relatado pelo Ministro Cezar Peluso, com ementa publicada no DJe n.º 104, de 5/6/2009.

da Costa Rica, art. 7.º, § 7.º), mesmo havendo previsão constitucional para essa prisão (CF, art. 5.º, inc. LXVII).

Sobre esse julgamento, vale ressaltar o voto proferido pelo ministro Gilmar Ferreira Mendes, em que expôs didaticamente as correntes sobre a eficácia da incorporação de tratado internacional, no direito Brasileiro, quando versar sobre direitos humanos, concluindo pela existência de quatro correntes:[39]

- A primeira é da supraconstitucionalidade desses tratados e, por isso, além de possuir *status* de norma constitucional, não poderiam ser modificados nem mesmo por emenda constitucional. Segundo o referido voto, o problema desse posicionamento é que ao afastar o controle de constitucionalidade dos tratados, colidirá com o princípio da Supremacia da Constituição, adotado pelo Brasil;[40]
- A segunda corrente defende o caráter constitucional dos tratados, com fundamento na recepção dos tratados sobre direitos humanos (CF, art. 5.º, § 2.º) e na aplicabilidade imediata desses direitos (CF, art. 5.º, § 1.º). Para essa corrente, o conflito entre tratado e norma constitucional será resolvido pelo maior benefício à vítima;[41]
- A terceira sustenta o *status* de lei ordinária aos tratados. Embora essa fosse a corrente adotada pelo STF até o julgamento do recurso extraordinário 466.343, como aponta o próprio voto de Gilmar Ferreira Mendes, deve ser revista, porque atualmente é incompatível com o a redação do § 3.º do art. 5.º da CF, além de contrariar a tendência de maior alcance dos tratados e permitir que os tratados sejam descumpridos unilateralmente;[42]
- A quarta defende a supralegalidade quando o tratado versar sobre direitos humanos, de modo que ficará hierarquicamente acima das

[39] Essas correntes também são expostas por Gomes e Mazzuoli (2010, p. 91-99).

[40] O voto de Gilmar Ferreira Mendes informa que esta corrente foi divulgada por Celso Duvivier de Albuquerque Mello (O § 2.º do art. 5.º da Constituição Federal. TORRES, 1999, p. 25-26).

[41] O voto de Gilmar Ferreira Mendes noticia que esta corrente foi divulgada por Antônio Augusto Cançado Trindade (1998, p. 88-89) e Flávia Piovesan (1996, p. 83).

[42] O voto de Gilmar Ferreira Mendes noticia que essa corrente foi divulgada no voto do Ministro Relator Xavier de Albuquerque, proferido no Supremo Tribunal Federal, no recurso extraordinário 80.004, publicado no DJU de 29/12/1977.

normas infraconstitucionais, mas abaixo das constitucionais. Essa corrente é defendida pelo voto de Gilmar Ferreira Mendes.

Em seu voto, que integra o julgamento do mencionado recurso extraordinário 466.343, o ministro Gilmar Ferreira Mendes – ao adotar a tese da supralegalidade dos tratados, concluiu que não foi revogada a previsão constitucional da prisão do depositário infiel (CF, art. 5.º, inc. LXVII). Porém: "deixou de ter aplicabilidade diante do efeito paralisante desses tratados em relação à legislação infraconstitucional que disciplina a matéria, incluídos o art. 1827 do Código Civil de 1916 e o Decreto-Lei n.º 911 de 1.º de outubro de 1969".

Em nosso entendimento, o tratado internacional ingressará no sistema interno com o *status* de emenda constitucional, apenas quando versar sobre direitos humanos (do contrário, ingressará como norma infraconstitucional) e, por isso, integrará e complementará o rol dos direitos previstos na Constituição.[43] Por essa razão, Comparato adverte que, na colisão entre regras internacionais e nacionais sobre direitos humanos, prevalecerá a norma mais favorável ao sujeito de direito, já que a finalidade principal do sistema jurídico é a dignidade da pessoa humana (COMPARATO, 2001, p. 60).

De qualquer forma, independentemente da corrente adotada no Brasil, é irrefutável o caráter constitucional da observância do prazo razoável, por força do inc. LXXVIII do art. 5.º da CF, que também foi inserido pela EC 45/2008.

3. CONSIDERAÇÕES FINAIS

Diante da análise sobre a posição que se colocou ao prazo razoável, aliado ao estudo de sua incidência na Corte Europeia, podem ser extraídas as conclusões, que seguem.

O excesso de prazo razoável estará caracterizado quando for ultrapassada a soma de todos os atos processuais de um determinado feito.

Até mesmo pela importância do fator "tempo" para o jurisdicionado, o término do processo em prazo razoável foi alçado como direito funda-

[43] Esse entendimento também é trazido por Piovesan (2009, p. 58).

mental (CF, art. 5.º, inc. LXXVIII). De nada adianta apenas ingressar no judiciário, porque o importante é que o jurisdicionado saia – e não somente ingresse –, levando efetivamente o bem da vida perseguido.

A solução para que os processos não excedam o prazo razoável passa principalmente pela necessidade de *investimentos* por parte do poder executivo, bem como pela *gestão* que deve ser implementada pelo próprio judiciário.

Na Europa, a demora tem levado alguns jurisdicionados a reclamarem diretamente na Corte Europeia dos Direitos Humanos, que tem apurado, caso a caso, o prazo razoável e, se ultrapassado esse período, tem fixado indenizações que geralmente variam entre mil a dois mil euros, para cada ano de excesso. Vale lembrar que, preocupada com essas condenações, a Itália fez sua própria lei sobre o excesso de prazo razoável (Lei Pinto).

A Corte Europeia não tem competência sobre o nosso país. Entretanto, o Brasil firmou a Convenção Americana sobre os Direitos Humanos (também conhecida como *Pacto de San José da Costa Rica*), que também assegura a observância do prazo razoável, tanto em seu art. 8.º, item 1, como no art. 25, item 1.

Contudo, ao contrário do modelo Europeu, a reclamação do jurisdicionado brasileiro deve ser feita primeiramente a *Comissão* Interamericana dos Direitos Humanos e, apenas se, concluir pela violação é que ela terá legitimidade (e não o jurisdicionado), para fazer a denúncia diretamente para a Corte Interamericana dos Direitos Humanos.

Embora o Brasil já tenha algumas condenações pela Corte Interamericana, não tem sido usada à indenização pelo número de anos excedido ao prazo de razoável duração do processo.

Certamente, essa condenação anual pelo excesso de prazo razoável não solucionará o problema, mas será um forte meio de chamar a atenção do judiciário brasileiro, para a necessidade de melhor gestão, bem como do executivo, quanto à falta de investimentos.

Referências

ANDREU-GUZMÁN, Frederico. 30 años de La convención americana sobre derechos humanos: Todavía hay mucho camino por recorrer. In: **El sistema interamericano de protección de los derechos humanos en el umbral del siglo XXI**. 2. ed. San José: Corte Interamericana de Derechos Humanos, 2003. tomo I.

ARRUDA, Samuel Miranda. **O direito fundamental à razoável duração do processo**. Brasília: Brasília Jurídica, 2006.

BAFFA, Valéria. **A irracional duração do processo**. Disponível em: <http://www.iuramundi.eu/pt/ordenamento,juridicos,italiano/direito,privado/a,irracional,duracao,do,processo,.html>. Acesso em: 20/03/12.

BICUDO, Hélio. Cumplimiento de las sentencias de la corte interamericana de derechos humanos y de lãs recomendaciones de la comisión interamericana de derechos humanos. In: **El sistema interamericano de protección de los derechos humanos en el umbral del siglo XXI**. 2. ed. San José: Corte Interamericana de Derechos Humanos, 2003. tomo I.

COMPARATO, Fábio Konder. **A afirmação histórica dos direitos humanos**. 2. ed. São Paulo: Saraiva, 2001.

CORTE Interamericana de Direitos Humanos. Caso Ximenes Lopes versus Brasil. Disponível em: <http://www.corteidh.or.cr/docs/casos/articulos/seriec_149_por.pdf>. Acesso em: 26 abr. 2011.

COUNCIL of Europe. **Italy**. Disponível em: <http://www.coe.int/en/web/portal/italy>. Acesso em: 15 abr. 2011.

FRANZÉ, Luís Henrique Barbante. **Curso de Direito Constitucional Sistematizado.** 1 ed. Curitiba: Juruá, 2012.

GÁLVEZ, Juan Monroy; PALACIOS, Juan Monroy. Del mito Del processo ordinário a La tutela diferenciada. Apuntes iniciales. **Revista de Processo**. São Paulo, v. 28, n. 109, p. 187-220, jan./mar. 2003.

GOMES, Luiz Flávio; MAZZUOLI, Valério de Oliveira. **Direito supraconstitucional**: do absolutismo ao Estado constitucional e humanista de direito. 1 ed. São Paulo: Revista dos Tribunais, 2010.

LENART, André. **Convenção Europeia de Direitos Humanos e protocolos adicionais**. Disponível em: <http://reservadejustica.wordpress.com/2009/06/08/convencao-europeia-de-direitos-humanos-e-protocolos-adicionais/>. Acesso em: 20 abr. 2011.

LUÑO, Antonio Enrique Pérez. **Los derechos fundamentales**. 7. ed. Madrid: Técnos, 1998.

MACIEL, Daniel Baggio. **Responsabilidade patrimonial do Estado pela atividade jurisdicional**. 1. ed. Birigui: Boreal, 2006.

MARINONI, Luiz Guilherme. Direito Fundamental à duração razoável do processo. **Estação Científica (Ed. Especial Direito)**. Juiz de Fora, v. 1, n. 4, p. 82-97, out./nov. 2009.

MUZZUOLI, Valério de Oliveira. **Direitos Humanos, Constituição e os Tratados Internacionais**. São Paulo: Juarez de Oliveira, 2002.

PIOVESAN, Flávia. **Direitos humanos e o direito constitucional internacional**. São Paulo: Max Limonad, 1996.

_________. **Direitos humanos e o Direito Constitucional Internacional**. 11 ed. São Paulo: Saraiva, 2009.

RAMOS, Carlos Henrique. **Processo Civil e o princípio da duração razoável do processo**. Curitiba: Juruá, 2008.

SARLET, Ingo Wolfgang. **A eficácia dos direitos fundamentais**. 6. ed. Porto Alegre: Livraria do Advogado, 2006.

SCHENK, Leonardo Faria. **Breve relato histórico das reformas processuais na Itália**. Um problema constante: a lentidão dos processos cíveis. Disponível em: <http://www.arcos.org.br/periodicos/revista-eletronica-de-direito-processual/volume-ii/breve-relato-historico-das-reformas-processuais-na-italia-um-problema-constante-a-lentidao-dos-processos-civeis/>. Acesso em: 20 abr. 2011.

SILVA, Virgílio Afonso da. **A constitucionalização do direito**. 1. ed. São Paulo: Malheiros Editores, 2008.

SOUSA, Miguel Teixeira. **Introdução ao processo civil**. 2. ed. Lisboa: Lex, 2000.

TORRES, Ricardo Lobo (org.). **Teoria dos direitos fundamentais**. Rio de Janeiro: Renovar, 1999.

TRINDADE, Antônio Augusto Cançado. A afirmação histórica dos direitos humanos. Memorial em prol de uma nova mentalidade quanto à proteção dos direitos humanos nos planos internacional e nacional. **Boletim da Sociedade Brasileira de Direito Internacional**. Brasília, p. 113-118, 1998.

A LUTA DOS DIREITOS HUMANOS EM PROL DA CONQUISTA E DA GARANTIA DOS DIREITOS FUNDAMENTAIS: ENFRENTAMENTO DAS VIOLÊNCIAS SOCIOAMBIENTAIS CONTEMPORÂNEAS E OS DESAFIOS À CONCRETIZAÇÃO DO POSTULADO DA DIGNIDADE DA PESSOA HUMANA

> Só a velha consciência de si, como consciência do valor próprio de cada um, é capaz de frear o trem do destino infeliz dos humilhados. A ação que surge daí nega toda subserviência.
> (Márcia Tiburi – *Humilhação*)

Maria Aparecida Alkimin(*)
Regina Vera Villas Bôas(**)

(*) Doutorado em Direito pela Pontifícia Universidade Católica de São Paulo (2007); Mestrado em Direito pela Pontifícia Universidade Católica de São Paulo (2004); Pós-graduação em Direito Processual Civil pelo Centro Universitário Salesiano de São Paulo – Lorena (1998); Graduação em Direito pela Faculdade Salesiana de Filosofia Ciências e Letras de Lorena (1991); Foi Professora e Coordenadora do Programa de Mestrado Acadêmico em Direito do Centro Universitário Salesiano de São Paulo-UE de Lorena; Pesquisadora do Grupo de Pesquisa "Minorais, Vulnerabilidade e Tutela dos Direitos Individuais e Coletivos". Estágio Pós-doutoral em Democracia e Direitos Humanos pela Universidade de Coimbra/IUS Gentium Conimbrigae. Advogada inscrita na OAB/SP desde 1992. *E-mail:* maalkimin@terra.com.br.

(**) Pós-Doutora em Democracia e Direitos Humanos pela Universidade de Coimbra – *Ius Gentium Conimbrigae*. Bi-Doutora em Direito das Relações Sociais e em Direitos Difusos e Coletivos, Mestre em Direito das Relações Sociais, Graduada em Direito, todos pela

1. NOTAS INTRODUTÓRIAS SOBRE O TEMA

O tema trata de assunto de grande complexidade e repercussão social, clássico e sempre contemporâneo, sério e que conclama soluções urgentes, sendo melhor compreendido pelas lentes de estudos inter, multi e transdisciplinares, que unem diversas áreas do conhecimento, as quais, entrelaçadas pela Ética, apontam soluções mais dignas na efetivação do combate às violências.

A violência se manifesta de variados modos no cotidiano dos personagens que ocupam os cenários socioambientais, e nestes se propaga de maneira assustadora e alarmante. Identificar o homem, a sociedade e o ambiente, a partir de parâmetros éticos, corrobora o combate à violência porque impõe atitude reflexiva voltada à consideração da dignidade de cada ser, respeitando: a Terra, como ambiente necessário à vida de todos os seres; a sociedade, que existe a partir da união harmônica dos homens; e a condição humana, que busca diuturnamente desenvolver suas potencialidades e promover a liberdade, a vida e a paz mundial.

A luta dos direitos humanos que busca conquistar a concretização e efetivação de direitos fundamentais enfrenta vários desafios contra as violências que se apresentam no cotidiano de todos. Enfrentar as violências socioambientais contemporâneas é desafiar a concretização dos direitos humanos, que se manifestam pelos direitos fundamentais, com a finalidade da realização dos postulados da dignidade da pessoa humana e da dignidade da Terra, preservando o ambiente sadio e ecologicamente equilibrado dos seres vivos, garantindo a existência das presentes e futuras gerações.

O texto apresenta doutrinadores que expõem sobre as violências do cotidiano, abarcando o homem, a sociedade e o ambiente, colocando em destaque situações relevantes sobre a problemática enfrentada pela criança e pelo adolescente, apresentando seus principais direitos protegidos e a maneira como estes se concretizam no cenário contemporâneo.

PUC/SP. Professora e Pesquisadora no PPG da PUC/SP e do UNISAL/SP (Lorena). Coordenadora do PP/PUC-SP "Efetividade, Fundamentos, Tutela e Contemporaneidade dos D. Humanos, D. Fundamentais Sociais, Difusos e Coletivos: Diálogos das Fontes, e do PP/UNISAL "*D. Humanos e Fundamentais: Vulnerabilidades e Instrumentos de Concretização*", integrando o Grupo de Pesquisas "Minorias, vulnerabilidades e tutela dos direitos individuais e coletivos" e o Obs. Violência nas Escolas (UNESCO/UNISAL). Membro das Com. D. Civil e P. Deficiência da OAB/SP. Aval. INEPE. E-mail: regvboas@terra.com.br.

2. VIOLÊNCIA CONTEMPORÂNEA E A LUTA DOS DIREITOS HUMANOS EM PROL DA CONQUISTA E DA GARANTIA DOS DIREITOS FUNDAMENTAIS

O habitante da sociedade contemporânea enfrenta diversos sentimentos, como a ansiedade, o medo, a ira e o desejo de exterminar a violência que desafia o cotidiano de sua existência, mas conhece as dificuldades e limitações desse combate, que é marcado pela dificuldade da erradicação da violência, em razão da sua rápida proliferação. Como se pode extirpar a radícula de algo que já não a possui, ou seja, se já não há o embrião que origina a raiz primária da violência, como é possível combatê-la e eliminá-la? Como se pode liquidar algo que, difusamente, se dilui nos espaços socioambientais? Doutrinadores de diferentes áreas do conhecimento, investigam sobre a violência e os devastadores resultados por ela produzidos ao se propagar.

Várias manifestações de violência consternam o homem, a sociedade e o ambiente. Pode-se pensar, por exemplo, no cerceamento de direitos enfrentados por muitos; na não efetividade da justiça; na desproteção do idoso, da criança e do adolescente; na opressão do mais forte sobre o mais fraco; no consumismo exagerado imposto pelos meios de comunicação; no desrespeito às minorias, entre outras violências.

Pelo viés da multidisciplinaridade, lembra-se o economista e filósofo Eduardo Giannetti, que apresenta a situação de violência relacionada ao consumo, lembrando notícia trazida pela revista americana Forbes que "ironiza os preços exorbitantes que os consumidores brasileiros pagam por carros importados", e conclui que não há *status* em um Toyota Corolla, Honra Civic ou Doge Durango, e que os brasileiros estão sendo furtados. Giannetti lembra que os brasileiros estão dispostos a pagar preços absurdos pelos carros importados, somente porque os referidos bens lhes fornecem a "ilusória ideia de *status*". Afirma que

> são bens "posicionais" que hierarquizam a sociedade na antiga fórmula quanto mais caro, mais exclusivo; quanto mais exclusivo, mais *status*. "Primeiro é um tênis de marca, depois um carro importado, um iate, um jatinho, uma viagem a Marte. A corrida sempre se renova" [...]. Para serem almejados, os objetos devem continuar um privilégio de poucos, fora do alcance dos plebeus. Nessa lógica, o diamante só brilha se refletir nos olhos dos outros. [...] Cita o poeta Petrônio: "Só me interessam os bens que despertam no populacho a inveja de mim por possuí-los" [...] Por que somos iludidos por esses bens posicionais? [...] Estamos

> vivendo uma corrida armamentista do consumo, pois o bem posicional sempre renova. No momento em que se democratiza o acesso a um bem de consumo, outros novos são inventados. É como uma corrida armamentista: sempre teremos novos e diferenciados objetos de desejo. (GIANNETTI, 2012).

Pois é, a violência se manifesta nos diversos ambientes e sob diversas formas, alcançando, nas hipóteses relacionadas ao consumo, homens que sonham ser diferentes a partir da aquisição de bens posicionais, acreditando que referidos bens possam lhes garantir *status* diferenciados na sociedade, tornando-os diferentes dos outros homens, que não podem ter acesso a essa categoria de bens. Mas, se, por um lado, essa violência assola parte das pessoas que vivem para manter *status* na sociedade, garantidos pela aquisição de bens posicionais, por outro lado, humilha os que não podem adquiri-los, provocando em todos uma sensação de vazio, impotência e não realização pessoal.

A hermenêutica jurídica, entendida como método apropriado de estudo, coloca a interpretação doutrinária à disposição dos estudiosos e aplicadores do direito, influenciando as realidades e as dinâmicas da vida. A sociologia, psicologia, geologia, antropologia, biotecnologia, teologia, a economia, a história, dentre outras disciplinas e ciências, corroboram a busca interpretativa das razões, causas e manifestações da violência, facilitando as reflexões a respeito da diminuição da propagação da violência.

Vários doutrinadores investigaram e investigam sobre a violência. Pode-se lembrar de Aristóteles e Platão, Kant, Jacques Maritan, Gilles Lipovetsky, Hannah Arendt, Anthony Giddens, Ulrich Beck, Zygmunt Bauman, Edgar Morin, Boaventura de Sousa Santos, Henrique Cláudio de Lima Vaz, Leonardo Boff, dentre outros.

Por primeiro, lembra-se a violência praticada nas escolas, principalmente, na forma de *bullying* . Refere-se a hipótese à prática de comportamento abusivo e agressivo, manifestado por palavras, gestos ou qualquer outro meio (inclusive virtual), de maneira repetitiva e intencional, que atenta contra a dignidade e integridade física e psíquica de uma pessoa e lhe causa sofrimento, medo, insegurança, angústia e doenças psíquicas e físicas. Essa violência, praticada na escola, tem raízes, principalmente, no ambiente familiar e social em que a criança ou o adolescente vive. Frequentemente, a criança e o adolescente assistem a jogos eletrônicos que simulam lutas e guerras, além de cenas violentas de filmes e novelas oferecidos pela rede televisiva, e por outros meios de transmissão de informações. O *bullying* é fruto da violência diária vivida pela criança e pelo adolescente que enfrentam, muitas vezes, desestruturação ou desagregação familiar, desigualdades sociais, preconceitos, falta de empregos, pobreza e fome, entre outros. A crise atinente à violência é fenômeno da pós-modernidade que transpassa a educação e a família, refletindo desajustes e desequilíbrios que trazem à baila outras crises, entre elas a do sentido da própria existência do homem, pondo em dúvida questões seculares da ética humanizadora, conforme manifestação da doutrina contemporânea.

Lipovetsky (2005, p. 161-165) apresenta a sociedade espetacular, que explora imagens drásticas do cotidiano, potencializadas por técnicas modernas, que abordam episódios trágicos de horror, fazendo surgir idolatrias e formas de violências, como a prática do *bullying-cyberbullying*, que ocorre no mundo real e/ou virtual, provocando episódios de violências cotidianas, gerando sofrimentos e humilhações à dignidade de cada "ser". Lembra o autor que as manifestações de violência se revelam por comportamentos impulsivos de agressões, multiplicando-se de maneira difusa e provocando intranquilidade e desarmonia na sociedade. Argumenta sobre a "era do vazio", que afasta importantes valores humanitários, permitindo comportamentos egocêntricos do homem no palco do mundo do "não sentido", provocando-lhe a investigação da sua dupla natureza, ou seja, a de ser bom e de ser mau.

Bauman (1997, p. 43-45) denomina a sociedade atual de sociedade da pós-modernidade, apresentando suas principais características e diferenciando-a do pós-modernismo. Expõe as diversas turbulências enfrentadas pelo homem pós-moderno, trazendo à reflexão o conceito de liberdade que carrega em seu íntimo a noção de vontade ampla e ilimitada. É dele a expressão "modernidade líquida", que se refere à falta de solidez, segurança e estabilidade, entre outros males e violências, enfrentados pela atual sociedade.

Giddens (2002, p. 9) afirma que o mundo atual é um reflexo tardio da modernidade e da sua crise de sentido impregnada de muitas formas de violência. É dele a conhecida expressão "modernidade tardia" e a lembrança de que as sequelas da globalização e dos riscos sociais são enfrentadas pelo indivíduo inserido nas coletividades.

Beck (1999, p. 10-13) fala da "modernidade reflexiva", apontando a necessidade de se adotar atitude reflexiva, discutindo-se as insuficiências e as antinomias da primeira modernidade, que marca a "sociedade do risco", sociedade atual que reflete as incertezas dos rumos da tecnologia e os descontroles ambientais.

Por derradeiro, lembra-se o pensamento de Arendt (2007, p. 471) que menciona o mal que é banalizado por não possuir mais raízes profundas. Esse "mal banal" praticado sem barreiras, pode "crescer e devastar todo o mundo, porque ele se alastra como um fungo sobre a superfície".

A luta pelos direitos humanos vem combatendo a violência sofrida pela humanidade. Todas as gerações ou dimensões desses direitos buscam combater as violências surgidas no decurso da história. Os direitos humanos de primeira dimensão são os civis e os políticos que compreendem as liberdades clássicas, negativas ou formais, que fortalecem o princípio da liberdade; os direitos de segunda dimensão se reportam aos direitos sociais, econômicos e culturais, abrangendo as liberdades positivas ou concretas e fortalecem o princípio da igualdade; os direitos de terceira dimensão concretizam os direitos de titularidade coletiva e/ou difusa e se referem às categorias sociais que consagram o princípio da solidariedade, buscando a união fraterna dos homens. Atualmente, parte da doutrina vem apresentando outras dimensões dos direitos humanos, como a do direito à informação e da genética, entre outros.

A continuidade da luta dos direitos humanos que se efetiva através dos direitos fundamentais, releva, nesse contexto, o direito ao ambiente sadio e ecologicamente equilibrado, que busca preservar e proteger a dignidade da condição humana, das presentes e futuras gerações, a inserção social dos excluídos, a educação socioambiental, a realização da liberdade e da vida, entre outros.

Nesse sentido, a autora deste texto, se manifesta ao afirmar que

> os postulados da dignidade da condição humana e do dever de respeito à ecologia estão protegidos constitucionalmente e podem e devem ser efetivados, praticando-se a solidariedade. Aliás, a concretização desses postulados é meta jurídica a ser eticamente alcançada por todos e para todos, observada a missão do direito de promover a efetividade da justiça e da paz social, que são desdobramentos desses postulados. (VILLAS BÔAS, 2011, p. 209-241).

Se, de um lado, a doutrina contemporânea invoca o combate à violência e crê que a propagação desses comportamentos de violência são crescentes e sem controles, e conduzem o homem ao desencantamento e à falta de esperança, de outro lado, conclamam-se doutrinas em desfavor desses pensamentos e que acreditam em uma mudança de postura dos homens em favor do amor, da esperança e da paz, entre outros.

Apresenta-se, por exemplo, o pensamento do filósofo Luc Ferry (O Estado de São Paulo, Ano III, nº 116, S4, sáb., 09. junho. 2012), que comenta em seu livro a *Revolução do amor*, que "vivemos uma desconstrução dos valores tradicionais e uma constatação de que as revoluções em curso, pelo menos no ocidente, prosseguem e sem armas". Diz que a "revolução do amor" que a sociedade hoje vive é a do "segundo humanismo", referindo-se o primeiro "à lei e à razão do iluminismo e dos direitos humanos dos republicanos franceses e de Kant". Diz que a era contemporânea não é a do desencantamento do mundo, da liquidação do sagrado, mas da encarnação pela humanidade, reportando-se a um "humanismo pós-colonial e pós-metafísico, da transcendência do outro e do amor". E acrescenta que

> a questão que as gerações futuras vão definir, como os ecologistas já compreenderam, é: que mundo vamos deixar a nossos filhos? Essa nova questão política não diz respeito só à ecologia, mas à dívida pública, ao futuro da proteção social, na época da globalização ou a regulação financeira. (FERRY, 2012, p. 4).

Nesse contexto, invoca-se, também, a doutrina de Marcos Caetano ("Marcos Calliari e A. Motta, SP: Évora, 2012, p. X a XII), diretor de Comunicação Corporativa do Itaú BBA, que distingue a geração X (nascida entre os anos de 1946 e 1964) da geração Y (nascida entre os anos de 1980 e 1995), afirmando que na escola da geração X, nem aula de música havia, já que a grande preocupação da época era trabalhar, ganhar dinheiro e cuidar cada vez mais do corpo. Diz que, por isso, antropólogos, sociólogos e "palpitólogos" afirmavam que a humanidade não voltaria a ler, escrever e criar como fazia, anteriormente, ideia totalmente equivocada, considerando-se que hoje os pertencentes à geração Y voltaram a conversar em diferentes línguas. Eles estão escrevendo, lendo, pintando e desenhando, diferentemente do que apontavam as tendências. Essa geração tem a possibilidade de receber aulas de mestres do mundo todo, podendo, inclusive derrubar regimes políticos e redefinir sociedades, entre outros comportamentos transformadores do mundo.

Callari e Mota (Évora, 2012), ilustrando o assunto, afirmam que os jovens pertencentes à geração Y, também conhecidos por *millennials*, começam a ocupar os cargos de chefia e responsabilidade no cenário atual do Brasil, e recordam que são eles os pensadores e projetistas do perfil do governo, do povo e da nação. Lembram que eles se comunicam por linguagem distinta da linguagem da geração anterior (X), apresentando gostos, hábitos, ideários de família, políticos, econômicos, empresariais, educacionais e de globalização, também distintos dos pertencentes à geração X. Espelhando em seus filhos, alertam os autores que são eles

> dignos representantes da geração Y – lendo como nunca em todos os tipos de blogs e portais, escrevendo e postando textos nas mais variadas redes sociais, produzindo fotos e trabalhando-as com recursos artísticos e tecnológicos, dirigindo filmes e divulgando-os ao mundo pelos sites de broadcast, compondo músicas na web e desenvolvendo programas de computador para moldar a vida do jeito que querem, eu passei por uma grande transformação. Ora, se eles podem ser como Leonardo da Vinci, por que eu não posso? (MARCOS CALLIARI e A. MOTTA, SP: Évora, 2012).

São duas as abordagens realizadas pelas doutrinas multidisciplinares sobre a sociedade contemporânea e as questões sobre a violência: de um lado, as que apostam na continuidade da violência, manifestada pela falta de vínculos verticalizados entre as pessoas, pela existência dos vazios, pela ausência de raízes, pela ausência de atitudes reflexivas. De outro lado, as que acreditam no início da verticalização e das condutas reflexivas, que podem afastar manifestações de violências, ao definirem e propagarem a busca de ideais humanitários, que incluam o amor à família e aos próximos, além da necessidade de constante vigilância e proteção do direito à vida e à liberdade. Os direitos fundamentais aqui defendidos, conquistados arduamente por meio das lutas pelos direitos humanos que devem ser respeitados e concretizados em homenagem à paz socioambiental.

3. A PROTEÇÃO INTEGRAL E O CUIDADO ESPECIAL DIANTE DAS VIOLÊNCIAS CONTRA CRIANÇAS E ADOLESCENTES: UM DESAFIO À CONCRETIZAÇÃO DO POSTULADO DA DIGNIDADE DA PESSOA HUMANA

A criança e o adolescente[1] são pessoas em peculiar condição de desenvolvimento físico, psíquico, moral, social e espiritual, portanto, dotados de

[1] De acordo com o art. 1.º da Convenção sobre Direitos da Criança, "considera-se como criança todo ser humano com menos de 18 anos de idade, a não ser que, em conformidade com a lei aplicável à criança, a maioridade seja alcançada antes." No Brasil, o art. 2.º

imaturidade física e psíquica, justificando, por si só, a destinação de proteção e cuidados especiais a eles.

É correto afirmar, dessa forma, que todo o sistema legal e jurídico de proteção específica e integral à criança e ao adolescente, estabelecido pela ordem jurídica internacional e pelo direito interno brasileiro, tem fundamento em razões biológicas, psicológicas, morais, culturais e de conservação e preservação da dignidade da pessoa humana dessa parcela vulnerável da população mundial. Nesse sentido, bem afirma Bobbio:

> [...] deixa-se assim claro que os direitos da criança são considerados como um *ius singulare* com relação a um *ius commune*; o destaque se dá a essa especificidade, através do genérico, no qual se realiza o respeito à máxima *sum couidque tribuere.* Logo, cuida dos direitos da criança como uma especificação da solução dada ao problema dos direitos do homem. (2004, p. 34)

A expressão "proteção" tem como sentido e alcance o fato de que o ser humano, em qualquer condição ou situação, especialmente aquele em situação peculiar ou de vulnerabilidade, necessita de atenção, desvelo e cuidado de outro ser humano, portanto, proteger é destinar cuidado especial a alguém. O "cuidado se encontra na raiz primeira do ser humano, antes que ele faça qualquer coisa" (BOFF, 2002, p. 34).

O termo proteção pressupõe um ser humano protegido e um ou mais seres humanos que o protegem, isto é, basicamente, um ser humano que tem necessidade de outro ser humano. Obviamente, esse segundo ser humano deve ser mais forte que o primeiro, pois deve ter capacidade para protegê-lo (PEREIRA, 2008, p. 24).

Nesse sentido, os direitos infanto-juvenis inseridos na ordem jurídica interna e internacional estão disciplinados sob o manto da Doutrina da Proteção Integral, cujas normas especiais de proteção buscam permitir às crianças e aos adolescentes o desenvolvimento físico, mental, moral, espiritual e social, de forma sadia e em condições de liberdade, igualdade e dignidade.

Como seres humanos em condição especial de desenvolvimento, seus direitos são *ius* especialíssimos, emergindo disso um sistema legislativo e jurídico de proteção especial e integral à população infanto-juvenil, cuja

---

do Estatuto da Criança e do Adolescente estabelece que: "considera-se criança, para os efeitos desta Lei, a pessoa até doze anos de idade incompletos, e adolescente aquela entre doze e dezoito anos de idade."

proteção integral e especial exige a participação ativa e conjunta da família, da sociedade e do Estado.

Traçando um panorama legislativo internacional, o primeiro documento que iniciou o reconhecimento dos direitos da criança como direitos especiais em relação aos direitos da população adulta foi a Declaração dos Direitos da Criança de Genebra, em 1924, reconhecida e adotada pela Liga das Nações.

Mas, o avanço em termos de reconhecimento da categoria de direitos especialíssimos a exigir a destinação de proteção integral à criança e ao adolescente adveio com a Declaração Universal dos Direitos das Crianças (ONU, 1959), que contribui para a concepção de que a criança deve gozar de proteção especial com o fito de proporcionar o desenvolvimento integral (físico, psíquico, moral, intelectual, social e espiritual), merecendo todo cuidado e proteção por parte do Estado, da sociedade e da família.

Na verdade, essa Declaração foi muito mais enunciativa do que vinculativa, razão pela qual a Assembleia Geral das Nações Unidas, em 20 de novembro de 1989, proclamou a Convenção sobre os Direitos da Criança que implementou em matéria de direitos da criança e do adolescente a doutrina da proteção integral, reconhecendo, definitivamente, a condição de sujeitos de direitos, não obstante a peculiar condição de pessoa em desenvolvimento.

A Convenção sobre os Direitos da Criança, na esteia da Declaração Universal dos Direitos do Homem (ONU, 1948), proclamou que a "infância tem direito a cuidados e assistência especiais", e também na esteia da Declaração dos Direitos da Criança, proclamou que "a criança, em virtude de sua falta de maturidade física e mental, necessita de proteção e cuidados especiais, inclusive a devida proteção legal...", cuja proclamação passou a nortear todo o sistema jurídico-legal de proteção integral e especial à criança e ao adolescente.

Logo, para se concretizar "o desenvolvimento harmonioso da criança", num "ambiente de felicidade, amor e compreensão", visando ao "melhor interesse da criança", deve a família, a sociedade e o Estado acolherem a doutrina da proteção integral, estabelecendo a prioridade absoluta no atendimento e socorro à criança e ao adolescente, visando ao adequado desenvolvimento físico, mental, espiritual, moral e social dessa parcela da população (CDC, Preâmbulo).

O Brasil foi um dos primeiros países a ratificar a Convenção sobre os Direitos da Criança e a incorporar a Doutrina da Proteção Integral, considerando criança e adolescente sujeitos de direitos e dotados de autonomia, abandonando por completo a Doutrina jurídica instituída pelo Código de Menores (Lei n.º 6.697/79) que cuidava do menor em situação irregular e recebia por parte do Estado apenas um sistema protecionista e de caráter assistencialista, cujo sistema de proteção integral foi inserido no art. 227 da Constituição Federal,[2] regulamentado pelo Estatuto da Criança e do Adolescente (ECA, Lei n.º 8.069/90), cujo Estatuto da Criança e do Adolescente declarou expressamente que a criança e o adolescente gozam de todos os direitos fundamentais inerentes à pessoa humana (arts. 3.º e 4.º do ECA).

Pode-se afirmar que, diante dos primados da liberdade, da igualdade e da dignidade da pessoa humana, criança e adolescente têm os mesmos direitos humanos e, como extensão desses direitos humanos positivados, os mesmos direitos fundamentais atribuídos à população adulta (art. 3º. ECA).

Vislumbra-se que o Brasil reconheceu os direitos humanos da criança e do adolescente, atribuindo-lhes o caráter de direitos especialíssimos em matéria de proteção, promoção e defesa, sobrepondo-se, inclusive, aos direitos fundamentais atribuídos aos adultos, haja vista que exige proteção integral e especial e plena efetivação não apenas por parte do Estado, mas também por parte da sociedade e da família; cuja proteção integral está assentada na trilogia liberdade, respeito e dignidade, constituindo dever de todos (família, sociedade e Estado) proteger criança e adolescente contra qualquer forma de tratamento violento, desumano, vexatório, degradante, aterrorizante ou constrangedor, colocando-os a salvo contra todo tipo de crueldade e opressão, coibindo o desrespeito, a omissão nos cuidados especiais e a violação a direitos fundamentais e à dignidade humana da criança e do adolescente (art. 227 da CF e art. 18 do ECA).

A violência contra criança e adolescente, qualquer que seja a espécie e forma, representa flagrante violação aos direitos e garantias fundamentais disciplinados pela ordem jurídica, e é certo que a violação a direitos fundamentais é o mesmo que negar a dignidade à pessoa humana.

---

2 "É dever da família, da sociedade e do Estado assegurar à criança e ao adolescente, com absoluta prioridade, o direito à vida, à saúde, à alimentação, à educação, ao lazer, à profissionalização, à cultura, à dignidade, ao respeito, à liberdade e à convivência familiar e comunitária, além de colocá-los a salvo de toda forma de negligência, discriminação, exploração, violência, crueldade e opressão."

A dignidade, enquanto valor atribuído à pessoa humana, equivale a princípio erigido à categoria de regra pela Declaração Universal dos Direitos do Homem (ONU, 1948) e pela Convenção sobre os Direitos da Criança, cujo sistema jurídico e legislativo interno incorporou a dignidade humana como princípio-regra e fundamento da ordem jurídica constitucional (art. 1.º, III, da CF/88) que norteia todo o sistema legislativo infraconstitucional.

A dignidade, antes de ser um princípio-regra, é um valor inerente a toda pessoa humana reconhecida pelas Constituições dos Estados Democráticos sob a inspiração da DUDH, mas não bastou, por si só, o reconhecimento da dignidade humana; foi elementar o estabelecimento normativo dos direitos fundamentais, extensão da dignidade humana, para a concretização do primado dignidade humana, cujos direitos fundamentais são disciplinados, protegidos, promovidos e defendidos pelo Estado e até mesmo contra a atuação Estatal.

Dignidade da pessoa humana não é uma criação, ela nasce, origina-se da própria essência da pessoa humana – nesse sentido, segundo o postulado ético de Kant, o homem, como ser único, absoluto, composto de unidade corpo e alma, dotado de liberdade e razão, "existe como um fim em si mesmo, não simplesmente como meio do qual esta ou aquela vontade possa servir-se a seu talante"(KANT apud COMPARATO, 2010, p. 33).

Logo, como qualidade intrínseca da pessoa humana, não nasce do ordenamento jurídico, pois é algo que integra a essência da pessoa humana; dessa essência emergem direitos naturais e universais (reconhecidos pela DUDH, ONU, 1948), cujos direitos são anteriores e superiores ao próprio Estado organizado e são elementares para a concretização do postulado da dignidade humana, e é certo que tal postulado e direitos universais não podem ser retirados da pessoa humana, todavia, pelo caráter "intangível" (SARLET, 2004, p. 126) pode ser violada no que tange ao respeito, consideração, defesa e promoção (p. 69).

Diante do reconhecimento da dignidade da pessoa humana, urgiu positivar direitos fundamentais que determinam uma prestação positiva por parte do Estado e no outro vértice uma conduta negativa do Estado no sentido de não violar ou não se omitir para promoção, conservação e defesa desses direitos, e por parte de terceiros – cidadãos – dever de observância, respeito e consideração. Logo, a negação ou violação a direitos fundamentais constitui atentado à dignidade humana.

Nesse aspecto, a dignidade da pessoa humana e o pleno exercício dos direitos fundamentais impõem ao Estado e à sociedade o dever de respeito e consideração (dever negativo) e ao mesmo tempo um dever positivo, ou seja, promover, conservar e proteger esses direitos para a garantia de uma vida digna, que se perfaz pela destinação do mínimo existencial (garantia de direitos civis, políticos, econômicos, culturais e sociais). Assevera Pérez, em lição exposta na obra *La Dignidad de La Persona*:

> [...] o princípio da dignidade da pessoa humana impõe ao Estado, além do dever de respeito e proteção, a obrigação de promover as condições que viabilizem e removam toda sorte de obstáculos que estejam a impedir as pessoas de viverem com dignidade. (p. 59 apud SARLET, 2004, p. 111).

No que tange ao respeito e promoção dos direitos fundamentais por parte da família, Estado e sociedade, deve-se ponderar que os direitos fundamentais tem que ser considerados e respeitados pelo Estado brasileiro, Estados estrangeiros e organismos internacionais, bem como por particulares; logo, para o pleno exercício e plena eficácia dos direitos fundamentais, os particulares também estão vinculados ao dever de abstenção e mesmo de prestação, notadamente, em matéria de promoção, conservação e defesa dos direitos da criança e adolescente.

Segundo Sarlet, a dignidade enquanto princípio fundamental faz emergir

> [...] direitos subjetivos à sua proteção, respeito e promoção (pelo Estado e particulares), seja pelo reconhecimento de direitos fundamentais específicos, seja de modo autônomo, igualmente haverá de se ter presente a circunstância de que a dignidade implica também, em última *ratio* por força de sua dimensão intersubjetiva, a existência de um dever geral de respeito por parte de todos (e de cada um isoladamente) os integrantes da comunidade de pessoas para com os demais e, para além disso e, de certa forma, até mesmo um dever das pessoas para consigo mesmas. (2004, p. 114).

Feitas essas considerações acerca do sistema interno e internacional de proteção integral e especial à criança e ao adolescente e do reconhecimento dos direitos humanos infanto-juvenis, é imperioso trazer à baila a efetiva concretização dos direitos humanos da criança e adolescente, positivados sob a forma de direitos e garantias individuais e fundamentais, diante dos reflexos maléficos das violências que acometem toda a humanidade, além daquelas praticadas diretamente contra a criança e o adolescente, parcela da população integrante da categoria das minorias.

Dentro dessa visão, é forçoso admitir que não basta o reconhecimento dos direitos humanos e positivação dos direitos fundamentais visando à concretização da dignidade da pessoa humana; o desafio histórico e atual são a efetivação, a defesa e a promoção da dignidade humana no contexto de violência institucionalizada e estrutural, cuja violência representa um fenômeno histórico, cultural, econômico, político, social, enfim, multicausal.

A criança e o adolescente, não obstantes um sistema jurídico nacional e internacional garantidor de proteção especial e integral através do reconhecimento e implementação dos direitos humanos e garantias fundamentais, correspondem à parcela vulnerável da população que mais sofre com as mazelas da violência física e psíquica oriundas do abuso e negligência, da exploração e abuso sexual, das drogas, da pedofilia, submissão às piores formas de trabalho infantil, privação da convivência familiar, etc.

Além disso, crianças e adolescentes sofrem as mazelas da violência social, cultural e econômica, originária da desigualdade e exclusão social; corrupção e desvio de recursos para promoção dos direitos sociais ou falta de distribuição equitativa de recursos públicos para promoção dos direitos sociais e fundamentais com igualdade regional; discriminação e desigualdade regionais; desemprego; falta de educação ou deficiência de educação; falta de moradia, etc.

Essas violências representam flagrante atentado à dignidade da pessoa humana e à garantia do exercício pleno dos direitos fundamentais e expõem o pleno e harmonioso desenvolvimento da personalidade infanto-juvenil, comprometendo, consequentemente, o direito a uma vida feliz e digna. Na expressão de Sarlet:

> [...] lamentavelmente cada vez mais a dignidade da pessoa humana (de alguns humanos mais do que de outros) é desconsiderada, desrespeitada, violada e desprotegida, seja pelo incremento assustador da violência contra a pessoa seja pela carência social, econômica e cultural e grave comprometimento das condições existenciais mínimas para uma vida com dignidade e, neste passo, de uma existência com sabor de humanidade. (2004, p. 126).

4. CONSIDERAÇÕES FINAIS

Entre outros, escolhe-se a doutrina de Pierucci (2003, p.7-9), apoiada em Max Weber, para se argumentar que a civilização moderna, de fato, encontra-se desencantada com o mundo e com a história da civilização moderna, em razão do desaparecimento do humanismo ético e do esvaziamento do significado de valores seculares, que o acompanham, vindo a promover novos estilos de vida, que avançam em meio às novas tecnologias, ainda indefinidas.

Apoiando-se nos pensamentos de Luc Ferry e de Marcos Caetano, entre outros, pode-se argumentar, também, que um novo humanismo começa a surgir, revelando-se novas atitudes que exaltam novos valores humanos, que buscam *combater* atitudes irreflexivas e sem fundamentos humanitários, no caminho da concretização de direitos fundamentais, que se manifestam de acordo com os novos anseios do homem contemporâneo, que guarda em seus ideários, valores que se propagam, também, pelo amor.

A construção de uma sociedade livre, justa e solidária é elementar para a concretização da dignidade da pessoa humana, manifestada pelo respeito ao direito do idoso, do consumidor, do portador de necessidades especiais, das minorias de uma forma geral, da criança e do adolescente, entre outros, além da dignidade da Terra-ambiente, acolhedora de todos os seres vivos e necessária à manutenção do ambiente ecologicamente equilibrado, que promove a vida com qualidade.

Um dos caminhos para concretização da proteção integral e do postulado da dignidade da pessoa humana é a destinação à população infanto-juvenil de uma educação construtiva e preventiva, baseada em direitos humanos e na cultura da paz, através da qual se ensina e se aprende e apreende cidadania, baseada no conhecimento e gozo de direitos fundamentais, assim como no respeito e consideração aos direitos humanos e fundamentais do próximo, além do respeito e da preservação ao meio ambiente como um todo, cujo processo educativo está centrado na figura da criança e do adolescente, protagonistas do processo educativo, como sujeitos de direitos, cidadãos plenos, detentores de liberdade e autonomia, portanto, responsáveis pelo futuro que lhes pertence.

Somente com atitudes de não violência, o homem, a sociedade e o ambiente podem alcançar a meta principal da contemporaneidade: a paz de todos.

Referências

BAUMAN, Zygmunt. **O mal-estar da pós-modernidade**. trad. Claudia Gama Martinelli e Mauro Gama. Rio de Janeiro: Jorge Zahar, 1997.

BECK, Ulrich. **World risk society**. Cambridge: Polity Press, 1999.

BOBBIO, Norberto. **A Era dos Direitos**. Trad. Carlos Nelson Coutinho. Rio de Janeiro: Elsevier, 2004.

BOFF, Leonardo. **Saber cuidar**: ética do humano-compaixão pela terra. 8. ed. Petrópolis: Vozes, 2002.

CALLARI, Marcos; MOTTA, Alfredo. **Código Y**: decifrando a geração que está mudando o país. São Paulo: Évora, 2012.

COMPARATO, Fábio Konder. **A afirmação histórica dos direitos humanos**. 7. ed. rev. atual. São Paulo: Saraiva, 2010.

FERRY, Luc. Revolução do amor. **O Estado de São Paulo**, ano III, n. 116, S4, sábado, 9 jun. 12.

GIANNETTI, Eduardo. A aceleração consumista. **O Estado de São Paulo**, J1 e J4, Aliás, domingo, 19. ago. 12.

GIDDENS, Anthony. **Modernidade e identidade**. Trad. Pinto Dentzien. Rio de Janeiro: Jorge Zahar, 2002.

LIPOVETSKY, Gilles. **A Era do Vazio**: ensaios sobre o individualismo contemporâneo. Trad. Therezinha Monteiro Deutsch. Barueri: Manole, 2005.

PEREIRA, Tânia da Silva. **Direito da criança e do adolescente**: uma proposta interdisciplinar. 2. ed. ver. ampliada. Rio de Janeiro: Renovar, 2008.

PIERUCCI, Flávio Antônio. **O desencantamento do mundo**: todos os passos do conceito em Max Weber. São Paulo: 34, 2003.

SARLET, Ingo Wolfgang. **Dignidade da Pessoa Humana e Direitos Fundamentais na Constituição Federal de 1988**. 3. ed. Porto Alegre: Livraria do Advogado, 2004.

VILLAS BÔAS, Regina Vera. Concretização dos postulados da dignidade da condição humana e da justiça. **Revista de Direito Privado**, ano 12, n. 47, p. 209-241, jul./set. 2011.

A CIDADANIA, A EMPREGABILIDADE E O RESPEITO AOS DIREITOS HUMANOS E FUNDAMENTAIS EM FACE À REALIDADE CARCERÁRIA: UM DESAFIO AO PROCESSO DE DESENVOLVIMENTO SOCIAL E NACIONAL

Viviane Coêlho de Séllos Knoerr(*)
José Edmilson de Souza Lima(**)

1. INTRODUÇÃO

Ao defender que a ressocialização dos encarcerados é um desafio ao processo de desenvolvimento social e nacional, compreendendo o problema do meio ambiente urbano, do exercício da cidadania e do comprometimento de todos os setores da sociedade para sua equalização, inclusive do setor empresário, viabilizando condições de empregabilidade dos egressos do sistema prisional, observa-se sua dimensão de problema de interesse geral.

A questão a ser provocada é a própria responsabilidade dos agentes sociais no estado democrático de direito, no qual as empresas, ou segundo setor, desempenham papel fundamental, seja na geração de empregos ou de oportunidades, visando à efetivação constitucional no referente à inerência dos direitos fundamentais a toda pessoa humana.

(*) Doutora em Direito do Estado – Direito Constitucional pela PUC/SP, mestre em Direito das Relações Sociais pela PUC/SP, especialista em Direito Processual Civil pela Puccamp. Advogada, professora e coordenadora do Programa de Mestrado em Direito Empresarial e Cidadania do Unicuritiba.

(**) Pós-Doutor em Meio Ambiente e Desenvolvimento pela PPGMADE-UFPR, doutor em Meio Ambiente e Desenvolvimento pela PPGMADE-UFPR, mestre em Sociologia Política pela UFSC. Professor do Programa de mestrado em Direito Empresarial e Cidadania do Unicuritiba.

Reconhece-se que tanto aquele que precisa ser ressocializado para viver com dignidade quanto as demais pessoas de uma comunidade, para viver com segurança (e, concomitantemente, como qualquer membro da sociedade humana ou organização estatal, dada sua dimensão transindividual), são, em última análise, destinatários do direito que aparentemente apenas alcançaria o público do sistema prisional, o direito fundamental à ressocialização, à integração, à preparação para o pleno emprego, à cidadania e à dignidade.

2. DIREITO INDIVIDUAL

O direito dos encarcerados serem devidamente preparados para uma nova adaptação social em seu regresso à liberdade é inerente à sua qualidade de pessoa humana, razão pela qual a prisão não pode ser para a sociedade livre – nem mantida como –, um setor improdutivo e custoso ao Estado, mas como um espaço social de restauração e produção. A promoção da ressocialização deve ser assegurada a cada um daqueles que vier a se encontrar, por qualquer motivo, no sistema prisional, vez que o indivíduo é célula de toda e qualquer sociedade.

Assim, verifique-se que, como em seu Preâmbulo, a Constituição Federal prevê que o Estado Democrático instituído destina-se "a assegurar o exercício dos direitos sociais e individuais, a liberdade, a segurança, o bem estar, o desenvolvimento, a igualdade e a justiça, como valores supremos de uma sociedade fraterna, pluralista e sem preconceitos...", a previsão dos direitos individuais pelo art. 5.º é ratificadora.

Isso decorre do fato de nossa Constituição também ratificar os direitos individuais universais, os quais ganharam essa universalidade após a Revolução Francesa de 1789, pelo surgimento da Declaração dos Direitos do Homem e do Cidadão, texto que, em 17 artigos, proclamou os princípios da liberdade, da igualdade, da propriedade e da legalidade e as garantias individuais liberais que ainda se encontram nas declarações contemporâneas.

Também se deve lembrar da Declaração Universal dos Direitos do Homem, adotada pela Assembleia Geral da ONU, em dezembro de 1948, que representa a internacionalização dos direitos fundamentais iniciada no segundo pós-guerra (1939-1944), cuja eficácia está na dependência de definição ao nível da legislação de cada país.

Nesses termos, considerando-se que:

a) incorporadas, porém, ao texto Constitucional, as declarações de direitos têm aplicabilidade imediata, como é disposto pelo art. 5.º, §1.º, de nossa Lei Maior;
b) que a efetividade das mesmas é assegurada, contemporaneamente, por meio das garantias constitucionais dos direitos fundamentais;
c) que essas garantias estão inscritas no texto constitucional brasileiro no mesmo art. 5.º, pode-se afirmar que perseguimos mais que a proteção dos direitos do homem, sua efetivação, a ação transformadora da realidade social.

Lembre-se de que, ao delinear seus princípios fundamentais, a Constituição Federal prescreve em seu art. 1.º que a República Federativa do Brasil é formada pela união indissolúvel dos Estados e Municípios e do Distrito Federal, constituindo-se em um Estado Democrático de Direito que tem como fundamentos, dentre outros, a dignidade da pessoa humana (HUME, 1754, p. 17).

Semelhantemente, o art. 3.º tutela a pessoa humana ao constituir, dentre os objetivos fundamentais da República, a promoção do bem de todos, "*sem preconceitos* de origem, raça, sexo, cor, idade *e quaisquer outras formas de discriminação*."

Compete-nos, destarte, verificar o direito à ressocialização como uma prerrogativa fundamental da pessoa de cada encarcerado, como enfoque de interesse individual, o qual, como diz Mancuso, é suscetível de "captação e fruição pelo indivíduo isoladamente considerado" (1991, p. 62).

Sabidamente, a característica geral atribuída aos encarcerados e ex-detentos é a marginalidade. Em razão de sua condição, são socialmente marginalizados em virtude de um problema incomensurável de ordem social, política e jurídica. E, segundo Beccaria: "o meio mais seguro, mas ao mesmo tempo mais difícil de tornar os homens menos inclinados a praticar o mal, é aperfeiçoar a educação" (2001, p. 103).

Destarte, cada pessoa privada de liberdade tem o direito à ressocialização, ao retorno digno ao seio familiar, ao mercado de trabalho, à vida política e em comunidade, sem sofrer preconceitos ou barreiras sociais prejudiciais ao seu reingresso à cidadania. Pois, como se já não assegurasse a dignidade a todos, nossa Constituição Federal veda qualquer prática discriminatória negativa ao estabelecer como objetivo da República que se promova o bem de todos sem preconceitos e quaisquer formas de discriminação.

Isso implica a necessidade da criação de condições experimentais das práticas sociais, mediante tutela e supervisão do Estado, em forma de laboratório permanente (MARQUES, 1982, p. 50),[1] até que se atinjam os fins da condenação, afinal, se o indivíduo é condenado à perda temporária da liberdade é porque para o Direito sua conduta era perigosa, nociva, ilegal e antissocial, um risco geral.

No entanto, como pregado por Beccaria, "as penas que ultrapassam a necessidade de conservar o depósito da salvação pública são injustas por sua natureza" (2001, p. 18), o que por certo implica que a pena não poder exceder aos limites necessários para a promoção da segurança da sociedade e de seus membros. E é a norma infraconstitucional que consagra especificamente os direitos e deveres do condenado preso[2] e da sociedade, a qual, através da prisão, restringe a liberdade do condenado a fim de controlar seu comportamento e educar sua personalidade agressiva aos limites admitidos para a convivência pacífica, pois, se foi impossível evitar o crime, que ao menos seja possível evitar a reincidência.

3. EDUCAÇÃO PARA O TRABALHO COMO FORMA DE DIGNIFICAÇÃO PESSOAL

A ressocialização do encarcerado é a "finalidade moderna da pena privativa de liberdade, que só, sob esse prisma, tem sua justificativa hoje" (SZNICK, 1993, p. 172): pela educação,[3] cujo respaldo constitucional reside

---

[1] O autor complementa esse raciocínio ao dizer: "Não será através da pena de prisão e da polícia nas ruas que iremos diminuir efetivamente os índices de criminalidade. Se não alterarmos a estrutura socioeconômica brasileira, a população continuará indefesa, diante do crescimento da criminalidade que em muito se assemelha a uma verdadeira revolta dos marginalizados."

[2] Reflexão pertinente aos deveres e direitos do condenado, ao tratar sobre o livramento condicional, é de Zvirblis (2001, p. 68): "Em um Estado democrático de Direito (Constituição Federal, art. 1.º), não há como aceitar a agravação obrigatória da pena pela reincidência."

[3] Dallari (1998, p. 47): "A educação é um processo de aprendizagem e aperfeiçoamento, por meio do qual as pessoas se preparam para a vida. Através da educação obtém-se o desenvolvimento individual da pessoa, que aprende a utilizar do modo mais conveniente sua inteligência e sua memória. Desse modo, cada ser humano pode receber conhecimentos obtidos por outros seres humanos e trabalhar para a obtenção de novos

no artigo 205 da Lei Maior do Estado Brasileiro, o qual apregoa a educação como "direito de todos e dever do Estado". E se acatarmos ser essa, ao lado da profissionalização e do trabalho, a única forma de socialização da pessoa humana, somos induzidos a constatar que mais ainda de ressocialização. E esse é um assunto de Estado.[4]

O propósito neste capítulo é provocar o questionamento sobre ser ou não necessário tratar na Constituição brasileira o tema da reeducação do encarcerado de forma explícita, tal qual prescreve o artigo 27 da Constituição italiana, a qual estabelece, além da previsão de que as penas não poderão imputar tratamentos contrários ao senso de humanidade, que as mesmas "devem visar à reeducação do condenado". Nesses termos, pensa-se em uma educação para o trabalho, visando à vida pós-cárcere.

Sobre essa questão, remete-se à pregação clássica de Beccaria: "o direito de punir não pertence a nenhum cidadão em particular; pertence às leis, que são órgão da vontade de todos. Um cidadão ofendido pode renunciar à sua porção desse direito, mas não tem nenhum poder sobre a dos outros" (2001, p. 62). No entanto, o direito à ressocialização dos detentos é um direito meta-individual, pertence a todos, e este pode ser interpretado como um direito-dever.

O mesmo artigo 205, vale dizer, determina ser a educação também um dever da família, "grupo social primário ou básico no qual, em geral, se realiza boa parte da socialização", cuja organização resulta na formação da personalidade da pessoa, "aspecto central da existência presente e futura" (COIMBRA, 1976, p. 31). É de se esperar a reintegração do preso ao seio familiar quando livre, assim como o zelo dos familiares durante e após a prisão, para a não reincidência no crime.[5]

Por tais razões, a educação do preso (e também de seus familiares) deverá ser promovida mediante incentivo e colaboração da sociedade. Mas

conhecimentos. Além disso, a educação torna possível a associação da razão com os sentimentos, propiciando o perfeiçoamento espiritual das pessoas."

[4] Costa Pinto (1975, 114): "A educação não é um valor absoluto, nem a escola uma instituição incondicionada. A educação e a escola de uma sociedade em transição também refletem essa transição e essa marginalidade característica da estrutura de que fazem parte."

[5] Para Carnelutti (1995, p. 24): "O delito não é mais que uma explosão de egoísmo, na sua raiz. O outro não importa; o que importa, somente, é o consigo. Somente abrindo-se para com outro, o homem pode sair da prisão."

isso depende de ações e compromisso e não apenas do cada vez mais aludido *não preconceito* ou *atitude politicamente correta*.[6]

Tanto que a educação é dimensionada em sentido holístico pelo ditame constitucional e visará ao pleno desenvolvimento da pessoa. Implica preocupação maior que fornecer escolaridade, mas oferecer oportunidades para todos com vistas à cidadania e à profissionalização, como meio de emancipação individual.[7]

Mas o indivíduo que se encontra em privação de liberdade não costuma se compreender um reeducando, mas um encarcerado, e não um marginalizado, um marginal. A sua condição de preso parece apenas elevar a sensação da marginalidade e por si só não o faz enxergar a possibilidade de perder a condição de marginal. O que se aponta são limitadas expectativas de futuro, por nós tripartidas:

1. Ser tratado e educado pelo Estado e pela família de maneira eficaz à sua ressocialização, dimensionando uma nova vida, inserção comunitária e eliminação da condição de marginalidade prévia. Situação ideal, devir.
2. Ter suas características pessoais ignoradas pelo Estado e pela família, tendo sua condição de marginalidade inerte, estacionária perante o encarceramento, fazendo dessa realidade apenas mais um fato ocorrido em sua existência e a marginalidade sua condição de pessoa. Ao deixar o estabelecimento prisional o indivíduo procurará as mesmas "atividades" anteriores, sabendo do risco de nova prisão, mas crendo que seu caminho é "esse mesmo". Prejuízo para o Estado, desconforto para a família, ameaça social.
3. Tornar-se revoltado para com o Estado, a família e a sociedade de modo a agravar no sistema prisional sua condição de marginalidade,

[6] Entende-se que, não obstante a existência de trabalhos sociais promovidos por ONGs e principalmente por movimentos religiosos nas unidades prisionais, é também devida assistência emocional à família do preso para que a mesma possa colaborar para a reinserção deste à sociedade assim como para apagar o possível espírito de revolta.

[7] Coimbra (1976, p. 36): "O trabalho, sob todas as suas formas sancionadas, é inegavelmente o modo mais desenvolvido de emancipação do indivíduo. A ocupação, ou a profissão, é um requisito essencial à definição do cidadão. Ao lado do nome, idade, sexo, cor, estado civil, o indivíduo se classifica, socialmente, inclusive pela profissão que tem ou pela ocupação que exerce."

potencializando as características adquiridas ao longo de sua existência marginalizada, fazendo do período de tempo em que estiver sob a custódia do Estado, fase de aprimoramento de técnicas criminosas, escola de marginalização social ou "universidade do crime". Risco iminente para todos, já que inevitável o retorno à comunidade assim que cumprida a pena.

4. PROPOSTAS PARA O DESENVOLVIMENTO DO PROCESSO INDIVIDUAL DE RESSOCIALIZAÇÃO

Ressocializar-se é o mesmo que tornar o homem apto a viver em sociedade novamente, consoante o *modus vivendi* da maioria; pressupõe modificação de conduta pessoal no intuito de se harmonizar à conduta moral e jurídica no âmbito social.[8]

Mas para que a mudança de conduta seja definitiva, é mister que se resgatem os valores inerentes à humanidade, ao lícito e à convivência harmônica, pois o agir é apenas um elemento externo que exprime o pensar

---

[8] Por tal razão, necessário o respeito aos princípios da Boa Condição Penitenciária, citados em Foucault (1987, p. 224 e 225), da seguinte maneira: "[...] Ora, esses princípios, de que ainda hoje se esperam os efeitos tão maravilhosos, são conhecidos: constituem, há quase 150 anos, as sete máximas universais da boa "condição penitenciária".

"1) *Princípio da correção*: A detenção penal deve ter por função essencial a transformação do comportamento do indivíduo [...];

2) *Princípio da classificação*: Os detentos devem ser isolados ou pelo menos repartidos de acordo com a gravidade penal de sue ato (...);

3) *Princípio da modulação das penas*: As penas, cujo desenrolar deve ser modificado segundo a individualidade dos detentos, os resultados obtidos, os progressos ou as recaídas [...];

4) *Princípio do trabalho como obrigação e como direito*: O trabalho deve ser uma das peças essenciais da transformação e da socialização progressiva dos detentos [...];

5) *Princípio da educação penitenciária*: A educação do detento é, por parte do poder público, ao mesmo tempo uma precaução indispensável no interesse da sociedade e uma obrigação para com o detento: 'Só a educação pode servir de instrumento penitenciário. A questão do encarceramento penitenciário é uma questão de educação' (Cf. LUCAS, De la réforme des prisons, 1838) [...]

6) *Princípio do controle técnico da detenção*: O regime da prisão [...] deve ser [...] controlado e assumido por um pessoal especializado que possua as capacidades morais e técnicas de zelar pela boa formação dos indivíduos [...];

7) *Princípio das instituições anexas*: O encarceramento deve ser acompanhado de medidas de controle e de assistência até a readaptação definitiva do antigo detento [...]".

e o sentir, além dos próprios valores e princípios individualmente consagrados. E o sistema prisional é o principal responsável por essa transformação.

Sabe-se o quanto a Constituição Federal, por seus valores, princípios e regras, em especial ao prever os direitos individuais e coletivos fundamentais, visa resguardar um mínimo de existência digna à pessoa humana e à sociedade, e que assumimos compromissos perante toda a humanidade, por meio de pactos internacionais pela proteção da dignidade do ser, obrigando todas as demais normas jurídicas, legisladores, intérpretes e operadores do Direito a seguirem essa linha humanística. Nota-se ainda que a Norma Constitucional se complementa pela Lei de Execuções Penais, norma infraconstitucional regulamentadora do "Direito Penitenciário", prescritora das regras viabilizadoras da complexa ressocialização do encarcerado.

E é nesse contexto, e sobre:

1. A Resolução n.º 14, de 11 de novembro de 1994, publicada no DOU de 2.12.1994, resultante da decisão do Conselho Nacional de Política Criminal e Penitenciária, reunido em 17 de outubro de 1994, com o propósito de estabelecer regras mínimas para o tratamento de Presos no Brasil;
2. A recomendação, nesse sentido, aprovada na sessão de 26 de abril a 6 de maio de 1994, pelo Comitê Permanente de Prevenção ao Crime e Justiça Penal das Nações Unidas, do qual o Brasil é Membro;
3. O disposto na Lei n.º 7.210, de 11 de julho de 1984 (Lei de Execução Penal);
4. Os ditames constitucionais previsores do direito à vida (art. 5.º, *caput*, da CF/88); do direito à integridade física e moral (arts. 5.º III, V, X e XLIII, da CF/88); do direito à propriedade (material ou imaterial), mesmo estando o preso limitado ao exercício de alguns desses direitos como proprietário (art. 5.º, XXII, XXVII, XXVIII, XXIX e XXX/88); do direito à liberdade de consciência e de convicção religiosa (art. 5.º, VI, VII, VIII da CF/88); do direito à instrução (arts. 208, I, e § 1.º, da CF/88); do acesso à cultura (art. 215 da CF/88); do direito e sigilo de correspondência e das comunicações telegráficas, de dados e telefônicas (art. 5.º, XII, da CF/88); do direito de representação e de petição aos Poderes Públicos em face a abusos de autoridade (arts. 5.º, XXXIV, *a*, da CF/88); do direito à expedição de certidões pelas repartições administrativas sobre sua

pessoa, facilitando inclusive sua ampla defesa (art. 5.º, XXXIV, *b*, LXXII, *a* e *b*, da CF/88); do direito à assistência judiciária (art. 5.º, LXXIV, da CF/88); do direito a praticar atividades culturais, artísticas, intelectuais, tecnológicas e científicas (art. 5.º, IX e XXIX, da CF/88); do direito à indenização por erro cometido pelo Judiciário, assim como por prisão além do tempo fixado na sentença (art. 5.º, LXXV da CF/88), regras mínimas para o tratamento do preso no Brasil, que apoiamos, sejam exigidas pela sociedade, com o intuito de sedimentar o cultivo dos valores humanos fundamentais para o processo individual de ressocialização da pessoa privada de liberdade, providências estruturais básicas, de baixo custo e que possibilitem o exercício das prerrogativas legalmente garantida; que passamos a oferecer sob a forma de sugestões, as pontuações que se seguem:

a) É mister a adoção, pelo Estado, de medidas eficazes para a proteção da vida e integridade pessoal de todos os encarcerados, assim como de todas as pessoas que ingressem nas dependências carcerárias, dentre elas os visitantes, os voluntários, os agentes penitenciários e os advogados.
b) De acordo com as características pessoais de cada preso ao adentrar no sistema, deve ser possível separá-lo de criminosos de maior periculosidade para afastar influências. Para tanto, é de primeira importância se cumprir a normativa internacional,[9] incorporada pelo sistema jurídico pátrio e tratada complementarmente por meio da Lei de Execuções Penais, de que presos provisórios e definitivos devem restar separados, possibilitando não somente a divisão entre provisórios e apenados, mas também a separação dos presos definitivos de acordo com o grau de periculosidade.

---

[9] Regras mínimas para o tratamento dos reclusos, adotadas pelo Primeiro Congreso das Nações Unidas sobre Prevenção do Delito e Tratamento do Delinquente, celebrado em Genebra em 1955, e aprovadas pelo Conselho Econômico e Social em suas resoluções 663C (XXIV) de 31 de julho de 1957 e 2076 (LXII) de 13 de maio de 1977, Nações Unidas, Escritório do Alto Comissionado para os Direitos Humanos – Corte Interamericana de Direitos Humanos e Determinação da Assembléia Geral da ONU, Resolução n.º 2.858, de 20/9/1971 reiterada pela Resolução n.º 3.858, de 6/11/1974, consequentes ao IV Congresso das Nações Unidas sobre a Prevenção do Delito e do Tratamento do Delinquente, realizada em Kioto, no Japão, em 1970, fixando os limites do poder-dever de punir.

c) Sendo os recursos organizacionais do sistema prisional constantemente aperfeiçoados, estes serão ajustados às normas internacionais de proteção aos direitos humanos aplicáveis à matéria, as quais, incorporadas pela nossa Constituição, viabilizam a permissão da participação de presos em processos decisionais internos, como forma de aprendizado da cidadania.
d) Devem ser implantados acompanhamentos psicológicos e psiquiátricos de modo a atender ao menos duas vezes por semana cada preso, na medida de suas carências pessoais, compreendo-se tal serviço como questão de saúde pessoal e de interesse público.
e) Os instrumentais pedagógicos a serem aplicados nas instituições prisionais devem atender às expectativas de formação integral da pessoa, tais quais arte e arteterapia, musicalização e musicoterapia, teatralização e práticas desportivas também permitindo o aproveitamento integralizador desses recursos como terapia, cultura e profissionalização, permitindo aos presidiários inclusive o trabalho (laborterapia) nessas próprias atividades, já que em várias de suas vertentes, de formação breve, e para que se viabilize a liberdade de "expressão da atividade intelectual, artística, científica e de comunicação" na medida do que é possível mediante a ausência de liberdade de locomoção.[10] O atendimento integral, então, deverá ser fomentado tanto por questão terapêutica quanto cultural e para a descoberta de talentos ocultos a serem desenvolvidos e valorizados, com a possibilidade de profissionalização e resgate da dignidade individual.

5. O PROBLEMA DO ACESSO AO TRABALHO

Diante do contingente de excluídos em proporções alarmantes em todo o globo, uma vez que o trabalho humano a cada dia se torna mais desnecessário e competitivo, falar-se em dar emprego ou contratar a mão de obra de uma pessoa que se desviou da conduta correta, para ocupar o posto de trabalho de outra que não cometeu delito algum e por essa razão talvez

[10] A liberdade de expressão intelectiva é prevista pelo art. 5.°, IX da CF/88 e resiste, na medida do possível, à ausêcia de liberdade física, já que a transcende.

tenha condições de ser considerada mais merecedora dessa oportunidade, pode parecer algo impensável.

Contudo, é inquestionável o fato de que o trabalho (diversamente do que propagava Aristóteles) dignifica o homem e essa chance pode fazer a diferença para aqueles a quem a vida já tirou quase todas.[11] Tal qual propagado por Hiller:

> É indispensável ao homem realizar-se pelo uso dos dons que lhe foram concedidos. A discrepância entre a atividade costumeira e as capacidades latentes provoca, não somente muitas tensões na vida profissional, mas também várias situações de conflito interior, por atuar inconsciente e incontroladamente em todos os setores da vida. O subdemandado tende à resignação. Não possuindo mais consciência de seus dons e capacidades, acabará alheando-se de si mesmo. (1973, p. 64).

A implantação de projetos que possibilitem capacitação e estágio profissional, em conformidade com a Constituição Federal, com a normativa internacional e com a Lei de Execuções Penais, em todas as instituições carcerárias tem poder transformador e integrativo.[12] E, cabe dizer, para

---

[11] Veja-se em Ramos (1996, v. I, p. 151): "Inútil, ocioso, a vagar à toa, ouvindo a parolagem dos grupos, tentando familiarizar-me – e o trabalho abandonado. Nunca me vira sem ocupação: enxergava na preguiça uma espécie de furto. Necessário escrever, narrar os acontecimentos em que me embaraçva. Certo não os conseguiria desenvolver: faltava-me calma, tudo em redor me parecia insensato."

[12] Foucault (1987, p. 202 e 203): "O trabalho é definido, junto com o isolamento, como um agente da transformação carcerária. E isso desde o código de 1808 (...) O trabalho não é nem uma adição nem um corretivo ao regime de detenção: quer se trate de trabalhos forçados, da reclusão, do encarceramento, é concebido, pelo próprio legislador, como tendo que acompanhá-la necessariamente. Mas uma necessidade que justamente não é aquela de que falavam os reformadores do século XVIII, quando queriam fazer da prisão ou um exemplo para o público ou uma reparação útil para a sociedade. No regime carcerário, a ligação do trabalho e da punição é de outro tipo. Várias polêmicas surgidas na Restauração ou durante a monarquia de julho esclarecem a função que se empresta ao trabalho penal. Discussão em primeiro lugar sobre o salário. O trabalho dos detentos era remunerado na França. Problema: se uma retribuição recompensa o trabalho em prisão, é porque este não faz realmente parte da pena; e o detento pode então recusá-lo. Além disso, o benefício recompensa a habilidade do operário e não a regeneração do culpado: 'os piores elementos são quase em toda parte os mais hábeis operários; são os mais retribuídos, consequentemente, os mais intemperantes e os menos aptos ao arrependimento'." (citação de Foucault a JJ Marquet Vasselot).

assegurar seu direito ao trabalho, o encarcerado pode impetrar mandado de segurança em face da omissão ou de ato ilegal, arbitrário ou abusivo cometidos pela autoridade do presídio, dentro do que preceitua o art. 5.°, LXIX, da Constituição Cidadã, lei máxima do Estados brasileiros.

5. CONSIDERAÇÕES FINAIS

Na busca pela compreensão das dimensões individuais e supraindividuais da responsabilidade social sobre a tarefa de ressocializar aqueles que desviam suas condutas, houve, por meio deste trabalho, como preocupação central, a condição humana, a igualdade jurídica entre as pessoas, a dignidade do homem, a conquista e a efetivação de direitos e o dever comum para com o Estado: a cidadania em seu sentido mais amplo, sentida pela pessoa que trabalha e contribui para o crescimento de seu país.

Partindo da premissa de que a ressocialização, tal qual a socialização, é um direito-dever, já que inerente à cidadania, sustenta-se que, embora direito individual, a ressocialização dos encarcerados é ao mesmo tempo direito de todos e dever do Estado e, como dever do Estado, dever de todos.

Esse raciocínio apenas evidencia que ações de responsabilidade social visando à reintegração dos encarcerados no meio social através de seu trabalho são necessárias.

Um imperativo de mudança se faz com relação às medidas pró-ressocialização, pois, até o momento, conforme Hesselbein, Goldshmith e Beckhard:

> Estamos nos tornando cada vez mais dolorosamente conscientes do perigoso enfraquecimento de nossa estrutura social. Drogas, gangues, analfabetismo, pobreza, crime, violência, dissolução da família – isto tudo continua em uma espiral descendente. Os líderes do presente começam a admitir que tais problemas sociais colocam em risco todos os aspectos da sociedade. Os líderes do futuro percebem que os setores dos quais tradicionalmente se esperavam soluções para esses problemas estão muito distantes da capacidade de tratá-los – a saber, os setores governamental e social. (1996, p. 167).

Ao trabalhar, o encarcerado não apenas se prepara para a reintegração ao meio social, como também resgata sua autoestima e passa a ser visto pela perspectiva do setor produtivo, saindo da marginalidade e da prática da violência como meio de vida. O trabalho engrandece a alma humana, resgata a honra de quem a tenha perdido e possibilita o desenvolvimento integral da pessoa como cidadã. Sob o aspecto social e empresarial, o crescimento do país depende da relação criada entre os empregadores, o governo, os clientes e, internamente, mas de maneira vital, de seus empregados e prestadores de serviços, trabalhadores que, direta ou indiretamente, compõem o setor produtivo.

Referências

BECCARIA, Cesare Bonasena Marchesi di. Dos delitos e das penas. Trad. Flório de Angelis. Bauru: Edipro, 2001.

CARNELUTTI, Francesco. **As misérias do processo penal**. Trad. José Antônio Cardinalli. Campinas: Conan, 1995.

COIMBRA, Telma. **O menor e a atuação da Febem-SP**: diagnóstico para novos rumos. São Paulo: Febem, 1976.

DALLARI, Dalmo de Abreu. **Direitos Humanos e cidadania**. São Paulo: Moderna, 1998.

FOUCAULT, Michel. **Vigiar e punir**: nascimento da prisão. Trad. Raquel Ramalhete. Petrópolis: Vozes, 1987.

HESSELBEIN, Frances; GOLDSHMITH, Marshall; BECKHARD, Richard. **O líder do futuro**. Trad. Cynthia Azevedo. São Paulo: Futura, 1996.

HILLER, Egmont. **Humanismo e técnica**. Trad. Carlos Lopes de Mattos. São Paulo: EPU, 1973.

HUME, David. **Idea of a perfect Commonwealth**. 1754. University of Virginia Library: Electronic Text Center, 2000. (E-Book created using ReaderWorks™ Publisher Preview, produced by OverDrive, Inc., Center of Religion and Democracy – University of Virginia).

__________. **Of the first principles of Government**. 1779. University of Virginia Library – Electronic Text Center, USA. 2000. (E-Book created using Reader Works™ Publisher Preview, produced by Over Drive, Inc., Center of Religion and Democracy – University of Virginia.

MANCUSO, Rodolfo de Camargo. **Interesses difusos**: conceitos e legitimação para agir. 2. ed. São Paulo: RT, 1991.

RAMOS, Graciliano. **Memórias do cárcere**. 32. ed. Rio de Janeiro; São Paulo: Record, 1996. v. I e II.

SZNICK, Valdir. **Direito Penal na nova Constituição**: terrorismo, pena de morte, tortura-racismo, confisco-banimento. São Paulo: Ícone, 1993.

ZVIRBLIS, Alberto Antônio. **Livramento condicional e prática de execução penal**. Bauru: Edipro, 2001.

VINTE ANOS DO JULGAMENTO DO CASO MAUERSCHÜTZEN: REFLEXÕES ACERCA DA INJUSTIÇA EXTREMA

Nelson Finotti Silva(*)
Tiago Clemente Souza(**)

1. INTRODUÇÃO

Em 3 de novembro de 2012 completaram-se 20 anos do julgamento do caso Mauerschützen, marcado por profundos debates teóricos que estão em consonância com todas as discussões jusfilosóficas promovidas principalmente após o fim da Segunda Guerra Mundial.

(*) Pós-doutorando em Psicologia da Saúde na Faculdade de Medicina de São José do Rio Preto – FAMERP. Doutor em Direito Processual Civil pela Pontifícia Universidade Católica de São Paulo (2008). Mestre em Direito do Estado pela Universidade de Franca (2001). Especialização em Direito do Estado no Estado Democrático de Direito pela Universidade de Franca (2001). Especialização em Didática do Ensino Superior pela União das Faculdades do Norte Paulista (1998). Graduado em Direito pela Faculdades Metropolitanas Unidas (1985). É professor titular concursado da cadeira de processo civil da Faculdade de Filosofia Ciências e Letras de Catanduva e do curso de Pós-Graduação "latu sensu". Pesquisador do Grupo de Pesquisa Psicologia da Saúde da Faculdade de Medicina de São José do Rio Preto – FAMERP. Procurador do Estado de São Paulo. nfinotti1@gmail.com

(**) Doutorando em Direito pela UFMG, bolsista CNPq. Mestre em Teoria do Estado e do Direito pelo Univem, bolsista CAPES. Especialista em Direitos Humanos pela Faculdade de Direito da Universidade de Coimbra/PT, bolsista Fórmula Santander Bolsa de Mobilidade Internacional. Bacharel em Direito pelo Univem em 2010. Pesquisador do Grupo de Pesquisa "Constitucionalização do Direito Processual", cadastrado no diretório de grupos de pesquisa CNPQ, do UNIVEM. Foi Professor na Faculdade de Colider – FACIDER. Foi chefe do Centro de Pesquisa e Extensão da Faculdade de Colider, bem como vice-líder do Grupo de Pesquisa BIOCIDER

Alexy, teórico alemão da Escola de Kiel, comentador de outros casos,[1] publicou o artigo *Derecho injusto, retroatividad y principio da legalidade penal. La doctrina del Tribunal Constitucional Federal alemán sobre lós homicídios cometidos por lós centinelas del Muro de Berlin*, analisando o caso Mauerschützen, fazendo algumas considerações sobre a Fórmula de Radbruch, direito injusto, ignorância moral, culpabilidade, direito suprapositivo entre outras questões que envolveram o caso (ALEXY, 2000, p. 197-230).

Este artigo tem por objetivo, inicialmente, apresentar o que se chama "atual paradigma jurídico", construído a partir de uma análise crítica direito oriundo das teorias clássicas, em que se buscará demonstrar a necessária (re)aproximação do direito e a moral, que culminará na necessidade de se estabelecer uma ética do discurso diante do atuação criativa do hermeneuta.

Em seguida, apresentar-se-á o caso das sentinelas do muro de Berlim (caso Mauerschützen), pontuando as condições fáticas da noite de 14 de fevereiro de 1972, bem como o direito que vigorava na extinta República Democrática Alemã, e os fundamentos das decisões do Tribunal Territorial Alemão, Tribunal Supremo Federal e a Corte Constitucional Alemã.

Finalmente, apresentar-se-ão as considerações de Alexy sobre os fatos e seus desdobramentos jurídicos, em que se poderá observar a preocupação do filósofo de Kiel sobre a moralização do Direito, ou seja, a captura do mundo jurídico pela moral de forma exacerbada e irracional, culminando numa instabilidade do sistema jurídico.

"Bioética e Biodesenvolvimento da Faculdade de Colider-FACIDER". Foi professor do Unisalesiano – Lins/SP. Foi professor substituto da UFMG, junto ao Departamento de Introdução ao Direito e Direito do Trabalho – DIT. Foi professor nas Faculdades Santo Agostinho, campus de Sete Lagoas, onde liderou o Grupo de Pesquisa Filosofia Política, Direito e Democracia – FiPoDDe. E-mail: tiagoclemente@univem.edu.br

[1] Entre os casos mais emblemáticos analisados por Alexy, encontra-se o caso *Lüth*, que representou um verdadeiro divisor de águas para as construções das teorias da argumentação, das quais desaguaram em considerações sobre a força normativa dos princípios, o caráter objetivo das normas constitucionais, os métodos da ponderação entre outros elementos.

2. BREVES APONTAMENTOS SOBRE O ATUAL PARADIGMA JURÍDICO: UMA NECESSÁRIA (RE)APROXIMAÇÃO ENTRE DIREITO E MORAL

O direito, segundo uma concepção contratualista, portanto, pensado a partir das tradições culturais do homem ocidental, branco e cristão, foi criado historicamente (portanto, fora de uma concepção metafísica ou pré-estabelecido) para promover a paz e a segurança social.

Fruto da idade das luzes, da cientificidade e da pretensão humana de atribuir racionalidade a todo o conhecimento, o direito sofreu consequências significativas, desde a delimitação de seu objeto, suas fontes até a forma de interpretação e aplicação das leis. Fugindo do período das Trevas, das monarquias absolutistas, das intervenções máximas do Estado/rei nas relações privadas, o direito surgiu como um levante a esses abusos, marcado pelo seu reducionismo a lei e ao silogismo e técnica de interpretação da subsunção, o direito satisfez muito bem a pretensão da sociedade burguesa dos séculos XVIII e XIX.

Ocorre, todavia, que, em decorrência desse reducionismo legalista do direito, cujos elementos de validade (e não legitimidade – que para esse momento não seria discutido) recaiam sobre o procedimento legislativo (a partir de um processo formalista de elaboração da lei), permitiu-se que qualquer conteúdo se institucionaliza, tornando-se direito qualquer elemento, inclusive os imorais.

Assim, para cumprir a tarefa de legitimar o direito, independentemente de seu conteúdo, surge o formalismo jurídico. Para Bustamente, o formalismo jurídico apresenta algumas características, oriundas do positivismo jurídico (mas que com esse não se confunde),[2] impedindo a comunicação do direito com qualquer outra área do conhecimento, reduzindo o intérprete/julgador em mero descobridor do sentido da lei. Essas características são:

[2] Para Bustamante "Percebe-se, portanto, o equívoco de se identificar o *positivismo* com o *formalismo*, pois é perfeitamente possível ser positivista sem ser formalista, como fazem o positivismo analítico – incluindo-se sua vertente normativista – e o realismo jurídico. A teoria pura do direito de Kelsen, por exemplo, confere ao intérprete do direito uma ampla margem de atuação e criatividade" (BUSTAMANTE, 2005, p. 24). E segue o autor: "A confusão entre 'formalismo' e 'positivismo' só aconteceria se se entendesse o positivismo como sendo a hoje superada concepção que a atividade de aplicação do direito seria definida em termos puramente dedutivos: o raciocínio jurídico basear-se-ia unicamente no silogismo prático" (Ibidem).

a) o direito é um sistema completo e coerente, capaz de dar uma resposta correta a cada questão jurídica; b) só os legisladores, e não os tribunais, podem criar direito; c) o direito possui um caráter essencialmente estático; d) o Direito válido, o verdadeiro Direito, consiste em regras gerais, tais como aparecem formuladas nos "livros jurídicos"; e) o direito é mais perfeito quanto maior for seu grau de generalidade e abstração; f) os conceitos jurídicos possuem uma "lógica interna" que permite se deduzirem soluções sem necessidade de recorrer a argumentos extrajurídicos; g) as decisões judiciais só podem se justificar dedutivamente (silogismo jurídico); h) a certeza e a predictabilidade são os máximos ideais jurídicos (BUSTAMANTE, 2005. p. 21-22).

Observa-se, portanto, que houve um afastamento entre o direito e a moral, provocando uma esterilidade do direito, conforme entende Bustamante:

> A neutralidade e a autonomia absoluta da ciência jurídica, ao longo de décadas, vinham produzindo uma espécie de esterilidade do Direito, que, por já não possuir mais condições de se legitimar, perde também sua força social integradora. Um direito garantido unicamente pela força, definido de forma absolutamente independente de um conteúdo moral e incapaz de prover qualquer critério para as valorações jurídicas fatalmente não conseguiria dar conta das expectativas sociais, nem muito menos fornecer a racionalidade necessária para reverter o quadro de descrença nas instituições por que passa o final da Idade Moderna. (BUSTAMANTE, 2005, p. 29).

Nesse sentido, uma das críticas sofridas pelo direito, após a Segunda Grande Guerra, foi quanto à questão de sua legitimidade, apresentada na forma de uma crítica da legalidade. A aplicação do direito pautada tão só na formalidade e no respeito estrutural do ordenamento jurídico, desvinculada das pretensões éticas e morais das demais ciências sociais, culminou nas atrocidades revestidas de legalidade cometidas, por exemplo, pelo nazifascismo.[3]

A pretensão de alguns estudiosos do Direito em torná-lo uma ciência desvinculada de pressupostos externos, tais como valor, ética e moral, buscando objetividade científica, promoveu o rechaçamento do direito natural e a ascensão do positivismo jurídico.

Segundo Neumann:

---

[3] Nota-se aqui a relevância de uma discussão acerca do tema do Estado de Exceção, proposta pelo *jusfilósofo* italiano Giorgio Agamben, contudo, este não é o objeto deste artigo.

O sistema legal do liberalismo, no entanto, era considerado como hermético e sem fendas. Tudo o que o juiz tinha a fazer era aplicá-lo. O pensamento jurídico de então era chamado de positivismo ou normativismo, e a interpretação das leis pelos juízes era chamada de dogmática (na Alemanha) e de exegética (na França) [...]. (1969, p. 46).

Para Durão:

Quando, não obstante, diminuiu a confiança na subordinação do direito à autonomia moral do sujeito, os teóricos do direito civil tiveram que aceitar a fundamentação dos direitos subjetivos a partir da vontade do legislador expressa no direito objetivo. Por conseguinte, a pretensão idealista presente nos historiadores do direito romano implicou a reação do positivismo jurídico a finais do século XIX que eliminou qualquer possibilidade de sustentar uma justificação moral do direito subjetivo. O direito passou a ser entendido, com Kelsen, por exemplo, como resultado dinâmico de um procedimento de produção de normas a partir de uma norma fundamental hipotética (silogismo constitucional) que autorizava a produção de normas da legislação ordinária, originando todo o direito objetivo como conjunto de normas cuja legitimidade provinha da legalidade estabelecida pelas condições do procedimento. Esta manobra possibilitou o positivismo desvincular o direito da moral e eliminar qualquer fundamentação moral do direito subjetivo, na medida em que o direito passou a ser justificado a partir de um procedimentalismo formal, o qual pode permitir ao sujeito dispor de liberdades subjetivas de ação materializadas na forma de direitos subjetivos, entendido como mera autorização para o exercício de liberdades individuais pelo direito objetivo. (2008, p. 238).

Ainda, Streck, debruçando-se sobre o tema, observa que:

[...] a crise possui uma dupla face: de um lado, uma crise de modelo de direito (preparado para o enfretamento de conflitos interindividuais, o direito não tem condições de enfrentar/atender às demandas de uma sociedade repleta de conflitos supraindividuais), problemática de há muito levantada por autores como José Eduardo Faria; de outro, a crise dos paradigmas aristotélico-tomista e da filosofia da consciência, o que significa dizer, sem medo de errar, que ainda estamos reféns do esquema sujeito-objeto.

Fundamentalmente, essa crise de dupla face sustenta o modo exegético-positivista de fazer e interpretar o direito. (2006, p. 257-258).

Não obstante, diante da agressão promovida aos direitos fundamentais no século XX, inicia-se uma preocupação da humanidade, assombrada pela barbárie promovida em nome da legalidade, cujo objetivo é revisitar de forma crítica os pilares da Teoria do Direito, pretensão essa que vai desde a alteração das técnicas legislativas, ampliação das fontes dos direitos e mudança de postura dos julgadores, sempre com a pretensão de concretização dos direitos fundamentais e a proteção da humanidade.[4]

Esse novo panorama jurídico representa o novo direito constitucional ou neoconstitucionalismo, promovendo um conjunto amplo de transformações ocorridas no âmbito do Estado de Direito, tais como a formação do Estado constitucional de direito; a centralidade dos direitos fundamentais, diante do assim chamado pós-positivismo, com a reaproximação entre Direito e moral; o reconhecimento da força normativa da Constituição; a expansão da jurisdição constitucional; e o desenvolvimento de uma nova dogmática da interpretação constitucional (BARROSO, 2012, p. 4).

Consciente da impossibilidade de exaurir todas as soluções possíveis frente uma hipótese de incidência fática, o legislador passou a adotar como enunciados normativos cláusulas gerais e elementos indeterminados ampliando a proteção dos direitos genericamente positivados. Para tanto, passou a reclamar uma atuação incisiva do magistrado, substituindo sua função tecnocrata de verificação das hipóteses legais e a aplicação das consequências jurídicas previstas por uma função criativa, de análise crítica e racional dos comandos normativos positivados em valores e princípios, desaguando na concretização dos direitos fundamentais diante da apreciação do caso concreto.

Diante dessa constatação, observa-se que, ao mesmo tempo em que surge ao magistrado essa função criativa, restar-lhe-á o ônus da fundamentação racional, calcada na norma constitucional que contém princípios e valores que necessariamente nortearão a decisão como requisito de legitimidade. Tratando-se de cláusulas gerais e elementos indeterminados que estabelecem um conteúdo *prima facie* dos direitos fundamentais, será a análise interpretativa transversal da lei diante do caso concreto que dará o contorno aos direitos colidentes.

Assim, a partir da reviravolta hermenêutico-linguística-pragmática,[5] o que determinou uma guinada na Filosofia e na Filosofia do Direito do

[4] Nesse sentido, é de se notar o advento da Declaração Universal dos Direitos Humanos e a inserção do dever de observância do princípio da dignidade da pessoa humana em diversas constituições do ocidente.

[5] Segundo Duarte: "A *reviravolta hemenêutico-linguístico-pragmática* foi uma revolução hermenêutico-filosófica operada na Filosofia, com repercussões em toda a Teoria do Conhecimento. Ela possibilitou a transição do paradigma da *Filosofia da consciência* para o da *Filosofia da linguagem,* representando uma guinada na busca pela intelecção de novas condições de *possibilidade e validade* para o conhecimento" (2012, p. 8).

pressuposto metodológico do "eu penso" para "eu argumento", esse ônus argumentativo do juiz/intérprete, que dará os contornos dos direitos humanos, deverá ser guiado por uma ética do discurso, adquirindo uma racionalidade que, segundo Apel:

> [...] prefiro de fato falar hoje em "ética do discurso" – e isso por dois motivos principais: por um lado, esse título refere-se a uma forma particular de comunicação – o discurso argumentativo – como meio de fundamentação concreta de normas, e por outro lado, refere-se à circunstância de que o discurso argumentativo – e não qualquer forma de comunicação no mundo vivo – conte também o *a priori da fundamentação racional* do princípio da ética. (1998. p. 8).

No interior dessas construções discursivas, para fundamentação das normas jurídicas, vislumbra-se a distinção entre enunciado normativo, norma (princípio e regra) e valor. O enunciado normativo representa a fonte positivada dos direitos, que possivelmente prevê uma hipótese de incidência fática e uma consequência jurídica.

No caso das cláusulas gerais, o enunciado normativo não terá a hipótese de incidência e/ou a consequência jurídica exaustivamente prevista. Logo, a função do magistrado, para cuja delimitação do direito extrairá princípios e regras (que não estarão necessariamente prescritos no enunciado) será de determinar, no caso concreto, quais as hipóteses de incidência e as consequências jurídicas, sempre alinhadas com iluminuras da ética e da moral ao proferir sua decisão racionalmente fundamentada. O ato eticamente vinculado do magistrado não resulta em estabelecer a consequência jurídica *x* diante de hipótese de incidência fática *y*, mas em um proceder (ato de decidir) racional, devidamente fundamentado.

É pontualmente na análise interpretativa dos princípios, no caso concreto, que se chegará à construção das normas de direitos fundamentais, concretizando seus correspondentes direitos subjetivos. Referidas normas de direitos fundamentais são denominadas por Alexy como normas de direitos fundamentais atribuídas e decorrem justamente do sopesamento dos princípios. É o que se observa na seguinte passagem:

> [...] como resultado de todo sopesamento que seja correspondente do ponto de vista dos direitos fundamentais pode ser formulada uma norma de direito fundamental atribuída, que tem estrutura de uma regra e à qual o caso pode ser submetido. Nesse sentido, mesmo que todas as normas de direitos fundamentais

> diretamente estabelecidas tivessem a estrutura de princípios – o que, como ainda será demonstrado, não ocorre –, ainda assim haveria normas de direitos fundamentais como a estrutura de princípios e normas de direitos fundamentais com a estrutura de regras. (ALEXY, 2008, p. 102).

Os enunciados normativos que refletem princípios não apresentam imediatamente a solução ao caso que se aprecia (há um caso a ser analisado, sendo possível a aplicação de normas distintas previstas em cláusulas gerais). Para a solução desses casos, serão necessárias valorações que não são dedutíveis diretamente do material normativo preexistente (enunciado normativo). Logo, a racionalidade do discurso jurídico depende em grande medida de se saber se e em que medida essas valorações adicionais são passíveis de um controle racional (ALEXY, 2008, p. 548).

Diante desse novo contexto teórico em que se inserem os agentes do direito, parece claro que o hermeneuta tem agora função criativa e delimitativa das normas de direitos fundamentais. A grande questão que surge diz respeito à possibilidade de fundamentação racional de juízos práticos ou morais. Alexy faz a seguinte constatação:

> Desde há muito tempo a discussão acerca dessa questão é prejudicada por uma contraposição infrutífera de duas posições básicas, que reaparecem com frequência sob novas versões; de um lado ficam as posições subjetivistas, relativistas, decisionistas e/ou racionalista. Não há razões, no entanto, para uma postura baseada no tudo-ou-nada. A recente discussão no campo da Ética, influenciada, no plano metodológico, pela moderna Lógica, pela filosofia da linguagem e por teorias da argumentação, da decisão e da ciência e, no plano substancial, fortemente orientada por ideias kantianas, demonstrou que, embora não sejam possíveis teorias morais *substanciais* que forneçam a cada questão moral uma única resposta com certeza intersubjetiva conclusiva, são possíveis teorias morais *procedimentais*, que elaborem as regras e as condições da argumentação e da decisão racional prática. Uma versão especialmente promissora de uma teoria moral procedimental é a teoria do discurso prático racional. (2008, p. 548).

Do apresentado, permite-se concluir que Alexy não traz solução unívoca para a dialética estabelecida entre enunciado e caso concreto, estabelecendo um resultado pronto a ser extraído das normas de direitos fundamentais. Traz critérios éticos de procedimento, do *decidir* racionalmente, vinculando a atuação do magistrado a um proceder ético, sistematicamente teorizado e regulamentado. Sendo o procedimento discursivo compatível com resultados os mais variados, será necessário associar a teoria da moral (procedimento discursivo) com a teoria do direito, no âmbito de um modelo procedimental em quatro níveis: o discurso prático geral; o processo legislativo; o discurso jurídico; e o processo judicial (ALEXY, 2008, p. 549-550).

O discurso prático geral, embora estabeleça um código geral da razão prática, não conduz a apenas um resultado em cada caso. A solução dos conflitos sociais clama um resultado único, tornando-se necessário um procedimento institucional de criação do direito, não só no âmbito da argumentação, mas também da decisão. Essa necessidade será parcialmente suprida pelo processo legislativo do Estado Democrático constitucional, que é definido "por um sistema de regras que, diante das alternativas fáticas possíveis, garante um grau significativo de racionalidade prática e que, nesse sentido, é passível de fundamentação no âmbito do primeiro procedimento" (ALEXY, 2008, p. 550).

Ocorre, todavia, que o mencionado procedimento não é possível determinar, de antemão e para cada caso, uma única solução. Surge então o discurso jurídico, que se encontra vinculado à lei, ao precedente e à dogmática, permitindo uma redução da incerteza quanto ao resultado do discurso prático geral. Porém, diante da necessidade de uma argumentação prática geral, a incerteza quanto ao resultado ainda não é eliminada (ALEXY, 2008, p. 550).

Surge assim o quarto procedimento, o processo judicial, no qual, da mesma forma que ocorre no processo legislativo, não apenas se argumenta, mas também se decide. A racionalidade desse último procedimento será alcançada mediante o respeito dos três primeiros processos. Insta ressaltar que, embora o enunciado normativo deixe em aberto as questões valorativas que no procedimento judicial serão objeto de argumentação e decisão (delimitação do conteúdo valorativo que servirá de parâmetro para o hermeneuta estabelecer qual a hipótese de incidência e qual as consequências jurídicas), será revestida de racionalidade (ALEXY, 2008, p. 551), já que haverá o ônus da argumentação racional e a vinculação à lei, ao precedente e à dogmática, sob pena de ilegitimidade.

A legitimidade da decisão, que estabelecerá o alcance dos direitos fundamentais, será determinada mediante o respeito aos procedimentos anteriormente mencionados. Para o magistrado que prolatará essa decisão, restará tal ônus, e mais, deverá observar o procedimento sistematizado e racionalizado para lidar com os princípios oriundos das cláusulas gerais, sistema criado por Alexy.

3. O CASO DAS SENTINELAS DO MURO DE BERLIM – CASO MAUERSCHÜTZEN

Após os conflitos travados na Segunda Guerra Mundial, os Estados Unidos da América (EUA) e a União das Repúblicas Socialistas Soviéticas (URSS) ascenderam como as duas maiores potências mundiais, buscando a hegemonia militar, tecnológica, científica e territorial. As duas potências político-militares travaram conflitos durante grande parte da segunda metade do século passado a fim de colocar em evidência um dos sistemas econômicos defendidos pelos respectivos países; venceu o sistema capitalista.

Como demonstração de influência política e de força militar a capital do Terceiro Raich, Berlim, foi dividida em duas partes, uma que pertenceria à dominação norte-americana (República Federal da Alemanha – "Alemanha Ocidental") e outra que se sujeitaria à dominação soviética (República Democrática Alemã – "Alemanha Oriental").

Conforme nos ensina Gubert durante os anos que se estendem de 1949 a 1961, mais de dois milhões e meio de pessoas fugiram da República Democrática Alemã (RDA) em direção à República Federal da Alemanha (RFA), sendo que, em alguns períodos, foram registradas quase duas mil fugas diárias (2012, p. 15).

Em agosto de 1961, iniciou-se a construção de um muro na cidade de Berlim, com o objetivo de bloquear o número crescente de fugitivos e ao fortalecimento da segurança, instalando-se minas terrestres, minas de fragmentação e postos de vigilância em toda a extensão da fronteira *interna* entre as duas Alemanhas (GUBERT, 2012, p. 16).

Muitas pessoas morreram no período de 28 anos que se seguiram à construção do muro e ao reforço da segurança no território de fronteira entre os dois países, todas tentando escapar em direção ao oeste.

Após a queda do muro de Berlim, em 9 de novembro de 1989, decorrente da dissolução da República Democrática Alemã e da reunificação da Alemanha, os tribunais foram incitados a se manifestar acerca das mortes ocorridas na fronteira interna. Entre os casos está o "dos atiradores do muro", conhecido como "caso Mauerschützen", que ganhou grande notoriedade no mundo jurídico, julgado pelo Tribunal Supremo Federal alemão (*Bundesgerichshoft*) em 3 de novembro de 1992. Esse processo ficou marcado por sua controversa temática e pela fundamentação jusfilosófica de sua decisão, demonstrando o eterno embate travado entre o *positivos jurídico e o jusnaturalismo* (GUBERT, 2012, p. 16).

Alexy, jusfilósofo alemão, analisando o caso Mauerschützen publicou, em 1993, o artigo *O caso dos atiradores do muro. Acerca da relação entre direito, moral e punibilidade,* dedicado à análise dos elementos que compõe o julgamento deste caso (ALEXY, 2000, p. 197-230).

3.1. Os fatos ocorridos na noite de 14 de fevereiro de 1972

Os fatos que serão aqui narrados foram extraídos diretamente do artigo *Derecho injusto, retroatividad y principio da legalidade penal. La doctrina del Tribunal Constitucional Federal alemán sobre lós homicídios cometidos por lós centinelas del Muro de Bérlin*, de autoria de Alexy, cuja tradução para o português foi livre dos autores deste artigo.

Conforme consta no célebre artigo, na noite de 14 para 15 de fevereiro de 1972, o guarda fronteiriço K.-H. W., sentinela chefe da patrulha da fronteira (composta por ele e outro soldado), ficou destinado a guardar *Reichstag* e *Rudower Chausse*, fronteira que seguia o curso do rio Spree (ALEXY, 2012, p. 198).

Por volta das 22 h 30 min, Manfred Weylandt, de 29 anos, natural de Berlim Oriental, havia saltado no rio com a intenção de cruzar a nado a costa de Kreuzberg para chegar à zona ocidental da cidade. Quando os guardas fronteiriços o descobriram, havia alcançado metade do rio. Como não atendeu à advertência dos soldados, estes, ao mesmo tempo, dispararam a uma distância de 40 metros, mediante fogo contínuo, em direção ao fugitivo (ALEXY, 2000, p. 198).

Os dois soldados eram conscientes de que podiam ferir mortalmente o fugitivo, pois assumiram afirmativamente esse fato. Depois dos disparos já não podiam socorrer o nadador, já que havia sido atingido por um disparo na cabeça e morrido afogado. Não se conseguiu determinar qual dos soldados deu o disparo letal, porém, ambos atuaram com o objetivo de cumprir a ordem recebida quando das trocas da guarda (ALEXY, 2000, p. 198). As metralhadoras estavam em posição de fogo contínuo, K.-H. W. apertou o gatilho três vezes e seu colega duas.

As instruções recebidas antes da incorporação ao serviço da fronteira estabeleciam, de acordo com o número 89 do regulamento de serviço 30/10 do Ministério para a Defesa Nacional do ano de 1967, que "a patrulha [...] vigiará a fronteira estatal com a missão de não permitir que nada atravesse a linha fronteiriça e de deter provisoriamente ou, dependendo do caso, abater, aqueles que passem ilegalmente a fronteira, assim como de garantir qualquer circunstância da proteção da fronteira estatal" (ALEXY, 2000, p. 198).

Ambos os soldados foram nessa mesma noite exonerados do posto de vigilância. Porém, no dia seguinte, outorgaram-lhes uma distinção por mérito de serviço e um prêmio de 150 marcos. Foi comunicado à viúva, quatro semanas mais tarde, que havia se tratado de um suicídio e que o cadáver havia sido incinerado.

As condenações do Tribunal de Berlim foram fundamentadas na conclusão de que – frente ao princípio do Estado de Direito, de forma geral, e do princípio da proporcionalidade, em específico – as condutas não estavam justificadas pelo artigo 27 da Lei de Fronteiras da RDA, que autorizava o uso de disparos de arma de fogo para impedir o cometimento de crimes, sendo a tentativa de fuga crime punível com pena privativa de liberdade de 1 a 8 anos, conforme previsão do parágrafo 213, inciso 3.°, do Código Penal da RDA (GUBERT, 2012, p. 18).

3.2. As decisões que apreciaram o caso Mauerschützen

Os soldados do muro de Berlim que realizaram os disparos mortais foram julgados pelo Tribunal Territorial de Berlim, pelo Tribunal Supremo Federal e pela Corte Constitucional Alemã, cujas decisões serão rapidamente apresentadas neste tópico.

Nos termos do § 2.3 do Código Penal, essa questão deveria ser resolvida pela aplicação da lei mais favorável aos réus. Pontua Alexy que, em primeiro lugar, deveria se verificar se o fato cometido pelas sentinelas fronteiriças era, há época de seu cometimento, punível de acordo com o direito da República Democrática Alemã. Caso contrário, ambos os soldados deveriam ser absolvidos (ALEXY, 2000, p. 199).

O crime de homicídio doloso estava previsto tanto no ordenamento jurídico da República Democrática Alemã, quanto na República Federal da Alemanha, assim o fato somente não seria punível se estivesse presente alguma causa legal de justificação (ALEXY, 2000, p. 199).

3.3. O direito vigente há época dos fatos

O fato objeto do caso Mauerschützen, ocorrido na extinta República Democrática Alemã (sob a vigência de seu ordenamento jurídico), foi cometido por membros da RDA contra outro membro da RDA.

O Tratado de Reunificação da Alemanha, de 3 de outubro de 1990, em seu artigo 8.°, tornou vigente em todo o território de Berlim o direito federal aplicado na República Federal da Alemanha, salvas previsões legais em contrário constantes no Tratado de Reunificação e seu Anexo I (GUBERT, 2012, p. 20).

Dentre as exceções previstas está o já citado § 2.° do Código Penal, que prevê o princípio da retroatividade da lei penal mais benéfica aos fatos ocorridos na RDA. Assim, a conduta somente poderia ser punida se houvesse disposição legal nesse sentido há época dos fatos (GUBERT, 2012, p. 20).

O crime de homicídio era previsto no § 112 do Código Penal da RDA, sendo que o fato poderia deixar de ser punível em caso da presença de alguma causa de justificação. Dentre essas, existia a previsão do § 27 da Lei de Fronteiras da RDA, que autorizava a utilização de armas de fogo como último recurso (extremo) para impedir o cometimento de um crime grave ou a fuga de um suspeito de crime grave, mas que somente poderia ser empregada quando nenhum outro meio pudesse ser utilizado com sucesso (GUBERT, 2012, p. 20).

Vale registrar que a vida humana era expressamente protegida pela Constituição da RDA de 6 de abril de 1968, devendo a causa de justificação ser interpretada segundo o princípio do Estado de Direito (GUBERT, 2012, p. 20).

a) A decisão do Tribunal Territorial de Berlim

De acordo com a redação dada pelo art. 315.1 da Lei de Introdução ao Código Penal, constante do anexo I do Tratado de Unificação, em relação com o § 2.° do Código Penal, a morte de um fugitivo somente poderia ser punida penalmente quando, ao tempo do cometimento do fato, o direito vigente estabelecesse tal punição (ALEXY, 2000, p. 199). A questão era saber qual a legislação deveria se aplicar, a vigente na República Democrática Alemã ou a Federal agora vigente.

Lembra Alexy que havia entrado em vigor a Lei de Fronteiras da República Democrática Alemã em 25 de março de 1982, e segundo o § 20.3 da Lei sobre as funções e competências da polícia popular alemã, de 11 de junho de 1968, os membros do exército popular estavam autorizados a "executar as competências reguladas por esta lei em complemento das funções militares de vigilância, ordem e segurança conforme as instruções do Ministro para a Defesa Nacional" (ALEXY, 2000, p. 200).

Segundo o § 17.2.a da Lei sobre as funções e competências da polícia popular alemã, os militares podiam abrir fogo para evitar o iminente cometimento ou continuação de um fato punível (ALEXY, 2000, p. 200).

O Tribunal Territorial Alemão interpretou o § 27 da Lei de Fronteiras da República Democrática Alemã de acordo com os "princípios do Estado de Direito", vinculando sua decisão, em especial, ao princípio da proporcionalidade. Esse princípio proibia "sacrificar a vida, como bem jurídico supremo, frente a outros interesses e, em qualquer caso, frente a interesses de menor valor", aqui a segurança da fronteira e com ela, em definitivo, a razão do Estado da RDA (ALEXY, 2000, p. 201).

Alegou, ainda, o Tribunal Territorial que, ao tempo dos fatos, nos termos das disposições do ordenamento jurídico da RDA, não havia qualquer causa de justificação que estivera à disposição dos soldados, posto que houvessem praticado um fato punível nos termos do direito então vigente. O § 17.2.a da Lei sobre as funções e competências da polícia popular alemã não havia justificado o homicídio no presente caso, vez que não havia concorrido qualquer dos pressupostos decisivos para a utilização legítima de armas de fogo (como estar diante de uma violência grave, já que o crime praticado representaria tão somente uma travessia ilegal) (ALEXY, 2000, p. 201).

O Tribunal Territorial condenou o soldado (menor de idade há época dos fatos) por homicídio, há uma pena para menores de um ano e dez meses, pena esta que foi suspensa condicionalmente (ALEXY, 2000, p. 201).

b) A decisão do Tribunal Supremo Federal

O Tribunal Supremo Federal, diferentemente do entendimento do Tribunal Territorial, entendeu que as condutas dos soldados encontravam-se dentro dos limites legais estabelecidos pela causa de justificação previsto no § 27,2 da Lei de Fronteiras (correspondente ao § 17.2.a da Lei sobre as funções e competências da polícia popular alemã) (ALEXY, 2000, p. 202).

Entenderam que os disparos foram a única forma de prevenir a prática do crime que se desenvolvia. Além do que a fuga pela travessia representava crime grave, cuja pena chegava oito anos de pena privativa de liberdade.

Logo, o Tribunal Federal não conseguiu estabelecer uma punição aos soldados com base no direito então vigente. Assim, passaram a questionar se a causa de justificação então vigente não poderia ser suprimida por um direito suprapositivo (ALEXY, 2000, p. 204). Assim escreveu Alexy:

> *En cuanto a le primeira cuestíon, se trata de determinar si la justificación otorgada entonces por el derecho positivo puede ser eliminada mediante un dereccho supra-positivo. Esto es lo que Tribunal Supremo Federal afirma recurriendo a la Fórmula de Radbruch, la cual el próprio tribunal había ya esgrimido en su jurisprudencia sobre el derecho injusto del nacional-socialismo, y cuya aplicacíon a las muertes en la frontera interor alemana sostiene con ahínco, enfrentando así – por lo demás, com pleno acierto – abundantes voces críticas de la doctrina. La Fórmula de radbruch es expresión de un concepto no positivista del derecho. Según este concepto, ló qe sea derecho viene determinado no solo por la positividad válida y formalmente establecida y por la eficácia social, sino también por su contenido [de justicia material]. Lo que tiene de especial la Fórmula de Radbruch es que postula uma conexión necesaria entre derecho y moral, pero sin pretender un solapamiento total entre ambos. Así, por razones de seguridad jurídica, el derecho positivisado y eficaz no deja de ser derecho aunque tenga contenidos desproporcionados o injustos. La Fórmula introduce únicamente un limite excepcional en el [concepto de] derecho. Según Ella, el derecho positivo solo pierde su validez (Geltung) cuando, como dice Radbruch "la contradicción de la ley positiva con la justicia alcanza uma medida de tal modo insoportable, que la ley, em tanto que "derecho injusto" ('unrichtiges Recht'), há de ceder ante la justicia.* (2000, p. 204-205).

E segue dizendo que "el derecho extremadamente injusto no es derecho" (2000, p. 204-205).

Nesses termos, para se permitir a aplicação da Fórmula de Radbruch, era necessário determinar se a causa de justificação representava ou não uma grave injustiça, devendo ceder diante da concepção moral (transcendental) de Justiça. Embora houvesse dúvida quanto à determinação da injustiça da lei, haja vista que havia conflitos políticos (estavam em plena Guerra Fria), esse fato não seria suficiente para impedir a aplicação da fórmula. Porém, para se determinar uma injustiça extrema, não é suficiente se basear em experiências da evidência, será necessário utilizar um método racional (GUBERT, 2012, p. 25).

Pois, conforme disserta Gubert:

> evidências podem ser destituídas em discursos racionais, através dos argumentos levantados, e o que não era evidente antes do discurso racional pode, depois dele, se tornar evidente. Somente as evidências e as não evidências que se submetem à comprovação de um discurso racional podem constituir critério para a determinação da existência de injustiça extrema. (2012, p. 25).

Sendo assim, a decisão do Tribunal Supremo Federal foi de encontro às construções teóricas desenvolvidas por Gustav Radbruch, que defendia a prevalência de um conjunto de direitos adquiridos pela humanidade ao longo da história, que jamais poderiam ser revogados por qualquer direito positivo que seja, devendo este inclusive ser expurgado quando em confronto com àquele.

O Tribunal entendeu que a condenação dos soldados não fere o princípio da irretroatividade da lei penal, já que o § 27, 2, da Lei de Fronteiras da RDA, permite uma "interpretação favorável aos direitos humanos". O Tribunal defendeu a interpretação do § 27, 2, à luz do artigo 30, §§ 1.º e 2.º da Constituição da RDA, que, respectivamente, protege a vida e admite somente exceções proporcionais, concluindo que a causa de justificação não se sustentava frente ao ordenamento então vigente, autorizando a condenação dos guardas (GUBERT, 2012, p. 27).

Quanto à culpabilidade dos guardas, o Tribunal se manifestou no sentido de que "o homicídio de um fugitivo desarmado, mediante fogo ininterrupto, nas circunstâncias existentes, foi um ato a tal ponto horroroso e excluído de razoabilidade que a infração contra a elementar proibição de matar, também para uma pessoa doutrinada, era compreensível e, por consequência, evidente" (GUBERT, 2012, p. 27).

c) A decisão da Corte Constitucional Alemã

As cortes alemãs foram provocadas a julgar demandas similares ao caso Mauerschützen, não apenas contra os soldados responsáveis pela segurança da fronteira, mas também contra os superiores e os altos membros do Governo (GUBERT, 2012, p. 32).

Após a condenação dos soldados do muro, em novembro de 1992, pelo Tribunal Supremo Federal, a jurisprudência manteve o mesmo entendimento dos julgamentos posteriores, utilizando, reiteradamente como fundamento a fórmula da injustiça legal, de Gustav Radbruch (GUBERT, 2012, p. 32).

O Tribunal Constitucional Federal, em 24 de outubro de 1996, manifestou-se sobre os casos e declarou que a referida jurisprudência estava de acordo com a Constituição da Alemanha, resolvendo, pelo menos no âmbito interno do ordenamento alemão, a controvérsia a respeito da punibilidade dos soldados da fronteira e dos membros do Governo responsáveis pela questão (GUBERT, 2012, p. 32).

3.4. Robert Alexy e o caso Mauerschützen

Alexy, ao analisar os julgados que derivaram do caso Mauerschützen, inclusive o próprio caso Mauerschützen, concluiu que nas decisões se encontra uma singular miscelânea de critério de justiça com base no Direito Internacional, que se caracteriza pela aplicação da Fórmula de Radbruch.

Afirma Alexy que isso encerra o perigo de que a Fórmula de Radbruch põe sobre a mesa, a saber, se estamos diante de um direito injusto e insuportável ao extremo, que venha a substituir inadvertidamente pela questão de haver sido lesionado o direito internacional positivamente vigente (ALEXY, 2000, p. 206).

O Tribunal Supremo Federal deixa clara que invocou a Declaração Universal dos Direitos Humanos, de 10 de dezembro de 1948, como "ponto de referência" para a "concretização" do "*lo que es estendido como convicción jurídica común a todos lós publos sobre el valor y la diginidad de las personas*". E que esse entendimento coaduna com o Fórmula de Radbruch, afirmando que "*el trabajo de siglos ... há producido um sólido acervo, u ló há reunido em las llamadas declaracines de derechos del hombre y del ciudadano com um acuerdo tan amplio, que tan solo um provocado escepticismo puede mantener la Duda em relación com algunos de ellos*" (ALEXY, 2012, p. 206).

Segundo Alexy (2000, p. 206), o Tribunal Superior Federal apresenta argumento insuficiente ao avaliar o direito positivo da extinta República Democrática Alemã com base no direito suprapositivo, baseado nos direitos humanos, previstos na Declaração Universal dos Direitos Humanos. O autor afirma que, ao utilizar o direito suprapositivo, realizando uma interpretação a favor dos direitos humanos, o Tribunal Superior Federal realiza uma retroatividade oculta do direito penal, desrespeitando o art. 103.2 da Lei Fundamental Alemã, que prevê o princípio da irretroatividade da lei penal.

Para Alexy, a questão consiste em saber se a aplicação da Fórmula de Radbruch sobre as causas de justificação (possibilidade de utilização da arma de fogo para coibir crimes), em regime injusto, colide com a proibição da retroatividade da lei penal (prevista no art. 103.2 da Lei Fundamental). Caso a resposta seja afirmativa, a Fórmula de Radbruch naufraga, frente ao princípio da *nullum crimen, nulla poena sine lege.* Alexy alerta que se a questão for aberta ao debate, muitos serão os elementos a se considerar (GUBERT, 2012, p. 28).

Conforme explica Gubert, na medida em que a causa de justificação permitiu a realização da injustiça extrema, já não se trata mais de direito (nos termos da Fórmula de Radbruch), mesmo na época dos disparos (não se alterou retroativamente o panorama jurídico), mas se determina qual era o panorama ao tempo do fato (não se determinando um novo "pano de fundo" jurídico, o que ocorre é mera declaração da inexistência da lei extremamente injusta) (GUBERT, 2012, p. 29).

O Estado Democrático de Direito não representa direitos somente em sentido formal, representando também direitos em sentido material, de tal modo que a interpretação restritiva proposta é compatível com a dimensão objetiva da disposição do art. 103.2, da Constituição Alemã. Além de que, a aplicação da Fórmula de Radbruch não ensejaria a criação de novo direito, ela simplesmente culminaria na declaração e consequente extirpação da lei declarada absolutamente injusta, com base no direito suprapositivo.

A última questão enfrentada por Alexy e pelo Tribunal Supremo Alemão, confirmada pela Corte Constitucional ao reconhecer a constitucionalidade da decisão, diz respeito à culpabilidade dos militares.

Uma das teses de defesa dizia respeito à potencial consciência da ilicitude dos militares, que somente cumpriam ordens emanadas de seus superiores hierárquicos. As razões finais da decisão foram no sentido de que "o homicídio de um fugitivo desarmado, mediante fogo ininterrupto, nas circunstâncias existentes, foi um ato a tal ponto horroroso e excluído de razoabilidade que a infração contra a elementar proibição e matar, também para uma pessoa doutrinada, era compreensível e, por consequência, evidente" (GUBERT, 2012, p. 31).

De forma diversa da compreensão adotada pelo Tribunal, Alexy entende que o caso dos soldados do muro se caracteriza como um caso de cegueira moral, já que muitos ficaram sob a guarda do sistema autoritário, que manipulou a consciência de grande parte da população, promovendo a manutenção do poder. Diante disso, muitos jovens careciam das condições comunicativas para uma formação racional e moral de seu próprio juízo, sendo inalcançável para estes compreender os disparos, inclusive protegidos pelo ordenamento vigente, como injustiça extrema (GUBERT, 2012, p. 31).

Alexy conclui que os soldados do muro deveriam ser absolvidos, em vez de apenados brandamente, como decidiu o Tribunal Supremo Federal, pois, do contrário, seria desconhecer que a complexa relação entre direito e moral não está, todavia, sopesada quando, como se segue da Fórmula Radbruch, a moral impõe limites ao direito, senão somente quando a moral não exige, motivacional e cognitivamente, aqueles que estão submetidos ao direito (ALEXY, 2012, p. 31).

4. CONSIDERAÇÕES FINAIS

A necessidade de se promover a proteção dos direitos humanos, a irradiação dos valores constitucionalmente previstos em todo o ordenamento jurídico,[6] a consequente extirpação de todo movimento de retrocesso e reducionismo dos direitos fundamentais (cláusula de proibição de retrocesso que vincula inclusive o Poder Constituinte, visto até pouco tempo como o detentor da absoluta liberdade) apresenta-se como o brado dos constitucionalistas e estudiosos do direito contemporâneo.

Certo é que o direito dos homens, posto mediante um processo legislativo (legítimo ou não), sempre apresentou embate direto com as concepções jusnaturalistas, cuja fundamentação de legitimidade está centrada na essência humana, doutrina filosófico-jurídica que sustenta a existência de normas de direito natural anteriores ao ordenamento jurídico histórico-temporal ou positivo.[7]

---

[6] Inclusive com preocupação de se abordar os mais diversos ramos do direito a partir de um viés constitucional, chegando a construções como a Constitucionalização do Direito Processual, tem sido esta uma das preocupações dos estudiosos do direito. O CoDiP – grupo de pesquisa Constitucionalização do Direito Processual da Univem, vislumbrando essa necessária e, hoje, natural comunicação entre Direito Constitucional e Direito Processual, vem desenvolvendo estudos nesse sentido, abandonando a tradicional cultura jurídica dogmática/tecnocrata avalorativa.

[7] **Giusnaturalismo**: *dottrina filosófico-giuridica Che sostenne l'esistenza di norme di diretto naturali anteriori a agni norma giuridica positiva. Nacque com Ugo Grzio (De jure belli ac pacis, 1965) nel Seicento e continuò nel Settecento fino a Rousseau (Contratto socieale, 1762), Kant (Metadicia dei stumi, 1974), Fichte (Fondamenti del diritto naturale, 1796). La sua importanza storica consiste nella lacicizzanione dell'idea di Stato, nell'aver dato fondamento umano al potere di chi governa, nell'aver vincolato l'attività del legislatore ad alcuni principi univesali, al di fuori dei quali non esiste legge ma solo arbítrio. La douttrina presuppone l'esistenza di uno stato di natura come condiozione originaria dell'uomo, anteiore a uma convivenza organizzata de leggi positive. Lo stato di natura è, nel contempo, Il sostrato comune di tutte le società e la condizione naturale dell'uomo, anteiore a ogni artifício. Tranne Che per Hobber (Che considero ló stato di natura come uno stato di guerra prpetua derivante dal diitto di tutti su tutto) e per Rousseau (Che vide nello stato di natura uma condizione puramente animale), per i gusnaturalisti ló stato di natura riconosce alcuni diritti originari e incoercibili (vita, liberta, porprietà), ma in Esso non esiste uma forza a*

Mesmo em *Antígona,* obra do dramaturgo helênico Sófocles, escrita quatro séculos antes do nascimento de Cristo, já se observavam profundas discussões quanto ao embate prático entre direito natural e direito positivo (RAMIRO; SOUZA, 2012, p. 1-17). Discussões essas que permitiram construções teóricas que fundamentaram a desconstrução de todo o ordenamento jurídico nazifascista, culminando na condenação dos membros do partido nacional-socialista.

Percebe-se, portanto, que houve grande preocupação dos juristas em realizar uma (re)aproximação do direito à moral, realizando o devido controle do direito positivo a partir de um paradigma suprapositivo (construções teóricas de Gustav Radbruch externalizada na fórmula de Radbruch). Sendo, inclusive, essa a posição do Tribunal Supremo Federal da Alemanha ao apreciar o caso Mauerschützen, abordado neste artigo.

A grande preocupação que se apresenta diz respeito, portanto, à ausência de critérios racionais quando da (re)aproximação do direito e a moral, já que, conforme salientado por Alexy, há uma tensão pela moralização do Direito (posição de Radbruch, para qual o Direito está inserido na moral, servindo este como braço armado daquele), cujas construções jurídicas ficam à deriva das deduções morais.

A moral deverá se apresentar quando da elaboração das normas jurídicos, impedindo assim que estas sejam carregadas de elementos injustos, imorais, que promovam a mitigação dos direitos humanos. Quando da aplicação do Direito existente a partir de elementos morais não positivados, mesmo representando uma grave injustiça, haverá uma grande instabilidade do sistema jurídico posto.

Assim, os soldados na RDA estavam inseridos em sistema político que primava pela manutenção do Estado, talvez em detrimento dos direitos humanos. Porém, todo estabelecimento de uma razão de Estado será pautado em construções ideológicas que buscam inverter a realidade dos fatos, inserindo os subalternos numa zona cinzenta que ofusca a realidade

---

tutela di questi diritti. Diventa così necessário instituire um potere capace di garantire la civile convivenza, istituendo norme e pene per le trasgressioni. Questo potere nasce atraverso um patto, mediante Il quale gli uomini rinunciano alla liberta anarchica dello stato naturale e si limitano reciprocamente, in vista della tutela dei diritti di ciascuno. Sulla natura del patto i giusnaturaslsisti divergono: per Hobbes Esso há luogo tra individui, e Il sovrano è svincolato da qualsiasi patto perché è Il solo detentore della forza. Per Locke e Pufendrf, Il patto vincola Il sovrano e i sudditi, limitando Il potere del primo; per Rousseau, com Il contratto Il popolo stesso si fa sovrano, e Il potere gli appartiene (CAIANIELLO; SIRTORI, 1999, p.115).

fática, retirando-lhes a consciência dos atos praticados em seu favor, principalmente aqueles que cumpriam ordem diretamente (sentinelas do muro de Berlim).

Quem sabe a maior imoralidade não se estabeleceria ao atribuir todas as escolhas políticas/jurídicas injustas de um Estado a dois meros instrumentos de toda a maquinaria institucional?

Referências

ALEXY, Robert. **Teoria dos direitos fundamentais**. São Paulo: Malheiros, 2008.

__________. **Derecho injusto, retroatividad y principio da legalidade penal**. La doctrina del Tribunal Constitucional Federal alemán sobre lós homicídios cometidos por lós centinelas del Muro de Bérlin. Disponível em: <mail.ecdl2006.org/servlet/.../Doxa23_09.pdf>. Acesso em: 17 set. 2012.

APEL, Karl-Otto. Ética do discurso como ética da responsabilidade. **Cadernos de tradução**. Departamento de Filosofia da USP, n. 3, 1998. Trad. Maria Nazaré de Camargo Pacheco Amaral.

BARROSO, Luís Roberto. Neoconstitucionalismo e Constitucionalização do Direito (O triunfo tardio do direito constitucional no Brasil). **Revista Eletrônica sobre a Reforma do Estado (RERE)**. Salvador, Instituto Baiano de Direito Público, n. 9, mar./abr./maio 2007. Disponível em: <http://www.direitodoestado.com.br/rere.asp>. Acesso em: 15 fev. 2012.

BUSTAMANTE, Thomas da Rosa. **Argumentação *contra legem***: a teoria do discurso e a justificação jurídica nos casos mais difíceis. São Paulo: Renovar. 2005.

CAIANIELLO, Silvia; SIRTORI, Vittorio. **Dizionario dei termini filosofici**. Antonio Vallardi Editore: Milano, 1999.

DUARTE, Bernardo Augusto Ferreira. **Direito à saúde e teoria da argumentação**: em busca da legitimidade dos discursos jurisdicionais. Belo Horizonte: Arraes Editores, 2012.

DURÃO, Aylton Barbieri. O paradoxo da legitimidade a partir da legalidade segundo Habermas. **Ethic@**. Florianópolis, v. 7. n. 2, p. 233-251, dez. 2008.

GUBERT, Roberta Magalhães. **Mauerschützen (o caso dos atiradores do muto) e a pretensão de correção do direito na teoria de Robert**

Alexy: aportes hermenêuticos ao debate acerca da relação entre direito e moral. Disponível em: <bdtd.unisinos.br/tde_busca/processaArquivo.php?codArquivo=345>. Acesso em: 17 set. 2012.

NEUMANN, Franz. **Estado democrático e estado autoritário**. Trad. Luiz Corção. Rio de Janeiro: Zahar Editores, 1969.

RAMIRO, Caio Henrique Lopes; SOUZA, Tiago Clemente. Sobre hermenêutica, Direito e Literatura: itinerários filosóficos, políticos e jurídicos de Antígona. Simpósio Internacional de Análise Crítica do Direito, II, 2012: Jacarezinho, PR. **Anais...** [Recurso eletrônico] / Simpósio Internacional de Análise Crítica do Direito – Jacarezinho (PR): Universidade Estadual do Norte do Paraná, 2012.

SÓFOCLES. **A Antígona**. Trad. Guilherme de Almeida. Petrópolis: Vozes. 1965.

STRECK, Lênio Luiz. A atualidade do debate da crise paradigmática do Direito e a resistência positivista ao neoconstitucionalismo. **Revista do Instituto de Pesquisas e Estudos – Divisão Jurídica**. Bauru: Edite, v. 40, n. 45, p. 257-258, jan./jun. 2006.

CONCRETIZAÇÃO DA PROTEÇÃO INTEGRAL: PREVENÇÃO E ERRADICAÇÃO DA EXPLORAÇÃO SEXUAL DA CRIANÇA E DO ADOLESCENTE [1]

Grasiele Augusta Ferreira Nascimento[(*)]
Maria Aparecida Alkimin[(**)]

---

[1] Artigo apresentado no III Seminário de Direitos Humanos da UnB/2012.

(*) Pós-doutora em Democracia e Direitos Humanos pela Universidade de Coimbra/Ius Gentium Conimbrigae (2014); Doutora em Direito pela Pontifícia Universidade Católica de São Paulo (2002); Mestre em Direito pela Pontifícia Universidade Católica de São Paulo (1997); Bacharel em Direito pelo Centro Universitário Salesiano de São Paulo (1993). Diretora Operacional do Centro Universitário Salesiano de São Paulo, unidade de ensino de Lorena/SP. Atuou como coordenadora do Programa de Mestrado em Direito do Centro Universitário Salesiano de São Paulo no período de 2003-2016. Atualmente é Professora e Pesquisadora do Programa de Mestrado em Direito e Professora Assistente Doutora da Faculdade de Engenharia de Guaratinguetá (FEG/UNESP). Integra a Comissão de Educação em Direitos Humanos do CONDEPE (Conselho Estadual de Defesa dos Direitos da Pessoa Humana/São Paulo). Membro do conselho editorial da Revista Direito & Paz (UNISAL) e da revista Pensamiento Jurídico Central (Universidad Central de Chile). Tem experiência na área de Direito, com ênfase em Direito do Trabalho e Direito das Minorias. Líder do grupo de pesquisa MINORIAS, VULNERABILIDADE E TUTELA DOS DIREITOS INDIVIDUAIS E COLETIVOS. Membro da Academia de Letras de Lorena (ALL).

(**) Doutorado em Direito pela Pontifícia Universidade Católica de São Paulo (2007); Mestrado em Direito pela Pontifícia Universidade Católica de São Paulo (2004); Pós-graduação em Direito Processual Civil pelo Centro Universitário Salesiano de São Paulo – Lorena (1998); Graduação em Direito pela Faculdade Salesiana de Filosofia Ciências e Letras de Lorena (1991); Foi Professora e Coordenadora do Programa de Mestrado Acadêmico em Direito do Centro Universitário Salesiano de São Paulo-UE de Lorena; Pesquisadora do Grupo de Pesquisa "Minorais, Vulnerabilidade e Tutela dos Direitos Individuais e Coletivos". Estágio Pós-doutoral em Democracia e Direitos Humanos pela Universidade de Coimbra/IUS Gentium Conimbrigae. Advogada inscrita na OAB/SP desde 1992. *E-mail:* maalkimin@terra.com.br.

1. INTRODUÇÃO

A criança e o adolescente recebem ampla proteção da legislação nacional e internacional.

No Brasil, o Estatuto da Criança e do Adolescente considerou como "crianças" as pessoas com até 12 anos incompletos, e como "adolescentes" as pessoas com 12 a 18 anos incompletos.

Consideradas pessoas em desenvolvimento, as crianças e os adolescentes precisam de ampla proteção para que tenham um desenvolvimento físico normal, sem os prejuízos adquiridos do exercício de atividades degradantes e lesivas ao desenvolvimento físico, psíquico e moral, em especial no que se refere à exploração sexual da criança e do adolescente, que representa não só uma forma degradante de trabalho, como também uma grave violação aos Direitos Humanos dessas pessoas em desenvolvimento.

Contrariando a determinação legal, o Brasil ainda apresenta um elevado índice de trabalho infantil, presenciado não apenas zona urbana, mas também na rural. As crianças e os adolescentes brasileiros desenvolvem suas atividades nas carvoarias, no plantio e colheita de sisal, nas atividades de rua, no tráfico de drogas, no trabalho doméstico e no comércio "do sexo", por exemplo. Uma das piores formas de trabalho infantil e de violação aos Direitos Humanos, infelizmente é a exploração sexual.

Este artigo objetiva abordar a prevenção e a erradicação da exploração sexual da criança e do adolescente, na busca da concretização da proteção integral.

2. CRIANÇA E ADOLESCENTE E O PRINCÍPIO DA PROTEÇÃO INTEGRAL

Criança, na acepção geral, é "o individuo da espécie humana na fase da infância (menino ou menina)" (DICIONÁRIO ENCICLOPÉDICO KOOGAN LAROUSSE SELEÇÕES, 1981, p. 19) e na acepção jurídica e científica, a fase infantil (criança) compreende o nascimento até a puberdade, ao passo que adolescente ou adolescência é a "idade da vida compreendida entre a puberdade e a idade adulta"(DICIONÁRIO ENCICLOPÉDICO KOOGAN LAROUSSE SELEÇÕES, 1981, p. 19), enquanto adulto é a pessoa que atingiu a maturidade física e psíquica, significando, na acepção jurídica, que atingiu a maioridade civil, respondendo, portanto, *per si* pelos atos da vida, pois há presunção de pleno discernimento e capacidade de autodeterminação na fase adulta.

A criança e o adolescente[2] são pessoas em desenvolvimento físico, psíquico, intelectual, moral, social e espiritual, que se distinguem dos adultos em razão de a personalidade infanto-juvenil integrar um processo de desenvolvimento paulatino que somente na fase adulta culminará com a maturidade e o discernimento como forma de expressão da vontade livre e consciente.

Diante da condição de pessoas em peculiar condição de desenvolvimento, a criança e o adolescente devem usufruir de proteção especial ou cuidados peculiares através de normas específicas que lhes garantam proteção integral e lhes permitam o desenvolvimento físico, psíquico, intelectual, social, moral e espiritual de forma sadia e em plenas condições de liberdade e dignidade. Portanto, a proteção especial à criança e ao adolescente tem razões de ordem biológica, psicológica, moral e cultural.

Bobbio, reportando-se à Declaração dos Direitos da Criança (ONU, 1959), que instituiu a proteção especial à criança ao declarar que "a criança, por causa de sua imaturidade física e intelectual, necessita de uma proteção particular e de cuidados especiais", afirmou que "os direitos da criança são considerados como um *ius singulare* com relação a um *ius commune*;" (BOBBIO, 2004, p. 34) dando ênfase, portanto, à espeficidade de direitos, cujos direitos da criança resultam "de um processo de especificação do genérico, "no qual se realiza o respeito à máxima *sum couidque tribuere*" (BOBBIO, 2004, p. 34).

Com a evolução e o reconhecimento dos direitos humanos, novos direitos ou novas gerações de direitos foram emergindo em razão de condições peculiares em que se situam ou se colocam as pessoas, tais como o idoso, a criança e o adolescente, o consumidor etc, sendo que, para efetivação dos direitos humanos e garantias fundamentais, criou-se um sistema de especificação de direitos dentro dos direitos humanos reconhecidos a todo cidadão, como foi o caso da Convenção sobre os Direitos da Criança (ONU, 1989), o Estatuto da Criança e do Adolescente (Lei n.º 8.069/1990), o Estatuo do Idoso (Lei n.º 10.741/2003), o Código de Defesa do Consumidor (Lei n.º 8.078/1990).

[2] Conforme art. 1.º da Convenção sobre Direitos da Criança, "considera-se como criança todo ser humano com menos de 18 anos de idade, a não ser que, em conformidade com

Dentro desse sistema de especificação de direitos e de proteção à pessoa humana em condições peculiares e até mesmo em condições físicas, psicológicas e materiais inferiores, a ordem jurídica nacional e internacional houveram por bem criar um sistema normativo de proteção a essas pessoas em condições de vida ou posições na vida especiais.

Criança e adolescente são titulares de direitos humanos consagrados pela Declaração Universal dos Direitos do Homem (ONU, 1948). Entretanto, os direitos humanos consagrados às crianças recebem uma estruturação diferenciada em relação aos direitos humanos consagrados à população adulta, cuja estruturação diferenciada se manifesta pela especificação de direitos humanos, cuja especificação passou a integrar documentos internacionais que expressam um arcabouço de proteção especial e integral à criança e ao adolescente, tendo em conta sua peculiar condição de pessoa em desenvolvimento e o reconhecimento da criança e do adolescente como sujeitos de direitos na órbita jurídica internacional.

As constituições modernas, inclusive a Constituição brasileira de 1988, em consonância com as normas internacionais, reconheceu a criança e o adolescente como sujeitos de direitos e merecedores de ampla proteção do Estado, da sociedade e da família, com absoluta prioridade e de acordo com o princípio do melhor interesse da criança, impondo ao Estado o dever de assegurar por meio de lei e por outros meios os direitos humanos consagrados como direitos fundamentais e sociais pelos documentos internacionais e nacionais, como forma de permitir o pleno desenvolvimento da capacidade física, psíquica, moral, espiritual e social, bem como a salvaguarda da dignidade humana dessas pessoas em formação.

O Brasil, através do art. 227 da CF/88, buscou estabelecer uma síntese da Convenção sobre os Direitos da Criança (ONU, 1989) que exalta a concepção da criança como sujeito de direito e a doutrina da proteção integral e estabeleceu a prioridade absoluta em matéria de proteção (art. 27, CONVENÇÃO SOBRE OS DIREITOS DA CRIANÇA), considerada o documento mais importante no âmbito internacional de proteção à criança em razão do elevado número de países ratificantes.

---

a lei aplicável à criança, a maioridade seja alcançada antes." No Brasil, o art. 2.º do ECA esclarece que: "considera-se criança, para os efeitos desta Lei, a pessoa até doze anos de idade incompletos, e adolescente aquela entre doze e dezoito anos de idade."

Na verdade, a Convenção sobre Direitos da Criança tem por fundamento a Declaração Universal dos Direitos da Criança (ONU, 1959) que já mencionava a necessidade de proteção integral para o desenvolvimento integral da criança (físico, psíquico, moral, intelectual, social e espiritual) por parte do Estado, da sociedade e da família, estabelecendo a universalidade e indivisibilidade dos direitos da criança e do adolescente, além de enfatizar a importância de se intensificar esforços nacionais e internacionais para a promoção e a defesa aos direitos da criança, inclusive em matéria de exploração sexual.

A proteção integral à criança e ao adolescente instituída pelo art. 227 da CF foi regulamentada pelo ECA (Lei n.º 8069/90) que consagrou, internamente, a doutrina da proteção integral e instituiu os direitos e garantias fundamentais e especiais da criança e do adolescente, demonstrando uma adesão à concepção moderna de direitos humanos interdependentes e indivisíveis.

Proteção integral, no sentido real, significa que um ser humano necessita de cuidado de outro ser humano e, no caso da criança e do adolescente, esse cuidado se estende à família, à sociedade e ao Estado, cujo cuidado também tem como fundamento uma relação de desigualdade de ordem física, psíquica, intelectual, etc.

> O termo proteção pressupõe um ser humano protegido e um ou mais seres humanos que o protegem, isto é, basicamente um ser humano que tem necessidade de outro ser humano. Obviamente, este segundo ser humano deve ser mais forte que o primeiro, pois deve ter capacidade para protegê-lo. (PEREIRA, 2008, p. 24)

Os direitos humanos e fundamentais da criança e do adolescente, dentro do sistema de proteção integral, gozam de prioridade absoluta, erigida à categoria de princípio constitucional (art. 227 da CF) e regulamentada pelo art. 4.º do ECA, que estabeleceu como prioridade absoluta em matéria de criança e a adolescente a:

- primazia em receber proteção e socorro em qualquer circunstância;
- precedência no atendimento por serviço ou órgão público de qualquer poder;
- preferência na formulação e execução das políticas sociais públicas; e

– destinação privilegiada de recursos públicos às área relacionadas com a proteção da infância e da juventude.

Dessa forma, a proteção integral representa a defesa do melhor interesse da criança e a instituição da primazia ou prevalência dos direitos da criança e do adolescente em relação aos direitos das demais pessoas, além de impor ao Estado, à família e à sociedade o dever de proteção integral à criança e ao adolescente como forma de facilitar o pleno desenvolvimento físico, psíquico, intelectual, social, moral e espiritual.

3. EXPLORAÇÃO SEXUAL DA CRIANÇA E DO ADOLESCENTE: UMA DAS PIORES FORMAS DE TRABALHO INFANTIL

A Organização Internacional do Trabalho (OIT) reconheceu a exploração sexual como uma das piores formas de trabalho infantil. De acordo com a Convenção n.º 182 da OIT, entende-se como exploração sexual "a utilização, o recrutamento ou a oferta de crianças para a prostituição, a produção de pornografia ou atuações pornográficas" (art. 3.º, *b*).

No Brasil, segundo os dados relatados por Feliciano,

> de um total de 3.328 denúncias de abuso e exploração sexual infanto-juvenil recebidas pela ABRAPIA entre fevereiro de 1997 e janeiro de 2003, 69% (a maioria) referiam-se à prostituição infantil; 25% referiam-se a abusos pela Internet; 3% referiam-se a "turismo sexual"; 2% referiam-se à confecção e venda de material pornográfico com objeto infanto-juvenil; 1%, enfim, referia-se ao tráfico de pessoas com finalidade sexual. São, em geral, situações que envolvem o jogo trabalho *vs.* remuneração (= consentimento da vítima + finalidade econômica) e que, por isso, subsumem-se bem às piores formas de trabalho infanto-juvenil elencadas no artigo 3.º, "b", da Convenção n. 182. Daquele total, por fim, 11,50% referiam-se à exploração sexual infanto-juvenil sob o jugo familiar, sendo que, em 8,50% dos casos, o agente explorador era a própria mãe.
>
> Como se vê, a noção de "exploração sexual" vai além do mero abuso ou da própria prostituição infanto-juvenil (o que explica os termos mais gerais – "prostituição, produção de pornografia ou atuações pornagráficas" – utilizados pelo artigo 3.º, "b", da Convenção n.º 182 da OIT). (2010, p. 41-42).

Muitas vezes essa atitude é de iniciativa dos próprios pais, que buscam a complementação da renda familiar através da prostituição dos filhos que, em grande maioria, são meninas entre dois e 12 anos de idade.

O turismo sexual, por sua vez, também vem crescendo no país e ganhando repercussão internacional, não sendo raras as viagens de estrangeiros, sobretudo para a Amazônia e para diversas cidades litorâneas do Norte e Nordeste do país com essa finalidade.

Entre os fatores que levam à realização do turismo sexual encontram-se a falta de planejamento turístico, a exclusão social, o desemprego, a ausência de moradia, de escolaridade, dentre outros. Entre os problemas dessa prática, encontram-se a miséria, o alcoolismo, as drogas, as agressões físicas e o abuso sexual frequentes (SILVA; ÁVILA, 2011, p. 5).

Várias ações já foram implantadas para combater a exploração sexual infantil nas diversas regiões do Brasil, envolvendo vários setores, como o Ministério Público, a Polícia Rodoviária Federal, o Poder Judiciário, ONGs, Cededicas, entre outros.

Na cidade de Ilhéus, Estado da Bahia, por exemplo, o projeto "Sentinela", que faz parte da Secretaria de Ação Social e Trabalho do Município, oferece atendimento a crianças e adolescentes vítimas de violência sexual.

O projeto foi implantado em 2001 e até 2010 acompanhou cerca de 510 casos, dos quais 48 foram de exploração e 112 de abuso sexual. Dois dos casos acompanhados foram de tráfico de pessoas para fins de prostituição. De acordo com os dados do projeto, as meninas que partem para a prostituição ou o turismo sexual normalmente foram abusadas pelos próprios familiares. A prostituição e o turismo sexual na região normalmente são realizados por intermédio de taxistas, proprietários de barracas de praia, donos de pousadas, bares e restaurantes (SILVA; ÁVILA, 2011, p. 3).

Atualmente, a legislação brasileira responsabiliza penalmente os envolvidos na exploração sexual de crianças e de adolescentes. A própria Constituição Federal de 1988 estabeleceu como dever da família, da sociedade e do Estado "assegurar à criança e ao adolescente, com absoluta prioridade, o direito à vida, à saúde, à dignidade, ao respeito, à liberdade e à convivência familiar e comunitária, além de colocá-los a salvo de toda forma de negligência, discriminação, exploração, violência, crueldade e opressão" (art. 227 da CF). Sem dúvida, uma das formas de violência e de crueldade é a exploração sexual.

O § 4.° *do referido artigo dispõe que* "lei punirá severamente o abuso, a violência e a exploração sexual da criança e do adolescente". O Estatuto da Criança e do Adolescente considera a submissão de criança ou adolescente à prostituição ou à exploração sexual como prática delituosa, conforme se verifica nos termos dos arts. 240, 241 e 241-A a 241-E:

> Art. 244-A – Submeter criança ou adolescente, como tais definidos no caput do art. 2.° *desta Lei, à prostituição ou à exploração sexual:*
> Pena: reclusão de quatro a dez anos, e multa.
> *§ 1.° – Incorrem nas mesmas penas o proprietário, o gerente ou o responsável pelo local em que se verifique a submissão da criança ou adolescente às práticas referidas no caput deste artigo.*
> *§ 2.° – Constitui efeito obrigatório da condenação a cassação da licença de localização e de funcionamento do estabelecimento*

> Art. 240 – Produzir ou dirigir representação teatral, televisiva ou película cinematográfica, utilizando-se de criança ou adolescente em cena de sexo explícito ou pornográfica.
> Pena: reclusão de um a quatro anos, e multa
> Inclui quem contracena com a criança

> Art. 241 – Fotografar ou publicar cena de sexo explícito ou pornográfica envolvendo criança ou adolescente.
> Pena: reclusão de um a quatro anos.

A responsabilidade também recairá sobre os pais dos menores explorados, que poderão responder pelas penalidades previstas nos artigos 245, 246 e 247 do Código Penal, por exemplo, que compreendem, respectivamente, ao crime contra a assistência familiar, caracterizado pela entrega do filho menor de 18 anos a pessoa em cuja companhia saiba ou deva saber que o menor fica moral ou materialmente em perigo; crime de abandono material, caracterizado quando os pais deixarem de prover a instrução primária de filho em idade escolar; e crime contra a assistência familiar, na hipótese dos pais permitirem que o menor resida ou trabalhe em casa de prostituição (NASCIMENTO; ALKIMIN, 2011, p. 2369-2370).

4. DIREITOS HUMANOS E A EXPLORAÇÃO SEXUAL DA CRIANÇA E DO ADOLESCENTE

É inegável que a exploração sexual da criança e do adolescente em qualquer nível ou modalidade constitui grave violação aos direitos humanos dessas pessoas em desenvolvimento físico, psíquico, social, intelectual, moral e espiritual.

Tal prática viola direitos inerentes à pessoa humana, tais como a integridade psicofísica e a liberdade individual e sexual, cujos direitos se situam na órbita dos direitos naturais, daí o caráter inerente a toda pessoa humana; assim como viola os documentos internacionais e internos que representam a positivação da proteção integral e prioritária à criança e ao adolescente.

Sem dúvida, a exploração sexual viola a liberdade, autodeterminação, integridade psicofísica da criança e do adolescente, compromete seu desenvolvimento e amadurecimento sadio e equilibrado, retira-lhe o direito de ser e se sentir criança, direito esse que transcende os direitos reconhecidos e protegidos pelo Estado; trata-se de um direito natural, integrante da essência de toda criança.

Os direitos humanos, que nascem com o homem, com ele evoluem e somente com ele poderão perecer, foram reconhecidos e difundidos para toda a civilização por intermédio da Declaração Universal dos Direitos do Homem (ONU, 1948). Ela consagrou a era dos direitos humanos e instituiu a concepção contemporânea dos direitos humanos pela internacionalização desses direitos, conduzindo à formação de uma cultura mundial de direitos humanos norteada por documento escrito sobre os direitos humanos, e cujos traços marcantes são a universalidade e a indivisibilidade ou interdependência desses direitos, e também representa o instrumento que serve de fundamento basilar para o ordenamento jurídico no mundo inteiro, em especial, nos países ratificantes (BOBBIO, 2004, p. 48).

Os direitos humanos, segundo Bobbio (2004, p. 68), têm origem na filosofia jusnaturalista, portanto, inerentes à condição humana e independentes da vontade do Estado; foram reconhecidos em função única e exclusiva da pessoa humana. Portanto, o homem como ser racional, ou seja, aquele que detém autodeterminação em suas ações no meio em que vive, constitui o fundamento único para promoção e proteção aos direitos humanos por parte do Estado-Nação.

Pode-se afirmar que os direitos humanos têm como fim único a pessoa humana, ser dotado de razão e dignidade, e, nesse sentido, Kant, referindo-se à pessoa humana, afirmou que "de um modo geral, todo ser racional, existe como um fim em si mesmo, não simplesmente como meio do qual esta ou aquela vontade possa servir-se a seu talento" (apud COMPARATO, 2010, p. 33).

A dignidade da pessoa humana, numa primeira fase, assumiu o caráter principiológico e naturalista, pois todos os homens nascem e morrem com algo que lhe é inerente – a dignidade humana –, a qual corresponde a um atributo natural e indissociável do ser humano, de "caráter único e insubstituível de cada ser humano" (COMPARATO, 2010, p. 42), e, após o reconhecimento e a positivação dos direitos humanos, portanto, com *status* de norma, o Estado avocou o dever de proteção e abstenção em relação a toda e qualquer forma de violação à dignidade da pessoa humana.

Como bem afirmou Bobbio (2004, p. 209), os direitos humanos, embora originários do direito natural, não foram reconhecidos e garantidos todos de uma só vez. Na verdade, a evolução dos direitos humanos acompanhou a evolução da própria sociedade, tornaram-se uma conquista da humanidade que ao longo de sua história ficou sob o jugo da vontade do estatal.

Segundo Lafer (1988, p. 124), mesmo após a positivação das declarações internacionais sobre direitos humanos, não ocorreu uma estabilização no elenco de direitos humanos contemplados nas Constituições e documentos internacionais, pois, à medida que a sociedade evolui e se transforma novas necessidades, consequentemente, novos direitos surgem, pois "é difícil atribuir uma dimensão permanente, não variável e absoluta a direitos que se revelaram historicamente relativos".

Dentro dessa evolução histórica da humanidade e do processo de construção e reconstrução dos direitos humanos foram surgindo e sendo proclamados novos direitos e gerações de direitos, dentre eles foram proclamados os direitos humanos da criança como forma de proteção especial a essas pessoas com imaturidade física e psíquica e como meio de reconhecer a criança e o adolescente como sujeitos de direitos.

Na verdade, ao se tratar dos direitos humanos da criança, não se quer se afastar da representação dos direitos humanos como uma unidade, ou seja, como um corpo único, constituindo-se em unidade interdependente e indivisível, pois os direitos civis e políticos estão interligados aos direitos econômicos, sociais e culturais, um não se sustenta sem o outro. Logo, havendo violação, por exemplo, a direitos civis e políticos, haverá reflexos nos direitos sociais, econômicos e culturais, pois os direitos humanos constituem uma unidade harmônica e indivisível.

Tratam-se os direitos da criança, conforme apontado alhures, de *ius singulares*, caráter que adveio da Declaração dos Direitos da Criança (ONU, 1959) e enfatizou a necessidade de proteção particular e cuidados especiais à criança em virtude de sua imaturidade física e intelectual, tendo a

Convenção sobre os Direitos da Criança (ONU, 1989) primado pela garantia do desenvolvimento integral da criança, com absoluta prioridade, atribuindo-lhe a condição de sujeito de direito, considerando sua peculiar condição de pessoa em desenvolvimento físico, psíquico, social, moral e espiritual.

O Brasil, como país membro ratificante da Convenção sobre os direitos da criança, introduziu na CF/88 dispositivos que regulam os direitos humanos da criança, reconhecidos como direitos e garantias fundamentais e especiais da criança e do adolescente em razão da sua peculiar condição de ser humano em desenvolvimento, impondo um sistema de garantias e proteção mais amplo e que exige a participação do Estado, da família e da sociedade (art. 227 da CF/88 e ECA, Lei n.º 8.069/90).

A exploração sexual contra a criança e o adolescente como instrumento de lucro, meio de garantia de subsistência ou forma degradante de trabalho humano viola flagrantemente os direitos humanos da criança e do adolescente consagrados pela Convenção sobre os direitos da criança, bem como as normas internas de proteção que preveem expressamente a proteção contra a exploração e abuso sexual, bem como viola os direitos e garantidas fundamentais reconhecidos e positivados no âmbito internacional e nacional, em especial, o direito "a liberdade, ao respeito e à dignidade" (arts. 16-18 do ECA).

A Convenção sobre os Direitos da Criança, em seu art. 19, impõe aos Estados-Partes a adoção de medidas legislativas, administrativas, sociais e educacionais apropriadas para proteger a criança contra todas as formas de violência, inclusive, a proveniente de abuso sexual.

No âmbito internacional, ainda, e no que se refere à exploração econômica e sexual da criança, foi adotado, em 25 de maio de 2000, o Protocolo Facultativo à Convenção dos Direitos da Criança, pela Resolução A/RES/54/263 da Assembleia Geral, sob a denominação de Protocolo Facultativo sobre a Venda de Crianças, Prostituição e Pornografia Infantis, impondo aos Estados-Partes a obrigação de proibirem a venda de crianças, bem como a prostituição e pornografia infantis, exigindo, também que os Estados-Partes promovam a criminalização dessas condutas. Os direitos humanos da criança e do adolescente consagrados pelo ordenamento internacional e interno, tal como os direitos humanos consagrados pela DUDH, são absolutos, inalienáveis, indivisíveis e interdependentes, sendo certo que a violação pela exploração sexual da liberdade, da dignidade, do respeito, da saúde, enfim, reflete em violação aos demais direitos das crianças, enquanto sujeito de direitos civis, políticos, sociais, econômicos e culturais.

A indivisibilidade e a interdependência desses direitos indicam que a garantia, o respeito, a defesa e a promoção dos direitos humanos devem abranger todos de uma vez, pois a defesa da liberdade sexual e da dignidade da criança pressupõem a defesa e a garantia da saúde, convivência familiar e social, cultural, o lazer, etc. Logo, é inconcebível defesa individualizada dos direitos humanos da criança e do adolescente.

Pode-se afirmar que não basta o reconhecimento dos Direitos Humanos, há necessidade de sua efetivação e proteção para consolidar a dignidade da pessoa humana. Como bem afirmou Bobbio (2004, p. 37), não basta proclamar os Direitos Humanos, "o problema real que temos de enfrentar, contudo, é o das medidas imaginadas e imagináveis para a efetivação desses direitos".

A exploração sexual de criança e adolescente é um problema de raízes profundas, trata-se de uma forma de violação a direitos da criança e adolescente que se constitui como sério problema para a humanidade, cuja exploração sexual está relacionada, também, ao desenvolvimento globalizado, tendo, ainda, como origem a exploração sexual a miséria, a fome, as condições de vida subumanas, enfim, a prostituição infanto-juvenil é fruto da pobreza, da exclusão e da desigualdade de oportunidades, cujos aliciadores muitas vezes são os próprios genitores ou parentes.

Para o estabelecimento de um sistema de proteção integral efetivo, eficaz e com resultados satisfatórios, não é possível a abstração dos problemas que assolam a exploração sexual da população mundial que são a fome, a pobreza, o desemprego, etc.

5. CONCRETIZAÇÃO DA PROTEÇÃO INTEGRAL EM MATÉRIA DE EXPLORAÇÃO SEXUAL: PREVENÇÃO E ERRADICAÇÃO

Visando à concretização da proteção integral da criança e do adolescente, deve-se buscar o cumprimento e a plena efetivação da prioridade absoluta e da prevalência do melhor interesse da criança e do adolescente, através da criação, implantação e do fortalecimento de mecanismos e programas nacionais e internacionais de proteção e defesa da criança e do adolescente, em especial àquelas em situação de vulnerabilidade ou de risco, como é o caso da criança ou adolescente vitimado pela exploração sexual, em cujos programas devem ser inseridas e engajadas as famílias de crianças e adolescentes vitimados, além de contar com a participação direta e ativa de toda sociedade civil (Art. 204, Constituição Federal).

A exploração sexual da criança e do adolescente é um problema complexo e multicausal e, para a erradicação desse problema que fere gravemente os direitos humanos dessas pessoas em desenvolvimento, não basta um sistema legislativo repressivo, estar-se-á buscando combater o efeito e não a causa; assim como não adianta a aplicação das medidas de proteção à criança e ao adolescente e a seus representantes (ECA, Art. 98), elementar, a título de prevenção e erradicação, atentar às causas desse tipo de violência contra a criança e o adolescente, sendo certo que a causa reside, em grande parte dos casos, na pobreza, na desigualdade de classe social, de raça, de gênero até mesmo regional.

O poder público e político, em toda a esfera de atuação, ou seja, nacional, estadual e municipal, deve estar comprometido na adoção de políticas públicas que visem à concretização e realização dos direitos humanos da criança e do adolescente, envolvendo não apenas metas e diretrizes que busquem resultados no presente e no futuro, mas também na elaboração de projetos orçamentários que priorizem recursos necessários para efetivação dos direitos da criança e do adolescente, além de controle e fiscalização eficientes, tanto por parte do poder público, como por parte da sociedade.

A Convenção sobre os Direitos da Criança impõe aos Estados-Partes, portanto, ao Brasil, a adoção de medidas públicas, envolvendo medidas legislativas, orçamentárias, administrativas e de qualquer natureza no sentido de implementação e efetivação dos direitos da criança e do adolescente, conduzindo-os ao pleno desenvolvimento das capacidades física, mental, social, moral e espiritual, na mais absoluta condição de liberdade e de dignidade. Nesse sentido está disposto no art. 19, 2, da CDC:

> Essas medidas de proteção deveriam incluir, conforme apropriado, procedimentos eficazes para a elaboração de programas sociais capazes de proporcionar uma assistência adequada à criança e às pessoas encarregadas de seu cuidado, bem como para outras formas de prevenção, para a identificação, notificação, transferência a uma instituição, investigação, tratamento e acompanhamento posterior dos casos acima mencionados a maus-tratos à criança e, conforme o caso, para a intervenção judiciária.

Deve-se enfatizar a importância de se intensificar, no âmbito nacional e internacional, os esforços, a ação política e pública para promoção, garantia e defesa dos direitos e garantias fundamentais da criança, priorizando o combate, a prevenção e a erradicação dessa modalidade de violência, ou seja, a exploração sexual da criança e do adolescente.

Nesse aspecto, para a concretização da proteção integral da criança e do adolescente, urge o comprometimento do poder público (executivo, legislativo e judiciário) e o estabelecimento de um sistema de proteção integral por parte do Estado, da família e da sociedade, cuja tutela integral deve ser considerada sob três dimensões: promoção, controle e garantia (BOBBIO, 2004, p. 62).

Atendendo às diretrizes das Nações Unidas, o Brasil criou o Conanda (Conselho Nacional dos Direitos da Criança e do Adolescente) e o Condeca (Conselho Estadual dos Direitos da Criança e do Adolescente), cujos órgãos, respectivamente, no âmbito federal e estadual, têm função deliberativa e controladora em matéria de atendimento aos direitos da criança e do adolescente; entretanto, em matéria de efetivação ou concretização da proteção integral com a prevenção e erradicação da exploração sexual, é elementar o envolvimento de todos os segmentos da sociedade e um trabalho coordenado e intenso de todos os setores da sociedade no âmbito nacional, estadual e municipal.

Na verdade, o Estado é responsável pela política pública de garantia e preservação da dignidade e personalidade da criança e do adolescente; entretanto, não menos responsável é a sociedade, nela compreendidos empresas, igrejas, associações, ONGs, poderes do Estado, etc., pela adoção de políticas ou ações privadas de prevenção e erradicação da exploração sexual, pois, no Estado Democrático de Direito, toda a sociedade civil deve assumir sua cota de responsabilidade para que se garanta o desenvolvimento sadio e harmonioso da criança e do adolescente, a quem pertence o futuro da nação.

A prevenção de todo tipo de violência, em especial a que envolve a exploração sexual de criança e adolescente, requer um trabalho educativo, de conscientização, inclusão e com a formação calcada em valores éticos e de consideração e respeito ao próximo, com envolvimento da família do menor vitimado.

Para a erradicação da exploração sexual da criança e do adolescente, é elementar, portanto, a adoção de metas e mecanismos por meio das políticas públicas, como a ação pública manifestada pelo "Plano Nacional de Enfrentamento da Violência Sexual Juvenil", cujo propósito é conhecer e conscientizar sobre o problema da violência sexual infanto-juvenil; fortalecer articulações e comprometer a sociedade civil para o enfrentamento; rever a legislação sobre o assunto e combater a impunidade; garantir atendimento prioritário às vítimas e estabelecer ações preventivas com a participação ativa de crianças e adolescentes pela defesa de seus direitos.

Entretanto, para o resultado efetivo dessas ações e políticas públicas, é fundamental, além da articulação entre todos os segmentos da sociedade, a previsão orçamentária e destinação de recursos econômicos para campanhas educativas e de conscientização, além de acompanhamento individualizado e familiar por equipe interdisciplinar; destinação de curso profissionalizante ao menor e membros da família; bem como a criação de mecanismos de apoio e estímulo às denúncias contra exploração sexual.

O Brasil foi advertido, por intermédio de recomendação da ONU (Recomendação da ONU sobre Criança e Adolescente de 1.º/10/2007) que, para a garantia da proteção integral à criança e ao adolescente não adianta aumentar os investimentos federais na área da infância e juventude, importa a qualificação desse investimento, ou seja, uma distribuição justa e que atenda as camadas mais pobres e vulneráveis, tendo-se em conta a latente e onipresente as desigualdades de etnias e regionais existentes no Brasil, podendo comprometer a concretização da proteção integral.

Todas as ações e políticas públicas envolvendo proteção à criança e ao adolescente devem envolver todos os segmentos da sociedade e também deve haver um monitoramento, acompanhamento, fiscalização e avaliação por parte de órgãos como Conanda, integrantes de ONGs, da sociedade e daqueles a quem são destinados as políticas públicas e os recursos, que são as crianças e adolescentes, as quais devem participar da adoção de medidas de proteção e de destinação de recursos públicos, permitindo-lhes ocupar espaço de cidadania.

É peculiar do Estado Democrático o pleno exercício da cidadania, a qual se consolida pela participação nas decisões políticas que dizem respeito à atuação estatal em todas as suas esferas; inclusive no que tange ao poder de fiscalizar a administração pública. Sem cidadania não há democracia e sem democracia não há cidadania (SIQUEIRA JÚNIOR; OLIVEIRA, 2009, p. 242-246). Portanto, a participação da sociedade, inclusive da criança e do adolescente nas políticas públicas voltadas para concretização da proteção integral, é a garantia de exercício da cidadania, a qual constitui um dos fundamentos da República Federativa do Brasil e do Estado Democrático de Direito.

Quanto à criança e ao adolescente vitimados pela exploração sexual, é elementar uma política assistencialista e de atendimento voltada à proteção integral e que promova sua recuperação e reinserção familiar e social, por meio de uma educação especial e qualificada, serviços de saúde e atendimento psicológico adequado, cujo atendimento deve ser contínuo e extensivo à família da vítima, pois a proteção implica a manutenção da criança no seio da família, *locus* privilegiado para o pleno e integral desenvolvimento da criança e do adolescente.

6. CONSIDERAÇÕES FINAIS

A ordem jurídica nacional e internacional reconhece a criança e o adolescente como sujeitos de direitos, bem como a condição de seres humanos em peculiar condição de desenvolvimento físico, psíquicos, social, moral, intelectual e espiritual, razão pela qual impõe à família, ao Estado e à sociedade a destinação de proteção integral e cuidado especial que os coloquem a salvo de forma de lesão a direitos humanos, inclusive, da exploração sexual.

A exploração sexual da criança e do adolescente é uma grave violação a direitos humanos dessa camada populacional, fere a liberdade, a personalidade, a saúde física e psíquica desses seres em desenvolvimento, atinge a dignidade humana, comprometendo o desenvolvimento sadio e equilibrado da criança e do adolescente vitimados pela violência e exploração sexual, tornando-os, muitas vezes, adultos excluídos ou com sérios transtornos de personalidade e de convívio social.

Deve-se ponderar que os documentos internos e internacionais que revelam uma efetiva preocupação com a proteção integral da criança e do adolescente, embora sejam a mais pura expressão de reconhecimento e proteção aos direitos humanos especiais das crianças e dos adolescentes não representam o bastante para a concretização da proteção integral. Daí a importância de uma ação coordenada entre o Estado Nacional, órgãos e organismos internacionais, bem como de toda a sociedade civil através das escolas, igrejas, ONGs, empresários, entidades de classe, poderes do Estado (judiciário, legislativo e executivo) no sentido de mobilizar ações concretas de defesa e proteção concreta aos direitos da criança e do adolescente.

Incumbe ao Estado a implantação de políticas públicas que visem prevenir e erradicar a exploração sexual contra criança e adolescente, estabelecendo planos e ações de educação profissionalizante e de formação ética e cultural, buscando coibir e prevenir, pela conscientização, a prática sexual envolvendo criança e adolescente, como forma degradante de trabalho ou para qualquer outra finalidade.

Em se tratando de criança e adolescente, a política assistencialista deve ser destinada com prioridade absoluta e visar ao melhor interesse da criança e do adolescente, razão pela qual o Estado deve manter dotação orçamentária suficiente almejando a destinação de recursos para manutenção de condições mínimas e dignas de vida, enfim, é elementar, além do apoio educacional, psicológico e social também o apoio econômico à criança e ao adolescente e à família deles.

Justifica-se a proteção extensiva à família, pois a criança e o adolescente, na maioria das vezes, são frutos do ambiente em que vivem e, é certo, não adianta proteger e cuidar da criança, isolando-a do *locus* de convivência; é importante, também, visando à proteção integral, cuidar do meio em que ela vive, logo, envolve o cuidar da família da criança e do adolescente.

Referências

BOBBIO, Norberto. **A Era dos Direitos**. nova ed. Trad. Carlos Nelson Coutinho. Rio de Janeiro: Elsevier, 2004.

COMPARATO, Fábio Konder. **A afirmação histórica dos direitos humanos**. 7. ed. rev. e atual. São Paulo: Saraiva, 2010.

CONVENÇÃO SOBRE OS DIREITOS DA CRIANÇA (NOVA YORK, 1989). *In* MELLO, Celso D. de Albuquerque. **Direito Internacional Público: Tratados e Convenções.** 5ª. ed. Rio de Janeiro: Renovar, 1999, p. 619-637.

DECLARAÇÃO UNIVERSAL DOS DIREITOS DO HOMEM (ONU, 1948). *In* MELLO, Celso D. de Albuquerque. **Direito Internacional Público: Tratados e Convenções.** 5ª. ed. Rio de Janeiro: Renovar, 1999, p. 545-551.

DICIONÁRIO ENCICLOPÉDICO KOOGAN LAROUSSE SELEÇÕES. Rio de Janeiro: Larousse do Brasil, 1981.

FELICIANO, Guilherme Guimarães. Violência sexual contra a criança e o adolescente no marco da precarização das relações de trabalho. I SEMIDI e I SEVILES, 1. **Anais (2010).** Centro Universitário Salesiano de São Paulo. Disponível em: < http://www.eventosunisal.com.br/evento2010/anais/palestra.pdf.> Acesso em: 6 out. 2011.

LAFER, Celso. **A reconstrução dos direitos humanos**: um diálogo com o pensamento de Hannah Arendt. São Paulo: Companhia das Letras, 1988.

NASCIMENTO, Grasiele Augusta Ferreira; ALKIMIN, Maria Aparecida. Exploração sexual: uma das piores formas de trabalho infantil. Congresso Nacional do CONPEDI (20. : 2011 : Vitória, ES) Anais do [Recurso eletrônico] / XX Congresso Nacional do CONPEDI. – Florianópolis : Fundação Boiteux, 2011, p. 2356-2371. Disponível em:< https://www.conpedi.org.br/>. Acesso em 10 dez. 2011.

ONU. Assembleia Geral das Nações Unidas. Convenção das Nações Unidas sobre os Direitos da Criança. 1989. Disponível em <htpp://www.onu.br/doc_criança.php>. Acesso em 10 dez. 2011.

PEREIRA, Tânia da Silva. **Direito da criança e do adolescente**: uma proposta interdisciplinar. 2. ed. rev. ampl. Rio de Janeiro: Renovar, 2008.

SILVA, Tatiana Amaral; ÁVILA, Marco Aurélio. Turismo sexual e exploração sexual infantil: uma análise da atuação do programa sentinela em Ilhéus. **Revista de Turismo y Patrimônio Cultural**. Disponível em: <http://www.pasosonline.org/Publicados/8110/PS0110_14.pdf>. Acesso em: 6 out. 2011.

SIQUEIRA JÚNIOR, Paulo Hamilton; OLIVEIRA, Miguel Augusto Machado de. **Direitos Humanos e cidadania**. 2. ed. rev. atual. São Paulo: Revista dos Tribunais, 2009.

DIREITO À SAÚDE E DIREITOS SOCIAIS: A POLÊMICA ADVINDA COM AS PESQUISAS COM CÉLULAS-TRONCO

Caroline Leite de Camargo(*)
Renato Bernardi(**)

1. INTRODUÇÃO

> O homem tornou-se, definitivamente, "senhor e possuidor da natureza", inclusive de sua própria, ao adquirir o poder de manipular o patrimônio genético. (COMPARATO, 2010, p. 562).

(*) Mestre em Direito na Fundação de Ensino Eurípides Soares da Rocha de Marília/SP – UNIVEM – em Teoria do Direito e do Estado (2012-2013). Bacharel em Direito pela Universidade Federal de Mato Grosso do Sul, campus de Três Lagoas/MS (2006-2010). Professora Adjunto I na UniRV (2017-atual). Advogada. Tutora a distância na Unilab-CE (2016-2019). Professora dos cursos à distância e presenciais do NAEEP (2014-2017). Professora na Etec-Araçatuba (2016-2017). Professora conteudista da pós-graduação-EaD – Uniara (2013-2016). Professora no curso de direito AEMS/Três Lagoas (2014-2015). Professora de sociologia no Colégio HY para 1 e 2 ano do Ensino Médio (2014). Professora no Curso Técnico em Logística na AEMS (2014). Professora no Pronatec/AEMS (2013-2014) no curso de técnico em logística. Professora-bolsista no Pronatec/IFMS no curso de auxiliar de contabilidade (2013-2014). Professora substituta contratada na Universidade Federal de Mato Grosso do Sul, campus de Três Lagoas (2011-2013). Professora contratada pelo Projovem Trabalhador para a qualificação social (2013). Tem experiência na área de Direito, com ênfase em Direito Constitucional, Direitos Fundamentais e Direitos Humanos, Propedêutica, Biodireito e Direito Ambiental relacionado a Educação Ambiental. E-mail: karoll.kamargo@gmail.com

(**) Doutor em Direito do Estado (sub-área Direito Tributário) – PUC-SP. Professor efetivo dos cursos de Bacharelado, Mestrado e Doutorado e Membro da Comissão de Coordenação do Programa de Mestrado em Ciência Jurídica, todos da Faculdade de Direito do CCSA – UENP, Campus de Jacarezinho. Coordenador Pedagógico do PROJURIS Estudos Jurídicos Ltda. Procurador do Estado de São Paulo desde 1994. ORCID. https://orcid.org/0000-0002-5938-5545. E-mail: reraber@gmail.com

O Direito é a principal forma de garantia que o ser humano possui a fim de ter seus interesses respeitados. Assim, por intermédio das Constituições Sociais, presentes em Estados Democráticos de Direito, tem-se a proteção da vida e a valoração do ser humano como fundamentos e principais objetivos a serem alcançados.

A saúde, como um direito, está presente em todo o constitucional, bem como em diversas leis infraconstitucionais, não apenas como um direito fundamental de cada ser humano, mas também como um direito social, a fim de tornar passíveis de garantia o bem-estar e melhores condições de vida.

Nesse pensar, ganha relevância investimento em pesquisas científicas, no intuito de encontrar melhores formas de tratar, curar e prevenir doenças, aumentando a expectativa de vida da população.

Todavia, a busca por melhores condições de vida humana por meio da pesquisa científica não se sobrepõe à garantia aos direitos fundamentais do homem.

2. PESQUISAS CIENTÍFICAS E DESENVOLVIMENTO SOCIAL

A saúde é um direito social fundamental para que haja vida com dignidade. Contudo, inúmeras ainda são as questões que limitam o aprimoramento de tal direito e, consequentemente, o acesso de um número crescente de pessoas para a amenização de seus males.

Investir no desenvolvimento social de um país é possibilitar a toda a população uma boa qualidade de vida, com a satisfação de suas necessidades básicas como alimentação, trabalho, educação, saúde, saneamento básico entre outros, de forma a respeitar a dignidade humana de todos os seus habitantes.

A efetivação de direitos fundamentais e sociais por intermédio de políticas públicas já é uma realidade no Brasil, mas, para que um problema individual de nascimento à implantação de ações do poder público, o caminho é longo (VÁZQUEZ; DELAPLACE, 2004, p. 37). Primeiramente, é necessário o surgimento de um problema que ganhe contornos sociais, atinja um número considerável de pessoas, pois nem todo problema, embora afete muitas pessoas, é um problema social; via de consequência, nem sempre poderá ser considerado de caráter público. Assim, após um problema ganhar contornos de público, são pesquisadas e elaboradas possíveis soluções para tanto. Depois de reconhecido e estruturado o problema público, escolhido o caminho para solucioná-lo, implanta-se a política pública, que, posteriormente, será avaliada.

A principal forma de se efetivar direitos relacionados à saúde é por meio de políticas públicas bem estruturadas e de qualidade.

Não haverá desenvolvimento social em locais onde não haja uma prestação de saúde pública de qualidade, por exemplo, que não possua nem ao menos atendimento básico para doenças simples, facilmente diagnosticadas e tratadas.

Muito tem se falado em evolução e aprimoramento de técnicas e pesquisas na área da saúde, mas milhares de pessoas ainda não têm acesso a medidas básicas de prevenção e cura.

Mesmo em tal cenário, não se deve permitir, por certo, deliberadamente, o desenvolvimento de estudos que possam colocar em risco todas as formas de vida do planeta.

> O direito e a tarefa do jurista situam-se em relação à moral e a seus valores. Porém, os seres humanos são confrontados com o concreto das situações, com a organização das sociedades, com as forças a conciliar, com as contradições a superar. Os políticos promulgam leis, instituem procedimentos e estabelecem sanções para ordenar os poderes que movem as vidas humanas. O direito e a tarefa do jurista levam também em conta a política e suas relações de força. (LUSTIGER, 1997, p. 27).

Nas palavras de Azevedo (2003, p. 56), "é preciso que a tecnologia pare um pouco, para que possa o técnico pensar se não está aniquilando a obra de Deus".

Não basta apenas a lei regular o desenvolvimento científico para preservar o ser humano, é preciso mais do que isso, que todos tenham acesso às tecnologias já disponíveis.

Nos dizeres de Kliksberg (1998, p. 12):

> Contudo, o imenso potencial de capacidades produtivas não está se transformando em melhorias nas difíceis condições de vida de amplos setores do planeta. Existe uma brecha enorme entre esse potencial e a vida cotidiana. Igualmente, existe uma defasagem entre os progressos em matéria de democratização, da obtenção por parte dos habitantes dos países de "cidadanias democráticas", que lhes possibilitam, potencialmente, níveis de participação, e da situação de exclusão social, que resulta em "cidadania social" degradada de muitos deles, o que cria inúmeras impossibilidades para uma participação orgânica.

Embora haja tecnologias de elevado avanço, com perspectivas de aprimoramento tão grande, a ponto de o Direito ter que intervir para limitar essa evolução com o objetivo de evitar fins desastrosos para toda a raça humana, ainda há milhões de pessoas em todo o planeta que experimentam as agruras da fome, da sede, da ausência de saneamento básico e padecem de enfermidades cujo diagnóstico simples pode levar à cura imediata.

Segundo Kliksberg (1998, p. 15): "Existe uma distância aguda entre os êxitos alcançáveis pela tecnologia médica moderna e as taxas de mortalidade infantil em áreas pobres. Um terço das crianças dos países em desenvolvimento é mal nutrido".

O jurista do novo século tem a difícil missão de atuar de forma proporcional na medida em que casos diversos, capazes de gerar consequências perigosas à saúde humana se apresentam. O biodireito e a bioética terão papel fundamental na manutenção de pesquisas éticas e justas, evitando violações à dignidade da pessoa humana.

3. DIREITO À SAÚDE COMO UM DIREITO SOCIAL

O direito à saúde é fundamental a todo ser humano, cabendo ao ente estatal garantir-lhe o acesso, sendo também do Estado o dever de fiscalização, a fim de evitar danos ao particular e à coletividade, podendo se valer, para tanto, do poder de polícia.

Em épocas passadas, o simples fato de estar com saúde significava a existência de um equilíbrio alcançado pelo organismo; hodiernamente, gozar de boa saúde vai muito além do fato de sentir ou não alguma dor. Vale lembrar que a Organização Mundial da Saúde conceitua saúde como "[...] estado de perfeito bem estar físico, mental e social, e não apenas a ausência de doença ou enfermidade".

O ordenamento jurídico brasileiro confere ao indivíduo instrumentos para que o direito à saúde seja postulado e concretizado, até por meio da atuação intervenção do Poder Judiciário, caso deficiente a prestação do serviço pela Administração Pública.

O direito à saúde está previsto na Constituição Federal de 1988 em diversas passagens, especialmente nos artigos 6.º e 196.

Melhorar a qualidade de políticas que visem à saúde pública é meta nacional e internacional, sendo inclusive um dos oito Objetivos do Milênio, criados pelas Nações Unidas para serem implantados pelos Estados signatários nas primeiras décadas do século 21.

Diniz (2006, p. 167-168) acredita que, com a norma constitucional vigente, considerada a saúde como direito de todos e dever do Estado, a medicina passa a ser vista como ciência de interesse coletivo, municiando os entes federados para a prestação de um serviço de saúde qualificado.

O atendimento à saúde é notadamente universal, já que titularizado por toda e qualquer pessoa. A saúde transpôs os limites da biologia; passou a ser objeto de discussão e pesquisa por outras ciências como, no caso do presente ensaio, o Direito.

Para que os preceitos do direito à saúde sejam respeitados, mister se faz a existência de prestações estatais positivas, ou seja, políticas públicas que visem tornar mais digna a vivencia de toda a população e, via de consequência, satisfaçam os preceitos legais pertinentes.

Conforme Silva, (2006, p. 170-171),

> as políticas públicas são a materialização do Estado por meio de diretrizes, programas, projetos e atividades que tenham por fim atender às demandas da sociedade. São chamadas públicas para distinguir do privado, do particular, do individual, considerando-se a ótica de que o termo público tem uma dimensão mais ampla e abrange o estatal e o não estatal.

As políticas públicas não se circunscrevem aos órgãos estatais, pois, implantadas, refletem, ainda, em agentes econômicos, organizações da sociedade civil, na educação e no meio ambiente do trabalho (MASSA-ARZABE, 2006, p. 58).

O ente estatal não pode fugir de sua responsabilidade constitucionalmente prevista, uma vez que é agente de construção e efetivação da universalização de direitos e políticas sociais, a fim de melhor contribuir "[...] para a construção da cidadania dos excluídos e, dessa forma, para um efetivo Estado Democrático de Direito, conforme a vontade expressa na Constituição, não podendo transferir tais responsabilidades para o terceiro setor ou os próprios excluídos" (SILVA, 2006, p. 175).

Leis como a 8.080/90 e 8.142/90 são determinantes para a efetivação do direito à saúde. No entanto, não se pode descurar que, embora seja papel do ente estatal propiciá-lo, cabe a cada cidadão contribuir para que realmente haja respeito e aplicação de seus preceitos.

4. DIGNIDADE HUMANA E O DIREITO À SAÚDE

O precursor do discurso acerca da dignidade humana foi Giovanni Pico dela Mirandola (1457), na obra *A dignidade do homem*. Da leitura de seu ensinamento extrai-se que a dignidade humana é "[...] valor que compreende a essência do ser humano, e, portanto, se perfaz na existência e na defesa da igualdade e na liberdade, uma vez que o ser humano nasce livre e igual" (MORGATO, 2011, p. 91).

Ao longo dos anos, o princípio da dignidade humana passou de mera utopia para se tornar, no século 20, objetivo maior de muitos Estados, preceito fundamental elencado e defendido internacionalmente.

Na Constituição Federal de 1988, a dignidade humana está inserida como um dos fundamentos da República Federativa do Brasil (art. 1.°, inciso III). Entretanto,"[...] é preciso primeiro saber quem é pessoa, o sujeito a quem a norma se refere e se a dignidade tem um sentido bem amplo de respeito, proteção e tutela das pessoas, dando condições para que elas desenvolvam ao máximo suas capacidades e aptidões" (DANTAS, 2008, p. 87).

Uma vez que o direito à saúde se efetiva por ações positivas do ente estatal, é de extrema relevância que se reconheça a dignidade como direito coletivo e que omissão no atendimento do direito à saúde sejam realmente punidas. Pozzoli (2011, p. 225) ensina: "[...] o ser humano não pode ser objeto de exploração pelo próprio ser humano, deve seguir-se pelo seu próprio arbítrio, não se confrontando com coisas que têm preço". O ser humano não deve ser tratado como objeto, muito menos ter traduzidas em valor as partes que compõem seu corpo.

A ausência de respeito pela vida e pelas integridades física e moral de todos, com condições mínimas para uma existência digna, conduzirá a uma situação em que "[...] não haverá espaço para a dignidade da pessoa humana e esta (a pessoa), por sua vez, poderá não passar de mero objeto de arbítrio e injustiças" (SARLET, 2008, p. 35).

É atribuição da ciência do direito estabilizar as relações sociais e permitir a manutenção do vínculo social, de forma que possa corresponder às expectativas dos indivíduos em relação à proteção jurídica. (DOBROWOLSKI, 2002, p. 134).

5. GERAÇÕES DE DIREITOS FUNDAMENTAIS

De forma majoritária, refere-se a existência de, pelo menos, quatro gerações de direitos que foram surgindo conforme as necessidades da espécie humana. O surgimento de novos ideais não significa que os anteriores já estivessem totalmente efetivados.

A primeira geração de direitos engloba os direitos civis e políticos; são os chamados direitos de liberdade, abrange direito de o Estado não agir, não oprimir, é a proteção do homem como cidadão, "[...] ligam-se, portanto, à liberdade física, de consciência, de manifestação, de culto, e a privacidade, à intimidade, à vida, à segurança" (QUEIROZ, 2001, p. 42). São os chamados direitos de cunho negativo.

A segunda geração de direitos, datada do século 19, é marcada pelo surgimento dos direitos sociais; o Estado deveria passar a ter efetiva participação nas conquistas dos indivíduos. Nessa época, surge o estado social (*WelfareState*). São os chamados direitos de cunho positivo. A saúde é um direito de segunda geração, uma vez que, para ser efetivada, necessita de ações positivas do ente público.

Os direitos fundamentais de terceira geração surgem no século 20; são os direitos coletivos. O ser humano não mais é considerado em sua individualidade, mas membro de uma coletividade. Questões como a degradação ambiental e as relações de consumo entram em pauta.

Direitos de quarta dimensão nasceram com a evolução da sociedade e consequentemente da necessidade de aprimorar, não só o direito, mas todos os ramos da ciência, trazendo a necessidade de proteção aos direitos de manipulação da genética, à democracia participativa, ao direito à informação e o direito ao pluralismo.

Conforme explana Morgato (2011, p. 29), o biodireito está inserido na quarta dimensão dos direitos fundamentais e trata das relações das ciências da saúde com o respeito aos direitos fundamentais. "Assim, representa a passagem do discurso bioético para o jurídico, que é responsável por adequar as experiências biotecnológicas com respeito ao ser humano".

6. PESQUISAS COM CÉLULAS-TRONCO

Há diversas ciências, áreas e subáreas que têm se dedicado a estudar os organismos vivos de forma a entender o funcionamento de cada célula e gene, no intuito de buscar melhorias à raça humana.

Para Hall (2011, p. 3), é com fisiologia que se torna possível explicar os fatores físicos e químicos que originam e desenvolvem a vida, seja ela animal ou vegetal, podendo a fisiologia ser dividida em virótica, bacteriana, celular, vegetal, humana, entre outras. "Na *fisiologia humana,* tentamos explicar as características e os mecanismos específicos do corpo humano que fazem dele um ser vivo". A unidade viva do organismo é a célula, sendo que cada órgão é um agregado de muitas células diferentes, unidas por estruturas de suporte intercelular. Cada célula é adaptada para realizar uma ou algumas funções, sendo que o corpo humano possui em média 100 trilhões de células. Os genes, localizados no núcleo de todas as células do corpo são os responsáveis por controlar a hereditariedade dos pais para os filhos, além de serem os responsáveis por reger e controlar funcionamento do corpo.

Com pesquisas genéticas, conhecidas como terapia gênica, são estudadas as células-tronco, células que possuem capacidade de se dividir ilimitadamente. As células-tronco adultas podem ser obtidas, exemplificativamente, da medula óssea, do sangue, do fígado, do cordão umbilical e da placenta. Ainda é muito discutida a utilização de células-tronco embrionárias em pesquisas, uma vez que o início da vida e sua tutela jurídica ainda não encontraram consenso.

No Brasil, a Lei 11.105/05 regulamentou a utilização dos embriões excedentes em pesquisas que envolvam a terapia gênica, embora ainda haja muitas discussões a respeito. Assim, a pesquisa com células-tronco embrionárias pode ser realizada com a utilização de embriões excedentes, congelados há mais de três anos em clínicas de reprodução assistida, depois da devida autorização dos genitores (art. 5.º da referida lei).

Há, atualmente, diversos estudos e resultados positivos com relação a pesquisas com células-tronco, sejam embrionárias ou adultas.

De acordo com Tranquilim (2008, p. 2011), a chamada terapia gênica humana consiste na transferência de material genético para as células de um indivíduo, com o objetivo de curar ou prevenir uma doença, causada por alguma anomalia genética. A transferência genética pode ocorrer em células reprodutivas (germinais/embrionárias) ou somáticas (adultas).

Conforme Morgato, (2011, p. 105),

> Ao contrário da terapia genética em células germinais humanas, a terapia genética realizada em células somáticas não implica a alteração definitiva do genoma do paciente, visto que consiste no tratamento das células responsáveis por determinadas patologias, por meio da introdução no organismo doente de células sadias (chamadas células-tronco). Assim, após a terapia, as células inaptas, por falhas na herança ou na informação genética, a cumprir sua função própria, passarão a fazê-lo.

A falta de previsão quanto aos resultados obtidos tem deixado muitos governos, cientistas e filósofos com receio de apoiar o desenvolvimento de tais estudos. Alguns preferem manter repulsa pelas pesquisas com células-tronco embrionárias, pelo fato de se tratar de embriões já fecundados que, em vez de serem implantados no útero materno, permanecem congelados ou são destruídos durante a pesquisa.

Para cada casal que busca clínicas de reprodução assistida são geradas várias fecundações e apenas alguns são utilizados, os demais são descartados. A fim de evitar o descarte desmedido, a Lei 11.105/05 permite a utilização de tais materiais no desenvolvimento de pesquisas, com vistas a benefícios para toda a humanidade. Entretanto, as discussões ainda estão longe de encontrar um ponto de equilíbrio.

7. LIBERDADE DE PESQUISA

Depois dos horrores trazidos com a Segunda Guerra Mundial e as desenfreadas experiências em seres humanos realizadas por médicos nazistas, em 1947, foi aprovado o primeiro Código Internacional de Ética, denominado Código de Nuremberg.

Desde então, ficou esclarecido que, embora o pesquisador tenha liberdade e autonomia para desenvolver suas pesquisas, é necessário que se respeitem algumas normas éticas, no intuito de evitar danos a toda a raça humana e a todas as formas de vida do planeta.

Ainda que seja assegurado o livre exercício profissional (art. 5.º, inciso IX, da Constituição Federal), tal preceito não é absoluto, ainda mais quando há valores e bens jurídicos a ser tutelados, tais como a vida, integridade física e psíquica entre outros.

Qualquer pesquisa no país que envolva individual ou coletivamente seres humanos, visando à cura ou prevenção de moléstias, "[...] reger-se-á por princípios consignados na Resolução CNS n.º 196/96 e pelos quatro referenciais básicos da bioética: autonomia, não maleficência, beneficência e justiça", para que possa haver experiências científicas envolvendo seres humanos, é necessário que o paciente esteja ciente de todos os malefícios e possíveis benefícios, sendo que a instituição que desenvolve a pesquisa se responsabiliza por quaisquer malefícios que extrapolem o previsto. Além disso, deve estar presente a finalidade terapêutica (não podem ser realizadas em pessoas sadias ou no próprio cientista) e não pode ocorrer qualquer forma de onerosidade. Ressalte-se, ainda, que para a experimentação em seres humanos, a pesquisa já deve ter sido realizada antes em animais (DINIZ, 2010, p. 444-448).

Ensina Böckenförde (2008, p. 70):

> O interesse do pesquisador é indiscutivelmente legítimo, estando apoiado no direito fundamental à liberdade de pesquisa. Mas, como este direito fundamental não pode justificar a morte de um homem, ele também não é capaz de legitimar o consumo de um embrião, isto é, o ato de matá-lo, em razão de ser ele (o embrião) um homem *in nuce*. E tampouco pode o direito à saúde prestar-se a isso. No interesse da pesquisa, não se cuida de modo algum da vida presente ou da saúde atual de um ou vários seres humanos, mas, sim, de experiências completamente incertas; de experiências mediante pesquisa com células-tronco, que, talvez, algum dia, resultem na descoberta de meios de cura para doenças até então incuráveis. [...] Não podemos justificar, portanto, a obtenção de células-tronco pela morte de embriões.

É preciso muita responsabilidade de todos os envolvidos, em prol da manutenção de todas as formas de vida do planeta, "[...] o princípio da responsabilidade do pesquisador foi erigido como fundamental, assinalando a superação do quanto tragicamente experimentado pela humanidade no período nazista" (ROCHA, 2004, p. 140).

É importante que haja pesquisas; entretanto, é inaceitável que o ser humano seja tratado como mero objeto para tanto. O respeito à vida, às integridades física e moral, bem como o respeito à dignidade humana, devem sempre prevalecer.

8. CÉLULAS-TRONCO EMBRIONÁRIAS X CÉLULAS-TRONCO ADULTAS

Conforme já explicitado, há grande discussão sobre as pesquisas com células-tronco. Embora para muitos seja a promessa de cura, prevenção e tratamento de muitas doenças, não se sabe até que ponto tais pesquisas podem beneficiar a humanidade.

Para Cassiers (2008, p. 206), o embrião não apresenta suficientes características humanas, a fim de que seja considerada uma pessoa inteira e, por isso, não obstante haja uma possibilidade viável de se tornar pessoa, o embrião humano pode ser destinado às pesquisas, sem que haja transgressão do tabu do assassinato.

Aponta Rocha:

> O Comitê Nacional de Ética francês definiu, em 1994, que, em suas duas primeiras semanas de existência, o embrião seria uma "pessoa humana em potencial". A referência assim feita tem gerado mais e mais discussões. Se é potencial, pessoa humana o embrião ainda não é. E, não sendo pessoa, estaria sujeito não apenas a pesquisas, mas a manipulações que, se descuidadas ou não cuidadas, poderia conduzir ao aterrorizante fantasma da eugenia com a seleção de embriões segundo suas perfeitas condições, segundo critérios que aproximam o ser humano de um produto sem vícios, como outro qualquer. (2004, p. 21).

Ainda que o tema seja marcado pela polêmica, existem posicionamentos e leis – no Brasil e em outros países – autorizando pesquisas com células-tronco. A polêmica é gerada tendo em conta o dissenso quanto ao real e efetivo início da vida.

9. INÍCIO DA VIDA

Há diversas teorias que procuram explicar o momento exato em que a vida se inicia e, via reflexa, a partir de quando seria considerado crime a sua interrupção. Cassiers (2008, p. 196) aponta que uma das características do ser humano é ser original, único e indivisível. Nesse passo, há quem defenda (McCormick) que até o momento em que cada célula do embrião, destacada das outras, seja capaz de dar a ela mesma, sozinha, um novo embrião, o conjunto não deveria ser considerado um verdadeiro indivíduo (cerca de 14 dias).

De modo diverso, Singer e Khuse, entendem que "[...] um traço necessário ao sujeito humano é que ele seja capaz de um mínimo de percepção, o que demanda a presença de um começo, ao menos, do sistema nervoso", entre o 14.º e o 28.º dia.

Existe ainda a teoria defendida por Body, na qual a vida teria início a partir das primeiras manifestações cerebrais, o que ocorre por volta de seis semanas após a concepção.

Segundo Bolzan,

> A fecundação ou fertilização (processo de união dos gametas para formar o zigoto) em geral ocorre na terceira parte superior das Trompas de Falópio da mulher, 12-24 horas após a ovulação (expulsão do óvulo maduro do ovário) constituindo-se num processo que dura aproximadamente 24 horas (...) uma vez produzida a união dos gametas (ou gametos) e a mistura do material genético contido em cada uma delas, fica formado o zigoto (óvulo fertilizado) o qual possui uma dotação genética única e irrepetível que lhe confere identidade – individualidade – própria. (1998, p. 12).

Ressalte-se que cada célula do corpo humano, com exceção dos gametas, possui 23 pares de cromossomos. Os gametas, diferentemente, possuem apenas 23 cromossomos.

Até mesmo na doutrina jurídica há divergências quanto à origem da vida.

Pela teoria da concepção, a vida deve ser protegida desde que o espermatozoide fecunda o óvulo, reconhecendo o nascituro como sujeito de direitos, com *status* de pessoa; tal teoria é a adotada pelo direito positivo brasileiro, sendo que o nascimento com vida é fator preponderante para se adquirir personalidade; "desta maneira, a partir do momento em que há um ser (embrião, feto, zigoto) no corpo materno em gestação progressiva, dada a potencialidade efetiva de se tornar uma pessoa, sua vida está plenamente assegurada no ordenamento jurídico pátrio" (MORGATO, 2011, p. 80-81).

Diniz, defensora da corrente, acredita que a vida se inicia na concepção, devendo o feto ser considerado detentor de direitos: "o feto dorme e acorda. Às vezes, fica enfadado quando tudo está do mesmo jeito, mas pode ser ensinado a ficar atento a um sinal diferente" (2010, p. 77).

Bolzan (1998, p. 11-14) também acredita que a vida humana se inicia na concepção, uma vez que o zigoto já possui capacidade de se dividir, advém da união irreversível de células humanas. Assim sendo, todo homem é humano desde a concepção, embora haja entendimentos diversos, principalmente entre cientistas.

Para Rocha, (2004, p. 22), a vida tem sua origem também com a concepção; "o embrião é ser. Não se está embrião. Ele é. Nem se poderia, como é inegável, pôr em questão a sua humanidade. O que se põe em debate é a sua personalidade, vale dizer, a condição de pessoa reconhecida nesta condição pelo direito."

Com a possibilidade de vida extrauterina trazida com a fecundação *in vitro*, o tema ficou ainda mais polêmico: a vida se inicia no momento da concepção ou no momento em que o óvulo fecundado é implantado no útero e passa a ter condições de fato para se desenvolver?

Morgato acredita que a tutela jurídica se inicia com a implantação no útero materno, embora juristas e religiosos ainda discordem:

> (...) se houvesse evidências científicas do momento em que o embrião passa a ser reconhecido como ser humano, ou mesmo do momento em que se pode afirmar a presença de identidade individual, atividade mental ou racional, independentemente de estar implantado no útero ou não, deste ponto deverá receber proteção legal, assim como no Direito atual é assegurado ao nascituro. (2011, p. 85).

Portanto, conforme o explanado, para tal teoria, a vida humana começa com a concepção, sendo que, desde tal momento, há um humano que pede respeito ao seu direito à vida. O feto já possui sua individualidade, não podendo ser confundido com seus genitores; com poucos dias, já possui seus órgãos formados que apenas aumentarão de tamanho; daí ser digno de proteção jurídica.

Pela teoria natalista, ninguém tem poder sobre o início da própria vida, uma vez que a concepção e o nascimento são frutos da vontade alheia. É o nascimento com vida que marca o início da condição humana efetiva, com a aquisição de personalidade jurídica e da aptidão para ter direitos e obrigações (BARROSO; MARTEL, 2012, p. 21).

Assim, para os adeptos de tal teoria, a vida se inicia com a personalidade civil, a partir do nascimento com vida, uma vez que, antes disso, o produto da concepção é apenas parte do corpo da mulher.

Existe, ainda, a teoria condicionalista, para a qual "o nascimento com vida é uma condição suspensiva, contudo, alguns direitos já estão assegurados desde a concepção, como, por exemplo, o direito a nascer" (NEVES, 2012, p. 35).

Há os que defendem, ainda, a teoria da atividade cerebral que, para que haja vida, deve-se ser considerado o momento em que tem início as atividades encefálicas, uma vez que a vida termina com a cessação das ondas cerebrais (artigo 3.º da Lei 9. 434/97), para fins inclusive de transplantes de órgãos (NEVES, 2012, p. 39).

Diversas são as teorias sobre o início da vida. A que tem prevalecido no ordenamento jurídico brasileiro é a teoria que defende a existência da vida a partir da concepção. Mas não resta pacificado se os embriões ainda não implantados no útero já estariam sobre a proteção da lei.

10. CONSIDERAÇÕES FINAIS

Para que haja desenvolvimento social é preciso não apenas investir em pesquisas científicas. São necessárias ações conjuntas entre órgãos públicos e privados e toda a sociedade no intuito de que o estado da técnica biológica possa alcançar a todos os indivíduos em prol da dignidade da pessoa humana.

Essa premissa é verdadeira desde que se tenha como pacífico que jamais as pesquisas científicas poderão estar à frente da proteção do ser humano e do meio que o cerca, sob pena de se "coisificar" a raça humana, transformando-a em mero em objeto.

A dignidade humana deve prevalecer mesmo diante das mais avançadas técnicas de reprodução assistida e até mesmo o embrião deve receber proteção do Direito e do Estado, devendo ser encaminhado para utilização em pesquisas científicas apenas no caso previsto em lei.

Os direitos fundamentais sociais existem para tornar a vida da população menos sofrida, de forma que caminhe, de fato, para a concretização de um Estado Democrático de Direito, sem distinções de qualquer natureza.

Referências

AZEVEDO, Álvaro Villaça. Ética, direito e reprodução assistida. In: DINIZ, Maria Helena; LISBOA, Roberto Senise (coord.). **O direito civil no século XXI**. São Paulo: Saraiva, 2003.

BARROSO, Luís Roberto. MARTEL, Letícia de Campos Velho. A morte como ela é: dignidade e autonomia individual no final da vida. In: GOZZO,

Débora. LIGIERA, Wilson Ricardo (org.). **Bioética e direitos fundamentais**. São Paulo: Saraiva, 2012. p. 21-62.

BOLZAN, Alejandro D. **Reprodução assistida e dignidade humana**. Trad. Marisa do Nascimento Paro. São Paulo: Paulinas, 1998.

BRASIL. CONSELHO FEDERAL DE MEDICINA. **Código de Ética Médica**. Disponível em: <http://www.portalmedico.org.br/novocodigo/integra.asp>. Acesso em: 21 ago. 2012.

BRASIL. CONSELHO NACIONAL DE SAÚDE. **Resolução 196/96**. Disponível em: <http://www.conselho.saude.gov.br/resolucoes/1996/reso196.doc>. Acesso em: 21 ago. 2012.

BRASIL. **Constituição Federal**: de 5 de outubro de 1988. Vademecum compacto: Obra Coletiva. 7. ed. atual. e ampl. São Paulo: Saraiva, 2012.

BRASIL. **Lei 11.105 de 24 de março de 2005**. Regulamenta os incisos II, IV e V do § 1.º do art. 225 da Constituição Federal, estabelece normas de segurança e mecanismos de fiscalização de atividades que envolvam organismos geneticamente modificados – OGM e seus derivados, cria o Conselho Nacional de Biossegurança – CNBS, reestrutura a Comissão Técnica Nacional de Biossegurança – CTNBio, dispõe sobre a Política Nacional de Biossegurança – PNB, revoga a Lei nº 8.974, de 5 de janeiro de 1995, e a Medida Provisória nº 2.191-9, de 23 de agosto de 2001, e os arts. 5.º, 6.º, 7.º, 8.º, 9.º, 10 e 16 da Lei n.º 10.814, de 15 de dezembro de 2003, e dá outras providências. Disponível em: <http://www.planalto.gov.br/ccivil_03/_ato2004-2006/2005/lei/l11105.htm>. Acesso em: 20 jul. 2012.

CASSIERS, Léon. Dignidade do embrião humano. In: SARLETE, Ingo Wolfgang; LEITE George Salomão (org.). **Direitos fundamentais e biotecnologia**. São Paulo: Método, 2008. p. 193-207.

DANTAS, Ivo. Constituição e bioética (breves e curtas notas). In: SARLETE, Ingo Wolfgang; LEITE George Salomão (org.). **Direitos fundamentais e biotecnologia**. São Paulo: Método, 2008. p. 77-119.

DINIZ, Maria Helena. **O estado atual do biodireito**. 3 ed. aum. e atual. conforme novo código civil (lei n.º 10.406/2002) e a lei n.º 11.105/2005. São Paulo: Saraiva, 2006.

DOBROWOLSKI, Samantha Chantal. **A justificação do direito e sua adequação social**: uma abordagem a partir da teoria de AulisAarnio. Porto Alegre: Livraria do Advogado, 2002.

HALL, John Edward. **Tratado de fisiologia médica**. 12. ed. Rio de Janeiro: Elsevier, 2011.

KLIKSBERG, Bernardo. **Repensando o estado para o desenvolvimento social**: superando dogmas e convencionalismos. Trad. Joaquim Ozório Pires da Silva. Brasília: Cortez, 1998.

LUSTIGER, Jean-Marie. **Tornai-vos dignos da condição humana**: ética, religião e política. Trad. Luís Fernando Gonçalves Pereira. São Paulo: Paulinas, 1997.

MASSA-ARZABE, Patrícia Helena. Dimensão jurídica das políticas públicas. In: BUCCI, Maria Paula Dallari (org.). **Políticas públicas**: reflexões sobre o conceito jurídico. São Paulo: Saraiva, 2006.

MORGATO, Melissa Cabrini. **Bioética e Direito**: limites éticos e jurídicos na manipulação do material genético. São Paulo: Letras Jurídicas, 2011.

NEVES, Thiago Ferreira Cardoso. **O nascituro e os direitos de personalidade**. Rio de Janeiro: GZ, 2012.

POZZOLI, Lafayette et al. Dignidade da pessoa humana e ética social: a função promocional do direito. In: SIQUEIRA; Dirceu Pereira; LEÃO JUNIOR, Teófilo Marcelo de Arêa (org.). **Direitos sociais**: uma abordagem quanto à (in)efetividade desses direitos – a Constituição Federal e suas previsões sociais. 1. ed. Birigui: Boreal, 2011. p. 217-234.

QUEIROZ, Carlos Alberto Marchi de. **Resumo de direitos humanos e cidadania**. São Paulo: Iglu, 2001.

ROCHA, Cármen Lúcia Antunes. Vida digna: direito, ética e ciência (os novos domínios científicos e seus reflexos jurídicos). In: ROCHA, Cármen Lúcia Antunes (coord.). **O direito à vida digna**. Belo Horizonte: Fórum, 2004. p. 11-174.

SARLET, Ingo Wolfgang. As dimensões da dignidade da pessoa humana: uma compreensão jurídico-constitucional aberta e compatível com os desafios da biotecnologia. In: SARLETE, Ingo Wolfgang; LEITE George Salomão (org.). **Direitos fundamentais e biotecnologia**. São Paulo: Método, 2008. São Paulo: Método, 2008. p. 13-44.

SILVA, Jacqueline Maria Cavalcante de. Politicas Públicas como instrumento da inclusão social. **Prismas**: Direitos, políticas públicas e mundialização. Programa de mestrado em direito do Uniceub. Brasília: Uniceub, v. 3, n. 1, p. 161-211, jan./jun. 2006.

TRANQUILIM, Cristiane. A terapia gênica como direito fundamental à saúde. In: SARLETE, Ingo Wolfgang; LEITE George Salomão (org.). **Direitos fundamentais e biotecnologia**. São Paulo: Método, 2008. p. 209-235.

VÁZQUEZ, Daniel; DELAPLACE, Domitille. Políticas públicas na perspectiva dos direitos humanos: um campo em construção. **SUR** – Revista Internacional de Direitos Humanos/ Rede Universitária de Direitos Humanos. São Paulo: ONU, v. 1, n. 1, jan./2004.

ÉTICA PÚBLICA, DIREITO E CIDADANIA

Pablo Jiménez Serrano(*)

1. INTRODUÇÃO

Qualquer relacionamento humano está sempre fundado na ética. Logo, todo o problema humano: social, econômico, jurídico, etc., pode ser abordado com base na ética.

Em verdade, a Ética tem como propósito: orientar a convivência social, isto é, direcionar a prática das boas ações, sendo seu objetivo primordial a realização (da convivência humana) do homem no contexto em que vive. Eis aí a ideia de que todo discurso sobre Ética seja sempre o resultado de uma dada compreensão do que é *ético* e, mais especificamente, da significação de importantes conceitos e denominações das quais cuida a Metaética.

Observe-se, pois, que, diversos são os conceitos propostos pelas teorias éticas: amor, respeito, felicidade, prazer e os atributos da condição humana, tais como, perfeição, bondade, prudência, disciplina, conhecimento,

(*) Doutor em Direito pela Universidade do Oriente (1996). Mestrado em Filosofia pela Universidade São Judas Tadeu (2005). Possui Graduação em Direito pela Universidade do Oriente (1983). Diretor Presidente da Editora Jurismestre. Membro Efetivo da Comissão de Ensino Jurídico da OAB/SP. Professor do Centro Universitário de Volta Redonda, UniFOA e Professor e pesquisador do Centro Universitário Salesiano de São Paulo, Unisal, Lorena. Tem experiência na área do ensino e da pesquisa jurídica, atuando principalmente na editoração de livros e como Editor Responsável da Revista Jurídica Direito & Paz do Centro Universitário Salesiano de São Paulo, Unisal. Professor e palestrante nas seguintes áreas temáticas: Educação, Cidadania e Inclusão Social, Teoria do Direito e dos Direitos Fundamentais, Teoria da Argumentação Jurídica, Filosofia do Direito, Ética pública, profissional e aplicada, Bioética e Biodireito, Direito do Consumidor etc. Autor de vários livros, capítulos de livro e artigos científicos
E-mail: metodologo2001@yahoo.com.br

crença, autocontrole, razão, prosperidade, liberdade, equidade, igualdade social, realização pessoal, sucesso, equilíbrio moral, etc. Tem-se aí uma diversidade de fatores que torna relativo e muitas vezes subjetivo o caráter dos valores humanos, causa do ceticismo e do relativismo ético.

Logo, reafirma-se que um dos maiores problemas dessa área de conhecimento é que suas concepções nem sempre são universalmente aceitas. A significação e a compreensão dos construtos éticos nem sempre são unívocas. Daí a noção de que as "ações" "boas" e "justas", por exemplo, parecem ser muito variadas e vagas, a ponto de se poder considerar sua existência apenas convencional, e não natural. Os "bens" parecem igualmente vagos, pois, para muitas pessoas, eles podem ser até prejudiciais. É louvável aqui admitir também que "as virtudes, os princípios e as consequências para o bem-estar humano foram propostos como o foco mais importante da compreensão ética. Entrelaçadas a esse foco estão as preocupações com a racionalidade, a imparcialidade e a liberdade moral" (ARISTÓTELES, 1992, p. 18).

Todavia, a ética utiliza conceitos abstratos, aspecto que limita a interpretação e a extensão de princípios e regras durante a pesquisa e a solução de problemas práticos. Assim, por exemplo, "bondade não é o tipo de propriedade cuja presença ou ausência possa ser estabelecida empiricamente, muito embora (de uma forma meio obscura em sua teoria) a observação das características empíricas de uma coisa seja sem dúvida importante para a apreensão da bondade" (WILLIAMS, 2005, p. 62).

Há, por exemplo, obras em que o vocábulo ("ética") é consideradoe sinônimo de "bom" e "justo". Contudo, ações *boas* e *justas* (ações moralmente positivas) parecem ser éticas. A grande dificuldade desse argumento derivaria concretamente da compreensão do que é *bom*, *justo* ou moralmente positivo (correto, oportunos, prudente, etc.). Daí o surgimento de inevitáveis definições e teorias que têm como cerne a significação dos conceitos básicos da ética e da moral. Tais filosofias ou doutrinas nem sempre foram unívocas, razão pela qual inúmeras concepções se apoiaram na *lógica* e na *razão* humana para demonstrar suas verdades.

Em seu sentido mais abrangente, afirma-se que a ética trata das questões que definem aquilo que se tem razão para fazer, assim como a lógica, em seu sentido mais amplo, trata de questões sobre aquilo em que se tem razão para crer. É a teoria normativa da conduta, assim como a lógica é a teoria normativa da crença. Devido à sua preocupação com a ação e as razões para a ação, a ética também se ocuparia do caráter, na medida em que se refere à ação e às razões para agir (SKORUPSKI, 2002, p. 198-199).

Pois bem, como nem sempre se tem a mesma razão, lógica e crenças; nossas afirmações nem sempre são universalmente aceitas. Assim, por exemplo, se "bons administradores" são definidos simplesmente como *agentes* ou *profissionais eficientes* (ou titulados), então, conforme a lógica não será verdadeira a proposição: "administradores honestos são bons administradores".

Ainda assim, diversas reflexões conflitantes sobre a ética têm sido um componente vital de todas as tradições filosóficas conhecidas. China, Grécia, Índia e Europa medieval e moderna, todas elas propuseram questões éticas básicas, tais como: O que é o bem? Em que consiste uma vida virtuosa? Quais são as virtudes do ser humano? Existe um esquema bom ou um esquema unificado de virtudes? Quais são os deveres de uns em relação aos outros?, etc. Questões para as quais não se reservam respostas objetivas. Todavia, reflexões sobre o que é ética: *Ciência? Disciplina?*, *Filosofia?* ou *uma parte da filosófica?*, etc., são de ordem superior e com frequência denominadas metaéticas. Questões de ética profissional nos negócios, na medicina ou no jornalismo possuem igualmente papel dominante, com base na natureza da profissão, em seu lugar na vida social e na consequente aplicação a ela de princípios éticos gerais (SKORUPSKI, 2002, p. 197-198).

As transformações que imprimem a dinâmica da vida moderna têm estimulado novos discursos acerca da relação possível entre a moralidade administrativa e a não cidadania. A não efetivação dos direitos sociais e a erosão de importantes conceitos, tais como, ética, administração e cidadania são, entre outros, alguns dos principais desafios que enfrentam o pensamento político e jurídico contemporâneos.

Atualmente, preocupam a falta de eficiência do poder público e as consequências negativas da corrupção. Todavia, procuram-se formas para inibir o uso indevido do poder público: o desvio dos recursos e da riqueza nacional.

Destarte, responsabilizar o Poder Público pela insatisfação das necessidades sociais nas sociedades contemporâneas exige o estudo das causas que motivam tal insatisfação e, nesse sentido, caracterizar os indicadores que incidem, por exemplo, no aumento da informalidade, da criminalidade, das desigualdades, da exclusão social e da pobreza. Assim, pensa-se que a caracterização de tais indicadores permitirá discutir, com bases científicas, as razões da ética pública: a moralidade administrativa e sua conexão com a cidadania.

Para tanto, privilegia-se o desenvolvimento de pesquisas doutrinárias e empíricas, estudos que, separadamente, nos permitem a análise crítica e a formulação de oportunas conclusões, objetivando a construção de um novo discurso acerca da conexão observada entre a ética pública e a cidadania.

Examina-se, pois, a dimensão ética da administração pública, propiciando, essencialmente, a discussão acerca da melhor forma de disciplinar a atividade desenvolvida pelos agentes públicos: pessoa que, investida de poder (autoridade), é encarregada do exercício de alguma função estatal. Sabe-se de cinco espécies ou categorias: agentes políticos, agentes administrativos, agentes honoríficos, agentes delegados e agentes credenciados, que, por sua vez, se subdividem em subespécies ou subcategorias (MEIRELLES, 2005, p. 75).

Procura-se, ainda, difundir um modelo que propicie a melhor proteção dos direitos dos cidadãos consagrados na Constituição Federal, aborda-se a moral pelo direito e julgando, contudo, inadequado reduzir o direito a um formalismo fechado onde somente opera a técnica e a lógica, clássica ou deôntica.

Em suma, neste artigo, observa-se a necessária conexão do direito positivado com outras tantas dimensões em que vigoram não só o normativismo, mas também as valorações morais. Tratar-se-á, pois, de "uma nova leitura funcionalista", que revela as insuficiências do esquematismo e orienta o desenvolvimento de uma consciência social: jurídica e moral fundada num raciocínio cujo ponto de partida é a "convivência condicionada" e ponto de chegada é a "justiça social".

2. ÉTICA PÚBLICA

A ética pública pode ser significada como uma extensão da Ética que se ocupa dos problemas coletivos, isto é, uma ética que define os processos que objetivam a formação e o desenvolvimento da consciência social cidadã.

Conforme explica Manuel Villorira Mendieta (2000, p. 18-19), a ética pública resulta dos processos que orientam a conduta para melhor desenvolvimento da convivência e maior expansão da autonomia e da liberdade do ser humano, processos dos quais devem participar todos os cidadãos, as organizações e as instituições do Estado: entidades econômicas, empresariais, organizações, associações, atividades profissionais e a opinião pública.

Nesse sentido, qualquer discurso sobre ética pública deverá reconhecer os seres humanos como seres sociais, entes destinados a conviver numa sociedade em que necessariamente vigore um sistema equitativo de cooperação, respeito aos direitos fundamentais e sociais e tutela permanente das liberdades básicas cidadãs. Daí a procura por regras de condutas que permitam uma convivência que hoje se sabe condicionada e se funda na necessidade de se aceitarem normas jurídicas e morais muitas vezes contrárias aos desejos e interesses individuais e grupais e favoráveis ao desenvolvimento humano e ao bem-estar social.

Admite-se, pois, que os problemas dos quais cuida a ética pública se albergam na correlação dialética, permanente e universal existente entre os *valores*, a *consciência* e a *conduta humana*. Logo, ao se falar em ética pública, procura-se deixar de lado a *moral privada*, que opera no âmbito individual, no qual cada indivíduo ou agente define fins, evoca valores e regras de conduta conforme a própria concepção de "bem".

Eis que, diferentemente do que prescreve a moral privada, a ética pública difunde o que não é conveniente para a coletividade, a partir de um modelo moral básico de caráter universal e baseado no caráter racional dos fins, dos valores e das prescrições. Trata-se, pois, de um modelo compatível com a própria busca razoável do "bem comum"; é precisamente por isso que a ética pública abrange a conduta dos indivíduos quando membros de uma sociedade (VILLORIA, 2000, p. 18).

2.1. A Ética pública como ética prática ou aplicada

A Ética, conforme ensina Henry (2000, p. 18), é frequentemente considerada uma disciplina ou uma ciência, a exemplo da Física, do Direito, da Biologia, da Sociologia, da Psicologia ou da Economia Política, pelo seu objeto de estudo, porém, confunde-se, na maioria das vezes, seu esforço aplicado no estudo e na reflexão com os elementos empíricos a serem observados e explicados.

Observa-se que a Ética, como área de conhecimento, tem a ver com as boas escolhas, o bom caráter e as boas ações.

Concebe-se, assim, a Ética como uma área do saber humano que nos orienta a agir conforme *valores* e *princípios*. Na realidade, a Ética se define por um conjunto de concepções e prescrições que auxiliam indivíduos e grupos humanos na identificação do que é moralmente correto e incorreto, o que deve ser feito e o que deve ser evitado. Contudo, a Ética consta de fins, valores e de prescrições cujo conteúdo concreto configura os diversos sistemas morais idealizados pelo ser humano: ética humana (VILLORIA, 2000, p. 17).

Há, entretanto, outra importante reflexão acerca da Ética, quando, por exemplo, é vista como *aplicada* ou *prática*, isto é, um conjunto de teorias e regras colocadas ao serviço de um agir específico, uma profissão, uma prática. De acordo com Haldane (2002, p. 718-722, 723), a *ética aplicada* é uma extensão da ética que tem como aspecto central a aplicação mais ou menos sistemática de uma teoria moral a problemas morais específicos. É uma denominação que abrange questões morais específicas de cada ramo do saber humano: ética médica (questões sobre aborto e eutanásia), ética nos negócios (ética administrativa e empresarial), ética ambiental, ética de gêneros sexuais, ética jornalística, etc. Com efeito, afirma o citado autor, chegou-se a um ponto em que há pouquíssimas áreas da atividade humana que não são objeto de algum ramo da ética aplicada. Assim, por exemplo, importantes questões de direitos civis, ética sexual, moralidade da guerra e bioética tornaram-se temas proeminentes do debate público. Todavia, o desenvolvimento dos meios eletrônicos usados para coletar, processar e registrar dados suscitou preocupações cada vez mais intensas sobre a privacidade. A tecnologia reprodutiva, igualmente, despertou preocupação com os limites de controle sobre a criação da vida. Começou-se a pensar na preservação dos direitos do ser humano levantando-se, assim, a questão de como agir perante problemas específicos de cada área.

Usa-se, igualmente, a denominação "ética prática" para indicar àquela parte da ética que orienta a aplicação dos princípios e regras ético-normativa a questões morais cotidianas. Dessa forma, a partir de princípios supostamente válidos (por exemplo, o do respeito à autonomia das pessoas), pode-se discutir problemas bioéticos tais como aborto, eutanásia, etc. (DALL'AGNOL, 2005, p. 9). Trata-se de uma ética que deixou de ser especulativa para se transformar em objetiva e orientadora.

Ora, a ética que aqui nos ocupa tem, por um lado, a *moral coletiva* como objeto de estudo e, por outro, os *valores*, a *consciência* e a *conduta humana*, indicadores ideais e empíricos que incidem sobre esse objeto. Trata-se, pois, de uma ética que coloca os valores a serviço da humanidade. Uma ética que traz a *consciência* como elemento mediador entre o *valor* e a *conduta* para oferecer as alternativas que permitam construir uma sociedade justa e solidária. Eis que "do mundo dos fatos não há nenhum caminho que conduza para o mundo dos valores" (ROHDEN, 2005, p. 36). Daí, considera-se importante destacar o papel da razão e da consciência na realização dos valores.

2.2. Pressupostos epistemológicos e filosóficos da ética pública

Até aqui ficou claro que a ética pública é orientadora das nossas ações, quer das pessoas comuns quer dos agentes que dirigem as instituições públicas e privadas; procura resolver o conflito geralmente nascido do confronto de interesses individuais e coletivos, uma ética universal (comum a todos), aplicável a tudo, que convém a todos.

Eis aqui a tese deste artigo: o ser humano é um ser livre, mas sua liberdade encontra limites na própria natureza e na convivência social. Os limites são aferidos pela razão, mas acatados pela consciência. Daí, a probidade do ser humano depende da razão e da consciência sendo que as normas sociais (jurídicas e morais) entrariam em jogo quando tais limites não são respeitados. Para além da crítica, há, contudo, algo a que se chegou a um consenso.

Espera-se que em todo tempo e lugar o ser humano, por ser diferente dos animais irracionais, conduza-se conforme um sentido de justiça, respeito, honestidade, solidariedade, lealdade, etc. Tais são valores essenciais e próprios da espécie humana, instintos sociais que, de fato, podem ser exaltados e, graças às faculdades intelectuais, difundidos por meio de um sistema educacional que privilegie não somente a ciência, mas também a consciência: o significado social das diversas regras de conduta, assim, por exemplo, como a conhecida "regra de ouro" da Ética: "*no hagas a los demás lo que no quieres que te hagan a ti*" (VILLORIA, 2000, p. 19).

Vê-se, assim, que várias são as razões da ética pública. Em verdade, quando aplicada à convivência humana, estende-se a tudo, isto é, ao Direito, à Política, à Economia, à Administração Pública, pois se preocupa com conhecidos problemas sociais, tais como: as violações dos direitos humanos; a informalidade e a violência; os conflitos bélicos; a exclusão social; o desenvolvimento social; o desmatamento; o aborto; a pena de morte, etc.

3. ÉTICA PÚBLICA E DESENVOLVIMENTO ECONÔMICO E SOCIAL

Se o desenvolvimento econômico favorece ou não a conduta ética dos administradores públicos e da sociedade em geral é uma questão complexa levantada em qualquer discurso sobre ética administrativa. Nesse tópico, poder-se-ia deduzir que o desenvolvimento econômico é um fator a considerar, mas não o mais importante. Mais do que o desenvolvimento econômico, coloca-se em destaque a existência de um avançado estado de bem-estar que, em definitivas, reduz as possibilidades de corrupção. Diz-se que os países menos corruptos são os que mantêm um estado de bem-estar avançado. Tampouco são os países de menos desenvolvimento os que têm maior nível de corrupção. Então, desde uma perspectiva econômica, a desigualdade seria o elemento-chave que deve ser considerado quando se fala de ética pública e administrativa. A desigualdade econômica existe no mundo todo, ainda nos países chamados de socialistas-comunistas, isso faz inviável a demonstração da hipótese de que a igualdade absoluta inibe a corrupção e gera eticidade. Não obstante, a desigualdade extrema dificulta a ética administrativa, se bem que o conceito desigualdade é difícil de definir univocamente, pois adquire distintos significados (VILLORIA, 2000, p. 104).

Todavia, a denominação *desigualdade social* não deve sempre estar associada à denominação *desigualdade econômica* (de ingressos), mas à desigualdade real de oportunidades. Eis que o alcance da desigualdade real de oportunidade com o qual o cidadão se depara não pode se deduzido imediatamente da magnitude de desigualdades de ingressos, pois o que se pode ou não fazer ou realizar não depende unicamente de nossos ingressos, mas também da diversidade de características físicas e sociais que afetam a vida (VILLORIA, 2000, p. 104).

A desigualdade engendra incerteza. Assim, numa sociedade desigual, o relacionamento entre os cidadãos para o desfrute dos bens coletivos é não equitativo, pois os mais agraciados economicamente desfrutam muito mais dos bens comuns, tais como, aeroportos, estradas, cultura, saúde, segurança pública, etc. De igual forma, sua relação com a justiça se realiza em termos de não equidade, pois eles podem pagar caros advogados, dilatar o processo e, inclusive, influir nos juízes. Todavia, a capacidade de relacionamento com o poder político e de financiamento de partidos origina a obtenção do favorecimento regulamentar que facilita um lugar privilegiado no mercado. Logo, os mais ricos podem desfrutar de maiores privilégios, surgindo disso um comportamento oportunista. Considera-se oportunismo um comportamento definido pela procura de interesses pessoais com astúcia. É o oportunismo uma escolha adversa, um risco à moral (VILLORIA, 2000, p. 106).

Assim, pode-se concluir que tanto a redução das desigualdades regionais e sociais assim como os demais princípios reguladores da ordem econômica estão condicionados ou se fazem depender da criação, aplicação, eficácia e eficiência de legislações futuras, isto é, da atividade do legislador e, portanto, estão vinculados ao princípio de legalidade, ou a atuações dos Poderes Públicos ou dos agentes da ordem econômica e social em geral. Sua eficácia e aplicabilidade dependem muito de seu enunciado e de sua conexão com outras normas. Poder-se-ia dizer que as declarações dos direitos fundamentais do homem, do século 17, postularam a realização dos valores jurídicos da segurança, da ordem e da certeza, enquanto as declarações constitucionais dos direitos econômicos e sociais pretendem a realização do valor-fim do Direito: a *justiça social*, uma aspiração do nosso tempo, em luta aberta contra as injustiças do individualismo capitalista (SILVA, 2004, p. 144), justiça social que, na nossa opinião, é eficácia limitada.

A desigualdade econômica é fator-chave da corrupção, pois os atores podem utilizar com facilidade um financiamento da vontade política. Nesse agir, a democracia perde suas razoes ao serem quebrados alguns dos critérios nos quais se baseia seu funcionamento, dificultando-se a compreensão das políticas existentes, de suas alternativas e consequências possíveis. Os agentes privilegiados não permitem a troca de informações e a chegada aos centros de poder de opções alternativas; tampouco podem os cidadãos controlar realmente a agenda do sistema, pois ela está influenciada de forma privilegiada pelos economicamente mais poderosos. É nesse sentido que a desigualdade extrema atenta contra a igualdade política. Assim, desde uma perspectiva econômica, a desigualdade é ineficiente, pois não maximiza a utilidade das riquezas, incrementa os custos de transação e a desconfiança, reduz a atmosfera que permite o bom funcionamento do mercado e distancia o mercado da sociedade (VILLORIA, 2000, p. 110).

Nesse contexto, os funcionários sentem grande dificuldade para desempenhar seu trabalho com ética, pois sabem que a objetividade e o interesse geral não são respeitados nos níveis superiores do sistema político e administrativo. Todavia, sabem das penalidades que podem supor ao intentar sancionar condutas inadequadas dos provedores vinculados aos grandes grupos de poder econômico ou da incapacidade para incorporar a voz dos carentes à formação de políticas. Isso é fator que estimula a opção pelo interesse imediato e egoísta na conservação de cargos e carreiras. Logo, a procura por uma equidade social no nível de implantação de programas, a luta pela adaptação normativa aos interesses da comunidade, devem ser o roteiro da conduta. Quanto maior for a desigualdade, maior será a participação dos empregados públicos na reparação do desastre moral e social que isso implica. A prática nos demonstra o grande empenho de diversos funcionários em minimizar as desigualdades na procura pela equidade e a justiça. Assim, conclui-se que a administração pública é uma forma de fazer política, a fim de respeitar a dignidade dos indivíduos e salvaguardar seus direitos, em última instancia para a defesa da democracia (VILLORIA, 2000, p. 109-110),

Pensar que a riqueza é fruto do próprio esforço, é inadmissível. Toda riqueza econômica é fundamentalmente social. Pessoas se enriquecem na sociedade em que vivem, e graças a mecanismos sociais, fora do contexto social não poderiam produzir nem vender, sem um aparato estatal não se é garantida a segurança nas transações, sem uma socialização básica os cidadãos não seriam capazes de estabelecer intercâmbios econômicos nos moldes da modernidade (VILLORIA, 2000, p. 107).

Ora, o intercambio econômico é movido pelo egoísmo, mas a economia não é somente intercâmbio. Sem a cooperação nas empresas e sem a confiança, os custos de transação são altos. Daí que se precise da ação combinada de códigos de condutas internos para os participantes na economia e no mercado, como parte integrante do funcionamento econômico ou recursos sociais da comunidade e; instituições que apoiem e promovam as atividades econômicas. Eis que quase todos os países desenvolvidos, para facilitar a moralidade no âmbito econômico, elaboram "códigos de bom governo" para as empresas ou sociedades mercantis (VILLORIA, 2000, p. 108).

4. A ÉTICA ADMINISTRATIVA COMO CONDIÇÃO DA CIDADANIA

Fala-se, assim, da ética administrativa como condição da cidadania. A cidadania supõe direitos e obrigações cidadãs. Nesse sentido, a cidadania

> credencia o cidadão a atuar na vida efetiva do Estado como partícipe da sociedade política. O cidadão passa a ser pessoa integrada na vida estatal. A cidadania transforma o indivíduo em elemento integrante do Estado, na medida em que o legitima como sujeito político, reconhecendo o exercício de direitos em face do Estado. É de extrema relevância o aperfeiçoamento dos meios e instrumentos visando ao justo e profícuo relacionamento entre Estado e cidadão. A pessoa natural se relaciona com a sociedade política, que chamamos de Estado. Cidadania, por isso, pode ser definida como estatuto que rege, de um lado, o respeito e a obediência que o cidadão deve ao Estado e, de outro lado, a proteção e os serviços que o Estado deve dispensar, pelos seus meios possíveis, ao cidadão. (SIQUEIRA Jr.; OLIVEIRA, 2007, p. 241).

Assim, ser cidadão é ter responsabilidade e possibilidade de participar da administração da coisa pública: ter direito a participar dos processos de produção, distribuição, intercâmbio e consumo.

4.1. Cidadania como fundamento da democracia

A democracia implica cidadania. Eis que,

> o ideal democrático supõe cidadãos atentos à evolução da coisa pública, informados dos acontecimentos políticos, ao corrente dos principais problemas, capazes de escolher entre diversas alternativas apresentadas pelas forças políticas e fortemente interessadas em formas diretas ou indiretas de participação.
> No Estado Democrático, os direitos humanos são reconhecidos a todos. O cidadão é aquele que participa da dinâmica estatal, sendo que atua para conquistar, preservar ou proteger seus direitos. A cidadania é esse efetivo exercício político. A cidadania é o ápice dos direitos fundamentais quando o ser humano se transforma em ser político no sentido amplo do termo, participando ativamente da sociedade em que está inserido. A cidadania é o ápice das possibilidades do agir individual, ou seja, liberdade. (SIQUEIRA Jr.; OLIVEIRA, 2007, p. 241).

Em verdade, a ética administrativa vincula questões relativas à cidadania e ao bem-estar social, separando o que é bem individual do que é bem coletivo.

Assim, o bem-estar de um indivíduo compreende tudo o que seja considerado desejável por esse indivíduo. Ora, questões sobre o que é desejável, para as pessoas em geral, ou para uma pessoa particular, são questões sobre as finalidades da vida (SKORUPSKI, 2002, p. 201).

O bem-estar social é um bem comum, o bem almejado pela sociedade em geral, expresso sob formas de satisfação das necessidades comunitárias.

Nele se incluem as exigências materiais e espirituais dos indivíduos coletivamente considerados; são as necessidades vitais da comunidade, dos grupos, das classes que compõem a sociedade. O *bem-estar social* é o escopo da *justiça social*, prescrito na Constituição Federal (art. 170), que só pode ser alcançado por meio do *desenvolvimento nacional*. Para propiciar esse bem-estar social, o Poder Público pode intervir na propriedade privada e nas atividades econômicas das empresas, nos limites da competência constitucional atribuída a cada uma das entidades estatais, por meio de normas legais e atos administrativos adequados aos objetivos da intervenção. Exige-se que essa intervenção se contenha nos lindes constitucionais e legais que amparam o interesse público e garantem os direitos individuais. Trata-se de um Estado orientador e incentivador da conduta individual no sentido do bem-estar social. Para atingir esse objetivo, o Estado de Bem-Estar intervém na propriedade e no domínio econômico quando utilizados contra o bem comum da coletividade (MEIRELLES, 2005, p. 579).

A competência para intervir na propriedade e atuar no domínio econômico não se distribui igualmente entre as entidades estatais. A legislação sobre direito de propriedade e intervenção no domínio econômico é privativa da União (arts. 22, II e III, e 173). Aos Estados e municípios só cabem as medidas de polícia administrativa, condicionamento do uso da propriedade ao bem-estar social e ordenamento das atividades econômicas, nos limites das normas federais. A intervenção no domínio econômico pelos Estados e municípios só poderá ser feita por delegação do Governo Federal, detentor de todo o poder nesse setor. Não se confunda, porém, a legislação civil sobre o direito de propriedade e sobre os atos de intervenção no domínio econômico (privativos da União) com as normas administrativas e as medidas regulamentares de condicionamento e uso da propriedade e de ordenamento das atividades econômicas, que são da competência concorrente dos três níveis de governo. Tais normas e atos administrativos decorrem do poder de polícia, inerente a todas as entidades estatais, para a regulamentação das atividades que se realizam em seus territórios e sob sua fiscalização (MEIRELLES, 2005, p. 580).

Diversos são os *meios de intervenção* na propriedade e de *atuação* no domínio econômico. Tais meios abrangem tanto o apoderamento de bens e serviços particulares por meio da *desapropriação* ou da *requisição* como as medidas mais atenuadas da *servidão* administrativa, da *limitação administrativa* e da *ocupação temporária*, a *repressão ao abuso do poder econômico* e das medidas de *controle de abastecimento* e de *fixação de preços*.

4.2. Acerca do limite da vontade em face da convivência humana

Em verdade, os conceitos éticos mudam com o tempo, o que não muda é a condição do ser humano. Eis que todo homem é um ser social e, portanto, sente a necessidade de viver em "sociedade" (convivência social). A convivência social pressupõe a existência de regras. Deve-se, pois, considerar que "não pode haver sociedade sem regras morais". Logo, a ética se faz presente e necessária em toda e qualquer sociedade, pois ela tem como objeto a convivência humana (convivência social) e não apenas uma vaga ou incerta (utópica) "felicidade" ou "bem-estar" como únicas coisas desejáveis, isto é, como fins almejados pelo homem isolado de qualquer grupo humano.

O homem vive em sociedade, em convivência e em constante troca, fato que torna necessária a institucionalização de um conjunto de normas aptas a preencher os fins sociais. Daí ser necessária uma ordem para a convivência humana.

A convivência humana impõe aos homens limites (legais e ético-morais) procurando-se, assim, atingir dado estado (ambiente) de harmonia e de paz. É assim que a ética se mostra como condição para tal harmonia (convivência social): não roubar, não matar, não furtar são alguns dos imperativos morais e legais que objetivam garantir a convivência ou harmonia social. Mentir, enganar e confundir a fim de obter benefícios do próximo, por exemplo, é agir sem observar a convivência social.

Em verdade, a ética não trata unicamente a questão de conveniência. Ela, mais especificamente, alerta sobre determinadas condições para a sobrevivência da sociedade (ARRUDA et al., 2003, p. 22). Eis o que justifica a necessidade de agir, observando determinados valores, princípios e normas éticas.

Vê-se, então, a "convivência social" como uma condição, isto é, uma lei que informa que o ser humano, como ser social, nasce, cresce e vive em sociedade e, portanto, deve agir observando valores, princípios e normas sociais. Toda ação humana deve ser de acordo com essa lei.

Com efeito, o ser humano age conforme um "jogo de interesses e necessidades". É com base nesse jogo que o homem pensa, projeta, prescreve e assume atitudes perante determinados problemas, dando maior valor ao que considera ser momentaneamente um benefício. Eis outra leitura por meio da qual se refere ao *ser* e ao *estar*, por meio da qual se indica o que *é*. Trata-se de uma orientação diferente das já vistas nas concepções subjetivista, relativista e utilitarista e para a qual se indica a necessidade de um *dever ser*, isto é, agir observado o "justo equilíbrio moral", princípio que, em nossa opinião, merece um espaço no mapa ético-intelectual.

Certamente, o ordenamento jurídico nacional descansa em numerosos preceitos centrados na moralidade, cuja função indireta é colocar limites à liberdade (vontade) do ser humano. Por outro lado, a doutrina em face da legislação acompanha e explica importantes conceitos e denominações que cooperam para tais limites.

Enfim, a moralidade cidadã é uma das causas que legitimam a intervenção administrativa. Assim, a administração pública se apoia numa série de limitações impostas à atividade dos particulares, com a finalidade de manter a ordem, a moral, os bons costumes, etc.

Moralidade e juridicidade, além de serem princípios orientadores da atividade estatal, encontram-se necessariamente interligados. Assim, pode-se afirmar que todo ato ou decisão administrativa imoral também será considerado antijurídico. Noutras palavras: não observar o primeiro (moralidade administrativa) é não observar o segundo (juridicidade). Ainda assim, pensa-se, moralidade e legalidade não são princípios condicionados. Assim, um ato legal nem sempre é moral. Daí se torna necessário distinguir moralidade de ilegalidade.

A moralidade pública tem autonomia quando pensada em termo de realização de valores e não necessariamente quando atrelada à formalidade legal. É moral o ato ou a ação consciente e conforme valores vigorantes em um determinado contexto social-cultural e histórico. É legal o ato (ou ação) amparado legalmente, isto é, tutelado pelo ordenamento jurídico vigorante. Assim sendo, deve ser considerado ilícito e imoral o ato administrativo não praticado conforme o interesse social.

Como consequência, o ato administrativo não terá que obedecer somente à lei jurídica, mas também à lei ética da própria instituição, porque nem tudo que é legal é honesto, conforme já proclamavam os romanos: "*non omne quod licet honestum est*" (MEIRELLES, 2005, p. 89).

Nem tudo que é legal é moral, mas nem tudo que é moral é jurídico. Contudo, ambos os princípios são premissas da interpretação, argumentação e integração do direito. O Direito não é norma (lei), a lei é um instrumento do Direito que se faz valer pelo uso de procedimentos (métodos) lógicos (raciocínio lógico) que encontram na moral e nos princípios recursos para a integração do Direito.

Do ponto de vista formal, moralidade e legalidade, como princípios, formalmente coexistem, por expressa disposição constitucional. A moralidade e a legalidade administrativa são princípios que coexistem, porém, não são necessariamente idênticos.

Diferentemente da moralidade comum, a moralidade administrativa tem como referência os valores subjacentes à administração pública e atende o conhecido desvio de poder conferido legitimamente ao agente, eis aqui onde residem moralidade e legalidade. A moral comum é imposta ao homem pela sua conduta externa; a moral administrativa é imposta ao agente público para sua conduta interna, segundo as exigências da instituição a que serve e a finalidade de sua ação: o bem comum (HAURIOU, 2005, p. 89).

Pode-se, assim, concluir que a liberdade moral é pressuposta em atribuições de responsabilidade moral. Assinala-se, por exemplo, que o fato de que se estar livre para fazer o que quiser não basta para mostrar que se estava moralmente livre, pois a própria vontade pode ter sido tão obsessiva a ponto de minar a liberdade moral. Viciados em drogas não são moralmente livres mesmo quando fazem o que seus desejos os compelem a fazer. (SKORUPSKI, 2002, p. 2003). Contudo, a liberdade (autonomia e livre iniciativa) não justifica as ações imorais.

A moralidade da administração pública é, de fato, influenciada pelas liberdades cidadãs e resultado de um estímulo às atividades que visam à finalidade dos serviços públicos.

5. CONSIDERAÇÕES FINAIS

A ética pública estuda a moral coletiva, as relações e as condutas de pessoas e agentes que participam da convivência social. Trata-se de um sistema proposicional que expressa a relação dialética entre os valores, a consciência e a conduta social. A ética pública reside no nível cognitivo. Eis por que o ser humano pode tomar decisões éticas com base nos códigos, na razão e na consciência.

A ética pública desempenha um papel importante na definição do sistema de valores e normas que compõem a moralidade pública. Tem como objeto a moral coletiva, assim, a justificação final de uma ação de qualquer cidadão ou agente público está acima de seus interesses particulares.

A justificação final de dita ação se baseia em conceitos, códigos, regras, valores ou princípios universais (VILLORIA, p. 40-41).

Princípios, normas e códigos não são suficientes para a adequada compreensão e resolução dos dilemas morais. Eis que o agente público e, em geral, todo ser humano, perante um conflito ou dilema, desenvolve uma reflexão individual e, com base nos valores privilegiados, assume uma postura própria (muito pessoal). À vista disso, as reflexões humanas se desenvolvem de forma não unívoca. É assim que a participação nos debates é feita com base em conclusões pessoais, procurando-se chegar a um consenso.

No marco da ética pública, os princípios de legalidade e de moralidade coexistem na interpretação e na aplicação normativa. A aplicação da norma não implica a negação da moralidade. Nesses processos, ambos os princípios alcançam um significado peculiar: o que é legal é válido, pois a legalidade se situa no plano da validade normativa (postura positivista); o que é moral é justo, pois a moralidade se situa no plano da Justiça (postura jus-naturalista ou moralista).

A moralidade vigora paralelamente com a legalidade, mas a distinção é chave e necessária. Se o princípio da legalidade é resultado da produção normativa estatal, o princípio da moralidade se assenta numa atividade responsável (responsabilidade social), com uma ética que tem como princípio básico a "conveniência social".

Na esfera da ética administrativa, a legalidade nem sempre justifica a moralidade. A legalidade é consequência e resultado da produção normativa. A moralidade se assenta na responsabilidade (no respeito e no bem-estar). A legalidade opera quando o agente quebra, de forma consciente, a relação necessária existente entre a conduta do agente e o sistema de valores referenciado.

A legalidade é um dos pressupostos de validade do ato administrativo, pois a legalidade justifica o poder conferido ao agente. A imoralidade administrativa se funda no desvio de "poder"" injustificado. Logo, deve-se inibir (combater, coibir) o desvio de "poder". Importa, então, investigar os meios de combater do desvio de "poder" (problema).

Na relação existente entre a moralidade administrativa e a não cidadania, muitas vezes o formalismo lógico-dedutivo é colocado a serviço da injustiça e destinado a preservar interesses individuais classistas, políticos ou grupais, atitude incompatível com os anseios da sociedade em geral.

Eis por que o confronto entre legalidade e moralidade pública clama por maior intervenção do Estado em questões econômicas, jurídicas e administrativas, muitas vezes também ligada ao setor privado.

Referências

ARISTÓTELES. **Ética a Nicômacos**. 2. ed. Trad. Mário da Gama Kury. Brasília: Editora Universidade de Brasília, c 1985, 1992.

ARRUDA, Maria Cecília Coutinho de et al. **Fundamentos de ética empresarial e econômica**. 2. ed. São Paulo: Atlas, 2003.

DALL'AGNOL, Darlei. **Bioética**. Rio de Janeiro: Jorge Zahar, 2005.

HALDANE, John. Ética aplicada. In: BUNNIN, Nicholas; TSUI-JAMES, Eric P. (org.). **Compêndio de Filosofia**. São Paulo: Loyola, 2002.

ROHDEN, Huberto. **Einstein**: o enigma do universo. 2. ed. São Paulo: Martin Claret, 2005.

SILVA, José Afonso da. **Aplicabilidade das normas constitucionais**. 6. ed. São Paulo: Malheiros, 2004.

SIQUEIRA Jr., Paulo Hamilton; OLIVEIRA, Miguel Augusto de. **Direitos Humanos e cidadania**. São Paulo: Revista dos Tribunais, 2007.

SKORUPSKI, John. Ética. In: BUNNIN, Nicholas; TSUI-JAMES, Eric P. (org.). **Compêndio de Filosofia**. São Paulo: Loyola, 2002.

VILLORIA, Manuel Mendieta. **Ética pública y corrupción**: curso de ética administrativa. Madrid: Tecnos, 2000.

WILLIAMS, Bernard. **Moral**: uma introdução à ética. Trad. Remo Mannarino Filho; revisão da tradução Marcelo Brandão Cipolla. São Paulo: Martins Fontes, 2005.

O CARÁTER JURÍDICO DA FRATERNIDADE COMO ELEMENTO ESSENCIAL DOS DIREITOS SOCIAIS EM SUA JUSFUNDAMENTALIDADE

Lafayette Pozzoli(*)

Alexandre Gazetta Simões(**)

(*) Pós-doutor em Filosofia do Direito e do Estado pela Università "La Sapienza", Itália. Doutor e Mestre em Filosofia do Direito e do Estado pela PUC-SP. Professor na Faculdade de Direito e foi Chefe de Gabinete na PUC-SP. Foi Coordenador e professor no Mestrado em Direito e Pró-Reitor de Pós-Graduação, Pesquisa e Extensão no UNIVEM – Marília – SP. Advogado. Foi sócio efetivo do IASP – Instituto dos Advogados de São Paulo. Membro do Instituto Jacques Maritain do Brasil. Sócio fundador da AJUCASP – União dos Juristas Católicos e São Paulo. Consultor avaliador do INEP/MEC para Cursos Jurídicos. Líder do Grupo de Pesquisa – GEDs Direitos Fundamentais à Luz da Doutrina Social – Direito e Fraternidade – PUC-SP. Membro do Conselho Editorial da Revista EM TEMPO e das Editoras Letras Jurídicas e Instituto Memória. Foi membro das Comissões de Ensino Jurídico, da Pessoa com Deficiência e do Tribunal de Ética – TED-1 da OAB-SP. Foi Professor Assistente no Curso de TGD, ministrado pelo saudoso Professor André Franco Montoro – Pós-Graduação PUC-SP. lafayette@lafayette.pro.br

(**) Bacharel em Direito (ITE-Bauru); pós-graduado, com Especialização em Gestão de Cidades (Unopec); Direito Constitucional (Unisul); Direito Constitucional (Faeso); Direito Civil e Processo Civil (Faculdade Marechal Rondon); Direito Tributário (Unama); Mestre em Teoria do Direito e do Estado pelo Centro Universitário Eurípedes de Marília (Univem), Analista Judiciário Federal – TRF3; Professor de graduação em Direito na Faculdade Sudoeste Paulista - FSP, em Avaré-SP – Não componho mais o conselho editorial de tais revistas nesse momento. Co-autor da obra *Ativismo judicial – paradigmas atuais* (2011), Letras Jurídicas; Membro dos Grupos de Pesquisa A intervenção do Estado na vida do indivíduo e GEP – Grupo de Estudos, Pesquisas, Integração e Práticas interativas. *E-mail*: alexandregazetta@yahoo.com.br.

1. INTRODUÇÃO

A Constituição Federal de 1988 alçou os direitos sociais à categoria de direitos fundamentais.

Tal constatação é facilmente verificável no texto constitucional, ao se volver os olhos ao Título II, "Dos Direitos e Garantias Fundamentais", daquele diploma normativo.

Tais direitos, diferentemente dos direitos individuais, que surgiram no contexto das revoluções liberais, impregnados por uma acepção egoística que caracterizou ideologicamente o Estado burguês, nos séculos 18 e 19; vieram a lume somente no século 20, a partir do esgotamento desse modelo econômico liberal. Ligados, portanto, em sua gênese, ao aparecimento do Estado social, esse imantado por uma perspectiva emancipatória do homem, a partir de sua dignificação.

Em tal perspectiva, os direitos sociais, forjados por um modelo estatal intervencionista, necessitam, para sua existência, de uma base conceitual que justifique e possibilite a existência desse modelo de Estado, sem o qual se perdem na província das intenções cristalizadas em diplomas normativos.

Assim, a essência desses direitos somente é verificável no seu âmbito de proteção, o qual depende da atuação do Estado.

De outra ponta, a ação estatal é direcionada pelo facho ideológico que rege aquele modelo de Estado. Além disso, as políticas estatais estão conformadas pelos limites orçamentários que ditam o regime financeiro a balizar sua atuação política. Assim, considerando a essência dos direitos sociais, conclui-se que os mesmos não podem prescindir de um caráter político a ombrear com a sua natureza jurídica.

E, ao se evidenciar o papel da ideologia estatal, como norte a volver os olhares do governo, na direção do solidarismo, a presença da fraternidade, em cotejo com as finalidades buscadas pelo Direito, vai além, permitindo o reconhecimento do homem como ser humano, a partir de sua inserção orgânica na estrutura estatal, que, como uma grande família, realiza o ideal de humanidade, promovendo uma igualdade de dignidade entre todos.

De outra parte, a fraternidade almeja um progresso geral da moralidade, que adstrita à imperatividade jurídica daquela, imputa, a cada qual, o dever inerente a tal condição.

Se, portanto, em uma primeira análise, a fraternidade se trata, tão somente, de uma categoria ética e religiosa, associada à noção de consanguinidade, tendo sua significação imantada à identificação de pessoas constituintes de um grupo familiar. A partir de uma investigação mais acurada, verifica-se que, em nossa realidade, a fraternidade fora alçada à prática política, mas por imposição jurídica, mesmo que possa ser derivada de uma mesma base religiosa, a partir da secularização do cristianismo.

Portanto, a defesa do caráter imperativo dos direitos sociais, somente faz sentido se fundada no caráter jurídico da fraternidade, enquanto elemento fundante da solidariedade.

A partir dessa conjugação de fatores, tem-se o alicerce sobre o qual se possa conceber um conceito dinâmico de dignidade, voltado a uma igualdade material que se constitua na dimensão real da justiça social.

2. A FRATERNIDADE COMO CATEGORIA JURÍDICA

A natureza jurídica do princípio da fraternidade é uma discussão de que se ocupam os juristas há pouco tempo. Tal situação explica-se ante o obscurantismo que fora impingido a tal temática.

Ocorre que a fraternidade, logo em seu nascedouro, fora a primeira vítima do individualismo burguês, com sua lógica voltada à utilização egoísta do bem privado e orientada à acumulação desmedida de bens.

Tal constatação é apontada por Alexandre José Costa Lima, o qual explica que,

> ora, a disputa por bens, associada à acumulação desenfreada tornou-se uma lógica excludente, que relegou a ideia de fraternidade ao conjunto dos conceitos ultrapassados e dispensáveis, como se fosse um elemento de fundo que não merecesse voltar ao primeiro plano. [...] A moral burguesa resume-se à crença de que o cuidado em proteger o interesse privado promove o interesse público, pretensão inconcebível, para os antigos, cuja ideia de liberdade pressupunha o plano político, e não apenas a vida privada, como pensa o burguês. O Estado burguês existiria para garantir a inteira liberdade de comércio, aliás, a única função imaginável numa sociedade na qual os bens naturais e os artificiais se tornam mercadorias, meros artigos intercambiáveis no mercado. (BAGGIO, 2009, p. 78-79).

Entretanto, com a evolução histórica, a feição do Estado burguês se modifica e a natural concepção do Direito se volta ao homem, em sua dimensão fraterna.

Assim, Alexandre José Costa Lima (BAGGIO, 2009, p. 81) explica que, no plano político, o século 18 reconhece a evidência do princípio solene da igualdade e da liberdade de todos os homens nas sociedades ocidentais. No século seguinte, vislumbra-se a abolição da escravidão e, finalmente, no século 20, dá-se a universalização da Declaração dos Direitos do Homem.

Assim, a presença da fraternidade, em cotejo com as finalidades buscadas pelo Direito em sua dimensão atual, é inconteste. Dir-se-ia, até mesmo, imprescindível, apesar de várias brumas terem-lhe obstado uma conclusão plausível sobre sua juridicidade e sua consideração como categoria constitucional.

O primeiro óbice resulta do caráter espontâneo que emerge da fraternidade, natureza essa que acompanha tal conceito ao longo da história humana. Caráter oposto à coatividade que alimenta o fenômeno jurídico.

Desse modo, questiona-se, em primeira análise, se a fraternidade se trata, tão somente, de uma categoria ética e religiosa, associada à noção de consanguinidade, tendo sua significação imantada à identificação de pessoas constituintes de um grupo familiar. Ou, avançando-se, ao longo dos séculos, a fraternidade como a identificar um séquito religioso, ornado pela mesma fé. E, finalmente, vicejando, por obra do Novo Testamento cristão, numa ideia que remete à noção de uma família universal, na qual todos são reconhecidos como filhos de um mesmo pai.

No entanto, ante o desenrolar do processo de secularização do Cristianismo, o que se vê, apesar do passado histórico remeter à realidade relatada, é a fraternidade alçada à prática política, por imposição jurídica, mas com a mesma base religiosa.

Pondera, nesse sentido, Giuseppe Tosi, expressando-se do seguinte modo:

> desse ponto de vista, seria ilusório pensar em conseguirmos nos livrar definitivamente da influência do pensamento cristão, de seus valores, de suas coordenadas conceituais: embora secularizado, o cristianismo continua sendo o paradigma fundante do espírito do Ocidente.
>
> Hans Blumenberg respondeu a Löwith afirmando que, se é verdade que os conceitos modernos encontram suas raízes no cristianismo e na teologia cristã, desde as sínteses patrísticas até o nominalismo tardo-medieval, é verdade também que tais conceitos se emanciparam definitivamente dessa tradição, adquirindo uma legitimidade própria e ocupando um lugar novo e diverso, e uma nova função hermenêutica (cf. BLUMENBERG, 1992). (BAGGIO, 2009, p. 44).

Assim, a fraternidade passa a representar uma igualdade de dignidade entre todos os homens, independentemente de qualquer convenção externa, de qualquer natureza.

De um aspecto filosófico, uma acepção defensável de uma significação fraterna se insere em um postulado que defende o dever de impedir a infelicidade na maior medida possível e do maior número de pessoas.

Tal acepção de justiça social, chamada por Kaufmann de utilitarismo negativo, é apresentada a partir da seguinte derivação:

> devemos impedir a *infelicidade* na maior medida possível e do maior número possível de pessoas. E a infelicidade ou, mais rigorosamente, a aspiração que cada pessoa tem de não ser exposta à infelicidade, é algo que se pode universalizar. [...] Vejamos o que escreve *Tammelo*: "Para mim, o mais alto mandamento do ordenamento da justiça consiste na supressão ou na maior redução possível da miséria. O princípio do utilitarismo positivo, segundo o qual se deve procurar a maior felicidade possível do maior número de pessoas, tem que ser posto em causa. A felicidade é apenas uma questão de sorte... A minha preocupação dirige-se também para os infelizes... Acresce que a felicidade da maioria é muito frequentemente conseguida à custa do sofrimento das minorias". (2010, p. 260-261).

A fraternidade, como expressão de sua gênese, representou, portanto, o amálgama entre a tradição política, religiosa e filosófica, como explica Giuseppe Tosi:

> o cristianismo, embora polemizado com o panteísmo subjacente à doutrina estoica, identificou-se com o igualitarismo e o cosmopolitismo estoico, em nome da fraternidade universal, sem distinção entre "bárbaros ou gregos, judeus ou romanos, escravos ou livres" (Paulo, *Cl 3,11*). O cristianismo opera, assim, uma síntese entre as duas tradições; lei natural e decálogo identificam-se. O decálogo expressa o conteúdo fundamental da lei natural, explicita e sanciona as normas universais escritas por Deus no coração de todos os homens e que todos, inclusive os pagãos, podem conhecer e devem respeitar, como afirma São Paulo numa passagem famosa. (BAGGIO, 2009, p. 50).

De outra parte, a fraternidade e o direito não são necessariamente excludentes.

Assim, a fraternidade, enquanto valor, vem sendo proclamada em algumas Constituições modernas, ao lado de outras categorias historicamente consagradas, como a igualdade e a liberdade.

Considerando que, tanto para Kant como para Hegel, o direito é o lugar da liberdade, e que a humanidade, porquanto, sobre o direito constrói seu progresso técnico (ANDRADE, 2010, p. 34), a fraternidade tem como premissa o reconhecimento da igualdade entre todos os seres humanos, consistente, *a priori*, em uma igualdade de dignidade.

E por toda a significação vaga e ambígua que circunscreve o princípio da igualdade, tem-se que a ascendência da fraternidade sobre a igualdade traz matizes enunciativos que aproximam-na de uma vertente justa.

Nesse sentido, Neves pondera que

> o princípio da igualdade, entretanto, não se restringe à integração igualitária no sistema. A noção de acesso igualitário aos procedimentos pode ser lida a partir de duas perspectivas diversas e, entretanto, inseparáveis. Do ponto de vista sistêmico, a questão refere-se à neutralização de desigualdades fácticas na consideração jurídico-política de pessoas e grupos. Mas, por outro lado, é imprescindível que na esfera pública pluralista tenha-se desenvolvido a ideia de que as diferenças sejam recíproca e simetricamente respeitadas. Isso exige que os procedimentos constitucionais apresentem-se como sensíveis ao convívio dos diferentes e, dessa maneira, possibilitem-lhes um tratamento jurídico-político igualitário. (2008, p. 170).

Assim, a fraternidade preconiza a dignidade de uma perspectiva dinâmica e não estática. Noção a partir da qual se pode observar o individualismo se realizando por consideração ao coletivismo, em um contexto relacional.

A fraternidade alcança a extensão da própria humanidade, visto que exige necessariamente a presença do outro com quem se fraterniza e de tantos quantos sejam necessários à expressão "uns aos outros", progressivamente alçando o necessário ao todo (ANDRADE, 2010, p. 34).

Assim, evidencia-se o caráter compromissário da fraternidade ao dever de solidariedade universal de um homem em relação ao outro.

Nesse sentido, Marcio Aquini explica que: "Nesse novo panorama, a evocação dos deveres evidencia o significado da contribuição prestada por todo ser humano na construção da sociedade, local e nacional em primeiro lugar, mas também internacional" (BAGGIO, 2008, p. 134).

A fraternidade remete, portanto, a uma noção de equilíbrio entre direitos e deveres, consubstanciada na ideia de solidariedade confiada ao próprio sujeito.

Essa noção, portanto, transcende a órbita Estatal, não se restringindo à ação da autoridade do Estado, como explica Filippo Pizzolato:

> nesse sentido, podemos também dizer que a fraternidade parece uma forma de solidariedade que interpela diretamente o comportamento individual e o responsabiliza por sorte do(s) irmão(os). Por essa especificação, portanto, somos induzidos a considerar a fraternidade uma das facetas com as quais se manifesta o princípio de solidariedade, de firme arraigamento jurídico, também na Itália. Assim, podemos identificar a fraternidade com aquela solidariedade que chamaremos *horizontal*, uma vez que surge do socorro mútuo prestado entre as pessoas, e que se coloca ao lado daquela outra forma de solidariedade, ligada à fraternidade por um vínculo de subsidiariedade, e que chamaremos *vertical*, baseada na intervenção direta do Estado (e dos poderes públicos) em socorro das necessidades. (BAGGIO, 2008, p. 113-114).

A fundamentação da fraternidade, assim, transcende ao monismo associado à base normativa estatal. Sua significação jurídica é de base axiológica, imanente à dignidade humana, transcendendo as opções realizadas pelo legislador, para, ao disciplinar as condutas, estabelecer regras de convivência social.

Percebe-se, nesse viés, ao longo da história da humanidade, um conjunto de direitos, os quais não são suscetíveis de se submeterem exclusivamente ao alvedrio do Estado. Assim, por exemplo, a Constituição Federal, ao estabelecer a justiça social como um de seus objetivos fundamentais, propugna a cada um de seus destinatários o dever jurídico de praticar a solidariedade, ou melhor, o imperativo jurídico de vivenciar a fraternidade.

Tal constatação é apresentada por Balera, o qual, em sua doutrina, ensina que:

> a redução das desigualdades sociais – tarefa que exige esforço colossal da comunidade – prepara o terreno onde se assenta uma sociedade mais justa.
>
> Advirta-se, porém, que a redução das desigualdades sociais não pode ser fruto, simplesmente, de programas de governo.
>
> Ela só se dará a partir da mudança radical de perspectiva dos atores sociais. Exige-se, ao fim e ao cabo, que cada qual pratique a solidariedade com os demais. (2004, p. 23-24).

No âmbito internacional, por seu turno, a fraternidade se apresenta como direito humano, a partir do momento em que passa a ser estabelecida no teor da Declaração Universal dos Direitos Humanos (MAZZUOLI, 2005,

p. 520), declaração essa com o seguinte teor: "Todas as pessoas nascem livres e iguais em dignidade e direitos. [...] São dotados de razão e consciência e devem agir em relação com espírito de fraternidade".

Tal concepção revela-se, entretanto umas às outras, mais que um enunciado conceitual, buscando se apresentar como princípio ativo a determinar o comportamento da humanidade. Nesse pormenor, a explicar a expressão universal da fraternidade, Marcio Aquini pondera que

> a fraternidade, todavia, não se apresenta apenas como enunciação de um conceito, mas como princípio ativo, motor do comportamento, da ação dos homens, com uma conotação essencialmente moral. Assim, ela deve ser considerada – a meu ver – estreitamente ligada ao mesmo tempo ao Preâmbulo, nas partes em que evoca a ideia da família humana e considera a Declaração um ideal comum a ser alcançado por todos os povos e nações, e ao Artigo 29, que introduz a ideia dos deveres que todo ser humano tem para com a comunidade. (BAGGIO, 2008, p. 133).

Tais razões corroboram a origem comum, advinda da base conceitual do Cristianismo, da fraternidade, igualdade e liberdade. Assim, esses conceitos só podem alcançar sua significação plena, a partir da sua necessária conjugação. Nesse sentido, Giuseppe Tosi explica que,

> se isso é verdade, podemos afirmar que não só a fraternidade mas também a igualdade e a liberdade são conceitos que encontram suas raízes no cristianismo: os Direitos Humanos são parte da tradição histórica-conceitual do cristianismo, e a prova direta disso é que assim são percebidos pelas tradições não ocidentais, que acusam os Direitos Humanos de não serem universais, mas justamente ocidentais e cristãos. (BAGGIO, 2008, p. 133).

O Direito, sob a perspectiva da fraternidade, visa, nesse aspecto, como uma categoria jurídica, ao lado da liberdade e da igualdade, contribuir para melhor realização dos objetivos fundamentais da República Federativa do Brasil, presentes no Art. 3.º da Constituição Federal de 1988, especialmente no que diz respeito à construção de uma sociedade "livre, justa e solidária".

Tal derivação nasce da concepção de que qualquer sociedade, em que conformação seja, deve pretender-se antes fraterna; aspecto esse essencial à sua gênese e desenvolvimento.

Nesse sentido, Baggio pondera que

> a fraternidade fornece, portanto, a base categorial para o desenvolvimento de um pensamento da cidadania que possa ser aplicada à comunidade humana; o que não exclui as outras comunidades, mas serve-se delas, realizando a "comunidade de comunidades". [...] Conhecemos, porém, se assim podemos dizer, em sentido kantiano, a forma: qualquer que seja a estrutura desejada para si por uma sociedade, tal estrutura deve ser fraternal; e a condição dos irmãos é viver em igualdade entre diferentes. Parece, portanto, que uma condição basilar de qualquer sociedade fraterna seja levar a *liberdade e a igualdade* a *conviverem*, uma vez que a fraternidade se revela como condição e princípio regulador de ambas. (2009, p. 127).

Nessa mesma toada, conclui-se, portanto, que a fraternidade está a serviço da eficácia do Direito. Assim, é crível considerar que o princípio da fraternidade é quem melhor realiza os fins do Direito por estar intimamente relacionado ao princípio da dignidade humana, núcleo central do constitucionalismo contemporâneo, dos direitos fundamentais e do Estado Democrático de Direito.

Nesse desiderato ainda, destaca-se a importância do princípio da fraternidade como fundamento da ordem normativa constitucional, na medida em que representa um importante critério interpretativo sobre o conteúdo de certas normas para que se aplique a melhor solução do caso concreto.

Nesse sentido, Felippo Pizzolato explica que,

> assim, a fraternidade age no ordenamento como solidariedade que nasce da ponderação entre as esferas de liberdade, e que é confiada não à intervenção do Estado enquanto sujeito ativo da relação jurídica, mas sim à ação do Estado enquanto ordenamento jurídico. Portanto, os mecanismos (legislativo e jurídico) de balanceamento visam a evidenciar direções de desenvolvimento das liberdades individuais que salvaguardem, aliás, que promovam as razões da comunidade e, dentro dela, as relações dos mais fracos. (BAGGIO, 2008, p. 124).

Tal temática é abordada, ainda, por Giuseppe Tosi, o qual explica que,

> nesse sentido, seria preciso abandonar uma postura antimoderna e abrir um diálogo crítico com a Modernidade: não se trata de colocar a fraternidade contra a liberdade e a igualdade, mas com elas, articulando dialeticamente os três conceitos e retomando a antiga tradição do humanismo cristão. A fraternidade poderá desempenhar um papel político se for capaz de interpretar e transformar o mundo real em que vivemos, mostrando assim um valor heurístico e uma eficácia pratica. (BAGGIO, 2009, p. 58).

Evidencia-se, ainda, que sob a ótica da fraternidade, os incisos do Art. 3.º da Constituição Federal conclamam a uma atuação promocional da pessoa humana, a partir de uma premissa fundamental sem a qual tais objetivos fundamentais jamais poderão ser perseguidos; quais sejam, o reconhecimento da igualdade entre todos os seres humanos, além da igualdade em dignidade.

Nesse sentido, Sarmento, ao se debruçar sobre o tema, pondera que,

> na verdade, a solidariedade [aqui também é possível referir-se à fraternidade] implica reconhecimento de que, embora cada um de nós componha uma individualidade, irredutível ao todo, estamos também juntos, de alguma forma irmanados por um destino comum. Ela significa que a sociedade não deve ser um lócus da concorrência entre indivíduos isolados, perseguindo projetos pessoais antagônicos, mas sim um espaço de diálogo, cooperação e colaboração entre pessoas livres e iguais, que se reconheçam como tais. (2006, p. 295).

Portanto, a recusa de qualquer distinção entre os seres humanos requer da sociedade um esforço para a promoção dos menos favorecidos, a fim de que sejam erradicadas a pobreza e a marginalização e reduzidas as desigualdades sociais e regionais, conforme o texto constitucional.

O princípio da fraternidade, desse modo, está ligado aos princípios da liberdade e igualdade, apresentando-se como imperativo à construção de uma comunidade política coesa, implicando, portanto, na expansão da cidadania.

Tal panorama é apontado por Domingo Ighina, o qual explica que

> o princípio da fraternidade, entendido como princípio que implica na construção de uma comunidade política coesa e, portanto moderna, reconhece, como sabemos, origens antigas [...]. De fato, o princípio da fraternidade permite supor um cidadão equivalente a outro, um cidadão capaz de assumir sua situação política em paridade com seu próximo, de tal modo que a polis se torne algo que supere qualquer compartimento de casta ou de classe. Sobre esse princípio, explícito ou não foram construídos os Estados nacionais modernos, ao longo do século XIX.
>
> A fraternidade exige, com certeza, uma forte articulação com os princípios da liberdade e da igualdade, sem os quais é impossível pensar na equivalência política dos habitantes de uma nação. (BAGGIO, 2009, p. 33-34).

Ainda, Domingo Ighina, ao contextualizar historicamente e geograficamente a fraternidade, teorizou sobre a situação colonial da América Latina, apresentando-a como alternativa à opressão. Assim, ponderou que

> a consciência dessa situação colonial leva Ingenieros a reivindicar liberdade política e justiça social, princípios que desaparecem em uma situação colonial. Nessa situação e nessa carência, Ingenieros percebe implicitamente a possibilidade da fraternidade, pois esta torna-se tarefa conjunta, projetiva, destinada a reverter a condição dos oprimidos. O princípio político da fraternidade surge, então, como requerimento contra a opressão, por articular o princípio da liberdade – que ele denomina liberdade política – e o da igualdade, expresso na justiça social. (BAGGIO, 2009, p. 38).

Assim, a sociedade, em qualquer de suas formas organizativas, somente se justifica se fundada no reconhecimento subjetivo do ser humano no outro, e não na certeza de si, de modo a excluir tudo aquilo que não seja ele mesmo (ANDRADE, 2010, p. 216).

Tal acepção fundada no reconhecimento do outro como igual a si, de modo a permitir a conjugação da liberdade e da igualdade no campo social, somente pode ser concebida a partir da fraternidade.

Portanto, os direitos sociais têm sua conformação adstrita ao princípio da fraternidade e à sua temática libertária e igualitária. Tal adstrição é justamente o estofo que dá sentido às bases dogmáticas humanitárias que propugnam pela existência de um direito fundamental a um mínimo existencial.

Tal temática é abordada por Kelbert, que apresenta a fundamentação fraternal à concepção de um direito fundamental a um mínimo existencial. Nesse sentido, explica que:

> Peter Krause salienta que é preciso registrar que a literatura pré-revolucionária derivava os direitos fundamentais sociais na França do princípio da "fraternidade", pois se alguém que se alimenta por meio do próprio trabalho e esforço ficar impedido de trabalhar em razão de doença, idade ou acidente, então a comunidade precisa substituí-lo em seu socorro. Aponta, ainda, a inclusão de um direito fundamental ao mínimo existencial no projeto de constituição de Emmanuel Sieyés (1748-1836), que partia da ideia de um indivíduo que busca o bem-estar e utiliza todos os meios que estão a sua disposição, devendo receber apoio do Estado. (2011, p. 22-23).

Portanto, o resgate da significação plena dos direitos sociais, inseridos em uma dialética entre a subjetividade e alteridade, somente é possível a partir de uma inserção axiológica, representada pela consideração do princípio da fraternidade.

Tal circunstância é apontada por Giuseppe Tosi, ao explicar que:

> a tese central parece-me ser a seguinte: ao enfatizar a liberdade e a igualdade em detrimento da fraternidade, a Modernidade acentuou os aspectos individualistas e egoístas dos Direitos Humanos, esquecendo o caráter social, fraterno e solidário desses mesmos Direitos, que não são simplesmente do indivíduo e dos grupos ou classes, mas também dos "outros", do mais pobre, do mais desfavorecido. Se a liberdade remete ao indivíduo a sua singularidade, e a igualdade abre para uma dimensão social que, no entanto, permanece no âmbito da identidade de certo grupo ou classe social *contra* outros, a fraternidade remete à ideia de um "outro" que não sou e nem meu grupo social, mas o "diferente" diante do qual tenho deveres e responsabilidades, e não somente direitos a opor. (BAGGIO, 2009, p. 59).

Tal derivação remete a um aspecto ainda mais obscurecido da fraternidade, o qual reside na noção de que essa se imanta na justiça. No entanto, está acima dela, atuando em uma esfera particular que, nesse jaez, tem uma efetividade propedêutica que se insere na pretensão do progresso geral da moralidade.

Abordando as limitações da justiça, quanto ao seu papel restaurativo, Sandel sobre a fraternidade, pondera que,

> quando a fraternidade se desvanece, pode bem fazer-se mais justiça, mas poderá ser necessário muito mais para restabelecer o *status quo* moral. Para além disso, nada garante que a justiça e as virtudes rivais sejam perfeitamente comensuráveis. O colapso de certos vínculos pessoais e cívicos pode bem constituir um perda moral de tal magnitude que nem uma dose considerável de justiça a possa compensar. Será certo que uma ruptura no tecido dos entendimentos e dos compromissos implícitos de uma comunidade ficará devidamente restaurada a partir do momento em que cada um "cumpra o seu dever" daí em diante? (2005, p. 60).

Portanto, a fraternidade apresenta uma natureza jurídica. Pode ser situada internacionalmente, na Declaração dos Direitos do Homem de 1948. E, por sua vez, no plano interno, situa-se delimitada no texto da Constituição Federal, como categoria constitucional.

A partir de tais constatações, conclui-se, por fim, que o princípio da fraternidade apresenta um conteúdo imperativo. Representa deveres sociais, juridicamente consagrados, de uma pessoa em relação à outra. Promove o resgate dos direitos sociais, possibilitando-lhes maior densificação, na medida em que lhes insere um caráter axiológico interpessoal; apontando uma dialética entre a subjetividade e alteridade, como requisito de sua existência.

3. DA NATUREZA JUSFUNDAMENTAL DOS DIREITOS SOCIAIS

O problema da jusfundamentalidade dos direitos sociais evoca um dos mais acirrados debates que permeiam o Direito Constitucional, vista a essencialidade que representam à concretização do conceito de vida humana digna.

A conformação dos direitos sociais liga-se, portanto, a uma temática de ação. O Estado não pode se limitar a assistir à estagnação dos mandamentos constitucionais, petrificados pela ausência de políticas tendentes ao bem-estar de seu povo.

Desse modo, uma noção inaugural logo se apresenta: o Direito somente se justifica ontologicamente como mecanismo provocador de transformações sociais.

A demonstrar tal acepção, Jorge Neto pontua que

> o Direito, já há algum tempo, não é mais visto como mero instrumento de pacificação de conflitos, assumiu definitivamente o lugar de instrumento de desenvolvimento econômico e social, instrumento de construção da sociedade com base nos valores idealizados e positivados na Constituição. (2009, p. 19).

De mais a mais, acalentar direitos sociais viceja na exigência de um caminhar no sentido de guiá-los, esses direitos concebidos nas páginas dos diplomas constitucionais, à realidade social.

Tal ponderação é apresentada por Silva, o qual assevera que

> se "proteger direitos sociais" implica uma exigência de ações estatais, a resposta à pergunta "o que faz parte do âmbito de proteção desses direitos? tem que, necessariamente, incluir ações. "Proteger direitos", nesse âmbito, significa "realizar direitos". Por isso, pode-se dizer que o "âmbito de proteção de um direito social é composto pelas *ações estatais que fomentem a realização desse direito.* (2010, p. 77).

Assim, com o surgimento do constitucionalismo democrático, no segundo pós-guerra, vem a lume a universalização do *judicial review*, bem como a afirmação de leis fundamentais que passam a impor limites à regra da maioria.

De outra medida, a Constituição, a par de todas as argumentações que possam ser lançadas em supedâneo à sua força normativa, simplesmente por ser uma lei, deve ser cumprida, ante seu caráter imperativo de norma jurídica.

Tal derivação é apontada por Canotilho, ao asseverar que

> *a força normativa* da constituição visa exprimir, muito simplesmente, que a constituição sendo uma *lei como lei deve ser aplicada.* Afasta-se a tese generalizante aceite nos fins do século XIX e nas primeiras décadas do século XX que atribuía à constituição um "valor declaratório", "uma natureza de simples direcção política", um carácter programático despido de força jurídica actual caracterizadora das verdadeiras leis. (2003, p. 623).

A dramaticidade de tal discussão reflete questões que perpassam pela própria existência desses direitos, uma vez que, deslocando-se sua ontologia a uma acepção política, a opção por sua implementação no seio social fica a depender das ideologias de um governo em particular.

Por outro lado, ao se pontuar a natureza jurídica desses direitos, a questão fundamental que se apresenta, ainda quanto á sua existência, repousa em saber em qual medida se poderia obrigar judicialmente o Estado a fornecer o acesso a bens econômicos, sociais e culturais aos carentes.

Tal temática é abordada por Novais, o qual pondera que

> o "problema" dos direitos sociais é, antes, como se verá em todo o desenvolvimento, uma questão competencial ou de separação de poderes: uma vez reconhecidos, mais ou menos controversamente, como verdadeiros direitos fundamentais, coloca-se a questão decisiva de saber a quem compete fixar o seu comando normativo definitivo, a quem cabe a última palavra sobre o seu sentido, o seu conteúdo e alcance. (2010, p. 33).

Assim, o âmbito de proteção desses direitos implica fundamentalmente sua realização, que se concretiza por meio das ações estatais.

Portanto, o foco de ação do Poder Judiciário deve se volver à obrigatoriedade de atuação do Estado, quanto à execução de políticas públicas tendentes à concretização dos direitos sociais.

Tal paradigma é desenhado por Novais, o qual assevera que,

> enquanto problema jurídico-constitucional, tudo se resume em última análise, em saber se o juiz, designadamente o juiz constitucional, pode, com fundamento nas normas sobre direitos sociais, e em caso afirmativo, em que medida e com que alcance, impor aos Governo/maioria democrática a invalidação das respectivas decisões ou o cumprimento positivo de deveres, ainda que contra a vontade ou a opção política desses titulares do poder político. (2010, p. 33).

Ocorre que, a partir da estagnação do Estado liberal, veio a lume o Estado social, marco inaugural dos direitos sociais, quando o Estado assume a responsabilidade de efetivação desses direitos, caracterizados, nessa acepção, como fundamentais. Razão pela qual não pode o Estado, a partir desse momento, afastar-se dos encargos que justificam sua própria razão de existir.

Por ouro lado, ao se defender a natureza dos direitos sociais como adstrita ao gênero dos direitos fundamentais, é necessário elucidar a significação desses direitos, para então apresentar razões que justifiquem a inclusão daqueles direitos nesse rol.

Assim, tratando-se especificamente do tema, concebem-se os direitos fundamentais a partir da tradição cristã e das construções doutrinárias emanadas da dogmática do jusnaturalismo. Entretanto, como explica o professor José Afonso da Silva (2007, p. 172-173), a evolução histórica dos direitos naturais se deu pelas várias concepções doutrinárias, que moldaram a acepção desses direitos, tendo como mote as reivindicações e lutas sociais.

Tal processo, ligado à gênese e evolução dos direitos fundamentais, é apontado por Pozzoli e Lima, nos seguintes termos:

> identificados os valores pertinentes à dignidade da pessoa humana, inicia-se um processo – ainda que gradativo – de codificação de respectivos valores e direitos, cujo principal objetivo nada mais é do que fazer valer, de forma respeitosa, tais direitos inerentes a cada ser humano face à sociedade e suas instituições. Daí a importância de um elemento como o Estado, de pleno conhecimento contemporâneo. (2009, p. 16).

Portanto, os direitos fundamentais do homem constituem-se em situações jurídicas, objetivas e subjetivas, definidas no Direito Positivo (Carta Constitucional), em prol da dignidade, igualdade e liberdade da pessoa humana, ligados, umbilicalmente, ao fenômeno estatal.

De forma ainda mais clara, direitos fundamentais, nas palavras de Silva (2007, p. 178): "são aquelas prerrogativas e instituições que o Direito Positivo concretiza em garantia de uma convivência digna, livre e igual de todas as pessoas". Portanto, direitos fundamentais possuem como característica essencial estarem consagrados no texto constitucional.

Tal situação se verifica em nossa constituição, quanto aos direitos sociais, esses previstos, de forma ampla, nos artigos 6.º e 7.º de seu texto. Nessa medida, portanto, os direitos sociais se caracterizam como fundamentais.

De outra medida, a doutrina constitucional, majoritariamente, reconhece três níveis de direitos fundamentais. Assim, a partir da chamada teoria das gerações de direito, como explica Marmelstein (2011, p. 41); esses são nominados direitos de primeira, segunda e terceira geração (dimensão).

Portanto, os direitos de primeira geração correspondem aos direitos e às garantias individuais e políticas clássicas, surgidos institucionalmente a partir da Magna Carta, de 1215, espraiando-se nos séculos posteriores, por meio de documentos históricos, como a Paz de Westfália, em 1648; o *Habeas Corpus Act*, de 1679; o *Bill of Rights*, de 1688 e as Declarações Americana, de 1776, e Francesa, de 1789.

Constituem-se em direitos de defesa frente ao Estado. São direitos que surgem frente da ideia de submissão do Estado a uma constituição. Portanto, trata-se de direitos que representavam uma ideologia de afastamento do Estado das relações individuais e sociais.

Considerando, nesses termos, tais ponderações, ao Estado caberia simplesmente ser o guardião das liberdades, permanecendo longe de qualquer interferência no relacionamento social.

Tais direitos são nominados "liberdades públicas negativas" ou ainda, "direitos negativos", já que, como mencionado, exigem uma postura de abstenção do Estado.

A clarificar tais ponderações, manifesta-se Bonavides, nos seguintes termos:

> Os direitos da primeira geração são os direitos da liberdade, os primeiros a constarem do instrumento normativo constitucional, a saber, os direitos civis e políticos, que em grande parte correspondem, por um prisma histórico, àquela fase inaugural do constitucionalismo do Ocidente.
>
> Se hoje esses direitos parecem já pacíficos na codificação política, em verdade se moveram em cada país constitucional num processo dinâmico e ascendente, entrecortado não raro de eventuais recuos, conforme a natureza do respectivo modelo de sociedade, mas permitindo visualizar a cada passo uma trajetória que parte com freqüência do mero reconhecimento formal para concretização parciais e progressivas, até ganhar a máxima amplitude nos quadros consensuais de efetivação democrática do poder. (2009, p. 563).

Quanto aos direitos de segunda geração, estes representam uma etapa de evolução na proteção da dignidade da pessoa humana. Assim, uma vez conquistados os direitos de primeira geração, o homem passa a lutar pelos direitos de segunda geração; redundando no surgimento do denominado Estado Social.

Sua inspiração remonta à Revolução Industrial europeia, a partir do século 19, em virtude das péssimas condições de trabalho impostas aos operários. Entretanto, os direitos sociais somente são institucionalizados no início do século 20, com o fim da Primeira Guerra Mundial.

Tais direitos têm como essência a preocupação com as necessidades humanas. E, nesse viés, buscam a satisfação das necessidades primordiais das pessoas, a fim de que se possam alcançar patamares mínimos de existência, desfraldando, em sua marcha, a bandeira da dignidade da pessoa humana, com intento de buscar uma significação maior à vida, que uma sucessão de misérias.

No presente contexto, portanto, ante o imperativo da dignidade da pessoa humana, ao Estado não é dado se abster. Ao revés, deverá agir, atuando no sentido de se buscar a superação das carências individuais e sociais, por princípio institucional.

Tal paradigma é apontado por Mendes, o qual explica que:

> vinculado à concepção de que ao Estado incumbe, além da não intervenção na esfera da liberdade pessoal dos indivíduos, garantida pelos direitos de defesa, a tarefa de colocar à disposição os meios materiais e implementar as condições fáticas que possibilitem efetivo exercício das liberdades fundamentais, os direitos fundamentais a prestações objetivam, em última análise, a garantia não apenas da liberdade-autonomia (liberdade perante o Estado), mas também da liberdade por intermédio do Estado, partindo da premissa de que o indivíduo, no que concerne à conquista e manutenção de sua liberdade, depende em muito de uma postura ativa dos poderes públicos. (2007, p. 6).

Por tal razão, os direitos de segunda geração são denominados direitos positivos. Possuem, também, a denominação de "direitos de crença", na medida em que trazem, em seu bojo, a esperança de uma participação ativa do Estado.

Portanto, resta evidenciado que os direitos fundamentais representam um construto dogmático coeso e inseparável, de modo que uma geração de direitos não implica a superação da anterior. Assim, a significação dos direitos de primeira geração somente poderá existir se levar em consideração, em sua aplicação, a essencialidade determinante do caráter existencial da pessoa humana, signo dos direitos de segunda dimensão.

A partir de tal construção dogmática, concluiu-se, portanto, pelo caráter fundamental que emerge dos direitos sociais, visto que se agregam ao plexo de direitos naturais do ser humano, viabilizando uma existência digna.

Assim, o caráter jusfundamental dos direitos sociais, além do desejável; é admissível, fundamentando-se tanto doutrinariamente, adstritos ao rol de direitos naturais do ser humano, como positivamente, constando do texto escrito da Constituição Brasileira.

Enfim, por sua relevância axiológica, ante a percepção de sua ontologia imantada na concreção da dignidade da pessoa humana, os direitos sociais são vetores das políticas públicas que impulsionam o Estado na direção do bem-estar e da justiça social, profetizando, em suas derivações, a sociedade do porvir.

4. CONSIDERAÇÕES FINAIS

Os direitos sociais apresentam um caráter jusfundamental. Por sua conformação existencial, posicionam-se muito próximos a uma ontologia que dá significação à dignidade da pessoa humana.

Tal conclusão, por si só, representa, para o Estado e para sociedade, um comprometimento com a sua existência; plasmado no âmbito de proteção desses direitos.

Assim, a realização das políticas públicas viabilizadoras da concreção dos direitos sociais deriva dos compromissos constitucionalmente assumidos pelo Estado.

Desse modo, o Estado não pode se furtar ao cumprimento de seu desiderato. Postulado que leva à conclusão de que a ausência de ação estatal, representada pela falta de políticas públicas necessárias, a partir da justificativa de ausência de lastro econômico não poderá prevalecer, apoditicamente.

Ao revés, a atuação do Estado, na seara social, é a regra por todos os imperativos axiológicos, constitucionalmente fulcrados, que foram expostos. Excepcionalmente, o turbilhão da realidade de um país com graves problemas orçamentários poderá atropelar a utopia de uma sociedade calcada no bem-estar e na justiça social. Para esses momentos, entretanto, sempre se deve valer, o ordenador de despesas, do princípio da proporcionalidade.

Portanto, o conceito de reserva do possível, por si só, não é razão crível a justificar a inoperabilidade estatal em garantir um piso existencial mínimo.

A partir desse paradigma, a fraternidade, de uma perspectiva jurídica, vem contribuir para a efetivação dos direitos fundamentais e a promoção da dignidade humana, na medida em que abre novos horizontes para a satisfação das demandas sociais, propugnando pelo comprometimento de todos, Estado e sociedade, no cumprimento de tal desiderato.

Assim, a fraternidade e o direito não são autoexcludentes. Ao contrário, a fraternidade, enquanto valor, vem sendo proclamada nos diplomas constitucionais modernos, figurando como elemento teleológico para o qual derivam outras categorias historicamente consagradas, como a igualdade e a liberdade.

E, nesse sentido, a fraternidade apresenta como eixo essencial o reconhecimento da igualdade entre todos os seres humanos, consistente em uma igualdade de dignidade.

E mais, a fraternidade, em sua axiologia, pretendendo um progresso moral incondicional da humanidade, configura uma virtude, que transcende o bem da justiça.

E, porquanto, a fraternidade preconiza a dignidade, uma perspectiva dinâmica e não estática. Noção a partir da qual se pode observar o individualismo se realizando por consideração ao coletivismo, em um contexto relacional, no qual o homem se reconhece no outro.

Referências

ANDRADE, Maria Inês Chaves de. **A fraternidade como Direito Fundamental entre o ser e o dever na dialética de opostos de Hegel**. Coimbra: Almedina, 2010.

ALVIM, Marcia Cristina de Souza e POZZOLI, Lafayette. **Ensaiso sobre filosofia do direito dignidade da pessoa humana democracia justiça**. São Paulo, Fapesp, Educ, 2011.

ARAUJO, Luiz Alberto David e POZZOLI, Lafayette. Pessoa com deficiência, inclusão social e misericórdia. *In* **Miswericórdia e vida acadêmica**. São Paulo, Educ, 2016.

BAGGIO, Antonio Maria. (Org.) **O Princípio Esquecido – 1: A Fraternidade na reflexão atual das ciências políticas**. Vargem Grande Paulista: Cidade Nova, 2008.

BONAVIDES, Paulo. **Do Estado liberal ao Estado social**. 10. ed. São Paulo: Malheiros Editores, 2011.

CANOTILHO, José Joaquim. **Direito Constitucional e Teoria da Constituição**. 7. ed. Coimbra: Almedina, 2003.

JORGE NETO, Nagibe de Melo. **O controle jurisdicional das Políticas Públicas**. Salvador: Juspodium, 2009.

KAUFMAAN, Arthur. **Filosofia do Direito**. 4. ed. Lisboa: Fundação Calouste Gulbenkian, 2010. Direitos_ KELBERT, Fabiana Okchstein. **Reserva do possível e a efetividade dos direitos sociais no direito brasileiro**. Porto Alegre: Livraria do Advogado, 2011.

LACERDA, Luana Pereira; MONASSA, Clarissa Chagas Sanches e POZZOLI, Lafayette. **Fraternidade e sustentabilidade no direito**. Curitiba, Instituto Memória,2015.

LIMA, Alexandre José Costa. **O Princípio da Fraternidade na Constituição.** In: A Fraternidade em Debate: percurso de estudos na América Latina. Paulo Muniz Lopes (org.). Trad. Luciano Meneses Reis, Silas de Oliveira e Silva, Orlando Soares Moreira. Vargem Grande Paulista, SP: Cidade Nova, 2012, p.202.

LUCA, Guilherme Domingos; POZZOLI, Lafayette. **Valores éticos na sociedade atual: fraternidade e sustentabilidade**. In: Clarissa Chagas Sanches Monassa; Lafayette Pozzoli; Luana Pereira Lacerda. (Org.). Fraternidade e Sustentabilidade no Direito. 1ed. Curitiba: Instituto Memória, 2015.

MARITAIN, Jacques. **Humanismo integral**. Tradução de Afranio Coutinho. Cia. Editora Nacional,1945.

________., Raïssa. **As grandes amizades**. Tradução de Josélia Marques de Oliveira. Rio de Janeiro: Agir, 1970.

MARMELSTEIN, George. **Curso de Direitos Fundamentais**. 3. ed. São Paulo: Atlas, 2011.

MONASSA, Clarissa Chagas Sanches e POZZOLI, Lafayette. **Fraternidade e Jurisprudência – Uma análise hermenêutica**. São Paulo, Letras Jurídicas, 2019.

MAZZUOLI, Valério de Oliveira (org.). **Coletânea de Direito Internacional**. 3. ed. São Paulo: Revista dos Tribunais, 2005.

NEVES, Marcelo. **Entre Têmis e Leviatã**: uma relação difícil. São Paulo: Martins Fontes, 2008.

NOVAIS, Jorge Reis. **Direitos Sociais**. Coimbra: Coimbra Editora, 2010.

PADIN, Cândido. O.S.B. **O Filósofo Profeta**. *In*: LIMA, Jorge da. POZZOLI, Lafayette. Presença de Maritain testemunhos. São Paulo: 2ª Edição, LTr, 2012.

POZZOLI, Lafayette. **Maritain e o Direito**, São Paulo: Loyola, 2001.

________. **Direito como função promocional da pessoa humana: inclusão da pessoa com deficiência – fraternidade.** In: NAHAS, Thereza Christina; PADILHA, Norma Sueli; MACHADO, Edinilson Donizete. Gramática dos direitos fundamentais: a Constituição Federal de 1988 – 20 anos depois. Coletânea. Rio de Janeiro: Campus, 2009.

RESTA, Eligio. **O Direito Fraterno**. Tradução Sandra Regina Martini Vial. Santa Cruz do Sul: Edunisc, 2004.

SANDEL, Michael J. **O liberalismo e os limites da Justiça**. Lisboa: Fundação Calouste Gulbekian, 2005.

SARMENTO, Daniel. **Direitos fundamentais e relações privadas**. Rio de Janeiro: Lumen Juris, 2006.

SILVA, Virgílio Afonso da. **Direitos fundamentais**. 2. ed. São Paulo: Malheiros, 2010.

SIQUEIRA, Gilmar Assis; MUNHOZ, Cátia Martins da Conceição e POZZOLI, Lafayette. Dignidade da pessoa humana e direito fraterno – percurso do direito como função promocional. *In* **Constitucionalismo & Direitos Fundamentais.** GUNTHER, Luiz Eduardo e FISCHER, Octavio Campos. Curitiba. Instituto Memória, 2019.

SOARES, Luiz Carlos de Macedo. POZZOLI, Lafayette. **Perdão e seus novos conceitos fraternidade conciliação mediação arbitragem equidade**. Curitiba, Instituto Memória, 2017.

SANTOS, Ivanaldo. Jacques Maritain e a reconstrução dos direitos humanos. São Paulo, Capes, Cultor de Livros, 2019.

TONDINELLI, Tiago. **"Amizade e Direito" as extremidades umbilicais da justiça implicações teoréticas entre Amizade e Direito e tradução comentada do De Amicitia de Boncompagno de Signa**. Curitiba, Instituto Memória, 2019.

PARTE II

DESENVOLVIMENTO SOCIAL

DESENVOLVIMENTO ECONÔMICO OU DESENVOLVIMENTO HUMANO: UM FALSO DILEMA

Manoel Messias Peixinho(*)

1. INTRODUÇÃO

Este artigo tem o objetivo de discorrer sobre a relação entre desenvolvimento econômico e desenvolvimento humano a partir da perspectiva teórica de que são temas interdependentes. O próprio título do artigo já antecipa a convicção de que os temas propostos são indissociáveis. Porém, por uma questão meramente didática, apresentam-se separadamente para melhor compreensão. A abordagem exige a análise prévia de assuntos

(*) Pós-Doutorado. Université Paris, Nanterre (2013-2014). Doutorado em Direito. Pontifícia Universidade Católica do Rio de Janeiro, PUC-Rio, Brasil (2000-2004). Mestrado em Direito. Pontifícia Universidade Católica do Rio de Janeiro, PUC-RIO, Brasil (1995-1997). Aperfeiçoamento em Direito. Pontifícia Universidade Católica do Rio de Janeiro, PUC-RIO, Brasil (1988 – 1992). Graduação em Direito. Pontifícia Universidade Católica do Rio de Janeiro, PUC-RIO, Brasil (1987 – 1992). Graduação em Teologia. Seminário Metodista (1987 – 1990). Atualmente é professor do Departamento de direito da Pontifícia Universidade Católica do Rio de Janeiro – PUC-RIO e do Mestrado em Direito da Universidade Cândido Mendes. Coordenador da área de Direito Administrativo do Departamento de direito da Pontifícia Universidade Católica do Rio de Janeiro-PUC -RIO. Professor colaborador da Fundação Getúlio Vargas, da Escola de Magistratura do Estado do Rio de Janeiro e da Fundação Centro Estadual de Estatísticas, Pesquisas e Formação de Servidores do Rio de Janeiro. Presidente da Comissão de Direito Administrativo do Instituto dos Advogados Brasileiros – IAB. Presidente do Instituto de Direito Administrativo do Rio de Janeiro-IDARJ. A militância na advocacia é dedicada, prioritariamente, às matérias especializadas em Licitações e Contratos administrativos, Servidor Público, Responsabilidade Civil do Estado, Tribunais de Contas, Improbidade Administrativa, dentre outras matérias. E-mail: peixinho@mcp-advogados.com.br

correlacionados ao tema central deste artigo, a exemplo do histórico do direito ao desenvolvimento no Pacto Internacional dos Direitos Econômicos, Sociais e Culturais e as relações necessárias entre Estado e as medidas governamentais que são indispensáveis às políticas de desenvolvimento. Por fim, aborda-se o desenvolvimento econômico e o desenvolvimento humano na ordem econômica da Constituição de 1988.

2. NOÇÕES PROPEDÊUTICAS

2.1. Direto ao desenvolvimento

A expressão desenvolvimento é equívoca. Pode significar desenvolvimento humano, desenvolvimento econômico, desenvolvimento social, desenvolvimento político, desenvolvimento sustentável, dentre outras expressões compostas e correlatas. Contudo, uma vez que o tema deste texto associa o desenvolvimento econômico à liberdade e à igualdade, as expressões citadas se tornam interdependentes.

Há diversas concepções da expressão direito ao desenvolvimento. A doutrina tem entendido que o direito ao desenvolvimento pertence à classificação da terceira geração de direitos, dentre os quais se insere o direito de solidariedade. Este pressupõe o dever de colaboração de todos os Estados e não somente a atuação isolada de cada ente estatal (CANOTILHO, 2005, p. 362). O direito ao desenvolvimento exerce duas funções quando referidas ao Estado: nos âmbitos internacional e interno. No plano internacional, o direito ao desenvolvimento significa mais uma reivindicação do Estado em vez de um direito dos indivíduos. Dessa forma, é um Direito do Estado mais que um direito humano. No plano interno, o direito ao desenvolvimento impõe ao Estado o dever de concretização dos direitos fundamentais individuais e coletivos que garanta proteção à pessoa humana desde a infância até a idade adulta e lhe assegure o acesso à educação, saúde, formação profissional e à cultura (ISRAEL, 1998, p. 21-22). Teixeira (1991, p. 666) faz um estudo estimulante sobre a liberdade e o Estado de Direito. Após diferenciar as liberdades formais das liberdades substanciais, aduz que o significado da liberdade no sentido positivo releva a ação estatal não somente no sentido de isenção de restrições ou abstenção, mas, também, a criação de oportunidades para o desenvolvimento individual a serem criadas pelo direito e pelo Estado.

2.2. Direito ao desenvolvimento no Pacto Internacional de Direitos Civis e Políticos e o Pacto Internacional dos Direitos Econômicos, Sociais e Culturais

O Pacto Internacional dos Direitos Civis e Políticos e o Pacto Internacional dos Direitos Econômicos, Sociais e Culturais entraram em vigor apenas dez anos depois (1976) de serem aprovados, em 1966, pela Assembleia Geral das Nações Unidas, porque somente nessa data alcançaram o número de ratificações necessárias para sua aprovação. Apesar da elaboração de dois pactos diversos, a Organização das Nações Unidas (ONU) reafirmava a indivisibilidade e unidade dos direitos humanos. O direito de autodeterminação dos povos também foi reconhecido de forma idêntica, no artigo 1.º de ambos os pactos, por ser a unidade essencial do sistema de direitos humanos afirmada pela Resolução n.º 32/120 da Assembleia Geral da ONU, em 1968, e confirmada pela Conferência Mundial de Direitos Humanos de 1993, na Declaração de Viena. Nesse sentido, a Assembleia Geral das Nações Unidas, ao levar em consideração que a base na unidade essencial dos direitos humanos, no plano nacional e internacional, é o *direito ao desenvolvimento*, considerou na Resolução de 4 de dezembro de 1986 o desenvolvimento de "um amplo processo de natureza econômica, social e política" e manifestou sua preocupação com "a existência de sérios obstáculos ao desenvolvimento e à completa realização dos seres humanos e dos povos, obstáculos esses constituídos, *inter alia*, pela denegação dos direitos civis, políticos, econômicos, sociais e culturais" ao entender que "todos os direitos humanos e as liberdades fundamentais são indivisíveis e interdependentes e deve-se, a fim de promover o desenvolvimento, dar igual atenção e considerar como urgente à implementação, promoção e proteção dos direitos civis, políticos, econômicos, sociais e culturais". Nos termos do artigo 2.º, alínea 3, dessa Resolução, "os Estados têm o direito e o dever de formular políticas apropriadas para o desenvolvimento nacional, com o objetivo de aumentar constantemente o bem-estar de toda população e de todos os indivíduos, na base de sua participação ativa, livre e consciente no desenvolvimento e na justa distribuição dos benefícios deles resultantes" (PIOVESAN, 2000, p. 160-162).

O Pacto de Direitos Civis e Políticos proclamou o dever dos Estados membros em assegurar os direitos nele previstos a todos os indivíduos que estivessem sob sua jurisdição e incluiu, ainda, a proteção contra violação de seus direitos por entes privados. Portanto, cabe ao Estado-parte estabelecer um sistema legal para assegurar a observância dos direitos civis e políticos. Nesse sentido, o Pacto desenvolveu uma sistemática peculiar de monitoramento e implantação internacional. Ao ratificar o Pacto, os Estados-Partes passaram a ter a obrigação de encaminhar relatórios periódicos sobre medidas legislativas, administrativas e judiciárias adotadas nos termos do art. 40, que dispõe que o Estado-Parte deve esclarecer o modo pelo qual dará cumprimento às obrigações assumidas no plano internacional. Esses relatórios são apreciados pelo Comitê de Direitos Humanos, instituídos pelo Pacto Internacional de Direito Civis e Políticos, e devem ser encaminhados em um, ano a contar da ratificação do Pacto e sempre que solicitado pelo Comitê. O pacto estabelece ainda a sistemática das comunicações interestatais. Por esse mecanismo, um Estado-Parte pode alegar a violação, por outro Estado-Parte, dos direitos humanos enunciados no Pacto (art. 41). Ressalte-se, outrossim, que o acesso a esse mecanismo é opcional e está condicionado à elaboração pelo Estado-Parte de uma declaração em separado que reconheça a competência do Comitê para receber as comunicações interestatais (PIOVESAN, 2000, p. 163-166).

2.3. O Estado e o direito ao desenvolvimento

O Estado é, sem dúvida, o principal personagem no plano da efetivação dos direitos coletivizados, impondo-lhe a criação de condições materiais para que os indivíduos exerçam, na plenitude, a solidariedade, não mais considerada a tensão dicotômica indivíduo-Estado, mas, e isso é relevante pontuar, o Estado solidarista,[1] postado ao lado dos indivíduos e que seja responsável por fazer existir e – fundamentalmente – prover as condições materiais, por meio de políticas públicas, a fim de tornar disponíveis os meios à subsistência material, indispensáveis à cidadania concreta. Indissociável do direito ao desenvolvimento é o reconhecimento de outros direitos, coadjuvantes do desenvolvimento dos Estados e indivíduos, que

[1] Christian Bidengaray e Claude Emeri afirmam que o estado solidarista não é socialista, mas é o mediador entre os grupos sociais que a despeito dos interesses antagônicos, são submetidos ao arbitramento democrático. **La definition constitutionnelle des droits et des libertés en France**. Droit constitutionnel et droits de l'homme. Paris: Economica, 1987. p. 22.

são os direitos pertinentes ao exercício da democracia, à informação e ao pluralismo. Também no que diz respeito ao federalismo brasileiro, a Constituição estabelece que o legislador infraconstitucional deverá "estabelecer as diretrizes e bases do planejamento do desenvolvimento nacional equilibrado, o qual incorporará e compatibilizará os planos nacionais e regionais de desenvolvimento" (§ 1.º do art. 174). A política urbana de competência das municipalidades objetivará o pleno desenvolvimento das funções sociais da cidade e do bem-estar de seus habitantes (182).

Moreira Neto (2008, p.19-20) entende que o Estado de Direito oferece dois novos paradigmas gerais inerentes à pós-modernidade e são fundamentos do Estado Democrático de Direito: os direitos do homem e a democracia substantiva. O advento do pós-modernismo possibilitou a reabilitação da pessoa humana na condição de protagonista da política e do direito e, consequentemente, promoveu a revisão do estatuto moderno dos direitos do homem. Nessa perspectiva, o estatuto pós-moderno dos direitos fundamentais assumiu duas dimensões. A primeira resgata o sistema de valores substantivos, síntese dos valores liberais, porém revisitados por valores sociais indissociáveis da solidariedade de dos valores adjetivos configurados em garantias de direitos públicos subjetivos. O Estado tem um papel fundamental nessa nova perspectiva de garantidor do estatuto pós-moderno de direitos, pois incorporou aos velhos vínculos de legalidade do Estado de Direito, novos vínculos de legitimidade, que faz aflorar o novo modelo de Estado Democrático de Direito, caracterizado pela primazia dos princípios da democracia material, a eficiência, da participação e do controle. Canotilho (1998, p. 325) doutrina que a experiência das revisões constitucionais em Portugal conduziu à formação de uma doutrina constitucional que concretiza um modelo de democracia econômica, social e cultural em que há uma distinção entre democracia política e democracia econômica. Esta tem por objetivo realizar os postulados inerentes às exigências dos princípios democráticos e do Estado de Direito. A democracia econômica, social e cultural realiza-se também com os sentimentos dos princípios democrático e do Estado de Direito, mas tem duas dimensões peculiares: é um objetivo a realizar no contexto de um processo público aberto que impõe deveres de efetivação por parte dos órgãos do Estado.

4. DESENVOLVIMENTO ECONÔMICO E DESENVOLVIMENTO HUMANO

O capítulo da justaposição do desenvolvimento econômico com o desenvolvimento humano não é aleatório. Pretende-se, com a agregação dos dois modelos de desenvolvimento, afirmar que não é possível um Estado ter elevado grau de desenvolvimento econômico sem que seus cidadãos ou parte significativa destes não detenham elevado índice de desenvolvimento humano. Daí ser extremante relevante observar que, dentre os fatores citados por Barral (2005, p. 42-43) como componentes do desenvolvimento econômico no século 21, se inserem índices relacionados à formação educacional (capital humano), à liberdade econômica e política, aos fatores fomentadores da tecnologia e da inovação, aos mecanismos de política econômica que resultem na diminuição dos custos da produção combinada com metas de proteção ao meio ambiente. Agregam-se, ainda, a esses índices, elevado nível de civilismo e de comprometimento com a comunidade ("capital social"). Por último, requer-se, ademais, como motor fundamental para a realização de todos os fatores de desenvolvimento econômico, a existência de instituições dotadas de credibilidade.

Há que se falar ainda no desenvolvimento sustentável que, a despeito de ser estudado separadamente do desenvolvimento econômico e do desenvolvimento humano, fazem parte do núcleo central da plenitude de qualquer modelo de desenvolvimento. Ora, como não é possível separar dicotomicamente desenvolvimento econômico e desenvolvimento humano, o mesmo raciocínio se aplica ao desenvolvimento sustentável, exigindo que as políticas de desenvolvimento tecnológico e as políticas privadas e governamentais de investimentos que afetam o uso de recursos naturais renováveis e não renováveis venham acompanhadas de políticas de proteção ao meio ambiente por meio de medidas de impacto ambiental e da criação de mecanismos de restauração do ambiente degradado. Dessa forma, surge o ecodesenvolvimento que começou a ser delineado na Conferência das Nações Unidas sobre o Meio Ambiente em Estocolmo, em 1972. Essa Conferência teve o mérito de possibilitar que houvesse a diminuição dos abismos entre as políticas de desenvolvimento econômico e a preocupação com um desenvolvimento sustentável, ou seja, os Estados passaram incluir na agenda do desenvolvimento políticas de proteção ao meio ambiente (FERREIRA, 2005, p. 73).

A sustentabilidade ambiental se fundamenta no princípio da solidariedade em dois sentidos: a imperatividade ética da solidariedade sincrônica com a presente geração e solidariedade diacrônica com as futuras gerações (VEIGA, 2008, p. 171). O princípio da solidariedade implica uma visão ecologicamente sustentável que pressupõe a consciência de que as políticas econômicas não podem ser projetadas isoladamente, mas devem assumir um compromisso com as gerações futuras.

4.1. Desenvolvimento econômico

A expressão "desenvolvimento", associada a "econômico", tem sua origem numa relação aos países não industrializados do final da Segunda Guerra Mundial e em particular refere-se às novas nações que eram antigas colônias das potências europeias. Essas nações receberam a qualificação de países subdesenvolvidos, países em vias de desenvolvimento ou países atrasados e se diferenciam dos países desenvolvidos que são organizados economicamente. Dessa forma, desenvolvimento espelha o fenômeno de crescimento econômico em relação aos países onde a pobreza alcança a maior parte da população (RISTER, 2007, p. 14). Em estudo que Rister faz das teorias sobre o desenvolvimento, há pluralidade de concepções que apontam as causas do subdesenvolvimento e as possíveis soluções para que se alcance um mercado bem-sucedido. As teorias propõem desenvolvimento equilibrado, com modificações uniformes ou regulares de procura da produção, comércio externo e emprego. Contudo, para que o desenvolvimento se iniciasse, haveria necessidade de romper com os círculos da pobreza que resultam do fato de, nos países pobres, a produtividade e os rendimentos serem baixos. Seria necessário eliminar a existência de estrangulamentos em alguns pontos do sistema econômico para que sejam rompidos os círculos da pobreza. Em certas hipóteses, tais estrangulamentos resultariam das limitações do mercado interno ou do efeito-demonstração, espécie de imitação de certos padrões de consumo dos países ricos. Esses estrangulamentos são limites para as economias subdesenvolvidas marcadas por limitações relacionadas à insuficiência do mercado interno, industrialização por imitação do padrão de consumo das nações desenvolvidas e insuficiência do processo de acumulação de capital, tornando inevitável a dependência econômica. Enfatizam que os investimentos nos países subdesenvolvidos aumentam o rendimento e, por consequência, faz crescer o consumo, mas reduz a capacidade para poupar e realizar novos investimentos. Outras teorias propõem o desenvolvimento desequilibrado e aduzem que o desenvolvimento não se realiza linearmente, por meio de modificações regulares de procura, da produção, do investimento, do emprego e do comércio externo, mas mediante saltos bruscos que produzam impactos graduados na economia em desenvolvimento.

Há, ainda, as teorias evolucionistas que defendem que o desenvolvimento somente poderá se realizar mediante a adoção de fases e é crucial a existência de uma fase intermédia (*take-off*), ou seja, "o levantar do voo" para uma economia evoluída, até que seja atingida a fase de desenvolvimento. Segundo outra visão de desenvolvimento, é fundamental que seja estabelecida uma tipologia de acordo com a qual o desenvolvimento pode ser intrínseco ou expansionista, conforme seja realizado ou não com recursos próprios; dominante ou satélite, em função da importância do comércio externo; autônomo ou induzido, em razão da importância da planificação central. Por último, e a mais relevante, é importante resgatar o conceito de desenvolvimento cunhado Celso Furtado. Esse autor identifica o desenvolvimento a partir de dois sentidos. O primeiro relaciona-se à evolução de um sistema de produção que se viabiliza mediante a acumulação e o progresso das técnicas que elevam a produtividade do conjunto da força de trabalho. O segundo sentido correlaciona o desenvolvimento ao grau de satisfação das necessidades humanas e, nesse caso, haveria certo grau de ambiguidade com o primeiro sentido, pois, quanto mais se afasta do plano da realização das necessidades humanas elementares, a exemplo de alimentação, vestuário, habitação, impor-se-ia a referência a um sistema de valores, pois as necessidades humanas perderiam o seu sentido (RISTER, 2007, p. 13-19). A contribuição de Celso Furtado é relevante porque, segundo Rister, ele entende a concepção de desenvolvimento indissociável da satisfação das necessidades humanas e muda o enfoque tradicional que estava centrado quase exclusivamente na questão pertinente à eficiência econômica. Dessa forma, a opção metodológica de Furtado permite uma análise axiológica do sistema econômico fundado nas exigências elementares da pessoa humana (RISTER, 2007, p. 19).[2]

---

[2] No mesmo sentido que Furtado, entende Macpherson que o tema democracia e desenvolvimento "introduziu uma nova dimensão ética, vendo a democracia, sobretudo, como meio de desenvolvimento individual" (1977, p. 28). Segundo Barral, "meio século depois

Não se pode falar das teorias desenvolvimentistas sem enfrentar a questão sempre recorrente da globalização da economia. De plano, a globalização procura incutir nas pessoas a ideia de que o mundo está inteiramente interligado e as nações estão em constante diálogo e transformação econômica, social, cultural e política, o que seria capaz de forjar um mundo em permanente mutação graças à ruptura das fronteiras regionais. De Masi (2000, p. 140-141), com veemência realística, desenha a imagem do mundo globalizado. São globalizados: os meios de comunicação de massa, a ciência, o dinheiro, a cultura. Todos os telejornais transmitem imagens e sons por todo o mundo. Os laboratórios de ciências se comunicam mundialmente e os mercados monetários mudam de proprietários em função das transações intermináveis nas bolsas de ações. Ou seja, a vida inteira se "globalizou" porque todas as pessoas começaram a escutar as mesmas músicas, a assistirem aos mesmos filmes e a consumirem uniformemente. O resultado desse modelo de globalização resultou no achatamento da diversidade.

A economia global ou o capitalismo global corresponde a um paradigma de expansão ordenada de processos de produção que se identificaria com o surgimento de uma crescente competição global e o aparecimento de novos centros de produção advindo dos países recém-industrializados. Agrega-se, também, a proliferação expansionista de corporações transnacionais, bem como o crescente desenvolvimento de novas tecnologias, principalmente nas áreas de comunicação e transporte. Ainda no processo de uma economia global, sobressaem a globalização de um mercado financeiro e as formas supranacionais de integração econômica regional. Acompanhadas dessas características resulta o crescimento das desigualdades mundiais, que ocorrem tanto entre as regiões como nos países (GARRETÓN et al., 2007, p. 38-39).[3] Hualde (2009, p. 760) estuda o impacto provocado pela globalização dos mercados nos direitos fundamentais. Apesar de reconhecer que a globalização é um acontecimento inevitável, o processo de globalização

---

que Celso Furtado desenvolveu suas ideias e promoveu a implementação das políticas públicas a ela correlacionadas, pode-se avaliar que, por mais sofisticada que seja o modelo de capitalismo dependente, este modelo falha ao mitigar a relevância dos fatores institucionais – e, portanto, da ordem jurídica – no desenvolvimento econômico." (2005, p. 39).

[3] No mesmo sentido entende Piovesan, para quem "a globalização econômica tem agrado ainda mais as desigualdades sociais, aprofundando-se as marcas da pobreza absoluta e da exclusão social. Os mercados têm se mostrado incompletos, falhos e imperfeitos" (2003, p. 640).

provocou no contexto internacional a atração de grandes interesses econômicos, a exemplo dos setores de financeiros, indústria farmacêutica, armamentos, petróleo e comunicações. Todos esses interesses se impõem numa luta contra o Estado nacional e forjam uma visão ideológica do papel do Estado e do mercado que não é aceita universalmente nos países desenvolvidos, mas é imposta aos países subdesenvolvidos.

Com relação aos Estados, a globalização criou uma divisão entre os países centrais e aqueles situados nas periferias. Estes têm acesso privilegiado às matérias-primas a preços vilipendiados em detrimento dos países periféricos que vivem ainda em condições inaceitáveis de privação dos bens materiais fundamentais. Dessa forma, a globalização, se entendida como ação homogênea também no que diz respeito a um modelo de política econômica global poderá, conduzir a um processo de enfraquecimento dos Estados nacionais (BENAYON, 1998, p. 77).

Porém, se é indiscutível que a globalização conseguiu encurtar as distância e fomentar profundas transformações no campo das ciências e das tecnologias, também é verdade que tais avanços não conseguiram produzir uma globalização solidária. Ou, nas palavras de Comparato (2006, p. 431), uma mundialização solidária que seja capaz de libertar a humanidade da condição de objeto ou massa de manobra do poder do mais forte e se torne sujeito ativo de direitos e agente responsável pela condução da história. Perfilhado ao lado de Comparato, Santos (2004, p. 35 e 120) entendia que a "tirania do dinheiro e a tirania da informação são os pilares da produção histórica atual do capitalismo globalizado". Essa associação conduz, segundo Santos, ao aceleramento de processos hegemônicos que se legitimam por um pensamento único que deixa pequena margem para a variedade, criatividade e a espontaneidade.

4.2. Desenvolvimento humano

A terminologia desenvolvimento humano está associada à plena realização da pessoa humana por meio do princípio da dignidade da pessoa humana. Este, por sua vez, exige que o sujeito tenha condições de se realizar econômica, social, cultural e politicamente. A ONU criou o Índice de Desenvolvimento Humano (IDH), uma metodologia para comparar os países em três dimensões: riqueza, educação e expectativa média de vida. A ideia é identificar o desenvolvimento econômico do país à qualidade de vida de sua população. Dessa forma, o desenvolvimento econômico está associado umbilicalmente à realização do indivíduo (ALMEIDA, 2000, p. 41).

Sen contribui significativamente para correlacionar desenvolvimento econômico e desenvolvimento humano por meio da realização da liberdade. Segundo o autor, no mundo, há um inúmero imenso de pessoas que se tornam vítimas da mais várias formas de privação da liberdade. A relação entre fome é liberdade é pontual, pois as manifestações coletivas da fome subtraem a liberdade de milhões de pessoas que estão excluídas das necessidades essenciais à sobrevivência. Consequentemente, inexiste, para grande parcela dos excluídos, serviços de saúde e saneamento básico, ensejando a morte prematura dessas populações marginalizadas (2000).

Em segundo lugar, além da negação dos bens materiais básicos, assiste-se à ausência dos direitos políticos e civis, que são consectários da ausência da liberdade e da privação material. A relação entre segurança econômica e direitos é notória. Em grande parte dos casos, a insegurança econômica está intimamente correlacionada à inexistência de direitos e liberdades econômicas.

A perspectiva da liberdade vincula-se aos processos e oportunidades da liberdade, que se desdobram em dois papéis vivenciados pela liberdade. As liberdades substantivas têm o papel substancial quando se avalia o nível de qualidade de vida de uma sociedade. Afirma Sen, em primeiro lugar, que se deve ter mais liberdade para fazer as coisas que são justamente valorizadas e visem ao favorecimento de oportunidades de as pessoas obterem resultados valiosos. Em segundo lugar, a liberdade substantiva deve ser compreendida no sentido de que não é apenas a base de avaliação de êxito ou fracasso, mas, também, de um determinante principal da iniciativa individual e da eficácia social. As análises tradicionais da economia levam em consideração sistemas de avaliação baseados na concentração econômica que, por sua vez, funda-se na primazia da renda e na riqueza. O autor propõe como novos paradigmas as liberdades substantivas.

A pobreza é a privação das liberdades básicas e não significa apenas baixa renda. A privação das capacidades básicas se refletirá em morte prematura, subnutrição, morbidez persistente, analfabetismo, dentre outras carências materiais. A desigualdade propiciará diversas discriminações odiosas entre raças, sexo, condição social numa mesma sociedade. A liberdade, a capacidade e a qualidade de vida estão interligadas. Não é suficiente garantir o acesso aos bens materiais, mas, também, pensar as escolhas da qualidade de vida, no modo como as pessoas vivem. Assim, deve-se dar enfoque na qualidade de vida e nas liberdades substantivas e não apenas na renda e na riqueza.

A partir da correlação estabelecida por Sen entre desenvolvimento e liberdade, o desenvolvimento passa a ser um processo de expansão das liberdades reais que as pessoas desfrutam. As liberdades podem ser consideradas o fim primordial a ser alcançado por meio do desenvolvimento. Dessa forma, pode-se chamar de o papel constitutivo e o papel instrumental da liberdade no desenvolvimento. As liberdades instrumentais são: liberdades políticas; facilidades econômicas; oportunidades sociais; garantias de transparência; oportunidades sociais. As liberdades instrumentais têm o objetivo de contribuir à capacidade geral para a pessoa viver livremente e completar uma à outra. As liberdades instrumentais se caracterizam por terem uma inter-relação e complementaridade (2000, p. 17-26; 51-54).

5. DESENVOLVIMENTO ECONÔMICO E DESENVOLVIMENTO HUMANO NA CONSTITUIÇÃO BRASILEIRA DE 1988

A Constituição brasileira de 1988 estatui, no artigo 170, os fundamentos e os princípios norteadores da ordem econômica. O princípio da dignidade da pessoa humana constitui fundamento da República Federativa do Brasil (art. 1.º, III) e é, ao mesmo tempo, um dos fundamentos (existência digna) que sustentam a própria ordem econômica. Por conseguinte, é o núcleo essencial dos direitos fundamentais e vincula a atividade econômica do Estado. Ou seja, a ordem econômica é um meio para prover outros bens materiais porque as relações econômicas ou atividade econômica deverão estar direcionadas a assegurar às pessoas existência digna (GRAU, 1988, p. 49). Dessa forma, o desenvolvimento econômico é indissociável da promoção da existência digna, ou seja, do mais amplo desenvolvimento humano. Quanto aos valores sociais do trabalho e da livre iniciativa, sustentáculos do desenvolvimento econômico e fundamentos da República (Cf. 1, IV), a Constituição tornou-os subordinados à valorização do trabalho humano (art. 170, caput).[4]

---

[4] Razão assiste a Silva (2004, p. 62), quando afirma que a ordem econômica vincula o desenvolvimento das riquezas nacionais e dos bens de produção nacionais deve se compatibilizar com a qualidade de vida das pessoas.

Dessa forma, a despeito da ordem econômica consagrar a livre iniciativa como princípio norteador das relações do mercado, não desconsiderou, contudo, que a liberdade de mercado deve ser pautada pelo interesse da coletividade (MIRANDA, 2000, p. 518) e da valorização do trabalho em uma sociedade livre, justa e solidária, (art. 3.º, I) em que haja a erradicação da pobreza, da marginalização e a redução das desigualdades sociais e regionais (art. 3.º, III). Assim, o desenvolvimento humano pressupõe o rompimento do processo de subdesenvolvimento no qual a pessoa humana está imersa e aprisionada à pobreza, à marginalização e às desigualdades sociais e regionais, que provocam a exclusão da dignidade humana.

A Constituição brasileira de 1988 adotou um modelo de Estado intervencionista.[5] A leitura dos artigos 170 e 174 permitem uma exegese axiológica de cunho intervencionista. De acordo com o artigo 174, o Estado, "como agente normativo e regulador da atividade econômica, exercerá, na forma da lei, as funções de fiscalização, incentivo e planejamento, sendo este determinante para o setor público e indicativo para o setor privado". Porém, a interpretação do artigo 174 deve ser feita de acordo com a axiologia do artigo 170, em que os fundamentos da valorização do trabalho humano e da livre iniciativa têm por finalidade assegurar às pessoas existência digna, conforme os ditames da justiça social. Ademais, o modelo intervencionista tem o compromisso de garantir que a atividade econômica se submeta aos princípios da soberania nacional, propriedade privada, função social da propriedade, livre concorrência, defesa do meio ambiente, inclusive mediante tratamento diferenciado conforme o impacto ambiental dos produtos e serviços e de seus processos de elaboração e prestação, redução das desigualdades regionais e sociais, busca do pleno emprego e tratamento favorecido para as empresas brasileiras de capital nacional de pequeno porte constituídas sob as leis brasileiras e que

---

[5] No sentido amplo, o vocábulo "intervenções" designa, ao mesmo tempo, as medidas adotadas pelas pessoas públicas, em relação aos agentes econômicos privados, às empresas privadas (é o sentido estreito das palavras "intervenção", "intervencionismo") e, também, essa forma de intervenção é a responsabilidade sobre as atividades econômicas assumida pelas pessoas públicas, elas mesmas. Em outras palavras, a gestão do que se chama correntemente setor público industrial e comercial (empresas públicas). Somos, assim, conduzidos a distinguir o intervencionismo de direção e o intervencionismo de gestão (ou de exploração). A distinção desses dois tipos de intervenção pública, *lato sensu*, continua mais importante. (Cf. DEVOLVÉ, 1998, p. 19).

tenham sua sede e administração no país. Deve-se observar que a Constituição de 1988 *vincula, indissociavelmente*, o exercício da atividade econômica à realização do desenvolvimento humano. Porém, os fundamentos e princípios norteadores da ordem econômica não são um modelo formal, mas, ao revés, constituem-se em um sistema de normas materiais flexíveis e apropriados ao contexto socioeconômico, que segundo Di Plínio, deve ser interpretado de acordo com o princípio da igualdade substancial (1998, p. 125).

Para Linda Weiss, professora do Departamento de Governo e Relações Internacionais da Universidade de Sydney, é contestável o discurso que entende dever o Estado atuar à margem da economia e que a atuação pautada pela neutralidade estatal se deu para a atração de investimentos e que o melhor governo seria aquele de reduz impostos e o processo de regulação. Segundo Weiss, o primeiro paradoxo está no fato de que a desregulamentação prova a rerregulamentação, a exemplo dos casos de privatização que exige, por consequência, uma posição ativa estatal na área regulatória. Essa atuação regulatória importa no aumento e no envolvimento do Estado que cria novas agências. No que diz respeito à área de inovação e tecnologia, na Organização Mundial do Comércio (OMC), os países líderes criaram normas que lhes capacitam incrementar, por meio de políticas de subsídios à ciência e à tecnologia, a sua indústria nascente, mas reduziram essa mesma margem para os países em desenvolvimento. Ou seja, para Weiss, há políticas governamentais de intervenção muito direcionadas dos Estados Unidos, Europa e Japão perceptíveis nos setores de alta tecnologia, que inclui comunicação, informação, novos materiais e novas energias. Dessa forma, ocorre o que a autora denomina ativismo estatal. Na Ásia, por exemplo, há forte atuação do Estado no incremento da política industrial com amplo apoio da população. Nos Estados Unidos, a despeito de não haver consenso quanto ao ativismo estatal, percebem-se elevados investimentos no setor militar decorrentes da existência de um setor de encomendas públicas de inovações em nome da segurança nacional. Na China também, o Estado está presente no setor de *software* e utiliza o modelo econômico aprovado nos Estados Unidos denominado *Buy American*, significa que uma empresa americana tem que ter pelo menos 50% de capital americano. Por conseguinte, por meio do modelo *Buy American*, os chineses têm usado um modelo correlato à sua estratégia de compras governamentais com o objetivo de construir a sua própria indústria de alta tecnologia. Nesse aspecto, é importante ressaltar que, no Brasil, a Emenda Constitucional 6/1995 eliminou a distinção entre empresas de capital nacional e capital estrangeiro.

Outro dado relevante apontado por Weiss é que houve um crescimento do Estado de Bem-Estar Social. Segundo dados da Organização para a Cooperação e Desenvolvimento Econômico (OCDE), que reúne cerca de 30 países industrializados, os gastos aumentaram em média 26% para 40% do PIB entre os anos de 1965 e 2006. Na equação, o componente social foi majorado de 15% para 22% em 30 anos.

É relevante pontuar que o sistema financeiro nacional, que está por vontade da Constituição vinculado à ordem econômica, compromete-se com o desenvolvimento humano, conforme se depreende da inteligência do artigo 192 da Constituição Federal: o "sistema financeiro nacional, estruturado de forma a promover o desenvolvimento equilibrado do País e a servir aos interesses da coletividade, em todas as partes que o compõem, abrangendo as cooperativas de crédito, será regulado por leis complementares que disporão, inclusive, sobre a participação do capital estrangeiro nas instituições que o integram." Ou seja, o sistema financeiro não é compatível com uma política financeira exclusivamente especulativa, mas está compromissada os interesses da coletividade quanto à aplicação dos recursos financeiros arrecadados pelo Estado.

6. CONSIDERAÇÕES FINAIS

A separação entre desenvolvimento econômico e desenvolvimento humano parece estar superada. Não é possível sustentar, hodiernamente, a defesa de uma teoria econômica sem levar em consideração os índices de desenvolvimento humano e os impactos das tecnologias no meio ambiente. Nesse sentido, o Estado tem papel fundamental ao intervir no processo econômico para fomentar o desenvolvimento. Não é possível pensar a condução das políticas econômicas sem a participação estratégica do Estado a objetivar o estabelecimento de metas governamentais que promovam investimentos econômicos por meio de novas tecnologias que visam, na condição de objetivo final, ao oferecimento de bens e serviços para a sociedade. Paralelamente ao investimento econômico, devem ser criadas políticas públicas de desenvolvimento humano capazes de melhorar a qualidade de vida das pessoas e, principalmente, criar transferências de rendas para setores sociais excluídos para estes que possam adquirir não somente a capacidade econômica, mas também a autonomia individual e a dignidade pessoal. Ao desenvolvimento econômico também deve ser incorporado um amplo programa de desenvolvimento sustentável que concilie o emprego de novas tecnologias com a preservação da integridade do meio ambiente.

A economia global corresponde a uma ideologia que justifica a expansão ordenada de processos de produção e procura criar um modelo de produção de riquezas que não corresponde às necessidades dos países subdesenvolvidos ou emergentes, que ainda estão por consolidar tardiamente a industrialização ou a ampliação do mercado de novas tecnologias, o que poderia refrear o processo de dependência com os países desenvolvidos. Além dos desafios pertinentes à industrialização e às inovações tecnológicas, os países da periferia têm que enfrentar os enormes déficits sociais, uma vez que a geração de riquezas dos mercados internos não corresponde ao desenvolvimento humano, associado à plena realização da pessoa humana, e exige acesso aos bens individuais e coletivos integrantes do núcleo da dignidade da pessoa humana.

Referências

ALMEIDA, Josimar Ribeiro de. Desenvolvimento humano: conceito e mediação. In MARCIAL, Danielle; ROBERT, Cínthia; SÉGUIN, Elida. **Direito ao desenvolvimento**. Rio de Janeiro: Lumen Juris, 2000.

BARRAL, Welber. Direito e desenvolvimento: um modelo de análise. In: ______. **Direito e desenvolvimento**. Análise da ordem jurídica brasileira sob a ótica do desenvolvimento. São Paulo: Singular, 2005.

BENAYON, Adriano. **Globalização *versus* desenvolvimento**: o jogo das empresas transnacionais – ETNs – e a periferização por meio dos investimentos diretos estrangeiros – IDEs. Brasília: LGE, 1998.

CANOTILHO, José Joaquim Gomes. **Direito constitucional**. 3. ed. Coimbra: 1998.

__________. **Direito constitucional e teoria da constituição**. 3. ed. Coimbra: Almedina, 2005.

COMPARATO, Fábio Konder. **Ética**. São Paulo: Companhia das Letras, 2006.

DEVOLVÉ, Pierre. **Droit public de l'économie**. Paris: Dalloz, 1998.

DE MASI, Domenico. **Ócio criativo**. Rio de Janeiro: Sextante, 2000.

DI PLINIO, Giampiero. **Diritto pubblico dell'economia**. Milano: Giuffrè Editore, 1998.

FERREIRA, Gustavo Assed. Desenvolvimento sustentável. In: BARRAL, Welber. **Direito e desenvolvimento**. Análise da ordem jurídica brasileira sob a ótica do desenvolvimento. São Paulo: Singular, 2005.

GARRETÓN, Manuel Antônio et al. **América Latina no século XXI**. Trad. Ximena Simpson. Rio de Janeiro: FGV, 2007.

GRAU, Eros Roberto. **A ordem econômica na Constituição de 1988**. São Paulo: Malheiros, 1988.

HUALDE, Alejandro Pérez. Neoconstitucionalismo y servicios públicos. In: QUARESMA, Regina; OLIVEIRA, Maria Lúcia de Paula; OLIVEIRA, Farlei Martins Riccio de (org.). **Neoconstitucionalismo**. Rio de Janeiro: Forense, 2009.

ISRAEL, Jean-Jacques. **Manuel de droit des libertes fondamentales**. Paris: LGDJ, 1998.

MACPHERSON, C. B. **A democracia liberal**. Origens e evolução. Rio de Janeiro: Zahar 1977.

MIRANDA, Jorge. **Manual de direito constitucional**. Direitos fundamentais. 3. ed. Coimbra: 2000. t. IV.

MOREIRA NETO, Diogo de Figueiredo. **Quatro paradigmas do direito administrativo pós-moderno**: legitimidade: finalidade: eficiência: resultados. Belo Horizonte: Fórum, 2008.

PIOVESAN, Flávia. **Direitos humanos e o Direito constitucional internacional**. 4. ed. São Paulo: Max Limonad, 2000.

PIOVESAN, Flávia. Direitos humanos, globalização econômica e integração regional. In: GRAU, Eros Roberto; CUNHA, Sérgio Sérvulo da. **Estudos de direito constitucional em homenagem a José Afonso da Silva**. São Paulo: Malheiros, 2003.

RISTER, Carla Abrantkoski. **Direito ao desenvolvimento**. Antecedente, significados e consequências. Rio de Janeiro: Renovar, 2007.

SANTOS, Milton. **Por uma outra globalização**. 11. ed. Rio de Janeiro: Record, 2004.

SEN, Amartya. **Desenvolvimento como liberdade**. Trad. Laura Teixeira Motta. Rev. Téc. Ricardo Doninelli Mendes. 4. ed. São Paulo: Companhia das Letras, 2000.

SILVA, Guilherme Amorim Campos de. **Direito ao desenvolvimento**. São Paulo: Método, 2004.

TEIXEIRA, José Horácio Meirelles. **Curso de direito constitucional**. Texto revisto e atualizado por Maria Garcia. Rio de Janeiro: Forense Universitária, 1991.

VEIGA, José Eli da. **Desenvolvimento sustentável e o desafio do século XXI**. Rio de Janeiro: Garamond, 2008.

OS DILEMAS DA PRODUÇÃO DO CONHECIMENTO NO BRASIL: PROGRESSIMO, INOVAÇÃO, PROPRIEDADE INTELECTUAL E PATENTES

Francisco Cardozo Oliveira(*)
Mariana Mendes Cardoso Oikawa(**)

1. INTRODUÇÃO

A produção do conhecimento e a instituição das universidades são dois componentes indissociáveis do processo de evolução social. Logo, não é possível tratar a pesquisa científica e a produção de conhecimento separadas

(*) Estágio pós-doutoral na Universidade Federal de Santa Catarina (2015), Doutorado em Direito pela Universidade Federal do Paraná (2001), mestrado em Direito pela Universidade Federal do Paraná (1998) graduação em Direito pela Faculdade de Direito de Curitiba (1989), especialização em administração financeira pela Faculdade Católica de Administração e Economia (1984) e graduação em Ciências Contábeis pela Universidade Federal do Paraná (1982). Juiz de Direito no Tribunal de Justiça do Estado do Paraná e Professor Titular de Direito Civil no Centro Universitário Curitiba e na Escola da Magistratura do Paraná. Tem experiência na área de Direito, com ênfase em Direito Civil, Direito Processual Civil e Teoria Geral do Direito. Pesquisa nos seguintes temas: hermenêutica, direito empresarial, contratos, direito de propriedade, posse, direito processual civil e prova. E-mail: xikocardozo@msn.com

(**) Graduada em Direito pela Universidade Federal do Paraná (UFPR) com habilitação em Direito do Estado. Especialista em Direito Público pela Escola da Magistratura Federal (ESMAFE). Mestre em Direito Empresarial e Cidadania pelo Centro Universitário Curitiba (UNICURITIBA). Professora das disciplinas de Mediação e Arbitragem, Processo Civil e Direito Internacional Privado dos cursos de graduação em Direito e em Relações Internacionais do Centro Universitário Curitiba (UNICURITIBA). Professora responsável pelo Núcleo de Prática de Mediação do Centro Universitário Curitiba (UNICURITIBA). Professora de diversos cursos de especialização na área do Direito e da Administração de Empresas. Mediadora voluntária das Varas de Família do Tribunal de Justiça do Paraná (TJPR). Árbitra e Mediadora credenciada do Ministério da Cultura. Advogada com atuação na área do Direito Civil e do Direito do Consumidor. E-mail: mariana.oikawa@gmail.com

do contexto social e econômico. Com a modernidade, aprofundou-se o caráter econômico e instrumental do conhecimento. A conexão entre conhecimento e utilidade econômica se torna mais estreita no momento em que a ciência assume a tarefa de produzir inovação e assegurar ganhos. Para compreender o alcance da relação entre produção de conhecimento, pesquisa universitária e inovação, na atualidade, é necessário situar o modo como, ao longo do tempo, essa relação se alterou de acordo com as mudanças na vida social e econômica.

Nesse percurso, o ponto de partida e de irradiação de efeitos para a reflexão pode ser situado na investigação do modo como os ideais da produção científica, pelo menos desde a modernidade, transitaram desde a inspiração no progresso, passando pela ideia de desenvolvimento até o momento em que confrontados com as exigências de pesquisa tecnológica, voltada à inovação e à produção de bens e serviços.

Associar-se a produção do conhecimento ao progresso, ao desenvolvimento e à produção de tecnologia ajuda a situar a tarefa da universidade no contexto da realidade brasileira, de economia dependente e periférica e, a partir daí, a compreender o alcance que pode ter, em termos de melhoria de condições sociais e econômicas, a preocupação com uma pesquisa voltada à inovação e ao aumento de pedidos de patenteamento.

A inserção do Brasil no processo de globalização econômica, apoiada em fluxos financeiros, pode ser determinante para uma associação entre produção científica nas universidades voltada à inovação nos mercados, na medida em que sejam considerados as necessidades de investimento em pesquisa, o encarecimento da educação e a redução da capacidade financeira do Estado, em decorrência das políticas neoliberais, de arcar com os custos do sistema universitário.

O desafio é verificar até que ponto a regulação jurídica da produção científica no Brasil pode contribuir para que o conhecimento mantenha aberta a promessa de promoção da pessoa nos termos da Constituição de 1988.

2. OS IDEAIS DA PRODUÇÃO CIENTÍFICA: PROGRESSO, DESENVOLVIMENTO E TECNOLOGIA

O surgimento das universidades na Europa a partir do século 12, em especial com a fundação da Universidade de Bolonha, pode ser adotado como marco para tratar da relação entre universidade e ciência pois permite fixar o momento em que se estabelece um contraponto específico no modo produção do conhecimento; de um lado, a tarefa de transmissão do conhecimento reservado às universidades e, de outro, o debate sobre novas ideias fora do sistema universitário. Burke (2003, p. 51-53) assinala que o Renascimento e a Revolução Científica acentuaram a oposição entre um saber convencional, praticado nas universidades, e um movimento pela inovação que se espalhou por academias na Europa. O Iluminismo no século 17, de acordo com o autor, marca a inflexão no fomento de instituições de pesquisa; houve incentivo ao ensino técnico e a criação de academias de ciências. O que se observa, segundo ele, é a consolidação de um processo de ciclos de inovação e rotinização, desde que as universidades substituíram os mosteiros como centros de saber: os grupos criativos, marginais e informais de um período se tornam as organizações formais, dominantes e conservadoras da próxima geração; para o indivíduo marginal é mais fácil produzir novas ideias brilhantes, mas, para colocá-las em prática, é preciso fundar instituições. A dialética implicada nesse processo fornece a chave para pensar a correlação entre produção do conhecimento nas universidades, inovação, progresso, desenvolvimento e tecnologia e, na sequência, para estabelecer o sentido e o papel da inovação no contexto da produção atual de conhecimento no Brasil, e o modo como a questão produz reflexos no campo normativo.

A inovação se torna determinante na modernidade para o desenvolvimento da tecnologia, ao mesmo tempo em que revela o poder econômico e político do conhecimento; o avanço econômico pressupõe a produção de conhecimento científico e, principalmente, de inovação. Goergen (1998, p. 58) afirma que, em razão das exigências econômicas, o pensamento científico relevante se traduzia em um sentido prático. O conhecimento passa a ser instrumentalizado pela técnica para a elaboração de produtos e mercadorias integrados ao processo de trocas nos mercados. O progresso e a invenção constituem o pressuposto para o aperfeiçoamento pessoal e social. Adam Smith coloca a liberdade como principal elemento para o progresso da sociedade; Marx estuda a dinâmica dos sistemas econômicos na história. A produção de conhecimento e inovação constitui a força motriz da história e ganha sentido econômico com a consequente alteração do papel da universidade.

A importância do conhecimento científico no mundo moderno resulta da mudança de paradigmas que ocorre na forma de compreensão do homem e do mundo. Segundo Wallerstein (2004, p. 123-129), a secularização representou o traço marcante do sistema-mundo moderno, que se expressa no processo de mudança dos fundamentos do conhecimento em dois movimentos: o da rejeição da teologia como modo de conhecimento exclusivo e dominante, que acaba substituída pela filosofia; e o do domínio da ciência sobre a filosofia, por força da prevalência do estudo da realidade empírica e da busca da verdade – racionalismo e empirismo – em detrimento da preocupação com o bem e a moral.

Tornou-se necessário, portanto, superar os fundamentos teológicos na explicação do homem e do mundo para que o conhecimento pudesse assumir a tarefa de garantir o progresso do homem e da sociedade. Em função dessas circunstâncias, introduziu-se nas universidades uma nova metodologia de ensino voltada à valorização da ciência. De acordo com Nisbet (1980, p. 142), abandona-se o estudo da teologia e se incorpora o estudo da ciência pela observação direta e pela experimentação; opera-se a redução do estudo das humanidades, com o respectivo aumento de disciplinas como matemática, química e geografia; cursos profissionais ocupam o lugar do estudo de línguas e literatura. A ciência passa a constituir o paradigma de construção da socialidade. A sistematização do estudo científico nas universidades permitiu o domínio da técnica e a manipulação da natureza; a organização da economia, do Estado e da vida social incorporou modelos e metodologia propostos pela ciência. Na medida em que a ciência fornecia os fundamentos para a organização da sociedade, ela também se tornava depositária dos anseios pela busca de melhores condições de vida; o progresso passou a depender da expansão do conhecimento capaz de promover inovação, manter a acumulação de capital e fornecer meios para o exercício do poder e para a organização da vida social.

A partir desses pressupostos, consolidou-se na modernidade a relação entre ciência, inovação e progresso. O impulso objetivo do mundo para o progresso e, consequentemente, para o futuro, não apenas no plano econômico, mas também no plano social e político, dependerá, doravante, dos avanços no conhecimento e na inovação.

O progresso apoiado pelo avanço do conhecimento científico e da inovação traduzia a perspectiva de futuro da sociedade moderna. Em torno da relação entre ciência, inovação e progresso surgiu um objetivo claro: o de que a produção de conhecimento não tem um fim apenas contemplativo; compete à ciência tornar possível o avanço das condições materiais de vida em sociedade. O conhecimento científico assume um nítido caráter instrumental, que é o de mudar as condições de vida na realidade social. Daí o sentido político e social da relação entre ciência, inovação e progresso.

A ênfase à inovação também acirra disputas sobre a titularidade e as possibilidades de mercantilização do conhecimento. A produção de conhecimento faz emergir os interesses em torno dos direitos de propriedade ao mesmo tempo em que, conforma assinala Burke (2003, p. 139-158), a invenção da prensa tipográfica incentiva a publicação do conhecimento produzido, mediante a comercialização de livros, jornais e revistas. Os direitos de propriedade intelectual se tornam relevantes a partir do momento em que a produção do conhecimento assume uma feição individualista e ela mesma toma a forma mercadoria.

Do ponto de vista político, conforme enfatiza Furtado, em torno da ideia de progresso resolveram-se os problemas de representatividade, incentivou-se a utilização de recursos para a educação das pessoas e, principalmente, articularam-se interesses para a acumulação de riqueza necessária para superar antagonismos e propiciar bem-estar. Sobre o sentido social, econômico e político da ideia de progresso, Furtado assinala que,

> ora, a ideia de progresso permitiria traduzir a nova visão do mundo em termos de solidariedade social, de forma a contrabalançar os efeitos das forças desestabilizadoras. Como não compreender que somente na acumulação poderia ser encontrada solução permanente para os problemas da grande massa da população? Toda a tentativa de satisfazer as reivindicações das massas sem passar por uma intensa acumulação estaria necessariamente condenada a malogro: implicaria desarticulação do sistema econômico, baixa produtividade, desemprego. Acumular interessava, evidentemente, aos grupos que tutelavam a estrutura de poder, mas nem por isso deixava de ser fundamental para todos os grupos sociais que aspiravam aos frutos do progresso. (2008, p. 101).

A ideia de progresso, portanto, aglutinou interesses antagônicos na sociedade moderna porque continha uma promessa inclusiva pelo acesso à tecnologia e a melhores condições de vida para todos. A conjugação entre ciência, inovação e progresso esteve confrontada com um horizonte de geração de benefícios propiciados pela tecnologia que precisava ter efeitos amplos e que, de algum modo, atingisse todas as pessoas. É desse modo que a produção de conhecimento pode, ao mesmo tempo, dar suporte à acumulação de riqueza e a um projeto de inclusão social.

É necessário enfatizar que o processo de industrialização, no século 19, apoiado na produção científica e na inovação, teve de confrontar revoltas populares mediante a mitificação do inventor heroico, da invenção individual, que, como acentua Jarrige (2009, p. 106), permitiu dissimular a complexidade do processo inventivo e as falhas nos estágios de inovação.

O contexto social e econômico do mundo moderno, portanto, impôs a regulação normativa dos direitos de propriedade intelectual, uma vez que a inovação assumia feição individualista, atrelada ao domínio da técnica, sem relação direta com o conhecimento produzido nas instituições universitárias. Nesse sentido, o progresso esteve associado a um esforço individual e não institucional em torno do conhecimento e da inovação.

Conforme adverte Nisbet (1980, p. 338-341), a ideia de progresso passa a ser atacada no decorrer do século 20, ao mesmo tempo em que se reduziu a fé no papel civilizatório do ocidente, somada às desilusões com os efeitos do crescimento econômico; o sistema econômico, diz ele, passou a se apoiar apenas no dinheiro, que tem o poder de atomizar o indivíduo e estimular a retração dos relacionamentos e das obrigações. É nesse cenário que se estreita a relação direta entre inovação e tecnologia voltada para a produção de bens e serviços mercantis.

Assim, à medida que a inovação passou a ser concebida como fundamento indispensável o incremento de mercadorias, o papel da produção de conhecimento nas universidades associou-se ao nível de evolução de pedidos de patentes. A busca por inovação consolidou-se em torno das instituições universitárias, cada vez mais necessitadas de aportes de recursos para a produção de conhecimento voltado para a geração de produtos e serviços mercantis. A dialética implicada na relação entre conhecimento institucional e criatividade marginal e informal evoluiu para outro padrão de institucionalização sistêmica, que envolve financiamento à pesquisa, produção científica universitária e atividade empresarial em relação de complementaridade funcional, acabando por acirrar conflitos em torno de patenteamentos e de direitos de propriedade intelectual, notadamente no atual contexto de tecnologia digital e de informação, que continuam a ser regulados em perspectiva individualista. A figura do inventor heroico e romântico substituiu-se pela dos ídolos capazes de transformar inovação em empresas milionárias.

A partir desse quadro, pode-se pensar o modo de inserção da produção de conhecimento no Brasil, na atualidade da economia globalizada, mediante o acúmulo de patentes, que caracteriza a dinâmica das tecnologias informático-comunicativas.

3. O PAPEL DA INOVAÇÃO NA UNIVERSIDADE BRASILEIRA EM MEIO À GUERRA DAS PATENTES

No Brasil, a conjugação entre ciência, inovação e progresso precisou confrontar as especificidades de uma economia retardatária e dependente. Ao mesmo tempo em que se tornava necessário, no século 20, incorporar demandas típicas do mundo moderno, fazia-se urgente superar obstáculos decorrentes do atraso social e econômico, que exigia uma perspectiva diferenciada de compreensão da dinâmica do progresso. Impunha-se incorporar os paradigmas do progresso, na medida em que eles traduzissem um ideal de futuro promissor; todavia, as assimetrias sociais e econômicas, típicas da realidade brasileira, restringiam as possibilidades de articulação de interesses necessários à viabilização da produção de riqueza, nos moldes do que já se consolidara em países economicamente mais adiantados. A modernidade no Brasil consistiu, a bem da verdade, no esforço de adaptação à realidade local dos cânones já consolidados em outros lugares, de tal modo que a inovação e a tecnologia tiveram reduzidos os efeitos sobre o conjunto da sociedade. Enquanto a inovação e a tecnologia permitiram consolidar a industrialização e dar solidez à ideia de progresso inclusivo no mundo moderno, no Brasil, o arranjo entre tecnologia e a ideia de desenvolvimento serviu para aprofundar o perfil de dependência econômica e, consequentemente, manter a exclusão de parcelas significativas da população do acesso a melhores condições de vida.

Segundo Furtado (2008, p. 103-110), a ideia de desenvolvimento requer um rápido transplante de técnicas industriais de modo a intensificar a acumulação de capital, que acaba implantado mediante pactos entre grupos nacionais e internacionais, numa visão estreitamente economicista, que não leva em conta as aspirações e os conflitos do conjunto da sociedade.

O transplante acelerado de técnicas que a ideia de desenvolvimento reclama reduz o espaço da inovação que, assim como a natureza do próprio avanço econômico, engendra um aprofundamento da dependência de perfil tecnológico. Nesse contexto, no Brasil, antes de se preocupar com a inovação tipicamente voltada para fins mercantis, a universidade precisou produzir conhecimento necessário à solução dos graves problemas sociais. Em um primeiro momento, portanto, não houve compromisso direto com a inovação por parte da universidade brasileira, já que o desenvolvimento econômico se apoiava na premissa de importação de tecnologia ou na complementação de processos tecnológicos já consolidados em outros países. Não quer dizer que não houve produção de inovação na universidade brasileira; a inovação produzida pela universidade no Brasil não se revelou capaz de alterar as assimetrias sociais e econômicas. Onde a inovação se mostrou relevante, ela acabou intensificando processos de acumulação de capital sem potencial de inclusão social, embora necessários à consolidação do agronegócio e de mercados oligopolizados.

No Brasil, a figura do inventor marginal e criativo, em um ambiente social de pouca escolarização, não chegou a representar contraponto significativo ao conhecimento formal produzido pelas universidades que, nesse sentido, não se viram questionadas na preservação dos cânones, facilitando a adesão a uma produção de tecnologia complementar e dependente, necessária à ampliação do processo de transplante acelerado de técnicas exigido pela ideia de desenvolvimento.

Sob o signo da dependência tecnológica, a regulação dos direitos de propriedade intelectual no Brasil preocupou-se mais com a preservação de titularidades proprietárias do que propriamente com o incentivo à inovação ligada à produção do conhecimento pelas universidades. A legislação voltada especificamente à inovação é recente; trata-se da Lei n.º 10973/2004; embora, como lembra Chaves (1985, p. 13), em relação ao trabalho de professores e alunos nas universidades, a Lei n.º 11 de 1827 já disciplinasse no art. 7.º uma forma rudimentar de publicação do conhecimento produzido. A fé no desenvolvimento, todavia, conforme anota Silveira (1990, p. 150), em face da necessidade de promoção da indústria brasileira, depois de 1945, fez surgir o Código de Propriedade Intelectual (Dec. 7903), seguido de três outros Códigos, até a edição da Lei n.º 5772/1971 que, segundo ele, teve como tônica assegurar a autossuficiência do Brasil em tecnologia; com esse objetivo, foram reduzidos os prazos de vigência de patentes, a exigência de exploração efetiva, sob pena de caducidade por falta de uso, tornou-se mais rígida chegando-se, inclusive, a ampliar a proibição da concessão de patentes de produtos farmacêuticos e alimentícios para atingir processos de fabricação. A preocupação com o desenvolvimento econômico conduziu o Brasil a aderir ao sistema internacional de patentes no momento em que o objetivo era o de fortalecer empresas e reservas de mercado; de acordo com Carvalho (1998, p. 289), o sistema de patentes servia ao fortalecimento das empresas e não aos interesses dos países em desenvolvimento. Como se verifica, a proteção dos direitos de propriedade intelectual no Brasil, ao longo do século 20, pelo menos até a edição da Constituição de 1988, teve como objetivo assegurar o desenvolvimento numa perspectiva empresarial de produção de tecnologia, sem preocupação mais acentuada com o papel da universidade na produção de conhecimento.

No atual contexto das tecnologias informático-comunicativas, a preocupação das universidades com a inovação se volta à inserção institucional na produção de bens e produtos; ou seja, está em curso a regulação da inter-relação entre a produção do conhecimento na universidade e o uso empresarial do conhecimento produzido; essa perspectiva, uma vez confrontada com a dinâmica de inserção globalizada da economia brasileira, indica um rebaixamento de horizontes que sequer pode ser enquadrado no economicismo restrito da ideia de desenvolvimento. Trata-se de um arranjo que permite às universidades e seus cientistas participarem dos lucros decorrentes dos processos de patenteamento voltados para os mercados e, ao mesmo tempo, alavancar a lucratividade do conhecimento produzido. A produção do conhecimento, portanto, assume a forma da empresarialidade característica da economia neoliberal e pós-moderna, que pode acentuar a exclusão e os conflitos sociais. O discurso em torno dessa aproximação entre universidade e empresa é o de que ela fomenta o aumento da produção de patentes, necessário ao acúmulo de riqueza e ao bem-estar social.

É preciso verificar até que ponto a captura do conhecimento produzido pela atividade empresarial é capaz de disseminar benefícios sociais.

Observado o que ocorreu na Coreia do Sul e na Espanha, desde a década de 1980, em que a produção de patentes era similar a do Brasil, o salto desses dois países, tomando-se por base 2008, tornou-se possível depois do aumento de investimentos em educação ao longo de mais de 20 anos.[1] É duvidoso, portanto, que a regulação normativa de processos de inovação seja capaz de alterar os indicadores de patenteamento do país, sem que antes tenha ocorrido massivos investimentos na área de educação. É necessário ter em conta ainda a advertência de Carvalho (1982, p. 328), feita nos anos 1980,

[1] A Coreia passou de 33 pedidos de registro de patentes em 1980 para 25.507 em 2008; a Espanha, de 142 em 1980 para 1294, em 2008; o Brasil evoluiu de 53 pedidos em 1980 para 499 em 2008 (Fonte: United States Patent and Trademark Office, 2010).

de que justificar o sistema de patentes apenas pelo resultado pode falsear o problema, em especial na realidade brasileira de país em desenvolvimento, em que historicamente são poucos os pedidos de registros de patentes.

De todo modo, na atual realidade econômica, a universidade brasileira está confrontada com a necessidade de produzir conhecimento e inovação que possa ser capturado pelo modo de produção de mercadorias e serviços; em outros termos, trata-se de produzir tecnociência. Sobre a dinâmica socioeconômica da tecnociência, Santos afirma que

> a fusão entre racionalidade tecnocientífica e econômica, ocorrida nas últimas três décadas, alterou os parâmetros de investimentos do capital, que deixou de ter por base o seu retorno e passou a investir na dinâmica de permanentes inovações. Esse fenômeno ocasionou uma corrida tecnológica que penetrou tanto na vida, com a biotecnologia, como no mercado, por meio do biomercado, transformando a vida em mercadoria e o mercado em apropriação antecipada do futuro. Além disso, devido ao potencial de valorização e da acelerada substituição dos materiais, essa fusão tornou-se rapidamente um dos principais instrumentos de reprodução do capital e, por isso mesmo, um dos mais fortes centros de decisões políticas e jurídicas na sociedade globalizada. (2004, p. 108).

Na economia neoliberal, a produção de conhecimento e de inovação continua a ser determinante na dinâmica de acumulação de capital. Contudo, na atual fase da economia capitalista, a tecnologia digital introduziu alterações nos processos de produção. Marazzi (2009, p. 90-101) afirma que, na economia da informação, cujo pressuposto é a aplicação de tecnologias informáticas, muda a concepção de valor que, para além da satisfação de necessidades pelo consumo de bens, passa a depender da integração empresarial de atividades, mediante recursos informático-comunicacionais, que possam potencializar a acumulação de capital; mais do que o trabalho individual, assume importância a captura de ideias, sistemas de informação e processos pelos modelos de propriedade intelectual voltados à satisfação do mercado e do aumento da taxa de lucros; ele assinala ainda que a aplicação de tecnologias informáticas muda a relação entre investimento e emprego, na medida em que o objetivo é produzir crescimento econômico sem, necessariamente, aumentar postos de ocupação pelo trabalho.

Os novos modelos de produção exigem interação e atuação em rede, o que justificaria a complementação entre o conhecimento produzido pela universidade e a inovação que geram produtos e serviços no mercado.

Não resta dúvida de que o incremento de tecnologia no atual contexto da economia do conhecimento e da informação se revela fundamental para a situação do Brasil, de modo a evitar uma nova forma de dependência. O que resulta problemático, todavia, é a associação entre a produção de conhecimento nas universidades e o aumento de pedidos de patentes, considerada a realidade da economia brasileira e sua inserção no mundo globalizado, na medida em que possa contribuir para aprofundar o processo de dependência.

Essa questão pode ser melhor compreendida analisando-se os percalços do avanço da tecnologia digital, nos últimos tempos, e a chamada guerra de patentes.

Os dispositivos do sistema de patentes têm servido para propiciar o aumento de lucros por meio da formação de monopólios, embora formalmente comprometidos com a inovação, como ocorre, por exemplo, em certos setores da indústria farmacêutica. Na área farmacêutica, a pesquisa acaba concentrada em produtos patenteáveis sem que eles necessariamente estejam comprometidos com o avanço no tratamento de doenças. No desenvolvimento de *software*, Tigre e Marques (2009, p. 558) sustentam que um regime de baixa apropriabilidade tecnológica é mais favorável à inovação do que o acúmulo de patentes. O acesso à tecnologia digital e à engenharia genômica, por outro lado, exige determinar a extensão e os limites de apropriabilidade, principalmente no momento em que a tecnociência mercantiliza descobertas genéticas e de criação de OGMs (organismos geneticamente modificados); nesse contexto, conforme assinala Santos (2008, p. 45-63), rompe-se o conceito de humano na direção do pós-humano, com novas possibilidades de potencialização de riscos, inclusive em termos de patenteamento (OLIVEIRA, 2009, p. 295).

Na área de tecnologia informático-comunicativa, a guerra das patentes mostra-se em desacordo com a perpectiva de inovação. Nesse setor, segundo Baker,

> não é incomum que as patentes sejam usadas principalmente para alimentar caras batalhas jurídicas, sem que no entanto se trate de uma questão de inovação, mas simplesmente de obter uma arma legal para derrotar os rivais. Assim, o Google recentemente comprou a Motorola Mobility por US$ 12,5 bilhões para se apossar de suas muitas patentes. Se formos dar crédito à imprensa especializada, o gigante da internet só estaria interessado nesse tesouro na medida em que ele lhe serviria em julgamentos contra os concorrentes (2012, p. 29).

As situações referidas evidenciam que a aquisição de patentes, nesse contexto de mercado, não tem o propósito de sustentar processos de inovação tecnológica; o objetivo pode ser apenas o de impedir ou retardar a entrada de produtos concorrentes nos mercados utilizando para esse fim medidas judiciais. Os especialistas na área de tecnologia afirmam que os esforços do Google para adquirir patentes de outras empresas derivam da perspectiva de que o direito de patentes constitui a única forma legalizada de constituir um monopólio e, consequentemente, impedir o acesso à tecnologia por parte de concorrentes (FUSCO, 2011, p. B4).

No Brasil, a guerra de patentes tem envolvido disputas judiciais em torno de pedidos de prorrogação de prazos de uso de patentes e direitos sobre substâncias não patenteadas no mercado de medicamentos; as empresas tentam impedir, com ações judiciais, a comercialização de remédios genéricos e assegurar ganhos no mercado (MATOS, 2001, p. B11). Ou seja, a manutenção de direitos patentários atua na direção oposta a do acesso a medicamentos de baixo custo, por parte das pessoas de menor renda.

As práticas de mercado mostram que a aquisição de patentes, na atualidade, nem sempre estão diretamente voltada à inovação; em muitas situações de mercado não é a inovação que está em pauta, mas a aquisição ou a manutenção de patentes como espécie de ativo para assegurar a exploração comercial de produtos ou mesmo posições de monopólio.

O acúmulo de patentes com o propósito de assegurar mercados pode representar uma limitação objetiva ao propósito de produção de conhecimento das universidades brasileiras voltado à inovação, sem contar o investimento indireto de recursos públicos que pode não resultar em benefícios para o conjunto da sociedade, embora possa assegurar, ainda que temporariamente, ganhos e manutenção de mercados.

Mostra-se relevante, portanto, situar os marcos regulatórios da inovação no campo jurídico, capazes de manter o compromisso finalístico da inovação e da criatividade com o bem-estar social, no confronto com as formas de captura de direitos patentários mediante o empresariamento da atividade de pesquisa e de produção de conhecimento pelas universidades.

4. OS HORIZONTES NORMATIVOS DA INOVAÇÃO E DOS DIREITOS DE PROPRIEDADE INTELECTUAL NO BRASIL

A Constituição brasileira de 1988 vinculou a política de produção científica ao bem público e à pesquisa tecnológica ao desenvolvimento do sistema produtivo nacional (§§ 1.º e 2.º do art. 218).

Sobre essa questão, Bercovici sustenta que o grande desafio de uma política de desenvolvimento científico e tecnológico é enfrentar o monopólio das tecnologias de empresas multinacionais; sobre essa questão ele afirma que,

> a preocupação da política de desenvolvimento científico e tecnológico com o setor produtivo visa reorientar a produção no sentido de afastá-la dos padrões imitativos de consumo dos países centrais, o que favorece exclusivamente a parcela da elite de alta renda e exige constante importação de tecnologia. O objetivo de uma política de desenvolvimento científico e tecnológico também é reduzir a necessidade de tecnologia importada e fortalecer as atividades cientifico-tecnológicas nacionais. A coordenação destes esforços de expansão e reorientação das atividades científicas pode favorecer a transformação do setor produtivo nacional e melhorar a capacidade do país em importar e assimilar adequadamente a tecnologia estrangeira. (2012, p. 289).

O ordenamento jurídico, de acordo com Bercovici, não pode deixar de reconhecer na atividade empresarial e na concorrência os elementos essenciais no processo de inovação, que exige alocação intensiva de recursos materiais e humanos. Nesse sentido, a regulação jurídica da inovação, no texto da Constituição, dependeria de dois fatores: uma política de desenvolvimento científico e tecnológico por parte do Estado, e o incentivo à inovação no âmbito da atividade empresarial. Competiria ao Estado investir no desenvolvimento da ciência e da tecnologia enquanto o investimento em inovação estaria a cargo das empresas.

Para melhor situar a compreensão da regulação jurídica da inovação, à luz do texto da Constituição brasileira de 1988, é necessário antes verificar, do ponto de vista econômico, o modo de configuração econômica dos processos de inovação. Nessa perspectiva, para o que aqui interessa, podem ser confrontadas duas concepções: a visão de Schumpeter e a de Marx.

O processo de inovação, para Schumpeter (1997, p. 76-77), é típico da atividade empresarial e da concorrência nos mercados; a dinâmica dos processos de inovação exigiria a combinação de materiais e forças de que resultariam a introdução de bens nos mercados, a abertura de novos mercados e a conquista de posição de monopólio, ou a fragmentação de posições de monopólios. Segundo Possas (2006, p. 69), na tradição do pensamento shumpeteriano, firmou-se o entendimento de que o processo de inovação depende de três fatores: apropriabilidade, cumulatividade e oportunidades tecnológicas. A apropriabilidade da inovação tecnológica está ligada à possibilidade de ganhos extraordinários, com a possível constituição de monopólios temporários; maiores oportunidades de inovação conduziriam ao acúmulo do poder de inovar; a cumulatividade, portanto, diz respeito à possibilidade de, mediante inovações em cadeira, aumentar os ganhos no mercado; a acumulação do poder de inovar aumentaria as oportunidades de geração de novos produtos e bens. A competição nos mercados, desse modo, seria a fórmula ideal para alavancar processos de inovação. Todavia, conforme adverte a autora, a dinâmica dos processos de inovação pode romper ou aprofundar assimetrias no mercado, de tal forma que a concorrência não observa apenas um componente econômico derivado da inovação.

Na perspectiva do pensamento de Marx, a dinâmica de inovação decorreria do processo de valorização do capital, uma vez considerado que, para manter as taxas de lucro, não basta a transformação do trabalho necessário em mais-trabalho: "tem de revolucionar as condições técnicas e sociais do processo de trabalho, portanto o próprio modo de produção, a fim de aumentar a força produtiva do trabalho, mediante o aumento da força produtiva do trabalho reduzir o valor da força de trabalho, e assim encurtar parte da jornada de trabalho necessária para a reprodução deste valor." (1983, p. 250-251). Como afirma Cipolla (2006, p. 38), a busca pela inovação se apresenta como uma necessidade intrínseca do processo de valorização do capital de aumentar a mais-valia extraordinária; desse modo, diz ele, a gênese da inovação não pode ser pensada a partir da concorrência, mas da tendência de valorização do capital a partir da exploração do trabalho.

Ainda sobre o processo de inovação, pode ser mencionada uma terceira perspectiva denominada institucionalista que, a partir do pensamento de Thorstein Veblen, coloca ênfase no papel das instituições na dinâmica de incremento tecnológico, influenciada por vários fatores cuja evolução, segundo Pessali e Fernandez, é marcada por conflitos em torno dos interesses em jogo (2006, p. 96). Essa perspectiva ajuda a explicar o papel institucional da universidade na produção do conhecimento.

A regulação jurídica da inovação, portanto, pode contemplar um fundamento baseado na concorrência, que coloca ênfase na atividade empresarial; um fundamento baseado no processo de valorização do capital, que ressalta o papel do trabalho na produção de riqueza; e ainda um fundamento institucionalista, que enfatiza o papel das instituições envolvidas na dinâmica de evolução tecnológica na realidade social.

No texto do art. 218 da Constituição de 1988, há uma distinção importante; enquanto a pesquisa científica deve ter por escopo o bem público, a pesquisa tecnológica deve estar voltada ao desenvolvimento produtivo nacional e regional. A pesquisa científica tem objetivo mais amplo, guiado ao atendimento de interesses sociais, ao passo que a pesquisa tecnológica ganha um sentido econômico mais estrito.

Considerada essa distinção, na medida em que a inovação se volta à produção de bens e serviços no mercado, ela se insere no contexto da promoção de pesquisa tecnológica. Daí o sentido do incentivo à pesquisa inserida na atividade empresarial, na medida em que estaria em melhores condições de obter resultados capazes de maximizar ganhos em curto período de tempo.

Na perspectiva do que consta da Constituição, a associação estreita entre produção de conhecimento pelas universidades brasileiras e a geração de inovação, no objetivo de gerar bens e produtos, pode comprometer o atendimento dos interesses sociais envolvidos na produção científica, na medida em que deixar de ser levado em conta uma perspectiva de desenvolvimento econômico e se voltar ao simples incremento de ganhos nos mercados mediante o acúmulo de patentes.

O marco regulatório da pesquisa tecnológica e da inovação que envolva instituições universitárias não pode negligenciar o caráter social da pesquisa científica sob pena de comprometer o alcance do sentido das regras da Constituição de 1988. Não seria o caso de subordinar a pesquisa científica à produção de inovação, a menos que o caráter produtivo da pesquisa tecnológica, nos termos do § 2.º do art. 218 da Constituição, tenha como relevante o valor do trabalho, uma vez compreendido, como assinala Türcke (2010, p. 222), que o processo de valorização envolve a trama de relações sociais que configura a economia capitalista e que, desse modo, a dinâmica de inovação não pode ser justificada apenas em termos de concorrência entre empresas inovadoras no mercado.

Embora o papel da universidade seja determinante na produção de conhecimento, o estreitamento da relação entre a pesquisa científica e a inovação voltada à obtenção de patentes acaba negligenciando toda a complexidade do sistema atual de patenteamento e os conflitos que ele produz, e o contexto da atual configuração do sistema educacional confrontado com a necessidade de manter os paradigmas das ciências de assegurar a difusão da cultura, em meio ao rebaixamento de horizontes provocada pela concentração dos meios de informação. A pesquisa científica nas universidades, portanto, não pode se restringir a produzir inovação para o mercado.

O risco de a pesquisa nas universidades brasileiras se reduzir à busca de tecnologia geradora de inovação para produtos nos mercados, numa espécie de empresarialidade da ciência, torna-se mais problemático na medida em que o contexto da economia neoliberal tenta diversificar as fontes de financiamento do sistema educiacional, inclusive mediante o incentivo ao aumento de taxas cobradas de estudantes, como ocorre nos Estados Unidos (NEWFILED, 2008, p. 94), em um ambiente em que prepondera o imperativo de rentabilidade e um sentido utilitário do conhecimento sem sentido crítico (BRUNO, 2010, p. 46).

A regulação jurídica da inovação, desse modo, precisa preservar o sentido humanista da pesquisa científica, que ganha relevo quando considerado o valor do trabalho como constituinte da socialidade e da evolução social.

5. CONSIDERAÇÕES FINAIS

A dialética implicada na correlação entre produção de conhecimento nas universidades e processos de inovação, no contexto da economia moderna e pós-moderna, permite compreender a redução dos objetivos da pesquisa científica, desde uma preocupação com o progresso e a inclusão até se voltar à empresarialidade da tecnociência, capaz de manter taxas de lucros ao mesmo tempo em que reproduz a exclusão.

As práticas de mercado mostram que o simples acúmulo de pedidos de patentes, sem que antes ocorra a melhoria do sistema educacional, pode não ser suficiente para conduzir a novos patamares de desenvolvimento social; em alguns casos, a busca por patentes pode atuar para reduzir as chances de incremento de inovação.

O desafio para as universidades brasileiras está em manter a pesquisa científica atrelada ao bem público, conforme exigido pela Constituição de 1988.

A regulação jurídica da inovação, desse modo, não pode atuar para esvaziar o paradigma das ciências de difusão do saber e da cultura; precisa preservar o valor do trabalho e, com ele, o sentido humano da evolução social.

Referências

BAKER, Dean. Compra de patentes, prêmio à bagunça. **Le Monde Diplomatique Brasil**, n. 61, ago. de 2012.

BERCOVICI, Gilberto. Ciência e inovação sob a Constituição de 1988. **Revista dos Tribunais**. São Paulo, n. 916, p. 267-295, fev. 2012.

BRUNO, Isabelle. **La grande mutation**. Néolibéralisme et éducation en Europe. Paris: Sylepse, 2010.

BURKE, Peter. **Uma história social do conhecimento**: de Gutemberg a Diderot. Rio de Janeiro Jorge Zahar Editor, 2003.

CARVALHO, Nuno Tomaz Pires de. O sistema de patentes: um instrumento para o progresso dos países em vias de desenvolvimento. **Revista de Informação Legislativa**. Brasília, n. 76, ano 19, p. 213-258, out./ nov. 1982.

__________. O destinatário do sistema brasileiro de patentes. **Revista de Informação Legislativa**. Brasília, ano 25, n. 98, p. 287-332, abr./jun. 1998.

CHAVES, Antonio. Direitos de autor e patentes de invenção dos professores e dos estudantes universitários. **Revista Trimestral de Jurisprudência dos Estados**. São Paulo, ano 9, n. 33, p. 7-16, jul./ago. 1985.

CIPOLLA, Francisco Paulo. A inovação na teoria de Marx. In: PELAEZ, Victor; SZMERSÁNYI, Tamas (org.). **Economia da inovação tecnológica**. São Paulo, Hucitec, 2006.

FURTADO, Celso. **Criatividade e dependência na civilização industrial**. São Paulo: Companhia das Letras, 2008.

FUSCO, Camila. Google não tem experiência em patentes, diz expert. **Folha de S. Paulo**, Mercado, 30 set. 2011, p. B4.

GOERGEN, Pedro. Ciência, sociedade e universidade. **Educação e Sociedade**. Campinas, v. 19, n. 63, p. 53-79, ago. 1998.

JARRIGE, Fraçois. Le martyre de Jacquard ou le mythe de l'inventeur héroique (France, XIX siècle). **Traces**. Revue de Sciences humaines, Lion, n. 16, p. 99-117, 2009.

MARAZZI, Christian. **O lugar das meias**: a virada linguística da economia e seus efeitos sobre a política. Rio de Janeiro: Civilização Brasileira, 2009.

MARX, Karl. **O capital**. São Paulo: Abril Cultural, 1983. v. I. livro I. t. 1.

MATOS, Carolina. Guerra de patentes ameaça genéricos. **Folha de S. Paulo**, Mercado, 7 ago. 2011, p. B11.

NEWFIELD, Christopher. **Unmaking the public university**: the forty year assault on the middle class. Cambridge: Harvard University Press, 2008.

NISBET, Robert. **História da ideia de progresso**. Brasília: Editora Universidade de Brasília, 1980.

OLIVEIRA, Francisco Cardozo. A tutela dos direitos de propriedade intelectual e as exigências de sustentabilidade na pós-modernidade. In: GUNTHER, Luiz Eduardo; SANTOS, Willians Franklin Lira dos (coord.). **Jurisdição, crise, efetividade e plenitude institucional**. Curitiba: Juruá, 2009. v. II. p. 277-306.

PESSALI, Huáscar; FERNANDEZ, Ramón. A tecnologia na perspectiva da economia internacional. In: PELAEZ, Victor; SZMERSÁNYI, Tamas (org.). **Economia da inovação tecnológica**. São Paulo, Hucitec, 2006. p. 87-111.

POSSAS, Silvia. Concorrência e inovação. In: PELAEZ, Victor; SZMERSÁNYI, Tamas (org.). **Economia da inovação tecnológica**. São Paulo, Hucitec, 2006.

SANTOS, Anderson Marcos dos. Propriedade intelectual: a vida e o conhecimento a serviço do mercado. **Revista da Faculdade de Direito da UFPR** – Programa de Pós-graduação em Direito. Curitiba, n. 41, p. 99-116, 2004.

SANTOS, Laymert Garcia dos. Humano, pós-humano: implicações da desconstrução da natureza humana. In: NOVAES, Adauto (org.). **Mutações**: ensaios sobre as novas configurações do mundo. Rio de Janeiro, Agir Editora, 2008, p. 45-63.

SCHUMPETER, Joseph. **Teoria do desenvolvimento econômico**. São Paulo: Nova Cultural, 1997.

SILVEIRA, Newton. O impacto das novas tecnologias no sistema brasileiro de patentes. **Revista de Direito Mercantil, Industrial, Econômico e Financeiro**. São Paulo, ano XXIX, n. 80, p. 149-151, out./nov. 1990.

TIGRE, Paulo Bastos; MARQUES, Felipe Silveira. A apropriabilidade tecnológica na economia do conhecimento: inovação e propriedade intelectual de software na América Latina. **Economia e Sociedade**. Campinas, v. 18, n. 3, p. 547-566, 2009.

TÜRCKE, Christoph. **Sociedade excitada**: filosofia da sensação. Campinas: Editora Unicamp, 2010.

WALLERSTEIN, Immanuel. As estruturas do conhecimento ou quantas formas temos nós de conhecer?. In: SANTOS, Boaventura de Souza (org.). **Conhecimento prudente para uma vida decente**. São Paulo: Cortez, 2004. p. 123-129.

AS PPPS E AS CONCESSÕES ADMINISTRATIVAS

Alexandre Santos de Aragão[*]

1. AS PARCERIAS PÚBLICO-PRIVADAS (PPPS) NO BRASIL

A Lei Federal n.º 11.079, de 30 de dezembro de 2004, veio agregar mais duas espécies de concessão às tradicionais concessões tal como disciplinadas pela Lei n.º 8.987/95. Trata-se das concessões patrocinadas e das concessões administrativas, ambas colocadas sob a alcunha de parcerias público-privadas (PPPs).

Com a crise de financiamento do Estado a partir da década de 1980, esgotou-se sua capacidade de financiamento de uma série de obras de infraestrutura e de serviços públicos (rodovias, hidrovias, linhas de transmissão de energia, redes de distribuição de água e de coleta de esgoto, gasodutos, etc.). Muitos desses serviços, apesar de o Estado não ter capacidade financeira para implantá-los, o que foi acompanhado da ideia de o Estado ser menos eficiente do que a iniciativa privada para fazê-lo, poderiam perfeitamente ser prestados à sociedade pela iniciativa privada, gerando bons resultados para os investidores que construíssem ou aperfeiçoassem a infraestrutura.

Foram esses os serviços públicos, ditos serviços públicos econômicos, que, nas décadas de 1980 e 1990, constituíram o objeto por excelência da

[*] Possui graduação em Direito pela Universidade do Estado do Rio de Janeiro (1991), mestrado em Direito Público pela Universidade do Estado do Rio de Janeiro (2001) e doutorado em Direito do Estado pela Universidade de São Paulo (2005). Atualmente é professor titular da Universidade do Estado do Rio de Janeiro, professor da Universidade Cândido Mendes, procurador – Procuradoria Geral do Estado do Rio de Janeiro e professor visitante do Instituto de Economia da Universidade Federal do Rio de Janeiro, atuando principalmente nas seguintes áreas: direito administrativo, agências reguladoras de atividades privadas, serviços de utilidade pública e concessões administrativas. Membro das Comissões Permanentes de Direito Administrativo e de Direitos Humanos do Instituto dos Advogados Brasileiros (IAB). E-mail: alexaragao@zipmail.com.br

desestatização com a delegação da atividade à iniciativa privada. Tinham tamanho potencial de lucratividade que a empresa privada, além de não receber qualquer suporte financeiro do Poder Público, geralmente ainda lhe pagava um valor de outorga estabelecido na licitação, remunerando-se integralmente com as tarifas pagas pelos usuários ao longo do prazo de vigência da concessão.[1]

Ultrapassado esse primeiro momento da desestatização, ter-se-ia idealmente um Estado mais leve e com mais recursos, apto a investir nas atividades prestacionais insuscetíveis de exploração lucrativa pela iniciativa privada, como, por exemplo, rodovias importantes para o desenvolvimento de regiões pobres, mas de ainda pouco movimento para que o pedágio fosse suficiente para pagar sua reforma e manutenção; construção de presídios ou de escolas públicas de ensino básico, que não geram qualquer receita tarifária.[2]

Ocorre que, mesmo após as desestatizações da década de 1990, o Estado se manteve em grave crise fiscal, sujeito a uma grande dívida interna e externa taxada com juros de grande magnitude, com o que, em mais uma frustração da cidadania, nem aqueles serviços públicos essenciais passaram a ter verba para poderem ser prestados como deveriam.

O problema é que, para essa crise fiscal ser pelo menos mitigada, o país tem que crescer economicamente, e, para tanto, precisa reformar e ampliar sua infraestrutura, para o que, no entanto, continua sem os recursos suficientes e com a capacidade de endividamento esgotada. Busca-se, portanto, uma saída para esse impasse: para crescer e sair da crise financeira, o Estado tem que investir em infraestrutura, mas não tem como, financeiramente, realizar tais investimentos.

A conjuntura que ensejou o surgimento da ideia de parcerias público-privadas no Brasil pode, então, ser assim sintetizada: gargalos de infraestrutura impeditivos do crescimento e consequente melhora da situação fiscal do Estado; existência de uma série de atividades de relevância coletiva,

---

[1] Ressalvam-se apenas as receitas alternativas, complementares, acessórias ou de projetos associados previstas no art. 11 da Lei n.º 8.987/95, que, como seu próprio nome denota, possuem um papel coadjuvante no financiamento das concessões tradicionais, podendo também ser utilizadas nas PPPs, em suas duas modalidades.

[2] Em algumas atividades prestacionais há, inclusive, vedação constitucional para que sejam remuneradas por tarifas, a exemplo da educação e da saúde públicas, que devem ser gratuitas.

muitas delas envolvendo as referidas infraestruturas, não autossustentáveis financeiramente e sem que o Estado tenha condições de financiá-las sozinho.

As parcerias público-privadas surgem como uma tentativa de o Estado e a iniciativa privada dividirem os custos com a implantação de infraestruturas, já que nenhum deles teria condições de com elas arcar individualmente: o Estado, por não ter condições financeiras, e a iniciativa privada porque a tarifa seria insuficiente (ou em alguns casos até inexistente) para cobrir todos os custos e a legítima margem de lucro do negócio.

O Estado lança mão de uma forma de financiamento de infraestruturas que não podem ser amortizadas apenas com tarifas. Em vez de realizar uma operação de empréstimo direta com uma instituição financeira para obter esses recursos, contrata uma empresa privada que, via de regra, vai por sua conta realizar uma similar operação de crédito para efetuar as obras e prestar os serviços contratados. Mas como a tarifa não é suficiente (concessões patrocinadas) ou é até mesmo inexistente (concessões administrativas), o Estado irá aos poucos – ao longo do prazo de vigência do contrato e apenas depois de disponibilizado o serviço – pagando pelo montante despendido previamente pela empresa privada.

No lugar do mecanismo da concessão tradicional, em que é dado o direito ao particular de explorar determinado serviço público econômico, sendo remunerado ao longo do tempo pelas tarifas, nas parcerias público-privadas será o próprio Estado que arcará com parte ou com a totalidade do investimento realizado pelo particular. Mas não o fará de imediato, com o que seria mera terceirização ou empreitada de obra pública. Primeiro obterá a obra e o serviço, e, depois de já estarem disponibilizados, irá paulatinamente pagando pelos custos adiantados pela empresa e por seus lucros.

Foi, sem dúvida, uma forma de o Estado contornar sua falta de caixa para investimentos e o esgotamento da sua capacidade de contrair novas dívidas.

Pode-se, assim, conceituar as PPPs no Direito positivo brasileiro como os contratos de delegação da construção, ampliação, reforma ou manutenção de determinada infraestrutura e da gestão da totalidade ou parte das atividades administrativas prestadas por seu intermédio, mediante remuneração de longo prazo arcada total ou parcialmente pelo Estado, fixada em razão da quantidade ou qualidade das utilidades concretamente propiciadas pelo parceiro privado à Administração Pública ou à população.

Em primeiro lugar, têm-se, como espécie de parcerias público-privadas na Lei n.º 11.079/04, as concessões ditas patrocinadas, que também poderiam ser chamadas subsidiadas, subvencionadas ou, em alguns casos, de receita ou lucratividade mínima assegurada.

Nos termos do § 1.º art. 2.º, são concessões que envolvem, "adicionalmente à tarifa cobrada do usuário, contraprestação pecuniária[3] do parceiro público ao parceiro privado", diferenciando-se das concessões tradicionais de serviços e obras públicas (Lei nº 8.987/95) em razão de essas serem financiadas apenas por tarifas e, eventualmente, também por receitas provenientes da exploração de atividades ancilares (art. 11, Lei n.º 8.987/95).[4]

A diferença para as concessões comuns é, portanto, que, nessas, a amortização dos investimentos privados é feita, ao menos em linha de princípio, integralmente pelas tarifas pagas pelos usuários, enquanto na concessão patrocinada a amortização é feita ao mesmo tempo com tarifas e verbas do próprio Erário.

É a semelhança existente nos demais aspectos que fez com que o art. 3.º, § 1.º, da Lei n.º 11.079/04 determinasse genericamente a aplicação subsidiária de toda a Lei n.º 8.987/95 e das demais leis que tratam das concessões comuns (ex.: 9.074/95) às concessões patrocinadas.[5]

---

[3] Note-se a exigência de a complementação pública da tarifa ser "pecuniária" fazer com que outras formas de o Estado complementar a tarifa não levar a qualificar a concessão como uma concessão patrocinada, sendo ela, portanto, ou uma concessão administrativa – caso sequer exista tarifa –, ou uma concessão comum subsidiada. Para se subsumir ao conceito legal de concessão patrocinada, a contraprestação do Estado, entre as formas admitidas no art. 6.º da Lei n.º 11.079/04, deve se refletir ou em ordem bancária ou em cessão de créditos não tributários (incisos I e II). Todas as demais fontes de receita previstas no art. 6.º não têm natureza pecuniária (ex. outorga de diretos sobre bens públicos – inc. IV) e, portanto, se a contraprestação do Estado se limitar a elas, estará descaracterizada a figura da concessão patrocinada (cf. SUNDFELD, 2005, p. 28).

[4] Lei n.º 11.079/04: Art. 2.º, § 3.º Não constitui parceria público-privada a concessão comum, assim entendida a concessão de serviços públicos ou de obras públicas de que trata a Lei n.º 8.987, de 13 de fevereiro de 1995, quando não envolver contraprestação pecuniária do parceiro público ao parceiro privado. Note-se que o dispositivo parece reconhecer que o sistema da Lei n.º 8.987/95 também admite concessões com suporte financeiro do Estado. Se a Lei n.º 8.987/95 admitisse apenas concessões integralmente remuneradas por tarifa, não seria necessário que o art. 2.º, § 3.º, contivesse a especificação constante de sua parte final.

[5] Essa proximidade com as concessões tradicionais da Lei n.º 8.987/95 faz inclusive com que muitos autores sustentem que a consagração legal da modalidade patrocinada de concessão não era imprescindível, uma vez que, mesmo sob a égide apenas da Lei n.º 8.987/95, já seria possível ao Poder Público complementar direta ou indiretamente o

O objeto das concessões patrocinadas são, por excelência, os serviços públicos econômicos, atividades econômicas *lato sensu* titularizadas com exclusividade pelo Estado, suscetíveis de exploração pela iniciativa privada mediante delegação com o pagamento de tarifas pelos usuários, ainda que seu valor não seja suficiente para financiar todos os investimentos do concessionário.[6]

A segunda espécie de PPPs são as "concessões administrativas", contratos em que a cobrança de tarifas é inviável econômica ou socialmente,[7] juridicamente vedada, como a cobrança pela saúde ou educação públicas (artigos 196 e 206, IV, CF), ou ainda porque o único usuário do serviço a ser prestado é o próprio Estado. Aqui não se fala mais sequer em tarifa a ser complementada por verbas do Estado, mas da inexistência *tout court* de

valor arrecadado com as tarifas para viabilizar a prestação de serviços públicos pela iniciativa privada. No entanto, a nosso ver, todos esses debates demonstram que a expressa admissão das concessões patrocinadas pela Lei n.º 11.079/04 não foi despicienda, já que, sob a égide apenas da Lei n.º 8.987/95, as discussões eram tantas que muitos agentes públicos e privados não tinham segurança jurídica suficiente para celebrar delegações de serviços públicos com essa modelagem com apoio financeiro do Poder Público. Ainda é defensável, contudo, que, além das modalidades previstas na Lei n.º 8.987/95 e na Lei n.º 11.079/04, a Administração Pública pode criar outras espécies de concessão que não forem vedadas pelo Direito, não precisando cada uma delas possuir previsão legislativa específica. "A Lei das PPP previu um regime jurídico próprio a um tipo de parceria entre poder público e iniciativa privada. É dizer, a Lei n.º 11.079/04 contém regras para duas modalidades específicas de parcerias (aquelas configuradas como concessões administrativas ou concessões patrocinadas), não sendo aplicável (e, portanto, não vedando) outras modalidades de parceria que não se enquadrem na definição das duas modalidades nela referidas. Tenham estas parcerias a configuração de concessões de serviço público típicas (art. 2.º, §3.º), tenham elas outras configurações não vedadas na legislação (e submetidas ao regime jurídico geral dos contratos administrativos)" (MARQUES NETO, 2005).

6 "A oferta de serviços públicos, de forma bastante simplificada, pode ser financiada ou com recursos amealhados indistintamente da coletividade, via instrumentos tributários [...] ou por valores auferidos da própria prestação cobrada diretamente daqueles que delas fazem uso. Não há outra opção. Admitem-se apenas as variáveis puras ou a combinação das duas formas (por exemplo, o que ocorre na prestação de serviços públicos remunerados pelos usuários mas com alguma espécie de subsídio tarifário arcado pelo Estado mediante recurso de fonte tributária)" (MARQUES NETO, 2004, p. 339).

7 Essa decisão deve ser discricionária, proporcional, eficiente e fundamentadamente tomada pelo Estado, com muita parcimônia, já que em princípio se deve dar preferência à concessões que possam ser total ou pelo menos parcialmente remuneradas pelos usuários, face aos princípios da eficiência e da economicidade.

tarifas devidas pelos eventuais usuários dos serviços. É sobre elas que se passará a tratar a seguir, buscando definir sua natureza jurídica: se de delegação de atividades administrativas ou de simples terceirização.

2. AS CONCESSÕES ADMINISTRATIVAS

Nos termos do § 2.º do art. 2.º da Lei n.º 11.079/04, a concessão administrativa é "o contrato de prestação de serviços de que a Administração Pública seja a usuária direta ou indireta, ainda que envolva execução de obra ou fornecimento e instalação de bens". A contraprestação devida ao concessionário se fará exclusivamente com recursos do Estado, por qualquer uma das fontes de receita enumeradas no art. 6.º, pecuniárias ou não.[8] A cobrança de valores dos usuários dos serviços, ainda que economicamente pouco significativa, descaracteriza, no entanto, a natureza de concessão administrativa.[9]

Sundfeld (2004) define as concessões administrativas como os contratos de prestação de serviços de que a Administração é usuária, mediata ou imediata, em que: há investimento do concessionário na criação de infraestrutura relevante; o preço é pago periódica e diferidamente pelo Concedente em um prazo longo, permitindo a amortização dos investimentos e o custeio; e o objeto não se restringe à execução de obra ou ao fornecimento de mão de obra e bens (estes, se existirem, deverão estar vinculados à prestação de serviços).

A concessão administrativa é, a exemplo das concessões comuns e patrocinadas, um investimento privado amortizável no longo prazo, findo o qual os bens construídos, reformados ou mantidos pelo particular revertem ao Poder Público. A única diferença é que essa amortização se fará com verbas do Erário e não através, total (concessões comuns) ou parcialmente (concessões patrocinadas), de tarifas dos usuários.

Enquanto o objeto das concessões patrocinadas restringe-se aos serviços públicos econômicos, as concessões administrativas têm como possível

---

[8] Como se viu em relação às concessões patrocinadas, a Lei exige que a contraprestação do Estado seja em pecúnia.

[9] Nessa hipótese pode-se ter ou uma concessão patrocinada, se a contraprestação estatal for pecuniária, ou uma concessão da Lei n.º 8.987/95, mas subsidiada, caso a contraprestação tenha outra natureza.

objeto um leque bem mais amplo de atividades administrativas, algumas delas sequer enquadráveis no conceito de serviço público.[10]

Assim, pode-se enumerar, sem pretensão de exauri-las, as seguintes espécies de atividades que podem ser objeto da concessão administrativa: serviços públicos econômicos em relação aos quais o Estado decida não cobrar tarifa alguma dos usuários (ex., rodovia em uma região muito pobre); serviços públicos sociais, como a educação, a saúde, a cultura e o lazer em geral, que também podem ser prestados livremente pela iniciativa privada.[11] Lembre-se, por exemplo, de algumas experiências já vividas em algumas entidades da federação, de "terceirização" da administração de hospitais públicos; atividades preparatórias ou de apoio ao exercício do poder de polícia, que, em si, é indelegável à iniciativa privada, nos termos estabelecidos no art. 4.º, III, da Lei n.º 11.079/04.[12] Seriam os casos da hotelaria em

---

[10] No mesmo sentido, Zymler (2005, p. 164).

[11] "Quando de fala em 'usuária indireta', está-se pressupondo que os usuários diretos sejam terceiros aos quais a Administração Pública presta serviços públicos (como os estudantes de uma escola pública, os pacientes de um hospital público, etc.). (..) Se esse objeto de concessão administrativa – delegação da execução administrativa – delegação da execução de serviço público – se revelar verdadeiro, haverá terceirização de atividade-meio (serviços administrativos) e atividade-fim (serviços sociais do Estado). Será, de certa forma, o mesmo tipo de delegação de serviço público que ocorre com as organizações sociais, porém com regime jurídico diverso. De qualquer forma, a ideia é de delegar a entidade privada a execução de serviço público; só que, no caso das organizações sociais, a entidade tem que ser associação ou fundação sem fins lucrativos e, no caso da concessão administrativa, essa exigência não existe, podendo a concessionária atuar com objetivo de lucro. Nos dois casos, ter-se-á serviço público não exclusivo do Estado, prestado por entidade privada, mediante remuneração garantida pelo poder público" (DI PIETRO, 2005, p. 168 e 169).

[12] Art. 4.º Na contratação de parceria público-privada serão observadas as seguintes diretrizes: III – indelegabilidade das funções de regulação, jurisdicional, do exercício do poder de polícia e de outras atividades exclusivas do Estado. O poder de polícia, enquanto atividade revestida de potestade estatal, só pode ser, pela doutrina clássica, desempenhada por pessoas jurídicas de direito público, ou seja, Entes da Federação ou autarquias (abstemo-nos aqui da contenda quanto à natureza das fundações instituídas pelo Poder Público). Este entendimento tradicional é claramente inspirado no Direito Administrativo Francês, país no qual o Conseil d'Etat afirmou: "Além disso, a jurisprudência proíbe que a Administração conceda o serviço público de polícia a uma pessoa privada" (Conseil d'État 23 mai 1958, Amoudruz, Rec. 302, apud DE FORGES, 1995, p. 165). Outra parcela da doutrina apenas admite a delegação dos atos meramente preparatórios do exercício da polícia administrativa, que são os que podem ser objeto de PPPs (cf. PROVENZA, 1997).

presídios, da colocação de "pardais eletrônicos" em vias públicas, prestação de serviços de reboque para remoção de veículos estacionados irregularmente, etc.; atividades internas da Administração Pública, em que o próprio Estado, aí incluindo os seus servidores, é o único beneficiário do serviço (ex. construção e operação de uma rede de creches ou restaurantes para os servidores públicos, construção e operação de um centro de estudos sobre a gestão administrativa para elaboração de projetos para a maior eficiência do Estado, etc.).

Especialmente em relação aos serviços públicos sociais e culturais, as concessões administrativas revelam um grande espaço para a cooperação entre o Poder Público e entidades privadas, inclusive sem fins lucrativos.

Como observa Modesto,

> na verdade, a participação de entidades privadas na prestação de serviços sociais, autorizada expressamente pela Constituição (*v.g.*, art. 199, 202, 204, I; 209, 216, § 1.º; 218, § 4.º, 225), não apenas é pragmática como pode ser percebida como uma das respostas consequentes à crise do aparelho do Estado no âmbito da prestação dos serviços sociais. O Estado não tem efetivamente condições de monopolizar a prestação direta, executiva, dos serviços de assistência social de interesse coletivo. Estes podem ser geridos ou executados por outros sujeitos, públicos ou privados, preferencialmente instituições "públicas não estatais" *(pessoas privadas de fim público, sem fins lucrativos),* consoante diferencia a própria Constituição (CF, art. 199, §1.º), sob a fiscalização e supervisão imediata do Estado. Nestes casos, não prover diretamente não quer dizer tornar-se irresponsável perante essas necessidades sociais básicas ou negar o direito fundamental à saúde, à educação, à defesa do meio ambiente, à pesquisa científica e tecnológica. O Estado não deve nem pode demitir-se da responsabilidade de assegurar e garantir direitos sociais: quando não executar, deve fomentar ou financiar diretamente a execução de serviços sociais necessários à coletividade. O Estado contemporâneo continua executor, regulador, fiscalizador e financiador de serviços sociais, mas pode contar também com mecanismos de parceria ágeis para ampliar a sua capacidade de assegurar a efetiva fruição dos direitos sociais básicos. (2005, p. 21 e 22).

3. AS CONCESSÕES ADMINISTRATIVAS COMO FORMA DE DELEGAÇÃO DE ATIVIDADES ADMINISTRATIVAS

As concessões administrativas se encontram no meio caminho entre a delegação e a terceirização. Como se pode inferir do item anterior, entendem-se serem, de fato, delegações de atividades administrativas (não necessariamente de serviços públicos), não meras terceirizações, pois pressupõem a construção, expansão, reforma ou manutenção de infraestruturas através das quais também haverá a prestação de serviços, sendo vedada sua utilização se tiver "como objeto único o fornecimento de mão de obra, o fornecimento e instalação de equipamentos ou a execução de obra pública" (art. 2.º, § 4.º, III, Lei n.º 11.079/04), com que teríamos, aí sim, mera terceirização ou empreitada de obra pública, regidas pela Lei n.º 8.666/93.[13]

No que concerne à delegação de serviços públicos por meio de contratos de PPP, deve-se considerar que a Constituição brasileira adota, em seu art. 175, um conceito *lato* de concessão de serviço público.

O conceito tradicional, restrito, de concessão, majoritário na doutrina brasileira pré-1988, de delegação de serviço público sem o apoio do Estado, era claramente inspirado na doutrina dos países que constituíram a raiz do nosso Direito Administrativo, especialmente da França.

Ocorre que, nesses países, se a concessão realmente tem um conceito restrito (mas, mesmo assim, não tanto quanto o que era sustentado no Brasil), ela é apenas uma entre as diversas modalidades de delegação de serviços públicos. Na França, por exemplo, tem-se, além das concessões, uma série de modalidades de delegação em que a remuneração não se dá exclusivamente por tarifa.[14]

---

[13] "A criação dessa nova fórmula contratual – a concessão administrativa – viabilizou um arranjo para a obtenção de serviços para o Estado antes impossível: aquele em que o particular investe financeiramente na criação de infra-estrutura pública necessária à existência do serviço e a ajuda a concebê-lo. (...) [os requisitos para adoção da concessão administrativa – valor e prazo mínimo de R$ 20 milhões e cinco anos, respectivamente] não existem nos meros contratos de obras. As exigências de prestação de serviços por um prazo mínimo e de que a remuneração esteja sempre vinculada a essa prestação (art. 7.º) – não, portanto, à execução de parcelas de obras – impede que a concessão administrativa se transforme em simples contrato de obras com financiamento do empreiteiro. [...] Quando se fala de serviços como objeto da concessão administrativa, está-se referindo à execução autônoma de prestações, para alcançar resultados predeterminados. A Lei das PPPs não considera como tal o mero fornecimento de força de trabalho humano (isto é, de 'mão de obra') para atuar sob a direção da Administração (art. 2.º, § 4.º, III)" (SUNDFELD, 2005, p. 24, 31 e 32).

[14] "No estrangeiro, os países com cultura jurídica similar à brasileira conhecem figuras equivalentes àquela que é identificada no Brasil pela expressão 'concessão', a ela atribuindo regime jurídico equivalente ao vigente entre nós. Quando muito, verifica-se uma diferenciação terminológica, reservando-se a expressão 'concessão' para uma espécie de

Há na França,[15] com efeito, as seguintes espécies básicas de delegação de serviços públicos: *Concession de service public*: "modelo-tipo da delegação de serviço público, é o contrato em virtude do qual o concedente, pessoa pública, encarrega um concessionário, pessoa pública ou privada, de explorar um serviço público por sua conta e risco. [...] A concessionária é remunerada pela exploração do serviço, ou seja, por meio da receita que auferir dos usuários. Ele pode, todavia, receber do poder concedente certas participações, que podem ter a forma de garantias de empréstimo, de subvenções para equipamentos ou para o equilíbrio do contrato, ou ainda através de indenizações de recomposição da equação econômico-financeira"; *Affermage:* muito próxima da concessão, diferencia-se dela apenas em razão de o objeto da delegação ser apenas a prestação em si do serviço, sem a construção de infraestrutura, que já é entregue pelo poder público ou por um concessionário anterior, que construíra a infraestrutura. Como o *fermier* fica livre dos ônus da criação da infraestrutura (*frais de premier établissement*) e o Estado continua responsável pela eventual expansão da infraestrutura, geralmente ele deve pagar ao poder concedente pelo exercício do direito delegado; *Régie Interessé*: situada entre a delegação e a mera terceirização, é pela maioria (mas não pela totalidade) da doutrina francesa ainda considerada um tipo daquela. O delegatário presta um serviço a partir de uma infraestrutura já fornecida pelo poder concedente, que mantém sua propriedade ao longo de todo o contrato. Deve realizar apenas pequenas obras de manutenção e, naturalmente, a prestação do serviço. O serviço é pago pelos usuários, mas diretamente ao Estado, que, por sua vez, paga orçamentariamente ao *régisseur* valor calculado de acordo com a quantidade de usuários e a qualidade

---

delegação. É o que se passa na França e na Espanha. Já em outras órbitas, aquele mesmo vocábulo é utilizado para indicar um gênero, albergando inúmeras variações distintas. Assim ocorre no âmbito da União Européia e da própria Itália. [...] Em face do pensamento alienígena, a concessão pressupõe vínculo entre a remuneração da concessionária e os resultados da exploração empresarial. Mas isso não significa a impossibilidade de o concessionário ser satisfeito através de verbas de origem pública" (JUSTEN FILHO, 2003, p. 135). "A palavra 'concessão' designava praticamente todas as formas de delegação da gestão de serviços públicos em pessoas privadas; progressivamente, a prática foi diversificando as modalidades de delegação, tendo passado a concessão a ser uma de entre várias (*v.g.*, *affermage*, *gérance*)" (GONÇALVES, 1999, p. 140).

[15] As considerações sobre o Direito Administrativo francês expendidas nesse tópico advêm, sobretudo, da obra de Boiteau (1999, p. 96-106).

do serviço prestado; *Bail Emphytéotique Administratif*: por ele o particular faz determinados investimentos em imóvel público, que servirão à prestação de determinado serviço público, remunerando-se através da exploração de outras instalações por ele construídas no imóvel (ex. constrói um hospital e um *shopping*).

No Brasil, diferentemente, as delegações tradicionalmente se limitaram às concessões e permissões de serviços públicos, razão pela qual a alusão a elas feita pelo art. 175 da CF deve ser considerada em uma acepção razoavelmente ampla, que contemple algumas espécies.[16]

Além de o Direito francês possuir diversos tipos de delegação de serviços públicos, a própria concessão nem sempre é remunerada apenas pelos usuários, tendo sempre sido previstas algumas espécies de garantias e apoios financeiros do Estado. Admite, ademais, uma liberdade geral à Administração Pública de criação de contratos atípicos e inominados de delegação de serviços públicos, não precisando ser todos eles previamente tipificados em lei.

Essa plasticidade contratual não é, obviamente, apenas francesa, mas exigência da sociedade pós-moderna, cujo dinamismo e necessidades sempre novas são muito pouco aprisionáveis em compartimentos conceituais estanques e exaustivos.

Isso revela a

> obsolescência dos modelos tradicionais de delegação. A tipologia clássica dos contratos de gestão delegada pouco a pouco se desvanece diante das concessões complexas que são aplicadas a esses "modelos". [...] O poder público elabora contratos que apresentam o caráter de *patchwork* e que nem sempre têm uma denominação específica. [...] Além do fato de o juiz não estar vinculado à denominação do contrato cuja legalidade é por ele examinada, o caráter *patchwork* é, progressivamente, "digerido" pela noção genérica de delegação de serviço público (BOITEAU, 1999, p. 96-97).[17]

---

[16] "O art. 175 não impôs uma disciplina restritiva para o legislador. A referência à delegação por meio de concessão de serviço público não significou nem a consagração de um único e determinado tipo de avença nem a vedação a que outras avenças sejam praticadas a propósito de obras públicas" (JUSTEN FILHO, 2005, p. 506).

[17] A expressão *patchwork*, utilizada pela autora, deve ser compreendida não apenas no sentido figurado da comparação com as colchas feitas com retalhos de inúmeros tecidos (no caso um contrato atípico feito com características e elementos parciais de vários contratos típicos), mas, sobretudo, à luz da contemporânea filosofia desconstrutivista

Comparativamente com o Direito Administrativo francês, pode-se dizer que o direito brasileiro, com as interpretações construtivas sobre a Lei n.º 8.987/95 e com o advento das PPPs (Lei n.º 11.079/04), tem ampliado o conceito de "concessão de serviço público", tornando-a próxima à noção genérica que a expressão "delegação de serviço público" possui na França.

Mesmo na tradição do Direito brasileiro, as concessões de serviços públicos não têm um conceito que inequivocamente abranja apenas as concessões remuneradas exclusivamente por tarifas. As primeiras concessões de serviços públicos ferroviários celebradas no Brasil, por exemplo, já estabeleciam, nos termos da Lei Geral n.º 641, de 26 de junho de 1852, como cláusula básica a "garantia de rentabilidade do capital investido (garantia de juros) de até 5% a.a. (...). 'Garantias de juros' (ou seja, um subsídio que garantia a rentabilidade do capital investido)" (JOHNSON et al., 1996, p. 54).

No Direito comparado, Maljar, valendo-se das lições de Falla, explica:

> Pode ocorrer que, em razão da retração da demanda, o capital investido não gere lucro no final do prazo contratual. Para evitar esse problema, surgiu uma dúplice técnica: ou a subvenção do déficit ou a técnica da garantia administrativa de lucro. Ambas respondem à finalidade de dar um maior incentivo ao capital, considerando a dificuldade de apreciação *a priori* dos custos de produção. Nesses casos a Administração promete uma subvenção em branco, de acordo com os resultados da empresa beneficiária, ou uma garantia de lucratividade. Essa última técnica foi usada na Espanha para favorecer a exploração ferroviária. A Administração cobriria, então, a diferença existente entre o que a empresa obtém da exploração e o lucro garantido. (1998, p. 292-293).

Sob esse prisma, parece que a concessão administrativa se aproxima da *régie interessé* do Direito francês, que

> são as delegações contratuais de serviço público a uma pessoa geralmente privada, na qual [...] a empresa não se remunera diretamente dos usuários do serviço público. Ela percebe do Estado valores associados aos resultados da sua gestão. Trata-se de um modo privado de gestão que não é uma concessão de serviço

---

francesa, especialmente a de Gilles Deleuze, que trouxe a expressão *patchwork* para o âmbito filosófico com a seguinte acepção: "É uma coleção amorfa de pedaços justapostos, cuja junção pode ser feita de infinitas maneiras [...]. O espaço liso do *patchwork* mostra bastante bem que 'liso' não quer dizer homogêneo; ao contrário, é um espaço amorfo, informal, e que prefigura a *op'art*" (DELEUZE; GUATARRI, 1997, p. 182).

público, já que não há qualquer remuneração direta sobre os usuários do serviço. (VALETTE, 2000. p. 108).[18]

Logicamente que nos casos concretos podem surgir muitos matizes, sendo a jurisprudência do Conselho de Estado, como dificilmente poderia deixar de ser, bastante casuística e errática na identificação do contrato como uma delegação ou mera empreitada ou terceirização. De toda sorte, pode ser fixado que o ponto principal para identificar uma delegação é a circunstância de o particular participar dos resultados da sua exploração.[19]

Na verdade, o que assemelharia à concessão administrativa a uma terceirização complexa, que combinaria uma empreitada com a prestação do serviço através da obra depois de pronta, seria tão-somente o fato de ser remunerada direta e integralmente pelos cofres públicos.

Todavia, nas concessões administrativas, a forma de cálculo do valor a ser pago à empresa deve ser variável de acordo com as utilidades concretamente prestadas à Administração Pública ou à população, o que decorre do Princípio da Eficiência e da necessidade de compartilhamento de riscos que anima as parcerias público-privadas (arts. 4.°, VI, e 5.°, III, Lei n.° 11.079/04), já que, com o preço fixo, o risco ficaria exclusivamente com o Poder Público como nos contratos regidos pela Lei n.° 8.666/93. Em outras palavras: tem que haver a gestão do bem – prestação de serviços através dele –, o que, ao mesmo tempo diferencia as concessões administrativas da simples prestação terceirizada de serviços (em que não há a disponibilização da infraestrutura pelo contratado) e da empreitada de obras públicas (em que há a disponibilização da infraestrutura pelo contratado, mas não a prestação de serviços através dela).[20]

---

18 Sobre os institutos de delegação da gestão de atividades administrativas no Direito francês.

19 Naturalmente que a analogia com os institutos do Direito Francês é apenas aproximada, já que o critério da participação em resultados financeiros para definir a presença de delegação não se nos afigura inteiramente apropriado à luz da Lei n.° 11.079/04, uma vez que as concessões administrativas na maioria das vezes versarão sobre atividades insuscetíveis de exploração econômica, razão pela qual não se haveria de falar nunca em "participação em resultados financeiros". A ideia, no entanto, de uma remuneração não fixa e que guarde relação com a utilidade concretamente gerada pelo contratado é extremamente útil, principalmente tendo em vista o longo tempo de elaboração da jurisprudência do Conselho de Estado na caracterização de contratos administrativos como contratos de delegação ou não.

20 "Por exemplo, a parceria público-privada não poderá ter por objeto só a construção de um hospital ou de uma escola, porque, nesse, caso, haveria contrato de empreitada regido

Nos contratos chamados pela Lei n.º 11.079/04 de concessões administrativas há autonomia da empresa contratada na gestão da infraestrutura e na prestação do serviço por intermédio dela viabilizada.

A concessão administrativa, enquanto delegação da gestão de determinada infraestrutura administrativa, deve, em primeiro lugar, assegurar ao concessionário autonomia empresarial no desenvolvimento da atividade, podendo definir a maior parte dos meios que julga aptos a alcançar os objetivos estabelecidos contratualmente. Infere-se essa autonomia de gestão inclusive da vedação de as PPPs se dirigirem unicamente ao fornecimento de mão de obra, ao fornecimento e instalação de equipamentos ou à execução de obra pública (art. 2.º, § 4.º, III, Lei n.º 11.079/04).

Em segundo lugar, a remuneração do concessionário administrativo deve ter relação direta com a quantidade e/ou qualidade das utilidades concretamente prestadas à Administração Pública ou à população, constituindo decorrência direta de a Lei impor a repartição de riscos (arts. 4.º, VI, e 5.º, III, Lei n.º 11.079/04). Sua remuneração não pode, portanto, ser fixa – indiferente à quantidade e qualidade dos serviços prestados –, com o que a Administração Pública assumiria todos os riscos, a exemplo do que acontece com a terceirização e a empreitada da Lei n.º 8.666/93.[21]

Dessa forma, "as exigências de prestação de serviços por um prazo mínimo e de que a remuneração esteja sempre vinculada a essa prestação (art. 7.º) – não, portanto, à execução de parcelas de obras – impede que a concessão administrativa se transforme em simples contrato de obras com financiamento do empreiteiro."[22] Nas concessões administrativas, há autonomia de gestão da empresa contratada na gestão da infraestrutura e na prestação do serviço por intermédio dela viabilizada.

pela Lei n.º 8.666; após a construção da obra deverá haver a prestação de serviço de que a Administração seja usuária direta ou indireta" (DI PIETRO, 2005, p. 167). Outra diferença importante é a de concessões administrativas e contratos de gestão. Naquelas, o particular pode ter fins lucrativos, nesses não.

[21] Naturalmente, a remuneração da prestação terceirizada de serviços à Administração Pública pode ser fixada de acordo com a quantidade do objeto contratual, mas essa quantidade está totalmente fora da autonomia de gestão empresarial do contratado (primeiro elemento cumulativo de caracterização da concessão administrativa), já que previamente definida no edital de licitação, predefinição essa impossível de ser feita nas concessões objeto da Lei n.º 11.079/04.

[22] Cf. Sundfeld (2005, p. 24, 31 e 32, grifamos).

As concessões administrativas são, portanto, uma espécie de delegação da gestão de atividades administrativas, e, possivelmente, de serviços públicos, o que não poucas consequências práticas, além de teóricas, possemi, para fins de responsabilidade objetiva, reversão de bens, etc., aplicáveis somente às delegações de atividades administrativas, e não às demais modalidades de contratos administrativos (*verbi gratia,* art. 37, § 6.°, CF).

Não é por outra razão que a Lei n.° 11.079/04, apesar de não determinar uma aplicação subsidiária genérica da Lei das Concessões de Serviços Públicos – Lei n.° 8.987/95 – às concessões administrativas, a exemplo do que faz em relação às concessões patrocinadas,[23] prescreve-lhe a aplicação das suas disposições relativas ao ressarcimento pelo concessionário dos projetos prévios à licitação (art. 21), às cláusulas essenciais do contrato, entre elas a de reversão de bens (art. 23),[24] à subcontratação (art. 25), à transferência da concessão ou do controle da concessionária (art. 27), à garantia com os direitos emergentes da concessão (art. 28), a todas as obrigações do poder concedente e da concessionária (artigos 29 a 31), e à intervenção e todas as modalidades de extinção (artigos 32 a 39), tudo nos termos do art. 3.°, *caput*, e 9.°, § 1.°, da Lei n.° 11.079/04.[25] Vê-se, portanto, que a estrutura econômica das concessões administrativas é a mesma das concessões comuns.

---

[23] A remissão genérica se explica em razão de nas concessões patrocinadas estar, da mesma forma que nas concessões comuns, presente o elemento tarifário, ainda que parcialmente.

[24] "Enquanto vigente a concessão administrativa de serviços ao Estado, não estando amortizado o investimento, essa infraestrutura constituirá patrimônio do concessionário, podendo reverter ao concedente ao final, se previsto no contrato (art. 3.°, *caput,* da Lei das PPPs, c/c os arts. 18, X, e 23, X, da Lei das Concessões. Assim, são idênticas a estrutura contratual e a lógica econômica da concessão administrativa de serviços ao Estado e da tradicional concessão de serviços públicos" (SUNDFELD, 2005, p. 30).

[25] Não fica, evidentemente, descartada de forma absoluta a aplicação às concessões administrativas de outros dispositivos da Lei n.° 8.987/95. Os outros dispositivos não foram referidos no art. 3.°, *caput*, da Lei n.° 11.079/04, mas continuam integrando o ordenamento jurídico como elemento hermenêutico e de analogia. Igualmente, apesar de a Lei n.° 8.666/93 não ter, salvo em alguns pontos específicos (ex. art. 5.°, VIII, Lei n.° 11.079/04), tido sua aplicação genericamente determinada para as PPPs, ela é, dependendo do caso concreto, perfeitamente possível. O que, em caso algum, é admissível, é que a aplicação subsidiária da Lei n.° 8.987/95 ou da Lei n.° 8.666/93 acabe desvirtuando a natureza e o espírito de divisão de riscos que inspiram as duas espécies de PPPs da Lei n.° 11.079/04.

A aplicação da Lei n.º 8.987/95 às PPPs, em qualquer de suas modalidades, deve, no entanto, ainda quando haja previsão expressa da sua aplicação, dar-se apenas no que couber, ou seja, no que não contrariar a própria natureza das PPPs, nas quais há uma dependência financeira do Poder Concedente bastante significativa, ao passo que, nas concessões comuns, a dependência se dá preponderantemente em relação à clientela pagante das tarifas. Assim, não nos parece, por exemplo, que seja aplicável às PPPs o parágrafo único do art. 39 da Lei n.º 8.987/95, que prevê, mesmo na inadimplência do Poder Concedente, que o concessionário não pode suspender a prestação dos serviços antes de obtida a rescisão judicial transitada em julgada do contrato (vedação da exceção do contrato não cumprido). Parece que, na hipótese, o art. 78, XV, da Lei n.º 8.666/93,[26] versa sobre contratos em que também há uma contraprestação financeira da Administração Pública, coaduna-se melhor com o arcabouço financeiro das PPPs.

4. CONSIDERAÇÕES FINAIS

As concessões administrativas previstas na Lei n.º 11.079/2004 são contratos de delegação da construção, ampliação, reforma ou manutenção de determinada infraestrutura e da gestão da totalidade ou parte das atividades administrativas prestadas por seu intermédio aos cidadãos, à própria Administração Pública ou a seus agentes, mediante remuneração de longo prazo arcada totalmente pelo Estado.

Uma relevante discussão que se coloca em relação à natureza jurídica desse instrumento é a concernente à sua configuração ou não como terceirização, o que, muito longe de importar em mera discussão teórica, traz uma série de implicações práticas, como a aplicação da responsabilidade objetiva, de alguns dispositivos da Lei de Responsabilidade Fiscal (LRF), reversão de bens, etc.

---

[26] Art. 78. Constituem motivo para rescisão do contrato: XV – o atraso superior a 90 (noventa) dias dos pagamentos devidos pela Administração decorrentes de obras, serviços ou fornecimento, ou parcelas destes, já recebidos ou executados, salvo em caso de calamidade pública, grave perturbação da ordem interna ou guerra, assegurado ao contratado o direito de optar pela suspensão do cumprimento de suas obrigações até que seja normalizada a situação.

Entende-se que as concessões administrativas são hipóteses de delegação de atividades administrativas e não de simples terceirização ou empreitada, pois seu objeto não se restringe à execução de obra ou ao fornecimento de mão de obra e bens. Tais contratos abrangem, necessariamente, a gestão do bem, isto é, a prestação de serviços através dele, sendo a remuneração a ser paga pela Parte pública à Parte privada fixada em razão da quantidade ou qualidade das utilidades concretamente propiciadas pelo parceiro privado à Administração Pública ou à população.

Referências

BOITEAU, Claudie. **Les Conventions de Délégation de Service Public**. Paris: Imprimerie Nationale, 1999.

DELEUZE, Gilles; GUATARRI, Félix. **Mil platôs**. trad. Peter Pál Pelbart e Janice Caiafa. São Paulo: Ed. 34, 1997. v. 5.

DE FORGES, Jean-Michel. **Droit Administratif**. Paris: PUF, 1995.

DI PIETRO, Maria Sylvia Zanella. **Parcerias na Administração Pública**. 5. ed. São Paulo: Atlas, 2005.

GONÇALVES, Pedro. **A concessão de Serviços Públicos**. Coimbra: Livraria Almedina, 1999.

JOHNSON, Bruce Baner et al. **Serviços Públicos no Brasil**: mudanças e perspectivas. São Paulo: Edgard Blücher, 1996.

JUSTEN FILHO, Marçal. As diversas configurações da concessão de Serviço Público. **Revista de Direito Público da Economia**, vol. 1, p. 95-136, 2003.

__________. **Curso de Direito Administrativo**. São Paulo: Saraiva, 2005.

MALJAR, Daniel Edgardo. **Intervención del Estado en la Prestación de Servicios Públicos**. Buenos Aires: Hammurabi, 1998.

MARQUES NETO, Floriano de Azevedo. Concessão de Serviço Público sem ônus para o Usuário. In: WAGNER JUNIOR, Luiz Guilherme da Costa (org.). **Direito Público**: estudos em homenagem ao Professor Adilson Abreu Dallari. Belo Horizonte: Del Rey, 2004.

__________. **As parcerias público-privadas no saneamento ambiental**. Mimeo., 2005

MODESTO, Paulo. Reforma do Estado, Formas de Prestação de Serviços ao Público e Parcerias Público-Privadas: demarcando as fronteiras dos conceitos de serviço público, serviços de relevância pública e serviços de exploração econômica para as parcerias público-privadas. **Revista Eletrônica de Direito Administrativo Econômico**, Salvador, Instituto de Direito Público da Bahia, nº. 2, maio-jun-jul, 2005.

PROVENZA, Vittorio Constantino. Parecer. **Revista de Direito da Procuradoria Geral do Estado do Rio de Janeiro**, v. 50, p. 359-382, 1997.

SUNDFELD, Carlos Ari. **Projetos de Lei de Parcerias Público-Privadas**. Análise e Sugestões, mimeo, 2004.

_________. Guia jurídico das Parcerias Público-Privadas. In: ______ (coord.). **Parcerias público-privadas**. São Paulo: Malheiros, 2005.

VALETTE, Jean-Paul. **Le Service Public à la Française**. Paris: Ellipses, 2000.

ZYMLER, Benjamin. **Direito Administrativo e Controle**. Belo Horizonte: Fórum, 2005.

CATEGORIAS FUNDANTES DA ECONOMIA DE MERCADO E ELEMENTOS DE UMA ANÁLISE CRÍTICA

Paulo Ricardo Opuszka[*]
João Paulo Vieira Deschk[**]

1. INTRODUÇÃO

Este artigo pretende apontar aspectos sobre a economia de mercado ou, mais precisamente, o capitalismo e seus reflexos na estrutura da modernidade.

Para Maurício Tragtenberg (ARGUELLO, 1996), a formação do Estado moderno, construção do monismo jurídico e a ética protestante foram denominadas condições de nascimento superestruturais[1] do capitalismo.

(*) É Bacharel em Direito (2000) pelo Centro Universitário Curitiba. Mestre em Direito (2006) e Doutor em Direito (2010) pela Universidade Federal do Paraná. É Professor de Direito do Trabalho e Processo do Trabalho no curso de Graduação em Direito da Universidade Federal do Paraná. É Professor Permanente do Programa de Pós-Graduação em Direito da Universidade Federal do Paraná (Capes 6). É Pesquisador e Líder do TRAEPP – Grupo de Estudos em Trabalho, Economia e Políticas Públicas (PPGD/UFPR). Colaborador do Programa de Mestrado em Direito Empresarial e Cidadania do Centro Universitário Curitiba. É Professor convidado da Especialização em Direito do Trabalho, Processo e Mercado do Centro de Estudos Jurídicos do Paraná. Foi Chefe de Gabinete da Reitoria da Universidade Federal do Paraná (Gestão 2016-2020). Foi professor de Direito e Processo do Trabalho da Universidade Federal de Santa Maria e do Mestrado em Direito, área de concentração Direitos Emergentes na sociedade global, linha de pesquisa direitos da sociobiodiversidade e sustentabilidade. Foi Coordenador Substituto do Curso de Direito Noturno da Universidade Federal de Santa Maria – UFSM. Foi Professor de Direito do Trabalho e Processo do Trabalho e Coordenador do Curso de Direito da Universidade Federal do Rio Grande – FURG/RS. Foi Professor de Direito Econômico na Escola da Magistratura Federal do Paraná. É professor licenciado de

Todavia, embora tais elementos surgem como mediação de alguns pensadores modernos, que não serão abordados neste texto.

A presente reflexão cuida de aspectos teóricos que originaram a Economia Política, observando temas como *a divisão do trabalho*, *o valor do capital* e *a exploração da força produtiva*, além das primeiras estratégias utilizadas para implantação desse modo de produção.

Os autores escolhidos são Adam Smith, David Ricardo e Karl Marx (pensadores que compõem a Economia Clássica), sendo aqui pretensamente discutidas e refletidas algumas de suas categorias e construções teóricas, muito mais no sentido de apresentar ao leitor suas principais observações e contribuições para fundar teoricamente a Economia de Mercado.

Direito do Trabalho e Processo do Trabalho na Faculdade Campo Real de Guarapuava/PR. Membro dos grupos de pesquisa em Direito da Sociobiodiversidade (GPDS) da Universidade Federal de Santa Maria – RS e Direito Cooperativo e Cidadania da Universidade Federal do Paraná. Ainda, membro do Grupo Transdisciplinar em pesquisa jurídica para a sustentabilidade da Universidade Federal do Rio Grande. Recebeu o título de Professor Benemérito da Disciplina de Filosofia de Direito das Faculdades Integradas do Vale do Iguaçu – Uniguaçu, por força da resolução 15/2014. Foi Superintendente do Instituto Municipal de Administração Pública de Curitiba (Gestão 2013-2016).

(**) Procurador Geral do Município de Ponta Grossa – PR. Doutorando em Direito do programa de Doutorado do UNICEUB – Centro Universitário de Brasília. Mestre em Direito Empresarial e Cidadania pelo Centro Universitário Curitiba – UNICURITIBA; Especialista em Direito Empresarial Contemporâneo pelo CDE – Cescage(2007); Bacharel em Direito pela Universidade Estadual de Ponta Grossa (2005). Professor do curso de Direito das Faculdades CESCAGE – Ponta Grossa nas disciplinas de Direito Civil e Processual Civil (Teoria e prática) e Direito Empresarial.

[1] Em carta a Engels, Marx reconhecera que era obrigado a ressaltar a importância da Economia porque esta era negada pelos seus adversários, porém não tiveram tempo de estudar os outros fatores que participam da interação econômica com a totalidade social. Ora, o que fez Weber? Criou a sociologia urbana, do direito, da religião para mostrar como esses fenômenos reagem à Economia. Como, por exemplo, determinada ética econômica – o calvinismo – cria condições para acumulação do capital enquanto outra ética econômica derivada da geomancia na China constituira um obstáculo ao capitalismo (TRAGTENBERG apud ARGUELLO, 1991, p. 36).

2. DIVISÃO DO TRABALHO, E CRESCIMENTO DAS NAÇÕES EM ADAM SMITH

A Filosofia Política Utilitarista[2] também foi influenciada pela ética protestante, na maioria dos pensadores, como é o caso de Adam Smith (1999, p. 62).

A obra de Adam Smith sofreu influência das contribuições filosóficas de Epicuro,[3] David Hume e Quesnay,[4] além do espírito revolucionário burguês de John Locke no que tange à questão da propriedade.[5]

O século 18 é marcado por diversas mudanças geopolíticas mundiais, dentre elas a mudança do sistema-mundo comercial para os mares da Europa do Norte, tendo como destaque a Inglaterra, grande potência que utilizou sua força bélica, comercial e política para abertura de cada vez mais novos mercados.

O contexto da obra de Adam Smith justifica a percepção de que o monetarismo, bem como a renda da terra analisada pelos fisiocratas, dará lugar à importância, para além da circulação, à *produção de mercadorias*.

A produção só é possível a partir da divisão do trabalho; essa é a grande e maior contribuição do referido autor. Assim, para Carleal (2003, p. 16),

---

2 Para o filósofo argentino Enrique Dussel, a tradição anglo-saxã deu origem ao utilitarismo, corrente filosófica ainda lactente no século 17 e proeminente ao final do século 18 e início do 19, encontrada em diversos autores, na maioria ingleses, uma vez que nesse período a Inglaterra passava a substituir Amesterdã como centro hegemônico mercantil do sistema-mundo, em especial as cidades de Londres, Glasgow, Machester e Edimburgo. Para Dussel, o *utilitarismo* é um "neoestoicismo (ainda um hedonismo neoepicurista) que reduz o manejo da pura subjetividade individual ao controle dos meios dirigidos a um fim, a partir de um cálculo instrumental que situa a experiência ética em referência às paixões como última instância. Isso permitiria certa racionalização empírica disciplinada das decisões, ações e suas consequências. (DUSSEL, 2002, p. 109). Não há somente um utilitarismo mas utilitarismos. Dussel apresenta elementos e dimensões que se pode extrair deles. Especialmente em John Locke, Adam Smith e Stuart Mill. Convém lembrar que Bentham foi considerado um dos maiores utilitaristas desse período.

3 Olhando para Antiguidade Clássica, de Epicuro retira-se o culto ao prazer, que se dava de forma cálculo meio-fim, previsibilidade e prazer consequente, ou seja, prazer como cálculo para afastamento da dor.

4 Pode-se afirmar que Quesnay é um marco teórico para a análise smithiana, inclusive que parte importante da obra desse autor clássico foi fruto da experiência com os fisiocratas e análise das principais contribuições para a corte francesa.

5 Outras considerações acerca de John Locke podem ser encontradas em Ruzik (2003, p. 36).

a categoria *trabalho* em Adam Smith significa *esforço que se mede pelo tempo e se troca por dinheiro*.

Almeida e Fernandes elegeram alguns tópicos da *riqueza das nações* para destacar pontos importantes na obra Smitiana (1998, p. 17): divisão do trabalho; princípio que dá origem à divisão do trabalho; diferença entre valor de uso e valor de troca; divisão limitada pelo mercado, lucros do capital; acumulação do trabalho produtivo e improdutivo.

A *divisão do trabalho* é a grande causa do aumento de sua capacidade produtiva. Utilizando o exemplo de uma fábrica de alfinetes, demonstra que tal divisão poderia ser copiada por outros ramos de produção, uma vez que a divisão, para aumento da capacidade produtiva, deveria ser generalizada.

Note-se que a concorrência perfeita é possível nos primórdios da Economia Política: as máquinas, pelos seus aspectos rudimentares, eram facilmente copiadas, fazendo com que, a partir de pequenas manufaturas, diversos empreendimentos passassem a produzir da mesma forma. Serão as mudanças a partir das inovações tecnológicas – além de outras questões de mercado, posteriores ao tempo dos clássicos – que gerarão a concorrência imperfeita.

A vantagem da divisão do trabalho poderia ser demonstrada em três circunstâncias: *maior destreza do trabalhador*, já que confia uma tarefa específica à capacidade de aprimorá-la e assim, a capacidade e a habilidade técnica aumentariam; *economia do tempo*, quanto mais rápida a produção, mais tempo se ganharia no produto final do trabalho com o aumento da produção; *utilização de maquinaria,* inventada por operários ou construtores de máquinas, ou, ainda, filósofos (SMITH, 1999, p. 5).

A última circunstância descrita serviu para que outros economistas, posteriormente, refletissem sobre a separação, dentro do espaço da fábrica, de um espaço para criatividade, planejamento e pesquisa.

Quanto maior a *destreza do trabalhador*, justificada pela própria divisão do trabalho, ocorreria depois da criação da máquina acarretando aumento de produtividade e gerando o que foi posteriormente denominado excedente econômico.

A generalização do excedente econômico, dirigida ao mercado de trabalho pelo capitalista, geraria aumento no salário, devido à concorrência estabelecida entre os capitalistas para empregarem os trabalhadores mais eficientes (SMITH, 1999, p. 12).

O *princípio que dá origem à divisão do trabalho* é a propensão que a natureza humana tem para troca, propensão essa que só se encontra no homem.

Ela é incentivada pelo egoísmo e leva à divisão do trabalho, dando, assim, origem a diferenças de talento, mais importantes que as diferenças naturais, tornado-as úteis (SMITH, 1999, p. 13).

Pode-se caracterizar essas diferenças de talento de poder de troca de cada homem.

> Não é da bondade do açougueiro, do cervejeiro ou do padeiro que podemos esperar o nosso jantar, mas da consideração em que eles têm de seu próprio interesse. Apelamos, não para a sua humanidade, mas para o seu egoísmo, e nunca lhes falamos das nossas necessidades, mas das vantagens deles. Ninguém, a não ser um mendigo, se permite depender essencialmente da bondade de seus concidadãos (SMITH, 1999, p. 12).

Em relação ao conceito de *valor*, deve-se observar que a palavra tem dois significados diferentes: uma vez expressa a utilidade de determinado objeto; outra, o poder de compra de outros objetos que a posse desse representa. O primeiro pode se designar valor de uso; o segundo, valor de troca (SMITH, 1999, p. 15).

Em relação ao *valor de uso*, este seria o valor que as coisas têm para as pessoas que se servem delas; reside na utilidade das coisas. Esse valor não pode ser medido, nem traduzido em determinada quantidade, nem ser expresso em números. É sempre subjetivo e depende do olhar do sujeito.

O valor de troca é objetivo. Ele se manifesta objetivamente nas relações sociais, na troca, compra e venda de um produto. Para que um produto tenha valor de troca, é preciso que ele tenha valor de uso para alguém.

A análise econômica ocupa-se do valor de troca. O trabalho humano faz com que as coisas tenham mais valor. Quanto mais trabalho se exige na fabricação de uma mercadoria, maior valor ela tende a alcançar no mercado. O valor do trabalho aumenta conforme aumenta o tempo de trabalho necessário para a produção da mercadoria. Esse é o tempo socialmente necessário para a produção do produto.

A divisão do trabalho é originada, como visto anteriormente, pelo poder de troca. Assim, à extensão da divisão, sempre limitada pela extensão desse poder, chamou-se mercado. Portanto, a divisão do trabalho é limitada *pela dimensão do mercado*. Quando esse mercado é pequeno, ninguém tem um só ofício ou emprego, denominação essa que começa a aparecer em Adam Smith (1999, p. 16). Quando o mercado é grande, a tendência será a especialização maior das funções que os homens exercem. Dessa forma, os mercados se estendem, dando origem a um novo ciclo de divisão do trabalho.

Em relação aos *lucros do capital*, para Smith, dependiam de aumentos e diminuições da riqueza, reduzindo-se quando a riqueza aumentava. Era difícil determinar a taxa de aumento ou diminuição, mas seu valor poderia se equivaler ao da taxa de juros, que, na Inglaterra, nesse período, estava em declínio, a medida em que aumentavam as riquezas.

> Os lucros são mais baixos nas cidades, onde há muito capital, do que nos campos, onde há pouco. O juro é mais elevado na Escócia, um país pobre, do que na Inglaterra. Acontece também na França, provavelmente país menos rico do que a Inglaterra. Mas é mais baixo na Holanda que é mais rica do que a Inglaterra. No caso particular de novas colônias, coexistem salários e lucros altos. Mas os lucros tendem a diminuir, gradualmente. Os novos territórios ou indústrias podem fazer elevar os lucros mesmo num país cuja riqueza está no progresso. A redução do volume de capital faz subir os lucros. Num mesmo país que atingisse o máximo possível de riqueza, os lucros seriam, tal como os salários, muito baixos, mas nunca existiu país assim. (SMITH, 1999, p. 22).

A falta de garantia de cumprimento dos contratos das nações fazia elevar o juro, o mesmo acontecendo com a proibição de cobrá-lo. A taxa de lucro mínima deveria ser mais do que suficiente para compensar as perdas e o mesmo aconteceria com a taxa de juro mínima.

Num país que tivesse o máximo de riqueza possível, o juro seria tão baixo que somente as pessoas ricas poderiam viver dele. A máxima taxa de lucro possível absorveria a totalidade de renda e deixaria apenas os salários.

A proporção entre juro e o lucro variava com a taxa do lucro.

Nos países em que eram baixos, poderiam vender seus produtos tão baratos quanto aqueles onde os salários eram baixos. Os lucros altos tenderiam a elevar mais os preços que os salários altos.

Em relação à acumulação do capital e do trabalho produtivo e improdutivo, leciona:

> Há duas espécies de trabalho: o produtivo e o improdutivo. Muitos outros tipos de trabalho, para além dos criados, são improdutivos. A parte do produto que é empregada na manutenção dos trabalhadores produtivos determina a produção do ano seguinte. (SMITH, 1999, p. 18).

Em relação aos trabalhadores produtivos e improdutivos, estes eram os servos, que laboravam nas casas dos capitalistas, trabalhadores domésticos. Os produtivos eram aqueles em que o esforço se media com as horas de trabalho, os que davam suas horas de trabalho na produção de mercadorias.

Carleal ensina que "o trabalho útil acrescenta valor, não custa ao patrão (uma vez que o trabalho remunera o salário) e fixa-se numa mercadoria vendável e durável. Os trabalhadores que não conseguem acrescentar o valor custam para o patrão e ao não fixarem-se numa mercadoria não interessam ao capital (2003, p. 46).

Para Smith, a proporção entre fundos determinava em que medidas os habitantes do país seriam ativos ou ociosos. Assim, o aumento ou a diminuição do produto anual de um país. Os capitais eram aumentados pela parcimônia ou poupança. Aquilo que é poupado vem a ser consumido por trabalhadores produtivos.

> O homem frugal cria um fundo perpétuo para o emprego dos trabalhadores produtivos. O pródigo desvia estes fundos para outros fins. O fato do dispêndio ser efetuado em bens produzidos no país ou bens estrangeiros não faz qualquer diferença. Se o não tivesse gasto, haveria no país, exatamente o mesmo dinheiro e haveria também os bens originados pelos trabalhadores produtivos. (SMITH, 1999, p. 23).

Além disso, para o autor, quando o produto anual diminuía, ocorreria saída de dinheiro para o estrangeiro e, por outro lado, entrada de dinheiro no país, sempre que o produto anual aumentava.

Assim, mesmo que a riqueza real de um país consistisse no dinheiro nele existente, o pródigo continuava a ser o inimigo público.

O mau emprego do capital teria o mesmo efeito que a prodigalidade. A fragilidade e a prudência predominam. A prodigalidade é mais intermitente do que o desejo de melhorar de situação.

Os empreendimentos imprudentes são em pequeno número em comparação aos acertados. A prodigalidade e imprudências públicas deveriam ser mais temidas do que as privadas, mas são contrariadas pela fragilidade e a prudência privadas. É necessário um aumento de capital para aumentar o produto da nação.

Assim, se o produto cresceu, o capital aumentou. Foi isso o que aconteceu em quase todas as nações em períodos de paz.

Um exemplo clássico utilizado é o da Inglaterra de 1660 a 1776, ou de 1558 a 1660, embora nesses períodos tivesse abundado a prodigalidade pública e privada e se tivessem registrado muitos outros distúrbios e revezes. Ainda:

> A fragilidade e a prudência privadas têm, sem que se dê, contrariado tais fatores. Além dos aumentos e reduções do capital, podem distinguir-se vários tipos de despesas. O indivíduo que adquire bens duradouros será mais rico do que o que adquire somente bens perecíveis. O mesmo acontece com uma nação. É mais fácil acabar com o primeiro tipo de gastos, que também assegura a manutenção de maior número de pessoas. (SMITH, 1999, p. 25).

Esse teórico já percebia que havia uma diferença entre o valor do trabalho e o que era realmente pago pelo trabalho, mas não denomina mais-valia, categoria da análise de Karl Marx.

Pode-se concluir que, para Smith, a divisão do trabalho é a razão da riqueza das nações uma vez que, sendo esse teórico de princípios utilitaristas, a finalidade do homem é alcançar a felicidade. Tal felicidade só aconteceria se esse homem tivesse prazer, que só adquire afastando-se da dor. Consumindo, o homem obtém prazer, mas, para tanto, precisa de dinheiro que se adquire com trabalho.[6] E nas grandes manufaturas trabalho se gera com a divisão do trabalho.

3. TAXAÇÃO, RENDA E DESEMPREGO EM DAVID RICARDO

David Ricardo é outro filósofo político relevante para denominada teoria clássica ou Economia Política. O autor pode ser considerado o pai da

---

[6] Hermes dos Santos, responsável pelo prefácio da edição portuguesa de *Riqueza das Nações* aponta que ao leitor caberá, através de uma leitura com mais afinco "tentar auferir por si a justeza dos muitos clichês lançados sobre Adam Smith e as suas ideias: o arquiconservador, o porta-voz da burguesia industrial, o racionalizador dos interesses capitalistas, o ingênuo evangelista das hamonias naturais". Cabe-nos salientar que Marx admirava Adam Smith e David Ricardo enquanto teóricos universais. Ambos se diferenciavam dos autores casuístas, referindo-se aos economistas vulgares. No mesmo sentido, Oscar Correas afirma, em entrevista à Katie Arguello, que os marxistas devem admirar os clássicos universais – para um marxista seguidor do exemplo de Marx, não há qualquer clássico desprezível (ARGUELLO, 1996, p. 50).

Economia Clássica sistematizada e independente da Filosofia. Em Adam Smith restam preocupações e justificativas filosóficas para questões econômicas. Ricardo rompe com esse pensamento, tornado-se um teórico fundante de duas grandes correntes econômicas que lhe sucedem na segunda metade do século 19: a teoria marginalista (1871) que rompe com a Economia Política Clássica e a teoria econômica de Karl Marx.

As premissas desenvolvidas por Adam Smith, em relação à centralidade do trabalho, foram reafirmadas por Ricardo no primeiro capítulo de *Princípios de Economia Política e Tributação*. Entretanto, a partir do segundo capítulo, o autor desenvolve o que, para a Economia foi sua principal contribuição: a preocupação com a distribuição de renda por classe (seu principal trabalho, referencial teórico para teoria clássica cuida do dimensionamento sobre a oposição à lei que proíbe a importação de cereais), em relação à taxa de lucro, que reage conforme a ocorrência de aumento de salário, uma vez que aquela é a variável que determina o termômetro da Economia (RICARDO, 1982, p. 56).

Esse pensador, além de bastante perspicaz, teve sucesso como capitalista em muito pouco tempo: antes dos 30 anos de idade, já era rico. Sua primeira e principal profissão foi operador da bolsa de valores, aprendendo rapidamente a lidar com o capitalismo na prática, antes de estudá-lo na teoria.

Outra questão relevante de sua vida foi o fato de ter sido parlamentar na Câmara dos Comuns, representante do condado irlandês de Portarlington, cuja representação, à época, poderia ser comprada. Para ele, todos os elementos que abalassem a taxa de lucro deveriam ser criticados. Em relação ao valor, no princípio dos seus estudos, considerava sempre relativa e proporcional a troca. Era significado de *trabalho contido* e seu objetivo, era a distribuição (RICARDO, 1982, p. 20).

O trabalho comandado passava a ideia de crescimento futuro. Sua teoria procura compreender a relação entre valor e distribuição, considerado o salário dado. Enquanto a preocupação de Adam Smith era o binômio capital x trabalho (lucro x salário), a preocupação de Ricardo era o binômio lucro x renda.

Convém destacar que esse autor clássico pode ser admirado por sua humildade acadêmica uma vez que, ao rever sua obra, considera a possibilidade de que a situação em que se encontrava o trabalho levaria ao desemprego. Tal assertiva compõe um capítulo a mais em sua obra, após a primeira edição da mesma.

O ponto alto da discussão teórica de Ricardo é a questão do valor. Para ele, a teoria do valor em Smith sofre ambiguidades. A ideia básica desta teoria era que:

> Na troca de mercadorias tende a haver uma troca de quantidades iguais de trabalho, utilizando em sua produção. Desta maneira pretende responder que, por exemplo, um maço de cigarros vale vinte caixas de fósforo: basicamente porque o tempo de trabalho necessário à produção do primeiro seria vinte vezes maior que aquele utilizado para produzir o segundo. (RICARDO, 1982, p. 59).

Entretanto, quando da repartição da renda entre capital e trabalho, a lei do valor de Smith apresenta problemas porque não é compatível à teoria do valor-trabalho a justificativa de que o valor de cada mercadoria se compõe da soma dos salários, lucro e renda.

Porém, os lucros variam inversamente proporcionais ao valor dos salários dependendo ambos da produtividade do trabalho, o que faz Ricardo inovar ao afirmar que,

> se os capitais estão sujeitos a mesma taxa de lucros, o valor das mercadorias passa a depender não só do tempo de trabalho requerido pela sua produção mas também do valor do capital total nele aplicado e de seu tempo de rotação. (1982, p. 21).

Outro fator determinante de sua teoria é a preocupação com a política monetária. Ricardo era avesso à interferência do Estado na Economia, pela sua irresponsabilidade e possibilidade de corrupção dado excesso de poder gerado a um ente que controla a emissão de papelmoeda – via nesse ato o princípio da inflação.

4. EXPLORAÇÃO, ALIENAÇÃO, VALOR E FETICHE EM KARL MARX

Karl Marx, em seus estudos para composição do *capital*, os quais permaneceram inacabados devido ao seu falecimento em meio à produção da obra, realizou um verdadeiro trabalho de arqueologia para demonstrar as filigranas da ordem capitalista, a fim de descortinar o modo de produção responsável pela desigualdade social de seu tempo. Sua obra reflete os pontos críticos numa espécie de revisão meticulosa dos autores fundamentais da Economia Política clássica.

Marx aprofundou os conceitos dos dois mais importantes representantes da Economia Política, anteriormente referidos, para delimitar as categorias econômicas que, justapostas, fundaram o sistema de produção e reprodução do capital até a autonomia do dinheiro, ou seja, o salto mortal que dá origem ao capital financeiro.[7]

A obra *O capital* teve que ser encerrada através da compilação das anotações colhidas por Engels, fundamentais para finalização do último volume.

Os elementos levantados em sua teoria modificam substancialmente a ideia de mercado, trabalho, mercado de trabalho a começar pela afirmação de que a não possibilidade de criatividade (pela alienação do trabalho) gera ao trabalhador um enfadamento, um aproximação do trabalho ao fardo, sacrifício.

As premissas de Karl Marx, depois de *Contribuição crítica à Economia Política*, partem do real concreto. A realidade é seu grande ponto de partida. Ela antecede a teoria, pois a mesma é mera teoria. O concreto real abstrai, daí o abstrato, que gera o concreto novamente, assim denominado *concreto refletido*.

Quanto à sua visão de mundo, passa-se através da compreensão dos acontecimentos históricos, pelas classes. Do conflito entre conhecimento e da possibilidade de se ter acesso a ele deriva sua teoria acerca da luta de classes.

O elemento novo das discussões na Economia Política é a questão do trabalho assalariado.

A mercadoria é o ponto de partida para Marx. O capitalista e o trabalhador são personificações. Ocorre a ruptura com a Economia Política clássica e seus parâmetros se propõem a desvendar o capitalismo.

O valor é símbolo, carimbo, porque todas as mercadorias têm trabalho humano. A população será sempre, em uma parcela, excedente, bem como o capitalismo, sempre desigual. O homem trabalha para viver e a mercadoria é a unidade de valor de uso e de valor de troca.

---

7 A seção 3 do capítulo III, do volume I, de *O capital* coloca em evidência a transformação do dinheiro emdinheiro universal, ou seja, o atualmente conhecido *capital financeiro*. O trajeto desse raciocínio marxiano é a passagem do dinheiro enquanto *entesouramento*, dinheiro enquanto meio de pagamento até chegar ao denominado dinheiro universal. Para Grespan (2006), também faz parte da mística do fetiche a aparência de autonomia, mas que esconde o trabalho humano.

A mercadoria precisa se afastar de seu produtor. Karl Marx descobre que o dinheiro é medida de valor de circulação. O denominado salto mortal da mercadoria só acontece quando ela é vendida, ou seja, só é realizada quando vendida. O dinheiro também pode ser meio de pagamento para dilatar no tempo o próprio pagamento, ou seja, aí se dá o nascimento do crédito.

A equação de Marx é D – M {PT} – M' – D', onde D é capital inicial; M mercadoria comprada por D com igualdade de valor de compra e de venda; PT é processo de trabalho (meio de produção, objeto de trabalho submetido a controle do capital); M' é mercadoria produzida e D' é dinheiro obtido com a venda de M'. A força de trabalho é capital variável e o meio de produção é o capital constante.

O espaço onde a mercadoria produzida é posta à venda e não utilizada pelo produtor é denominada mercado. O mercado de trabalho, por consequência, é o espaço onde o que é posto à venda é a própria força de trabalho do trabalhador.

Marx afirmava que as leis do mercado se impõem ao trabalhador de forma que os seres humanos são meros instrumentos do capital. Sendo assim, as condições que o produto de trabalho humano assumem valor são as do que denominou *fetichismo da mercadoria*, ou seja, a verdadeira significação da mercadoria, ocultada na expressão de trabalho humano concreto, assumindo aparência de fatalidade.

Essas condições foram esclarecidas por Marx para que os trabalhadores compreendessem sua condição. Os teóricos dos socialismos reais produziram grandes doutrinas do pensamento marxiano, denominado a partir de então *marxismo*, de tal modo que gerou uma conjuntura política de organização e reação daqueles que sofriam a exploração do trabalho.

Se a mercadoria esconde o trabalho, o denominado fetichismo da mercadoria comporta o desaparecimento do trabalho, a desconsideração para com o mesmo, de forma que não se considera o fator *trabalho humano*, possibilitando a exploração do trabalho.

Na equação de Marx, o processo de trabalho é a evidência que D' (resultado do salto mortal da mercadoria) só pode ser maior que D (capital inicial investido) porque o valor pago pelo trabalho é menor do o seu real valor.

A exploração do trabalho ocorre porque, para que haja capitalismo, é condição *sine qua non* que o valor pago pelo trabalho seja menor do que o valor que ele de fato tenha. Eis a corajosa conclusão de nosso teórico, que não quis ser ouvida pelos demais economistas denominados marginalistas e baniram Marx da Economia contemporânea.

Pretedendeu-se, portanto, apontar elementos das três teorias para problematizar a Economia Política em seus primeiros ensaios teóricos, em sua análise mais estruturante.

5. CONSIDERAÇÕES FINAIS

As preocupações teóricas apresentadas, pela universalidade dos aspectos analisados, qualificaram seus autores, enquanto referência na História do Pensamento Econômico, do que se denominou modernamente de *clássicos*.[8]

Convém destacar que, embora a centralidade do trabalho permaneceu em Karl Marx, perdeu a importância para os denominados marginalistas (Jevons, Marshall e outros da linha neoclássica), mas foi retomada por Schumpeter e posteriormente por John Maynard Keynes (1985) nas teses relacionadas ao Estado de Bem-Estar, em voga no final do século 19 na Alemanha e emergente no fim da década de 1920, especialmente na matriz americana.

As características da centralidade do trabalho, sob o denominado paradigma da produção, aparecem na divisão do trabalho smithiana, de forma mais latente na preocupação com valor do capital de Ricardo e na tese da exploração da força produtiva, uma espécie de aproveitamento de todas as bases do pensamento clássico para formação e conformação dos principais aspectos abordados pelo *das kapital* (MARX, 2002), que se aproveitou das reflexões anteriores, mas desvelou magistralmente o capitalismo – em verdade –, valor pago pelo trabalho tem que ser, obrigatoriamente, menor do que valor real do trabalho.

Em grande parte das reflexões contemporâneas, o trabalho humano deixou de estar na origem da riqueza decorrendo dos fatores de produção: terra, trabalho e capital. As classes foram substituídas por consumidores e firmas. Os consumidores maximizaram os lucros sujeitos à restrição de custos; já as firmas maximizam os lucros sujeitos à restrição de custos.

A pretensão deste artigo foi situar o leitor no esteio dos elementos considerados necessários à compreensão do mundo moderno, no qual o

[8] Diversas são as explicações a respeito do que se denominam clássicos.

capitalismo sobrelevou sua importância, tanto que, até o presente momento, embora com sinais evidentes de crise de sustentabilidade, não foram superados seus pressupostos.

Se não couber à nossa geração sua superação, ao menos a compreensão de seus mecanismos para que possamos estar cientes de suas consequências e não passemos inconscientes.

Referências

ALMEIDA, Fernando Lopes de; FERNANDES, Francisco Chaves. **A economia clássica**: textos de Smith, Ricardo, Malthus. Rio de Janeiro: Forense-Universitária, 1978.

ARGUELLO, Katie Silene Cáceres. **Direito e democracia**. Florianópolis: Letras Contemporâneas, 1996.

CARLEAL, Liana Maria da Frota Carleial. Lições de sala de aula nos créditos da disciplina de Teorias Econômicas e Economia Solidária ministrada no Programa de Pós-Graduação da Universidade Federal do Paraná, primeiro semestre de 2003.

DUSSEL, Enrique. **Ética da libertação na Idade da globalização e da exclusão**. 2. ed. Petrópolis: Vozes, 2002.

GRESPAN, Jorge. **A mercadoria**. São Paulo: Ática, 2006.

KEYNES, John Maynard. **A teoria geral do emprego, do juro e da moeda**. 2. ed. São Paulo: Nova Cultural, 1985. (Coleção os Economistas).

MARX, Karl. **O capital**. Rio de Janeiro: Civilização Brasileira, 2002. livro 1. v. 1.

RICARDO, David. **Princípios da economia política e tributação**. Trad. Paulo Henrique Ribeiro Sandroni. São Paulo: Abril Cultural, 1982.

RUZIK, Carlos Eduardo Pianovski. Locke e a formação da racionalidade do Estado Moderno: o individualismo proprietário entre o público. In: FONSECA, Ricardo Marcelo (org.). **Repensando a Teoria do Estado**. Belo Horizonte: Fórum, 2003.

SMITH, Adam. **Inquérito sobre a natureza e as causas da riqueza das Nações**. Trad. Teodora Cardoso e Luis Cristovão de Aguiar. 4. ed. Coimbra: Fundação Calouste Gulbekiam, 1999.

DO PROCESSO ECONÔMICO DE INOVAÇÃO

Ricardo Luiz Sichel(*)

1. DO PROCESSO ECONÔMICO

O processo de desenvolvimento tecnológico consubstancia-se em uma sequencia de elementos que buscam dotar a sociedade humana do conhecimento necessário para equacionar a solução de problemas, visando, dessa forma, propiciar aos membros dessa coletividade o bem comum, através do desenvolvimento econômico e tecnológico. Portanto, as parcelas

---

(*) Possui graduação em Direito pela Universidade Federal do Rio de Janeiro (1983), mestrado em Propriedade Industrial – Westfälische Wilhelms Universitat Münter (1995) e doutorado em Direito Europeu de Patentes – Westfälische Wilhelms Universitat Münter (2002). Foi procurador federal localizado na Procuradoria Federal do Instituto Nacional da Propriedade Industrial, até a sua cessão à Universidade Federal no Estado do Rio de Janeiro (UNIRIO). Exerci o cargo de Procurador-Geral da Agência Reguladora e Energia e Saneamento Básico do Estado do Rio de Janeiro, com competência para regular contratos de concessão de serviços públicos de saneamento básico e energia (gás), até 01/09/2007. A partir de outubro de 2007, passei a ocupar a Chefia de Divisão de Orientação Jurídica da Procuradoria Federal junto ao Instituto Nacional da Propriedade Industrial. Exerci este cargo até abril de 2009. De março a dezembro de 2009 cursei, na Escola Superior de Guerra, o Curso de Altos Estudos de Política e Estratégia (CAEPE), tendo redigido monografia sobre o Direito da Propriedade Intelectual. Exeri de 1 de março de 2010 até 20 de julho de 2010, o cargo de Diretor da Escola de Administração, do Centro de Ciências Jurídicas e Políticas da Universidade Federal do Estado do Rio de Janeiro (UNIRIO). De 21 de julho de 2010 até 9 de dezembro de 2010, atuei na Procuradoria Federal do Instituto Nacional da Propriedade Industrial, coordenando, também Grupo de Trabalho com vistas a instituição do Centro de Defesa da Propriedade Intelectual. No período de 10 de dezembro de 2010 até 01 de setembro de 2011, exerci o cargo de Chefe da Coordenação de Defesa da Propriedade Intelectual, do Instituto Nacional da Propriedade Industrial, estabelecendo seus mecanismos de atuação, na área de estudos de viabilidade para a instituição de procedimentos de arbitragem e mediação na área de propriedade intelectual

que compõem esse processo devem ser dotadas na necessária complementaridade de forma a que uma não crie obstáculo ou empecilho para atingir as metas pretendidas. Conhecimento tecnológico é construído mediante o aprimoramento da capacidade dos atores envolvidos, incluída a parcela referente a recursos humanos, bem como em um ambiente de negócio propício para seu desenvolvimento, na medida em que a falta desse último implicará a ausência do fomento que incentiva o iniciar e o desenvolver da atividade econômica.

O ambiente de desenvolvimento econômico necessita, para o seu sucesso, um processo de crescimento, uma vez que a retração, reduz a capacidade de demanda da sociedade, bem como cria um ambiente negativo de negócios. Segundo Pereira, o desenvolvimento econômico é o processo de sistemática acumulação de capital e incorporação do progresso técnico ao trabalho e ao capital que leva ao aumento sustentado da produtividade ou da renda por habitante e, em consequência, dos salários e dos padrões de bem-estar de uma determinada sociedade. Definido nesses termos, o desenvolvimento econômico é um fenômeno histórico que passa a ocorrer nos países ou Estados-nação que realizaram sua revolução capitalista.[1] Por seu turno, corrobora-se esse ensinamento com a noção de que o crescimento sustentado exige um progresso tecnológico da mesma natureza, na medida em que o aumento de produção decorre de dois fatores: a acumulação de capital e o progresso tecnológico, e o primeiro não tem a capacidade de sustentar o crescimento de forma contínua. Dessa forma, o crescimento *per capita* é determinado pela taxa de progresso tecnológico da economia (BLANCHARD, 2007, p. 200).

Atualmente, a sociedade humana vive um momento de crise econômica, com reflexos em todas as atividades humanas, cuja busca pelo equilíbrio das contas públicas tem se tornado verdadeira obsessão. Entretanto, a adoção de políticas restritivas tem tido como consequência um aprofundamento do quadro recessivo, gerando a inevitável redução de arrecadação por parte do Estado, afetando de maneira direta a adoção de políticas de inovação.

A busca por soluções dessa natureza decorre da adoção de políticas ortodoxas, onde o corte ao déficit público é a meta, gerando, como consequência, a recessão. Com a recessão, diminui-se a taxa de emprego e, dessa

---

1 Disponível em: <http://www.bresserpereira.org.br/papers/2007/07.21>. Acesso em: 7 jul. 2012

forma, reduz-se o consumo, levando à redução da rentabilidade dos negócios e uma redução das encomendas, gerando, assim, uma nova redução da taxa de emprego, alimentando não somente a redução, mais uma vez do consumo, mas também da arrecadação tributária, sem falar no aumento de gastos, através do pagamento de seguros-desemprego ou gastos previdenciários, na medida em que também diminui o número de empregados que contribuem com a previdência social, sem, entretanto, ser acompanhado em uma minoração do número de beneficiários.

2. DAS PATENTES

O processo de inovação precisa dessa forma, não somente de um ambiente econômico propício, como da adoção de políticas que visem ao aprimoramento dos recursos humanos envolvidos. Indispensável, assim, a existência de um marco legal estável, que garanta aos participantes um perfeito e adequado conhecimento das regras em vigor, implicando, evidentemente, no sistema judiciário apto a julgar, as demandas em tempo razoável. O sistema de patentes constitui, dessa forma, uma modalidade de fomento do desenvolvimento econômico desde que se obtenha da informação dele proveniente a ferramenta capaz de alavancar esse processo e não o transforme em mecanismo de reserva e monopólio de mercado (MANKIW, 2001, p. 213).

Dentro desse espectro, observa-se que o sistema de patentes isoladamente não tem essa capacidade motriz, na medida em que seria sintetizar todo o mecanismo a uma atividade cartorial. É preciso, contudo, entender a existência de um sistema interligado, em que a patente é um de seus componentes, visando atingir a meta pretendida. Nesse diapasão, todo o processo tem início na educação. O processo de inovação tem início na pesquisa e esta depende da existência de Centros adequados para seu desenvolvimento. A implantação desses centros, públicos ou privados, implicam a obtenção de verbas suficientes para que o trabalho seja desempenhado, sem que se tenha a certeza no resultado a ser obtido, por se tratar de uma busca na solução de determinados problemas, sem a certeza de que serão alcançados. Ultrapassada essa etapa, inicia-se a busca pela proteção legal, que se dá pelo organismo estatal responsável, que deveria proceder ao exame em tempo hábil, de forma a viabilizar a comercialização do produto patenteado e, assim, seja obtido o retorno ao capital investido, de forma a propiciar o desenvolvimento de novas pesquisas, criando um processo contínuo de inovação tecnológica. Para entender o significado de tecnologia, vale a pena citar a definição desta, conforme entendida pelo Governo dos Estados Unidos da América:

> A tecnologia é definida para este projeto como todo o conhecimento necessário para o funcionamento produtivo de uma empresa. O termo pode abranger o "hardware", como fábricas, máquinas, produtos, e as infraestruturas (laboratórios, estradas, sistemas de distribuição da água, facilidades do armazenamento) e o software, incluindo bens não corpóreos, como o "know-how", experiência, formulários de organização, conhecimento, e instrução. É um processo complexo e dinâmico em uma continuação, sequencial (BARBOSA, 2012, p. 2).

Nesse campo, tem-se que deter o conhecimento, pelo processo tecnológico se assume importância capital, quando verificado o desenvolvimento econômico das sociedades. A evolução econômica das nações já teve na revolução industrial marco importante, no qual o processo acelerado de industrialização foi levado a cabo, sendo que, hodiernamente, essa fase foi suplantada pela revolução do conhecimento.

Em verdade, inexiste consenso no tocante à capacidade da propriedade intelectual, através de seus elementos de proteção, constituir elemento de difusão e fomento de tecnologia. Esta capacidade se dá, entretanto, em maior proveito para os países desenvolvidos, frustrando tendências desenvolvimentistas na América Latina (BARBOSA, 2005, p. 11). Por outro lado, seu uso, de forma não controlada, pode acabar se transformando em um claro óbice para o desenvolvimento econômico, através da criação de reservas de mercado e frustrando o desenvolvimento de tecnologias, naqueles países que não a detêm. Observa-se, a esse respeito, que muitos Estados somente adotaram padrões rígidos de proteção, na medida em que já detinham razoável desenvolvimento tecnológico. O acréscimo e a acumulação desses conhecimentos servem de força motriz para seu constante aprimoramento (ANDERSON, 1998, p. 71). Nesse diapasão, não se pode deixar de consignar que tecnologia, nos dias atuais, constitui um importante bem, objeto de comercialização, sendo que esse valor se aduz pela sofisticação, ultrapassando em muito aquele das *commodities*, além de considerar a inexistência de impactos ambientais. Os países desenvolvidos, quando de seu processo de desenvolvimento, adotaram Sistemas de Proteção de

Propriedade Industrial liberal, valendo observar que, na Lei Alemã de Patentes, de 1870, não havia a proteção para produtos químicos e farmacêuticos. A indústria teve liberdade para se desenvolver e, uma vez estabelecida a base do conhecimento, procurou-se, através de mecanismos legais, garantir a proteção deste, estabelecendo o sistema patentário. Em tempos atuais, tem-se que países não desenvolvidos se transformaram em grandes tomadores de tecnologia externa, sem, entretanto, desenvolvê-la, transformando-se em nações importadoras dessas (CORREA, 2000, p. 30).

Destarte, deter tecnologia não pode decorrer da simples aquisição desta, mas pesquisar e desenvolvê-la, de forma a capacitar o Brasil aos novos desafios da ordem econômica. Em publicação referente ao futuro das ferrovias no Brasil, esclarece David, que tecnologia é desenvolvida e não adquirida (2009, p. 250). Essa questão se torna em especial delicada quando abordado o caso dos produtos farmacêuticos, onde a proteção por patentes visa à dominação de mercados (TACHINARDI, 1993, p. 45).

Ora, quem detém a tecnologia, de certo, não vai querer transferi-la se houver o risco de a mesma ser desenvolvida em seu desfavor e, dessa forma, vir a perder mercado. A tecnologia tem seu sentido em função das vantagens de caráter econômico dela advindo, gerando, então, riqueza e assim se alcançar o bem comum, através de um desenvolvimento econômico-social equilibrado e sustentado.

Barbosa (2005), relatando os incrementos utilizados pela tecnologia, cita que o Japão, em seu processo de desenvolvimento econômico, utilizou a tecnologia, copiando produtos disponíveis, de forma a aprimorá-los e, portanto, desenvolvê-los, como base de criação e sustentação de seu desenvolvimento econômico. Assim, o nível de proteção de propriedade intelectual, quando da transferência de tecnologia, tem impacto no campo de investimentos diretos nesse segmento. Resultando que a fraqueza nesse setor se concentra em países que as tomam, mediante licenciamento, através de sua importação. Por seu turno, aqueles que detêm o conhecimento tecnológico estão mais propícios a licenciá-las naqueles países com melhores padrões de proteção da propriedade intelectual (CORREA, 2000, p. 30). Portanto, o sistema de patentes pode ser encarado como sistema eficiente de fomento da tecnologia, caso haja algum desenvolvimento científico e tecnológico (CORREA, 2000, p. 39), não podendo passar *in albis* que o Brasil já detém expertise em vários destes, como na prospecção de petróleo em grandes profundidades e em Institutos de Pesquisa como a Farmanguinhos, o Butantã, entre outros. Esse entendimento é defendido por Robert Sherwood, que estatuiu que o incremento de investimentos em tecnologia tem como pressuposto melhora e aprimoramento dos sistemas de proteção da propriedade intelectual (GUISSE, 2012, p. 1). Outrossim, é forçoso reconhecer que, no âmbito do comércio internacional, a definição de regras claras para a proteção da propriedade intelectual, mesmo através de acordos bilaterais, acabam por definir investimentos estrangeiros efetuados, tornando-se em instrumento de ação de países desenvolvidos (BASSO, 2005, p. 42).

Entretanto, não se pode aceitar a afirmação de que a existência de um sistema patentário possa ser condição para o fomento do desenvolvimento. A estatística do número de patentes depositados no Brasil evidencia um acréscimo, após a edição da Lei n.º 9279, de 14 de maio de 1996, através dos campos de proteção ampliados, entretanto, não se observa um crescimento dos pedidos de privilégio oriundos de depositantes brasileiros. Os processos tecnológicos, altamente concentrados, aliados aos baixos investimentos em pesquisa e tecnologia, acabaram por não criar um campo propício para o desenvolvimento desejado, em especial quando observada a falta de comunicação da Academia com o setor produtivo.

O Brasil recebe em média 30 mil pedidos de patente por ano (INPI, 2012), enquanto os grandes escritórios de patente (EUA, Europa e Japão) têm uma média de 300 mil pedidos depositados anualmente. Ora, tem-se que aproximadamente 270 mil pedidos não vêm a ser depositados no Brasil e essa inação faz com que o objeto desses pedidos esteja em domínio público. A patente, como determina a lei brasileira, pode reivindicar a proteção de um processo ou produto, porém estes têm que atender ao requisito da novidade. Assim, um exame daquilo que não veio a ser depositado no Brasil pode servir de informação tecnológica importante para o desenvolvimento de pesquisas no Brasil, sem a necessidade de formalização de qualquer processo de transferência.

3. DO INSTITUTO NACIONAL DA PROPRIEDADE INDUSTRIAL (INPI)

Toda essa formulação depende de uma estrutura estatal adequada em atender às demandas da sociedade, cujo órgão responsável pelo processamento do pedido de patentes, no caso brasileiro, o Instituto Nacional da Propriedade Industrial, assume papel relevante.

O INPI é uma autarquia federal, criada pela Lei n.º 5648/70, vinculada ao Ministério da Indústria, Comércio e Turismo (MDIC). Sua estrutura funcional encontra-se definida pela Portaria MDIC n.º 130, de 11 de junho de 2008, que igualmente estabelece sua destinação:

> Art. 1.º O Instituto Nacional da Propriedade Industrial – INPI, autarquia federal criada pela Lei n.º 5.648, de 11 de dezembro de 1970, vinculada ao Ministério do Desenvolvimento, Indústria e Comércio Exterior, com sede e foro no Distrito Federal, tem por finalidade principal executar, no âmbito nacional, as normas que regulam a propriedade industrial tendo em vista a sua função social, econômica, jurídica e técnica, bem como pronunciar-se quanto à conveniência de assinatura, ratificação e denúncia de convenções, tratados, convênios e acordos sobre propriedade industrial, conforme a legislação em vigor [...]. (INPI, 2012).

A estrutura segue, observadas as peculiaridades, a mesma lógica das demais autarquias federais, na qual suas autoridades são nomeadas por ato discricionário, fato esse que equivale para sua exoneração. Essa questão constitui em um ponto fraco, na medida em que torna vulnerável a pressões seu corpo diretor, uma vez que se coloca em risco a própria função pública. Esse quadro de instabilidade importa, igualmente, na nomeação de diretores que não detêm a devida qualificação para o cargo ou resulta em uma excessiva rotatividade de presidentes, como ocorrido em passado recente. Para tanto, vale observar a seguinte relação, tomando como base o período a partir de 1990: Paulo Affonso Pereira, Hissao Arita, José Roberto d'Affonseca Gusmão, Benedito Adeodato, Celio França, Vanda Scartezini, Américo Puppin, Jorge Machado, José Graça Aranha, Luiz Otavio Beakline,[2] Roberto Jaguaribe e Jorge de Paula Costa Ávila, o que perfaz 12 Presidentes em 22 anos, ou seja, uma média de 1 Presidente a cada 22 meses. Evidentemente, em relação ao período de julho de 1999 a 2012, foi o INPI marcado por uma estabilidade maior, na medida em que teve na sua titularidade quatro Presidentes: José Graça Aranha, Luiz Otavio Beakline, Roberto Jaguaribe e Jorge de Paula Costa Ávila, aumentando a média do para uma proporção de um presidente a cada 30 meses. O período anterior, isto é de 1990 até julho de 1999, reduz-se a aproximadamente um Presidente a cada 24 meses. Essa estabilização maior, verificada nos últimos dez anos, permitiu ao INPI a otimização de medidas, com vistas a dotar de mais

[2] Presidente em exercício – por um período de aproximadamente 18 meses.

transparência o sistema da propriedade intelectual, porém, ainda padece de uma série de fragilidades, que podem não favorecer a um quadro ideal, principalmente em uma autarquia que tem a responsabilidade na solução de contendas de natureza econômica.

Essa instabilidade, em um órgão reconhecidamente vital à estabilidade do sistema da propriedade intelectual, não favorece o desenvolvimento econômico como um todo. Por outro lado, não pode passar despercebido a questão predial do INPI, objeto de muitas decisões do Tribunal de Contas da União, sendo a última, através do Acórdão n.º 1436/2008:

> 9.2. Determinar ao Instituto Nacional da Propriedade Industrial – INPI que avalie a melhor alternativa para a solução definitiva das instalações prediais dessa autarquia, inclusive quanto ao destino do Edifício-sede, levando em consideração a relação custo-benefício entre as possíveis opções em fase de análise.

Algumas medidas de caráter inovador, entretanto, foram adotadas com vistas a dotar o sistema de propriedade intelectual de mais credibilidade. O primeiro, através da renovação, mediante concurso público do quadro de servidores da Autarquia, sendo que as exigências, para aqueles de nível superior, em muitos dos casos exigiam a conclusão de mestrados e doutoramentos, o que, sem dúvida, melhorou o nível do quadro funcional. A *Revista da Propriedade Industrial*, órgão oficial de publicação dos atos em processos relativos à propriedade intelectual, passou a ser eletrônica, tornando-a mais acessível e de consulta simplificada, acrescentando-se a essa tendência o processo eletrônico de concessão de marcas.

Todavia, esses avanços não conseguem encobrir as falhas estruturais, na medida em que dependem, para seu êxito, da ação administrativa de uma determinada gestão, porém essa pode ser desfeita, com extrema simplicidade, por outra que não esteja comprometida com tais metas, haja vista inexistir critérios para a indicação e exoneração dos diversos cargos diretivos da Autarquia.

3.1. Deficiências do sistema de proteção patentária

Outro ponto fraco decorre do processamento do pedido de patentes. O sistema de proteção de patentes depende do processamento que decorre da aplicação dos preceitos da Lei n.º 9279/96, que já significou um profundo avanço, em termos de simplificação, se comparada à Lei n.º 5772/71.

Determina a atual Lei que uma patente terá a validade de 20 anos, sendo que ao depositante, nos termos do parágrafo único do artigo 40, tem-se a seguinte regra:

> Art. 40 [...] Parágrafo único: O prazo de vigência não será inferior a 10 (dez) anos para a patente de invenção e a 7 (sete) anos para a patente de modelo de utilidade, a contar da data de concessão, ressalvada a hipótese de o INPI estar impedido de proceder ao exame de mérito do pedido, por pendência judicial comprovada ou por motivo de força maior.

O prazo adicional constitui mais um ponto fraco. O Acordo ADPIC determina que os Estados Membros concedam um prazo mínimo de 20 anos, contados do depósito para suas patentes. A lei brasileira abre a possibilidade de uma patente ter um prazo de vigência superior a 20 anos se aplicado o parágrafo único mencionado. Essa regra, decorrente da ineficiência do INPI, não pode passar despercebida, na medida em que esta autarquia se viu tolhida de recursos durante vários anos; não encontrou, até a presente data, uma solução definitiva para a sua Sede, além de colocar uma condicionante de natureza política em um processo que deveria se ater a tecnicidade da Lei.

O ponto nevrálgico do sistema se concentra na forma como os atos administrativos são proferidos. Em verdade, tem-se um encadeamento de decisões unipessoais, praticadas por um servidor e referendadas, normalmente, por detentores de cargos de confiança (sigla: DAS) o que implica constatar que estas vêm a ser proferidas por servidores que, em face de sua nomeação, podem não ser do quadro permanente e estão sujeitas a qualquer tipo de pressão, na medida em que são demissíveis *ad nutum*.

Por seu turno, essa modalidade de tomada de decisão não é pacífica em outros sistemas de proteção patentária. Para tanto, tome-se o exemplo do Escritório Alemão de Patentes (Deutsches Patentamt) e do Escritório Europeu de Patentes (European Patent Office).

Perante o Escritório Alemão de Patentes, as oposições e os recursos são resolvidos por uma Divisão, cujo quórum de funcionamento são de três membros, podendo, se for o caso, ser requerida a presença de um consultor jurídico.[3] Já no Escritório Europeu de Patentes, os recursos são decididos

[3] § 67 (3) da Lei Alemã de Patentes.

pela Câmara de Recursos,[4] composta, de forma geral, por três membros, sendo que dois com formação técnica e um com jurídica.[5] Esses membros são indicados para um mandato de cinco anos e somente podem ser destituídos com base em graves fatos que desabonem sua conduta.[6] A pedido das partes, a decisão perante essa Câmara pode ser precedida de debates orais, como também da produção de provas, que incluem a pericial, a oitiva de testemunhas, a documental entre outras.[7]

Retornando ao exame de antecedentes no Brasil, sobreleva enfatizar a sistemática introduzida pelo Decreto-lei n.º 7903, de 27 de agosto de 1945, cuja regulação mais recente decorreu do disposto no Decreto -lei nº 254, de 28 de fevereiro de 1967, quando ainda existente o Departamento Nacional da Propriedade Industrial (DPNI). Naquela ocasião, os recursos administrativos eram julgados por Conselho de Recursos da Propriedade Industrial, sendo o mesmo composto por sete membros, incluindo como nato o Secretário da Indústria do então Ministério da Indústria e Comércio.[8] O mandato dos membros do Conselho era de dois anos, permitida uma recondução. Estes, por seu turno, eram nomeados pelo Presidente da República, decorrentes de listas tríplices encaminhados ao Ministério da Indústria e Comércio por entidades de classes federais próprias.[9]

Como se verifica, as decisões no Brasil, até o advento da Lei n.º 5772/71, que extinguiu o mencionado Conselho, eram deliberadas em Colegiado. Atualmente, elas se concentram em atos unipessoais, tanto em nível de Diretoria de Patentes, como na Presidência da Autarquia. Por seu turno, a Lei n.º 9279/96, alterando sistemática anterior, não permite a possibilidade de recurso contra o deferimento de um pedido de patente,[10] estando à possibilidade de revisão deste, em nível administrativo, limitado ao processo administrativo de nulidade.[11]

---

[4] Art. 111 (1) da Convenção Europeia de Patentes.

[5] Art. 21 da Convenção Europeia de Patentes.

[6] Art. 23 (1) da Convenção Europeia de Patentes.

[7] Arts. 116 e 117 da Convenção Europeia de Patentes.

[8] Art. 142 do Decreto-lei n.º 254/67.

[9] Arts. 143 e 144 do Decreto-lei n.º 254/67.

[10] Art. 212 § 2.º da Lei n.º 9279/96.

[11] Art. 50 da Lei n.º 9279/96.

3.2. Das propostas políticas – o INPI como agência governamental

O primeiro ponto a ser abordado nessa questão se refere à própria natureza do privilégio concedido pelo Estado brasileiro, através do INPI. De um lado, pode-se imaginar que, pelas garantias estabelecidas pela legislação, sejam criados os pressupostos do desenvolvimento de uma determinada tecnologia, na medida em que estes teriam por escopo reembolsar seu titular pelo custo da pesquisa. Ensina Barbosa:

> Nos países de economia de mercado, a propriedade industrial sempre considerou numa série de técnicas de controle da concorrência, assegurando o investimento da empresa em seus elementos imateriais: o seu nome, a marca de seus produtos ou serviços, sua tecnologia, sua imagem institucional. [...]
> Tal se dá, provavelmente, porque o titular da patente, ou da marca tem *uma espécie de monopólio* do uso de sua tecnologia ou de seu signo comercial, que difere do monopólio *strictu sensu* pelo fato de ser apenas a exclusividade legal de uma oportunidade de mercado (do uso da tecnologia, etc.) e não – como monopólio autêntico – uma exclusividade de mercado. Exclusividade a que muito frequentemente se dá o nome de propriedade, embora prefiramos usar as expressões descritas "monopólio instrumental" ou "direitos de exclusiva." (2005a).

Seguramente, isso acontece porque o estatuto da propriedade tende a ser um dos conjuntos mais estáveis de normas de um sistema legal, permitindo a formulação da política de longo prazo, aumentando a segurança dos investimentos e direcionando a evolução tecnológica para os objetivos que a comunidade elegeu como seus.

Por outro lado, da mesma forma que o privilégio pode ser utilizado como fomento para o desenvolvimento tecnológico, pode também ser utilizado como inibidor deste, se adotado com o único propósito de garantir uma reserva de mercado, estabelecendo monopólio e, dessa forma, impedindo o acesso do mercado à nova tecnologia, na medida em que seu titular não se mostra disposto a utilizá-la, em benefício da sociedade.

Assim, incumbe ao Estado a adoção de medidas que inibam essa conduta e, por seu turno, promovam a difusão da tecnologia. Uma primeira proposta estaria relacionada à adoção de critérios diferenciados das taxas cobradas pelo INPI. Para tanto, observa-se o quadro a seguir, no qual se comparam os custos cobrados pelos Escritórios de Patente do Brasil, Estados Unidos da América e europeu, cujos valores estão fixados em dólares americanos, tomando-se por base um câmbio de R$ 2,00 e 1,40, quando o valor for em uuros:

	Brasil[12]	**Estados Unidos da América**[13]	**Europa (Escritório Europeu de Patentes)**[14]
Depósito	100.00	330.00	124,57
Pedido de exame	250.00	540.00	1003,57
Expedição da carta patente	100.00		
Anuidade	125.00		
Anuidade 3/6	330.00	980.00	3.ª an. – 285.71
			4.ª an. – 357.14
			5.ª an. – 500.00
			6.ª an. – 642.85
Anuidade 7/10	515.00	2480.00	7.ª an. – 714.28
			8.ª an. – 755.71
			9.ª an. – 857.14
			10.ª an. – 964,28
Anuidade 11/15	695.00	4110.00	964,28
Anuidade 16	845.00		

Impende ainda observar, com relação ao Escritório Europeu de Patentes, que os privilégios concedidos não têm validade em todo o continente europeu, mas naqueles Estados-Membros designados pelo depositante. Portanto, a análise realizada padece de informações complementares a respeito das Normas Nacionais das referidas Nações, uma vez que, após a sua concessão, esta passa a ser considerada uma patente nacional.

Portanto, um cenário que poderia ser elaborado se centra na possibilidade de um acréscimo substancioso dos valores cobrados pelo INPI,

---

12 Tabela de Custas do INPI. Disponível em: <www.inpi.gov.br>. Acesso em: 18 set. 2009.

13 Tabela de Custas do USPTO. Disponível em: <www.uspto.gov>. Acesso em: 18 set. 2009.

14 Tabela de Custas do EPO. Disponível em: <www.epo.org>. Acesso em: 18 set. 2009.

de forma a desestimular aqueles pedidos que não têm por objetivo programar novos processos tecnológicos. Para aqueles depositantes que se comprometessem a investir em novas tecnologias, e para tanto tiverem requerido a concessão de patentes, poder-se-ia conceder financiamento, que englobasse as despesas no INPI, citando-se, por exemplo, o Fundo Tecnológico (Funtec), patrocinado pelo Banco Nacional de Desenvolvimento Econômico e Social (BNDES), cujo objetivo é apoiar financeiramente projetos que objetivam estimular o desenvolvimento tecnológico e a inovação de interesse estratégico para o País, em conformidade com os Programas e Políticas Públicas do Governo Federal (BNDES, 2009).

Ora, por meio de instrumentos próprios, podem ser estabelecidos cronogramas, sujeitos à fiscalização e à prestação de contas junto ao BNDES, como também ao Tribunal de Contas da União e ao Ministério Público Federal, onde o empreendedor demonstraria a evolução do projeto. Caso não houvesse a devida comprovação da implantação dessa tecnologia, seria o beneficiário obrigado a restituir os valores pagos, recolher a diferença devida ao INPI, além do pagamento de multas, fixado em regulamento, sob pena de ver arquivado seu privilégio, além de outras medidas legais cabíveis. O patrocínio estatal seria uma forma de viabilizar o aumento dos valores cobrados pelo INPI, sem que se possa falar em impactos negativos no quantitativo de pedidos de patentes, na medida em que teria como meta não incentivar aqueles requerimentos que não objetivam propiciar o desenvolvimento de novas tecnologias no Brasil. Para tanto, sugere-se que seja formado um Grupo de Trabalho para o estabelecimento desses valores, tomando-se como referência os cobrados pelo Escritório Europeu de Patentes.

Verificados esses pontos fracos, que de alguma maneira vulneram o ente responsável pela concessão de direitos patentários, é mister desenhar uma nova estrutura administrativa, capaz de responder perante a sociedade como um todo, manter um grau de competência e eficiência técnica, visando, dessa forma, garantir a estabilidade das relações jurídicas, cuja repercussão na seara econômica é relevante. Essa preocupação, fez advir na Lei n.º 9279/96 o preceito do artigo 239:

> [...] Fica o Poder Executivo autorizado a promover as necessárias transformações no INPI, para assegurar à Autarquia autonomia financeira e administrativa, podendo esta:
> I – contratar pessoal técnico e administrativo mediante concurso público;

> II – fixar tabela de salários para os seus funcionários, sujeita à aprovação do Ministério a que estiver vinculado o INPI; e
> III – dispor sobre a estrutura básica e regimento interno, que serão aprovados pelo Ministério a que estiver vinculado o INPI.
> Parágrafo único – As despesas resultantes da aplicação deste artigo correrão por conta de recursos próprios do INPI.

Assim, podem-se estabelecer propostas de alteração do quadro atual, com vistas a criar uma alternativa ao sistema vigente e dotá-lo da necessária eficiência. Outro ponto que deveria ser abordado se centra na revogação do parágrafo único do artigo 40 da Lei da Propriedade Industrial. A sociedade brasileira não pode ser penalizada, com um acréscimo no prazo do monopólio, em função de uma eventual delonga no processo de concessão. Não se pode deixar de enfocar na possibilidade de o depositante, através de meios procrastinatórios, tumultuar o andamento do processo e com isso tentar obter um prazo de concessão maior. Deve-se ter em mente que a Constituição Brasileira privilegia a livre iniciativa e a livre concorrência, sendo que o monopólio, mesmo legal, constitui-se em um óbice para funcionamento destas.

Ademais, é de se imaginar um aprofundamento dessas medidas, de forma a dotar o INPI de uma estrutura administrativa moderna, eficiente e com grau de autonomia que lhe permita solucionar os contenciosos administrativos, de natureza econômica, com a necessária transparência e com perfeita adequação aos ditames e preceitos legais vigentes.

Para uma perfeita compreensão do quadro legal, deve ser observado o contido no artigo 2.º da Lei n.º 5648/70, que estabelece os objetivos do INPI:

> Art. 2º O INPI tem por finalidade principal executar, no âmbito nacional, as normas que regulam a propriedade industrial, tendo em vista a sua função social, econômica, jurídica e técnica, bem como pronunciar-se quanto à conveniência de assinatura, ratificação e denúncia de convenções, tratados, convênios e acordos sobre propriedade industrial.

A importância da propriedade intelectual é reconhecida pelo Governo brasileiro na medida em que este estruturou o Grupo Interministerial da Propriedade Intelectual, reunindo vários ministérios, sob a supervisão da Câmara de Comércio Exterior (Camex), de forma a traçar uma política central para esse campo. De forma a regulamentar esse Grupo, foi editado o Decreto s/n, de 21 de agosto de 2001.

Não se pode, dessa forma, deixar de reconhecer, como elemento relevante, o desenvolvimento de um ente administrativo, responsável pela propriedade intelectual, que tenha a necessária credibilidade e, dessa forma, possa melhorar os dados estatísticos de recebimento de patentes de invenção. Faz-se, nesse momento vital, a análise do seguinte quadro, contendo o número de depósitos de pedidos de patente no Brasil:[15]

> este quadro é bastante significativo, na medida em que tem seu início em 1997, ano em que entrou em vigor a Lei n.º 9279/96. Em um primeiro momento, houve um natural incremento do número de pedidos de patentes, em face das novas possibilidades legais existentes, haja vista que na sistemática anterior, não eram concedidas patentes para produtos e processos farmacêuticos, produtos químicos, alimentícios, entre outros. Entretanto, o quadro mostra uma relativa estabilidade do número total de pedidos de patente, muito embora, as economias mundiais atravessassem período de crescimento econômico.

Ora, em função das atribuições do INPI não é desejável que seu corpo diretor seja composto por livre indicação e que os atos de concessão de direitos não sejam objeto de um exame colegiado. A alteração dessa estrutura, dotando o INPI de uma colegiada, quando do exame de recursos, bem como estabelecendo mandato definido para seus Diretores e condicionando a aceitação de sua indicação à aprovação destes em sabatina realizada perante o Poder Legislativo, acabaria por gerar a necessária segurança e estabilidade das relações jurídicas decorrentes.

Uma das alterações desejáveis é o estabelecimento de um Conselho, que seria conduzido pelo Presidente da Autarquia, designado dentre os Conselheiros que, conjuntamente com os Diretores das áreas finalísticas, seriam escolhidos e sabatinados pelo Senado Federal, para um mandato de dois anos, permitida uma recondução. As decisões proferidas em sede de recurso e processo administrativo disciplinar seriam realizadas pelo Colegiado que, adicionalmente, assumiria a competência para a repressão à concorrência desleal, aliás, como já determinado pela Lei n.º 9279/96.

---

[15] Palestra proferida pela Dr.ª Rita Pinheiro Machado, *A importância da propriedade intelectual para o desenvolvimento tecnológico e industrial do Brasil*, no CAEPE da Escola Superior de Guerra, no dia 18 de junho de 2009.

Feitas essas considerações, seria desejável a implantação de normas legais que garantissem a autonomia administrativa e financeira do INPI, de forma a que Autarquia tivesse a necessária independência para a resolução dos conflitos que lhe são submetidos, equiparando-se à estrutura das Agências Reguladoras. Segundo informação obtida no sítio da Anvisa, o mercado de produtos farmacêuticos movimenta dez bilhões de reais, sendo que 20% se centram na comercialização ilegal de medicamentos. Essa é uma das formas mais perversas de pirataria. Diferentemente de quando se compra um par de óculos, DVD ou bolsa, ao adquirir um medicamento, o consumidor não tem consciência de que está adquirindo um produto falso, que oferece risco à saúde (ANVISA, 2009). Em face dessa situação, faz-se urgente a alteração da estrutura do INPI de forma a que este seja um mecanismo efetivo de desenvolvimento econômico.

4. CONSIDERAÇÕES FINAIS

Após a elaboração deste estudo, em que se evidenciou a importância da tecnologia e esta implica uma efetiva proteção da propriedade intelectual, é evidente a necessidade de uma alteração da forma como ela é tratada no Brasil. Vários mecanismos já foram introduzidos, pela Lei da Inovação, das melhorias efetivadas nos últimos anos pelo INPI, porém, essas medidas ainda são tímidas em face das grandes necessidades da sociedade atual e com vistas a não tornar o Sistema Brasileiro de Propriedade Intelectual em um ente periférico.

Para tanto, não basta somente o investimento em centros de pesquisa, a repressão da concorrência desleal pelos graves danos causados por esta à sociedade, inclusive com repercussão em campos vitais como a saúde e a segurança do Brasil, haja vista que a instalação de uma indústria nacional de defesa constitui um dos elementos da Estratégia Nacional de Defesa. Para a viabilização da instalação de uma indústria desse porte, que utiliza sofisticada tecnologia, deve o Estado assegurar que seus investimentos em pesquisa sejam protegidos por um sistema seguro e estável de propriedade intelectual, uma vez que esta, por meio dos instrumentos que a Lei e Convenções Internacionais dispõem pode propiciar a entrada de recursos, através de pagamentos de *royalties*. Como em um todo, o Brasil deve buscar comercializar produtos de alto valor agregado e tecnologia, porém, essa busca não vai se viabilizar se não houver, a nível nacional, um INPI independente e eficiente, capaz de captar informações no exterior, oriundas de tecnologias não protegidas no Brasil, como também viabilizar a proteção daquelas depositadas perante a referida Autarquia.

Referências

ANDERSON, Robert. **Competition Policy and Intellectual Property Rights in the Knowledge-Based Economy**. Calgary: Universityof Calgary, 1998.

AGÊNCIA Nacional de Vigilância Sanitária – Anvisa. Disponível em: <http://www.anvisa.gov.br/divulga/noticias/2008/061108_6.htm>. Acesso em: 2 jul. 2009.

BANCO Nacional de Desenvolvimento – BNDES. **Fundo tecnológico**. Disponível em: <http://www.bndes.gov.br>. Acesso em: 19 set. 2009.

BARBOSA, Denis Borges. **Uma introdução à propriedade intelectual**. 2 ed. Rio de Janeiro: Lúmen Juris, 2005a.

__________. **Propriedade intelectual**: a aplicação do Acordo TRIPS. 2. ed. Rio de Janeiro: Lúmen Juris, 2005b.

__________. **O comércio de tecnologia**: aspectos jurídicos – transferência, licença e *know-how*. p. 2. Disponível em: <http://www.denisbarbosa.addr.br>. Acesso em: 7 jul. 2012.

BASSO, Maristela. **Propriedade Intelectual na era pós-OMC**. Porto Alegre: Livraria do Advogado, 2005.

BLANCHARD, Olivier. **Macroeconomia**. 4. ed. São Paulo: Pearson Prentice Hall, 2007.

CORREA, Carlos. **Intellectual Property Rights, the WTO and Developing Countries**. 2. ed. Londres: Zed Books, 2000.

DAVID, Eduardo Gonçalves. **O futuro das estradas de ferro no Brasil**. Niterói: Portifolium, 2009.

GUISSE, Monica Steffen. **Propriedade intelectual no mundo contemporâneo: fomento ao desenvolvimento**. Disponível em: <http://www.buscalegis.ufsc.br/revistas/index.php/>. Acesso em: 7 jul. 2012.

INSTITUTO Nacional da Propriedade Intelectual – INPI. Disponível em: <http://www.inpi.gov.br>. Acesso em: 7 jul. 2012.

MANKIW, N. Gregory. Introdução à economia: princípios de micro e macroeconomia. 2. ed. Rio de Janeiro: Elsevier, 2001.

TACHINARDI, Maria Helena. **A guerra das patentes**. São Paulo: Paz e Terra, 1993.

Referências Legislativas

BRASIL, Constituição da República Federativa do Brasil, de 5 de outubro de 1998

_______Carta-Régia, de 28 de janeiro de 1808

_______Lei n.º 9279, de 14 de maio de 1996

_______Lei n.º 8884, de 11 de junho de 1994

_______Lei n.º 5772, de 21 de dezembro de 1971

_______Lei n.º 5648, de 11 de dezembro de 1970

_______Decreto-lei n.º 7903, de 27 de agosto de 1945, Código da Propriedade Industrial

_______Decreto n.º 1355, de 30 de dezembro de 1994, Promulga a Ata Final que incorpora os resultados da Rodada Uruguai de Negociações Comerciais Multilaterais do Gatt

Alemanha, Lei Alemã de Patentes

Convenção Europeia de Patentes

A EFETIVIDADE DOS DIREITOS HUMANOS/ FUNDAMENTAIS ATRIBUÍDOS AOS IDOSOS COMO CONDIÇÃO PARA O DESENVOLVIMENTO SOCIAL

Ana Maria Viola de Sousa(*)
Patrícia Nunes Lima Bianchi(**)

1. INTRODUÇÃO

O objetivo deste artigo é fazer algumas reflexões sobre os direitos atribuídos aos idosos, fazendo-se considerações sobre o tema a fim de se auxiliar a orientação de políticas públicas nesse âmbito. Isso é necessário para que haja a promoção de um verdadeiro desenvolvimento social, onde sejam atribuídos, de fato, aos idosos, os direitos humanos/fundamentais que lhes são inerentes, além de lhes garantir um real desenvolvimento ativo.

O conhecimento das peculiaridades do envelhecimento da população brasileira é imprescindível para a interpretação dos dispositivos constitucionais aplicáveis às pessoas idosas. Na medida em que a sociedade avança em

(*) Pós-doutora em Democracia e Direitos Humanos pela Universidade de Coimbra-Portugal/IUS Gentium Conimbrigae. Doutora e Mestre em Direito das Relações Sociais (Direito Civil) pela Pontifícia Universidade Católica de São Paulo (PUCSP), Professora Universitária e Pesquisadora no Mestrado em Direito no Centro Universitário Salesiano, UNISAL –U.E.Lorena/SP ; UNIVAP e UNIP em São José dos Campos; Advogada.

(**) Pós-doutora pela Faculdade de Direito da Universidade de São Paulo (USP). Doutora em Direito, Estado e Sociedade pela Universidade Federal de Santa Catarina (UFSC). Mestre em Relações Internacionais pela UFSC. Cursou pelo período de 2002/2003 o Doutorado em Direito da Faculté de Droit de l Université des Sciences Sociales/Toulouse 1/França. Professora e pesquisadora no programa de Mestrado em Direito do Centro Universitário Salesiano de São Paulo.

termos de conhecimento do próprio homem, ela produz novas necessidades e maneiras de viver que tornam a vida mais confortável.

Sabe-se que a velhice ainda é visualizada pela sociedade brasileira de forma negativa. Situações de violência, discriminação e desrespeito contra os idosos são comuns. É preciso reconhecer que muito já foi feito em termos de políticas públicas, mas há necessidade de muito mais.

A República Federativa do Brasil fundamenta-se na cidadania, e a dignidade da pessoa humana é o eixo que orienta toda a atuação do Estado e da sociedade em direção ao desenvolvimento com a efetivação desses fundamentos, de modo a reduzir o estereótipo de que as pessoas, à medida que envelhecem, perdem seus direitos.

O fato de as pessoas envelhecerem não lhes retira sua dignidade, continuam sendo seres humanos, portadores dos mesmos direitos imprescritíveis e inalienáveis dos quais são sujeitos todas as pessoas.

O Brasil ainda não produziu os resultados desejáveis de garantia dos direitos fundamentais, devendo promover um tratamento diferenciado aos idosos, assegurando-lhes os mesmos direitos fundamentais previstos a todos os cidadãos.

O envelhecimento deve ser compreendido como fenômeno de grande importância para todas as sociedades. Se alguma sociedade ainda não o enfrentou, certamente o enfrentará num futuro próximo. O envelhecimento da população representa modificações na estrutura social, na participação dos grupos na vida econômica, transformando-se em desafio da família, do governo e da sociedade, orientados na direção do desenvolvimento para encontrar soluções com criatividade para a efetiva garantia dos direitos humanos aos idosos.

2. DIREITOS HUMANOS/FUNDAMENTAIS: CONSIDERAÇÕES GERAIS

Os direitos humanos, concebidos como reivindicações morais, constituem uma invenção humana, em constante processo de construção e reconstrução (PIOVESAN, 2011, p. 44). Compõe um complexo axiológico, fruto da história, do passado, do presente, fundamentado em espaço simbólico de lutas e ação social. São direitos conquistados que refletem a luta pela dignidade humana, realçando a gramática da inclusão, um ideal de justiça que deve fundamentar e pautar as ações das organizações sociais públicas e privadas seja no âmbito nacional ou internacional (STOLZ, 2011, p. 03).

Normalmente, utiliza-se a expressão direitos fundamentais para designar os direitos elevados à categoria de fundamentais positivados em nível interno. A identificação daqueles direitos nos ordenamentos jurídicos dos variados países do globo segue critérios próprios. Já a expressão direitos humanos é usualmente utilizada para designar os direitos naturais (fundamentais) humanos, estabelecidos em nível externo, ou seja, nas declarações internacionais de direitos, tratados e convenções.

Os direitos fundamentais ocupam o mais elevado grau do ordenamento jurídico brasileiro, no sentido de que representam sempre direitos que tratam dos valores mais básicos e vitais do homem, bem como de sua vida em sociedade. Tais direitos, sejam os designados fundamentais, no âmbito interno; ou os direitos humanos, no âmbito internacional, são os pilares de sustentação da dignidade da pessoa humana que, por sua vez, representam o valor máximo a ser defendido em qualquer ordem jurídica.

A evolução dos direitos humanos se confunde com a evolução da sociedade, em resposta às várias necessidades de proteção provenientes de cada circunstância histórica vivenciada pela humanidade. Os doutrinadores citam alguns fatos históricos para demonstrar a evolução de tais direitos como, v.g., o fato de, na Idade Média, o monarca ter reconhecido alguns limites ao exercício de seu poder em favor da Igreja, dos senhores feudais e das comunidades locais. Nesse caso, destaca-se a Magna Charta, contrato firmado entre o rei João Sem Terra e os bispos e barões da Inglaterra, em 1215. Esse contrato prescrevia, entre outras disposições, que nenhum homem livre seria destituído de seus bens sem juízo prévio (KRETZ, 2005, p. 53-54).

A partir do século 16, defendiam-se os direitos naturais do homem, que tinha a dignidade da pessoa humana como seu fundamento. Robles (2005, p. 124-125) afirma que essa dignidade possui dois aspectos. O primeiro refere-se à pessoa em si mesma como valor, representando a indisponibilidade da própria pessoa, como o direito de autorrealização. O segundo aspecto seria derivado do primeiro, mas se relaciona com o reconhecimento, por parte dos outros, de que a dignidade é inerente ao homem como pessoa.

Nos séculos 17 e 18, ocorreu, na Inglaterra, uma ampliação dos direitos individuais, com instrumentos como, por exemplo, a PetitionofRights, de 1628; o Habeas Corpus Act, de 1679; o Bill ofRights, de 1689; e o ActofSettlement, de 1701. Esses instrumentos marcaram uma época de ascensão da classe burguesa, detentora do poder econômico, que reivindicava direitos renegados pelo regime feudal como, por exemplo, a pretensão de participação no poder político e a liberdade de comércio.

De acordo com Marum (2002, p. 119), a revolução burguesa no século 17 – chamada Revolução Gloriosa – resultou no Bill ofRights, sancionada no ano de 1689, por Guilherme de Orange. Essa carta de direitos limitava o poder do monarca, em função da garantia do direito à vida, à liberdade e à propriedade dos súditos. Tais direitos não eram válidos nas colônias inglesas, fato que desencadeou, no século seguinte, uma série de revoltas nas colônias norte-americanas, resultando na independência dos Estados Unidos da América, em 1776.

Esse fato teve como consequência a primeira declaração de direitos do mundo moderno, representando um marco da origem dos direitos humanos, ou seja: a Declaração de Direitos do Bom Povo da Virgínia, proclamada em junho de 1776.

Posteriormente, na França, estabeleceu-se a Declaração dos Direitos do Homem e do Cidadão, em 1789, como consequência da Revolução Francesa. Essa declaração serviu de modelo para a primeira Constituição daquele país, firmada em 1791, sendo que, de acordo com Kretz (2005, p. 54) – apesar de que, a partir desse acontecimento, as Declarações de Direitos passaram a integrar a história do constitucionalismo – a maior parte dos textos constitucionais ainda se caracterizavam pela ideologia individualista.

As declarações de direitos surgiram a partir da ideia de que os homens possuem direitos que lhes são inerentes, e a Declaração dos Direitos do Homem e do Cidadão é considerada um marco fundamental na defesa dos direitos humanos e da cidadania, mesmo que tenha representado, na época, os anseios da classe burguesa.

A conciliação dos direitos de liberdade com os direitos sociais teve como marco histórico a Constituição mexicana de 1917, e a Constituição alemã de Weimar, de 1919. Esta última é reconhecida pela doutrina como a que melhor refletiu um novo estatuto de direitos fundamentais, faz a passagem do Estado liberal para o Estado social, já que estabeleceu, além das liberdades individuais tradicionais, os direitos sociais relativos à proteção da família, da educação e do trabalho (KRETZ, 2005, p. 55).

Mas, de acordo com Marum (2002, p. 121-122), foi a Constituição mexicana de 1917 que tratou, de forma pioneira e sistemática, dos direitos sociais. Nela, estabeleceu-se que os direitos civis e políticos pertenciam a toda a população, além do estabelecimento de restrições ao direito de propriedade privada. Segundo o autor, a Constituição de Weimar de 1919 previu a função social da propriedade, com a famosa afirmação de que a propriedade obriga.

No entanto, a internacionalização dos direitos humanos deu-se, com maior propriedade, a partir do segundo pós-guerra, em 1945, no qual ocorreu a proliferação daqueles direitos. Assim, a Segunda Guerra Mundial, época em que ocorreram inúmeras violações de direitos, teve como consequência posterior uma intensa criação de normas internacionais de proteção do ser humano, com o objetivo de resguardar e tutelar direitos até então inexistentes juridicamente.

Em dezembro de 1948, a Assembleia Geral das Nações Unidas aprovou a Declaração Universal dos Direitos Humanos, estabelecendo como objetivo a ser perseguido por todos os povos e nações, o esforço, por meio da educação, para promover o direito aos direitos e liberdades; além de incentivar a adoção de medidas progressivas de caráter nacional e internacional, a fim de se garantir e reconhecer a observância universal e efetiva dos direitos ali estabelecidos. O documento em questão declara, em seu artigo 1.º, que "todos os homens nascem livres e iguais em dignidade e direitos. São dotados de razão e consciência e devem agir em relação uns aos outros com espírito de fraternidade" (ONU, 2012a). Destaque-se que, a partir daquele evento histórico, os direitos humanos foram formulados teoricamente e depois positivados na legislação interna de cada país, transformando-se em direitos fundamentais.

A discussão acerca dos direitos humanos se aprofundou nos últimos anos, mas ainda se privilegia, na prática, a concretização ou realização, sobretudo, dos direitos civis e políticos, assim como a consecução dos direitos econômicos, sociais e culturais apenas para determinados países, geralmente desenvolvidos; e para determinados grupos no interior dos países em desenvolvimento, contrariando o que é proclamado na Declaração Universal, de que "todos os homens nascem livres e iguais em dignidade e direitos".

2.1. Direitos Humanos: a igualdade na diferença

A partir da Declaração Universal de 1948, desenvolve-se o Direito Internacional dos Direitos Humanos (PIOVESAN, 2011, p. 45), permitindo a formação de um sistema internacional de proteção desses direitos. Esse sistema é integrado pelos tratados internacionais de proteção, os quais são ratificados pelos Estados-Membros, cada vez mais numerosos simbolizando o grau de consenso a respeito do tema.

Inspirado pelos valores e princípios propugnados pelo sistema normativo global, sistemas regionais de proteção surgem como instrumentos complementares, somando-se ao sistema nacional de normas a fim de proporcionar maior efetividade na promoção dos direitos fundamentais. A força dos direitos humanos reside na heterogeneidade, no intuito de combinar identidade e diferença dentro e fora das fronteiras estatais, considerando que tanto o Estado ou Nação como a Comunidade Internacional são caracterizados pelo pluralismo e diversidade culturais (STOLZ, 2008, p. 04).

Atualmente, o desenvolvimento cultural tem sido tema de discussões maiores com a ascensão de políticas de identidade. Todas as culturas tendem a hierarquizar pessoas e grupos sociais (SANTOS, 2011, p. 26). Em todas as partes do mundo, grupos minoritários se mobilizam exigindo o reconhecimento de sua identidade, na superação das desigualdades e democratização de oportunidades. Os direitos humanos, muitas vezes entendidos como individuais, civis e políticos, ampliam sua concepção afirmando a importância dos direitos coletivos, culturais e ambientais (CANDAU, 2011, p. 46). Isso porque a complexidade dos Direitos Humanos, como direitos universais teoricamente, não o são na prática, ante a existência do multiculturalismo. Todas as culturas aspiram a valores universais, possuem concepções de dignidade, mas cada qual em suas diferentes versões, algumas mais amplas que outras; algumas culturas valorizam os direitos civis e políticos enquanto outras priorizam os sociais e econômicos (SANTOS, 2011, p. 39). Grupos culturais não são homogêneos e padronizados (CANDAU, 2011, p. 49).

Embora a Declaração dos Direitos Humanos proclame a igualdade, hoje, a questão da diferença vem assumindo prestígio especial, transformando-se em um direito (CANDAU, 2011, p. 45). Igualdade e diferença devem ser articuladas e mudar o enfoque de "afirmação da igualdade" para "igualdade na diferença", isto é, superar as desigualdades, reconhecendo as diferenças culturais (CANDAU, 2011, p. 49). E essa deve ser a meta na hermenêutica dos Direitos Humanos. Piovesan (2011, p. 46) afirma que a primeira fase de proteção dos direitos humanos foi marcada pela tônica da proteção geral, posteriormente especificou-se a pessoa em sua particularidade, levando-a a conceber resposta específica e diferenciada contra atos de violação de direitos. Nesse aspecto, não mais a igualdade, mas a diferença será a base para a promoção dos direitos.

3. O DIREITO DO IDOSO

O desenvolvimento social possui várias facetas que merecem atenção tanto dos Poderes Públicos quando da sociedade civil. Nesse contexto, os idosos – como classe de indivíduos que agregaram, por pelo menos seis décadas, a cultura, a experiência e os valores de determinado povo – devem ter seus direitos assegurados, proporcionando-lhes, assim, máxima qualidade de vida.

Para isso, os direitos humanos/fundamentais são atribuídos aos idosos, assegurando-lhes um conjunto de outros direitos capazes de promoverem um padrão de vida que lhes proporcione saúde e bem-estar, incluindo-se nisso a alimentação, o vestuário, a habitação e os serviços sociais indispensáveis.

A Constituição Federal de 1988 estabelece – no seu Capítulo VII, que cuida da família, da criança, do adolescente, do jovem e do idoso – a família como a base da sociedade, conferindo-lhes especial proteção do Estado. O seu artigo 230 dispõe que "a família, a sociedade e o Estado têm o dever de amparar as pessoas idosas, assegurando sua participação na comunidade, defendendo sua dignidade e bem-estar e garantindo-lhes o direito à vida".

A responsabilidade pelo cuidado com o idoso é dividida entre a família, o Estado e a sociedade como um todo, e tais propósitos são reforçados pelo Estatuto do Idoso, Lei n.º 10.741/03. Este estabelece em seu artigo 2.º, que

> o idoso goza de todos os direitos fundamentais inerentes à pessoa humana, sem prejuízo da proteção integral de que trata esta Lei, assegurando-se-lhe, por lei ou por outros meios, todas as oportunidades e facilidades, para preservação de sua saúde física e mental e seu aperfeiçoamento moral, intelectual, espiritual e social, em condições de liberdade e dignidade.

Assim, a família, o Poder Público e a sociedade em geral devem assegurar ao idoso absoluta prioridade, a efetivação do direito à vida, à saúde, à alimentação, à educação, à cultura, ao esporte, ao lazer, ao trabalho, à cidadania, à liberdade, à dignidade, ao respeito e à convivência familiar e comunitária (art. 3.º, do Estatuto do Idoso).

No Brasil, as políticas governamentais em matéria de proteção dos idosos ainda são estruturalmente insuficientes para a garantia dos direitos fundamentais a eles conferidos. A realidade brasileira retrata uma busca por soluções capazes de reduzir as inúmeras carências registradas no setor, as quais passam, em princípio, pela insuficiência de recursos financeiros, assim como barreiras culturais típicas dos países em desenvolvimento.

As reflexões aqui realizadas revestem-se de importância na medida em que há necessidade de acompanhar a implantação dos direitos dos idosos, de forma a realizar um diagnóstico sobre o assunto, que ofereça subsídios, tanto aos organismos encarregados da fiscalização do cumprimento da lei, quanto ao próprio Poder Público, com o fim de auxiliar na orientação das políticas públicas para o setor.

3.1. Os direitos atribuídos aos idosos e os direitos humanos/fundamentais

Os idosos constituem grupo vulnerável no que concerne à atribuição aos mesmos dos direitos humanos/fundamentais, a exemplo dos grupos minoritários.

O fenômeno do envelhecimento é uma realidade que afeta diretamente os países em desenvolvimento. De acordo com as Nações Unidas, até o século 20, o envelhecimento era um fenômeno dos países desenvolvidos (NOTARI; FRAGOSO, 2012, p. 260). Porém, atualmente, constitui também uma preocupação para os países em desenvolvimento. Somente no Brasil, conforme dados do Instituto Brasileiro de Geografia e Estatística (IBGE), já há cerca de 10% da população de idosos exigindo tratamento diferenciado.

O sistema internacional dos direitos humanos codifica os direitos humanos, tornando-os obrigatórios por meio de tratados, acordos e convenções, quando ratificados e aprovados, aplicando-os na relação do Estado com o indivíduo. Porém, o instrumento internacional juridicamente vinculado ao direito dos idosos não existe. Os mecanismos de direitos regionais existentes não são suficientes para proteger satisfatoriamente os direitos das pessoas idosas.

A atenção que deve ser prestada aos idosos, há muito, é uma preocupação mundial. A Assembleia Geral das Nações Unidas, em 1990, já reconhecia a complexidade e a rapidez do fenômeno do envelhecimento da população mundial e a necessidade de se formularem uma base e um marco para a proteção e promoção dos direitos das pessoas idosas, fundamentadas em quatro principais eixos: independência, participação, cuidados especiais e dignidade (NOTARI; FRAGOSO, 2012, p. 264). Na conferência sobre envelhecimento realizada em Madri, em 2002, estabeleceu-se um documento denominado "Plano Internacional de Madri sobre Envelhecimento", no qual se definiu como temas centrais: a realização de todos os direitos humanos e liberdades fundamentais das pessoas idosas, seus direitos civis e políticos, e a eliminação de todas as formas de discriminação e violência contra a pessoa idosa (NOTARI; FRAGOSO, 2012, p. 265).

Em 2010, o Comitê do Conselho de Direitos Humanos das nações Unidas publicou um estudo demonstrando a necessidade de uma abordagem de direitos humanos e mecanismos efetivos para defesa das pessoas idosas. Com isso, a temática do idoso adquiriria maior visibilidade, estabeleceria parâmetros para a formulação de leis nacionais definindo claramente as obrigações dos Estados-Membros para com os direitos das pessoas idosas, além de assegurar o exercício desses direitos (NOTARI; FRAGOSO, 2012, p. 272). Apesar das perdas físicas visíveis nos idosos, há uma recompensa maior consubstanciado na experiência, conhecimento e sabedoria acumulados ao longo da vida. Maior expectativa de vida é positiva para muitas sociedades, e também é fonte de novos desafios. Mas a manutenção da dignidade na velhice exige vultosas somas de recursos, hoje escassos em países em desenvolvimento, fato que impõe a esses países ações imediatas e criativas para que não apresente, em seu contexto, uma velhice desamparada e excluída (RAMOS, 2003, p. 164). Parece, assim, ser importante, assegurar a dignidade das pessoas antes mesmo de virem a se tornar idosas. Uma velhice devidamente assistida propicia maior permanência das pessoas em seus postos de trabalho, alivia a Previdência Social, estimula o Estado e a sociedade a caminharem para um sistema que atenda os direitos dos idosos e afirme os direitos humanos em todas as etapas da vida (RAMOS, 2003, p. 171).

Com o objetivo de priorizar a independência, a participação, a assistência, a satisfação e a dignidade das pessoas idosas, a Europa elegeu o ano 2012 como "Ano Europeu de Envelhecimento Ativo e da Solidariedade entre Gerações", visando chamar a atenção para a importância da contribuição dos idosos para a sociedade e incentivar os responsáveis políticos a tomarem medidas para criar condições necessárias para o envelhecimento ativo e reforçar a solidariedade entre as gerações.

4. A EFETIVIDADE DO DIREITO DO IDOSO COMO UM DIREITO HUMANO/FUNDAMENTAL

Não se deve concluir que a previsão dos direitos humanos/fundamentais em documentos jurídicos seja suficiente para a sua efetividade. Ao contrário, seu estabelecimento, seja no âmbito interno ou externo, não é suficiente para efetivamente garanti-los. Deve-se, desse modo, avançar para a realização de tais direitos, a fim de que se promova uma sociedade mais justa e igualitária, baseada em valores humanitários que possam orientar as políticas nacionais no sentido de se promover uma igualdade de oportunidades substancial entre os cidadãos nacionais e, sobretudo, garantir aos idosos o respeito aos direitos previstos no ordenamento jurídico pátrio.

Vários documentos internacionais, incluindo resoluções das Nações Unidas, estabelecem que todos os direitos humanos são indivisíveis e interdependentes. Nesses termos, o art. 5.º, da Declaração de Viena de 1993, declara que todos os direitos humanos são indivisíveis, interdependentes e inter-relacionados, e a comunidade internacional deve tratar os direitos de forma global, justa e equitativa. Embora particularidades nacionais e regionais devam ser levadas em consideração, assim como diversos contextos históricos, culturais e religiosos, é dever dos Estados promoverem e protegerem todos os direitos humanos, sejam quais forem seus sistemas políticos, econômicos e culturais (ONU, 2012b, p. 03).

No Brasil, a universalidade dos direitos humanos consolida-se com a consagração do princípio constitucional da dignidade da pessoa humana como núcleo informador da interpretação de todo o ordenamento jurídico, tendo em vista que a dignidade é inerente a toda e qualquer pessoa. Quanto à indivisibilidade daqueles direitos, a Carta de 1988 integra no elenco dos direitos fundamentais os direitos sociais, que nas Constituições anteriores estavam inseridos no capítulo relativo à ordem econômica e social (MARUM, 2002, p. 127-128).

O direito do idoso, de forma geral, pode ser considerado um direito humano interdependente, pois depende da consecução de outros direitos para sua efetividade; o direito em questão mantém uma indivisibilidade com relação aos demais direitos, já que o respeito às suas normas dependem também da efetiva aplicação de normas de diversos ramos do Direito como, por exemplo, dos direitos à saúde; os socioculturais, destacando-se, neste caso, o direito à assistência; além de se tratar de um direito universal, pois se apresenta como condição de vida digna para qualquer ser humano naquela condição.

Os direitos atribuídos aos idosos, em seu conjunto, são classificados como direitos humanos de segunda dimensão, também chamados socioeconômicos e culturais, que surgiram do impacto da industrialização e dos problemas sociais e econômicos do século 19. Tais direitos surgiram efetivamente ao longo do século 20, como reivindicação dos excluídos a participarem do bem-estar social, requerendo, por exemplo, direitos relacionados ao trabalho, à saúde e à educação, etc. Nesse caso, exige-se uma postura positiva do Estado, a fim de que o mesmo promova as garantias e os direitos sociais.

Esclarece-se que, como os direitos de primeira dimensão, os direitos sociais se reportam à pessoa individual, não podendo ser confundidos com os direitos coletivos ou difusos da terceira dimensão. Atualmente, sobretudo nos países em desenvolvimento, não somente os direitos humanos de segunda dimensão, mas os direitos mais básicos de primeira dimensão são reconhecidos constitucionalmente, porém de difícil aplicabilidade no plano dos fatos.

Em se tratando de direitos econômicos, sociais e culturais (que representam os direitos prestacionais em sentido estrito), Coimbra (2005, p. 507) defende que o Estado que se empenha para realizar tais direitos não pode ser caracterizado como meramente assistencialista ou paternalista. Mas deve ser visualizado como um Estado do estar-digno, comprometido com a preservação da dignidade da pessoa humana de todos os seus membros e em todas as suas manifestações, pois, segundo o autor, a não realização daqueles direitos pode ser associada aos graves eventos da história da Humanidade, como a escravidão, o nazismo, os regimes autoritários e totalitários ou o racismo. Isso porque, em última instância, todos representam degradações à dignidade da pessoa humana.

De acordo com Barcellos (2002, p. 201-202), a maior parte das normas constitucionais que trata dos aspectos materiais da dignidade da pessoa humana – sobretudo as que envolvem prestações positivas – assume a estrutura de normas-princípios, com fins relativamente indeterminados e/ou com meios para atingi-los variados. Além disso, haveria ainda a necessidade de uma análise sistemática, a fim de se posicionar a norma em si, ou seus efeitos, no contexto da ordem jurídica como um todo. E é a partir dessa análise sistemática que será possível apurar sua eficácia jurídica.

Na opinião de Sarlet (2001, p. 322-323), a aplicação de recursos públicos – normalmente exigida pela realização dos direitos prestacionais – deverá ser decidida precipuamente pelo legislador e, consequentemente, a norma contida no art. 5.º, § 1.º, da Constituição Federal, não poderá, no âmbito dos direitos sociais prestacionais, assumir uma dimensão de tudo ou nada, pois tal dispositivo teria o propósito de maximizar a eficácia dos direitos fundamentais; mas, ao menos na esfera das condições existenciais mínimas, haveria um limite à liberdade de conformação do membro do órgão legislativo.

Sarlet (2001, p. 377-378) destaca que, no plano da eficácia dos direitos fundamentais, é importante se observar o princípio da proporcionalidade e da harmonização dos valores em jogo, tendo-se como limite o princípio fundamental da dignidade da pessoa humana, considerado o fio condutor de toda a ordem constitucional, representando, ainda, a razão de ser dessa ordem.

Com relação ao núcleo essencial dos direitos fundamentais, há duas orientações doutrinárias com relação à sua natureza. Uma é a teoria absoluta, defendida por Canotilho, o qual afirma que o conteúdo essencial deve ser delimitado de forma abstrata, não podendo ter os seus limites ultrapassados, nem mesmo na hipótese da invasão se justificar pela proteção a outros direitos fundamentais de mesmo nível hierárquico. Já a teoria relativa, defendida por Alexy, preconiza que o núcleo essencial delineia-se à luz do caso concreto, por meio da ponderação de bens, reconduzindo, dessa forma, a proteção do núcleo fundamental ao próprio princípio da proporcionalidade (SARMENTO, 2001, p. 60-61).

Por seu turno, Torres (2001, p. 293-297) argumenta que o fato de alguns autores brasileiros terem reduzido os direitos sociais aos mínimos sociais, sem lhes estender a eficácia própria dos direitos humanos, enfraqueceu a possibilidade de sua plena afirmação. E, além disso, as prestações positivas para o apoio aos direitos sociais não são obrigatórias, já que derivam da ideia de justiça, enquanto o status positivuslibertatis gera a obrigatoriedade das prestações positivas para a defesa dos direitos fundamentais. Para o autor, o status positivussocialis se afirma de acordo com a situação econômica conjuntural, sob a reserva do possível ou conforme autorização orçamentária.

O fato é que o descumprimento de normas de caráter programático é de difícil sancionamento, já que tais normas estão inseridas no âmbito discricionário dos governos. Assim, os direitos econômicos, sociais e culturais acabam por fazer parte de discursos retóricos e leis vazias, como se não fossem verdadeiros direitos. Além disso, essa fragmentação existente constitucionalmente com relação às categorias de direitos afeta o princípio maior a ser preservado – a dignidade humana –, que deveria representar a razão de existência do próprio ordenamento jurídico.

A Constituição Federal de 1988 garante os direitos humanos apenas em seu aspecto formal e, infelizmente, em nossa sociedade neoliberal, o que rege o mercado é o capital. As necessidades humanas sociais e coletivas restam em segundo plano. As normas programáticas normalmente são consideradas pelos tribunais normas de eficácia limitada, pois necessitam de regulamentação jurídica para surtirem os efeitos e operarem com normatividade. Nesse contexto, a garantia formal de direitos enfraqueceria ou anularia os processos democráticos.

Assim, na medida em que a defesa do direito dos idosos representa uma tarefa e um objetivo do Estado, além de uma obrigação da família e da própria sociedade, a fim de se garantir o direito fundamental formalmente reconhecido, o direito fundamental de proteção ao idoso apresenta-se como um direito e um dever, ou seja: um direito complexo, que comporta uma função defensiva e outra prestacional. Nesse sentido, a concretização dos direitos e deveres estabelecidos formalmente na Constituição precisa ser respeitada.

O Brasil, com um ordenamento jurídico em que se tem a dignidade da pessoa humana como princípio fundamental, pretende o texto constitucional um desenvolvimento socioeconômico, em que o indivíduo e a sociedade como um todo coexistam de forma solidária. Assim, o princípio da dignidade da pessoa humana sempre deverá servir de bússola para orientar a atuação dos profissionais do Direito, para que os direitos fundamentais possam ser perseguidos com vistas a desenvolver uma sociedade mais justa e igualitária, a fim de que a convivência humana no âmbito da sociedade brasileira seja baseada no respeito àquele princípio, numa sociedade que respeite verdadeiramente os direitos atribuídos aos idosos.

Cabe mencionar, por fim, a teoria do Garantismo Jurídico, desenvolvida por Luigi Ferrajoli, que tem o Estado de Direito como um aparato político jurídico limitado pelo Direito, superando o processo que impõe subordinação dos direitos individuais, sociais e coletivos ao sucesso de planos econômicos.

Tendo como pressuposto a centralidade da pessoa, o garantismo funciona como sistema de garantias que perpassa a Constituição e se apresenta como mecanismo de limitação dos poderes da Administração Pública. No que se refere aos direitos fundamentais sociais, Ferrajoli (2008, p. 192 et seq.) se refere a um "garantismo social". Esse aspecto da teoria garantista está relacionado à necessidade de assegurar os direitos à sustentação básica dos cidadãos, como saúde, educação, trabalho, moradia, entre outros, os quais, segundo o autor, devem ser considerados supraestatais – assim como todos os direitos fundamentais – de modo a se impor um sistema de obrigações internacionais para a proteção desses direitos, especialmente em relação aos países mais pobres.

Os direitos fundamentais atribuídos aos idosos constituem garantia primordial à sociedade, no sentido de que representam a conservação da cultura, um respeito à própria dignidade humana. A teoria garantista se presta a fundamentar a aplicação da legislação nacional visando à garantia do direito do idoso, na medida em que os direitos fundamentais não dependem apenas de previsão constitucional, mas, também, da definição e implantação de políticas públicas capazes de assegurar a efetividade desses direitos.

A efetividade dos direitos fundamentais não se resume à sua previsão na norma jurídica, mas se transforma num problema de políticas de direitos fundamentais. Nesses termos, o distanciamento entre as prescrições normativas e as práticas governamentais se intensifica com a ausência de políticas públicas capazes de efetivar aqueles direitos.

4.1. Garantia do envelhecimento ativo

Projeções de estudos realizados pela Organização Mundial da Saúde (OMS) constatam que o Brasil, em 2025, será o sexto país com maior número de pessoas, com mais de 60 anos (WHO, 2005, p. 10).

A abordagem do envelhecimento ativo é baseada no reconhecimento dos direitos humanos das pessoas idosas e nos princípios de independência, participação, dignidade, assistência e autorrealização estabelecidos pela ONU. É uma abordagem que muda o enfoque, antes baseado nas necessidades biológicas e cuidados, para o enfoque baseado em direitos fundamentais, permitindo o reconhecimento dos direitos dos idosos à igualdade de oportunidade e tratamento em todos os aspectos da vida à medida que envelhecem (KEINERT; ROSA, 2012, p. 04).

O conceito de envelhecimento ativo foi introduzido em 2002 pela OMS, definindo-o como "processo de otimização das oportunidades para a saúde, participação e segurança, para melhorar a qualidade de vida das pessoas que envelhecem" (WHO, 2005, p. 13). Com a idade, as condições físicas se deterioram, mas esse declínio pode ser atenuado de várias maneiras. Pequenas mudanças nos hábitos diários podem melhorar a vida das pessoas. O envelhecimento ativo significa desenvolver a capacidade dos idosos de manter a autonomia o máximo de tempo possível, continuando a participar plenamente na sociedade enquanto cidadão, desempenhando seu papel na sociedade, usufruindo uma boa qualidade de vida.

De acordo com a OMS, há evidências de que alguns fatores atuam, como força individual ou na forma combinada de interação entre eles, influenciando a saúde e o bem-estar das pessoas idosas. São considerados fatores determinantes aqueles relativos à vida pessoal, ao comportamento, à economia, ao ambiente físico, ao ambiente social, aos serviços de saúde e aos serviços sociais (WHO, 2005, p. 20-32). Todos esses fatores podem ser afetados pelo gênero e cultura. São os valores culturais e as expressões tradicionais que determinam como a sociedade encara o processo do envelhecimento, atribuindo maior ou menor valor aos idosos. Desse modo, por exemplo, sociedades que atribuem status social inferior às mulheres tendem a influenciar nos fatores determinantes do envelhecimento ativo, através de discriminação e menor valorização.

Na esfera pessoal, são citadas a biologia, a genética e fatores psicológicos como itens que afetam a saúde e o bem-estar. Muitas vezes, o processo do envelhecimento e a progressiva deterioração funcional são determinados pela genética, sendo comprovada a existência de pessoas que apresentam propensão a desenvolver alguns tipos de câncer, doenças cardíacas, hipertensão arterial e diabetes. Também influenciam no envelhecimento ativo fatores psicológicos como a motivação, a capacidade de resolução de problemas ou de se adaptar a mudanças e perdas, ou seja, desenvolver uma conduta resiliente.

Na esfera comportamental, o estilo de vida saudável e a participação ativa nos cuidados com a saúde são desejáveis para o envelhecimento ativo. Hábitos comportamentais desenvolvidos desde a juventude têm grande influência no envelhecimento ativo, contudo, nunca é tarde para uma modificação do estilo de vida, mesmo que após atingir os 60 anos. O envolvimento em atividades físicas, alimentação saudável, abstinência do tabagismo e do álcool, consumo de medicamento de acordo com a orientação médica e hábitos preventivos de saúde são fatores positivos para um envelhecimento ativo.

Dentre os fatores econômicos, citam-se o trabalho, a renda e a proteção social como elementos que mais influenciam no envelhecimento ativo. O envelhecimento aumenta o risco de vulnerabilidade, principalmente após a aposentadoria, a qual, muitas vezes, reduz o nível financeiro. Nesses casos, os idosos tendem a se manter ativos, participando da força de trabalho, tornando-se muitas vezes o esteio da família. Por outro lado, há a tendência, principalmente em épocas de crise a dispensar o trabalho do idoso, valorizando a força de trabalho dos jovens. Garantir envelhecimento ativo exige desenvolvimento de projetos que permitam a plena participação dos idosos na geração de renda. Porém, a renda e o trabalho nem sempre são possíveis quando o idoso se torna incapaz. São necessárias então medidas de seguridade social para o apoio e segurança das pessoas incapacitadas na velhice.

Atualmente, a tendência é valorizar a manutenção do processo cognitivo nos idosos. Para muitos idosos, uma boa qualidade de vida representa realizar atividades sem a interferência de outras pessoas, como constatou a pesquisa realizada por Ribeiro et al. (2002, p. 94-95). Idosos com maior capacidade cognitiva tendem a obter melhor educação e a cuidar de sua saúde, superam melhor as adversidades e são capazes de responder bem diante de um fracasso (BECKERT; IRIGARAY; TRENTINI, 2012, p. 160-161).

Quando o tema é trabalho de idoso, há uma tendência a associá-lo ao empreendedorismo. Esse aspecto leva a conceber o trabalho, não apenas como forma de renda, como também uma maneira de aproveitar da melhor forma o enorme potencial que cada idoso tem, além de desenvolver a criatividade e a oportunidade de atuar até mesmo em trabalho voluntário.

Fatores ligados ao ambiente físico, como o direito à moradia segura, a usufruir ar limpo, água pura e alimentação sadia, redução das barreiras arquitetônicas urbanas e acesso ao transporte público, são determinantes para o envelhecimento ativo. Em todo o mundo, há uma tendência ao aumento do número de idosos que vivem sozinhos, fazendo com que o risco ao isolamento e à precariedade da saúde sejam maiores. Nessas condições, muitas vezes, o ambiente físico não está adequado às necessidades inerentes à velhice, apresentando risco de quedas provocando lesões às pessoas idosas e que poderiam ser evitadas, se os obstáculos fossem removidos ou corrigidos.

O ambiente social adequado aos idosos também afeta o processo do envelhecimento. Uma sólida rede de apoio, proporcionando oportunidade de educação e aprendizagem permanentes, programas de proteção contra a violência e ampliar os laços de relacionamento interpessoal e combater todas as formas de discriminação são fatores essenciais que estimulam o envelhecimento ativo. Na aposentadoria, os idosos tendem a diminuir suas relações sociais e assumem certa inatividade. O convívio social, os relacionamentos sociais, trocas de experiências, que antes eram possibilitadas pelo trabalho, são substituídos pelo isolamento e pela ociosidade. É necessário enfrentar essas mudanças recriando alternativas de participação, lazer, ocupação do tempo livre, garantir o desenvolvimento integral e permanente nessa etapa da vida (AREOSA; BENITZ; WICHMANN, 2012, p. 187). É o suporte social que proporciona o conjunto das funções de conselhos e orientações e constitui ponto de apoio para satisfação das necessidades emocionais, tais como: sentir-se amado, compartilhar sentimentos, sentir-se valorizado, resolver frustrações (GUIOMAR, 2012, p. 03).

A promoção do envelhecimento ativo não será completa se não houver um complexo adequado de serviços sociais e de saúde. A prevenção de doenças, a detecção precoce de doenças e o tratamento contínuo de enfermidades crônicas são alguns itens a serem observados no sistema de saúde ao idoso, que deve estar interligado ao serviço social na atenção aos idosos, permitindo o acesso aos medicamentos e meios de prevenção mais adequados à melhoria de sua qualidade de vida.

Para um envelhecimento ativo, torna-se vital reforçar atitudes positivas dos próprios idosos, de serem capazes de se adaptar às circunstâncias sociais caracterizadas por transformações, aprender continuamente, ter a capacidade de adquirir novas habilidades, incorporar novos conceitos (KALACHE, 2012, p. 1110) e permitir uma participação cada vez mais ativa na sociedade.

O processo de envelhecimento pode ser positivo se acompanhado de oportunidades contínuas de saúde, participação e segurança (FERNANDES et al., 2012, p. 01). Projetos e programas na promoção do envelhecimento ativo devem assegurar que os idosos sejam considerados mais contribuintes do que dependentes, possibilitando uma redefinição das relações intergeracionais.

O envelhecimento ativo tem aspecto positivo atuando até mesmo no sistema previdenciário, na medida em que, quanto mais ativo e saudável o idoso, menos despesas sociais custara ao Estado. Investir na prevenção é bem menos dispendioso que uma ação curativa. Assim, garantir ao idoso o direito a um envelhecimento ativo deve ser a preocupação vital em todos os países.

5. CONSIDERAÇÕES FINAIS

Para a efetividade dos direitos humanos, não basta sua previsão em textos legais ou incluídos no ordenamento jurídico de um determinado Estado. É necessária a implantação de políticas públicas, além do comprometimento com a preservação da dignidade da pessoa humana e respeito aos direitos humanos/fundamentais.

O envelhecimento populacional é um fenômeno que atinge todos os países. Essa temática tem sido amplamente discutida, a fim de estabelecer parâmetros na formulação de leis para definir claramente as obrigações de cada um dos setores envolvidos. Assegurar o respeito aos direitos dos idosos é também garantir o exercício da cidadania.

Os direitos humanos/fundamentais atribuídos aos idosos devem transcender os textos legais e se tornarem efetivos, a fim de lhes garantir um real desenvolvimento ativo.

Referências

AREOSA, Silvia Virginia Coutinho; BENITEZ, LisianneBrittes; WICHMANN, Francisca Maria Assmann. Relações familiares e o convívio social entre idosos. Textos & Contextos. Porto Alegre, v. 11, n. 1, p. 184-192, jul. 2012. Disponível em: <http://www.revistaseletronicas.pucrs.br>. Acesso em: 31 jul. 2012.

BARCELLOS, Ana Paula de. A eficácia jurídica dos princípios constitucionais: o princípio da dignidade da pessoa humana. Rio de Janeiro: Renovar, 2002.

BECKERT, Michele; IRIGARAY, Tatiana Quarti; TRENTINI, Clarissa Marceli. Qualidade de vida, cognição e desempenho nas funções executivas de idosos. Estudos de Psicologia. Campinas, n. 29, v. 2, p. 155-162, abr./jun. 2012. Disponível em: <http://www.scielo.br>. Acesso em: 2 ago. 2012.

CANDAU, Vera Maria. Direitos humanos, educação e interculturalidade: as tensões entre igualdade e diferença. Revista Brasileira de Educação, v. 13, n. 37, jan./abr. 2008. Disponível em: <http://www.scielo.br>. Acesso em: 19 mar. 2011.

COIMBRA, Marcelo Aguiar. O estado personalista de direito e a realização igualitária dos direitos fundamentais. In: ALMEIDA FILHO, Agassiz de et al. Estado de direito e direitos fundamentais: homenagem ao jurista Mário Moacyr Porto. Rio de Janeiro: Forense, 2005.

FERNADES, Adilia; MAGALHÃES, Carlos Pires; ANTÃO, Celeste. Envelhecimento Ativo, **X Jornadas de Saúde Mental do Idoso**. Implicações da saúde mental no envelhecimento ativo – Vila Real, Portugal, 17 de abril de 2012.Disponível em www.bibliotecavirtual.ipb.pt Acesso em 27.jul.2012.

FERRAJOLI, Luigi. Democracia y garantismo. Madri: Editorial Trotta, 2008.

GUIOMAR, Vânia Cristina Rosário Vidigueira. Compreender o envelhecimento bem-sucedido a partir do suporte social, qualidade de vida e bem-estar social dos indivíduos em idade avançada. Documento produzido em: 1 fev. 2012. Disponível em: <http://www.psicologia.pt>. Acesso em: 2 ago. 2012.

KALACHE, Alexandre. O mundo envelhece: é imperativo criar um pacto de solidariedade social. Ciência e Saúde Coletiva. Rio de Janeiro, v. 13. n. 4, p. 1107-1111, 2008. Disponível em: <www.redalyc.uaemex.mx>. Acesso em: 7 set. 2012.

KEINERT, Tânia Margarete Mezzomo; ROSA, Tereza Etsuko da Costa. Direitos Humanos, envelhecimento ativo e saúde da pessoa idosa: marco legal e institucional. BIS – Boletim do Instituto de Saúde, São Paulo, n. 47, 2009. Disponível em: <www.scielo.br>. Acesso em: 7 set. 2012.

KRETZ, Andrietta. Autonomia da vontade e eficácia horizontal dos direitos fundamentais. Florianópolis: Momento Atual, 2005.

MARUM, Jorge Alberto de Oliveira. Meio ambiente e direitos humanos. Revista de Direito Ambiental, n. 28, p. 117-138, out./dez. 2002.

NOTARI, Maria Helena de Aguiar; FRAGOSO, Maria Helena J. M. de Macedo. A inserção do Brasil na política internacional de direitos humanos da pessoa idosa. Revista Direito GV. São Paulo, v. 7, n. 1, jan./jun. 2011. Disponível em: <www.scielo.br>. Acesso em: 7 set. 2012.

ORGANIZAÇÃO das Nações Unidas. Declaração Universal dos Direitos Humanos. Disponível em: <http://www.dhnet.org.br/direitos/deconu/textos/integra.htm>. Acesso em: 7 set. 2012a.

__________. Declaração e Programa de Ação de Viena (1993). Disponível em: <http://www.pge.sp.gov.br/centrodeestudos/bibliotecavirtual/instrumentos/viena.htm>. Acesso em: 7 set. 2012b.

PIOVESAN, Flávia. Ações afirmativas da perspectiva dos Direitos Humanos. Cadernos de Pesquisa, v. 35, n. 124, p.43-55, jan./abr. 2005. Disponível em <http://www.scielo.br>. Acesso em: 25 mar. 2011.

RAMOS, Paulo Roberto Barbosa. A proteção constitucional da pessoa idosa. Revista de Direito Constitucional e Internacional; Cadernos de Direito Constitucional e Ciência Política, ano 11, n. 45, p. 157-174, out./dez. 2003.

RIBEIRO, Rita de Cássia Lanes et al. Capacidade funcional e qualidade de vida de idosos. Estudos interdisciplinares sobre o Envelhecimento, n. 4, v. 1, p. 85-96, 2002.

ROBLES, Gregório. Os direitos fundamentais e a ética na sociedade atual. Trad. Roberto Barbosa Alves. Barueri, SP: Manole, 2005.

SANTOS, Boaventura de Souza. A Construção multicultural da igualdade e da diferença. Centro de Estudos Sociais. Coimbra, Portugal, n. 135, 1999. 63 p. Disponível em <www.ces.uc.pt/publicacao>. Acesso em: 28 mar. 2011.

SARLET, Ingo Wolfgang. A eficácia dos direitos fundamentais. Porto Alegre: Livraria do Advogado, 2001.

SARMENTO, Daniel. Os princípios constitucionais e a ponderação de bens. In: TORRES, Ricardo Lobo. Teoria dos direitos fundamentais. Rio de Janeiro: Renovar, 2001.

STOLZ, Sheila. Ensaio sobre a fundamentação teórica da universalidade dos Direitos Humanos. Revista Sociológica Jurídica, n. 7, n. 218, p.1-12, jul./dez. 2008. Disponível em: <http://www.sociologiajuridica.net.br>. Acesso em: 11 mar. 2011.

TORRES, Ricardo Lobo. A cidadania multidimensional na era dos direitos. In: ______. Teoria dos direitos fundamentais. Rio de Janeiro: Renovar, 2001.

WORLD Health Organization – WHO. Envelhecimento ativo: uma política de saúde. Trad. Suzana Gontijo. Brasília: Organização Pan-Americana da Saúde, 2005.

BEM JURÍDICO PENAL E O DIREITO SOCIAL AO TRABALHO: UMA VISÃO DO DIREITO PENAL COMO INSTRUMENTO DE CONCRETIZAÇÃO DA JUSTIÇA SOCIAL

Michelle Gironda Cabrera(*)
Fábio André Guaragni(**)

1. INTRODUÇÃO

Modernamente, o Direito penal tem sido palco de discussões acerca de seus limites na resolução de conflitos, onde se tem a eleição de determinados valores considerados essenciais ao convívio em sociedade e, posteriormente, sua incidência no rol de bens jurídico-penalmente tuteláveis.

A compreensão do crime como ofensa a bens jurídicos penais, embora tenha soado durante muitas décadas como trivialidade, no atual espaço de

(*) Doutora em Direito Socioeconômico e Desenvolvimento pela Pontifícia Universidade Católica do Paraná (2019). Mestre em Direito Penal Econômico pelo Centro Universitário Curitiba (2013). Pesquisadora do grupo de pesquisa Modernas Tendências do Sistema Criminal. Professora de Direito Penal no Centro Universitário Curitiba e de Direito Processual Penal na Faculdade de Pinhais.

(**) Possui graduação em Direito pela Faculdade de Direito de Curitiba (1992), graduação em Administração de Empresas pela Universidade Federal do Paraná (1991), Mestrado em Direito pela Universidade Federal do Paraná (1998) e Doutorado em Direito das Relações Sociais, com ênfase em Direito Penal, pela Universidade Federal do Paraná (2002). Realizou pesquisa Pós-Doutoral na Università degli Studi di Milano (2012). Atualmente é professor titular do Centro Universitário Curitiba – UNICURITIBA, professor da Escola da Magistratura do Paraná – EMAP e professor da Fundação Escola do Ministério Público do Paraná – FEMPAR. Procurador de Justiça no Estado do Paraná, tem experiência na área de Direito, com ênfase em Direito Público, atuando principalmente nos seguintes temas: direito penal, processo penal, direito penal ambiental, sociologia do risco, direito penal econômico e criminal compliance.

discursividade social, nomeadamente após o advento dos chamados direitos de segunda geração – onde o direito social (e fundamental) ao trabalho está inserido – ganhou corpo.

No presente artigo, o intento é discorrer acerca da evolução da proteção do bem jurídico como modelo na estruturação do sistema de imputação penal, até traçar o panorama a partir do qual novos valores (que não só os de ordem individual) passaram a ocupar papel central na busca pela justiça social, a ponto de se adotarem justificativas de cunho político-criminal para sua inserção – especialmente o direito social ao trabalho de que trata o artigo 6.º da Constituição Federal – como verdadeiro recurso penal de controle social.

Pela eleição exemplificativa do crime de redução à condição análoga à de escravo, serão abordadas as razões pelas quais a organização do trabalho deve ser protegida penalmente, na figura de um de seus componentes: a coletividade de trabalhadores. Mais de um século após a assinatura da Lei Áurea no Brasil, os relatos (embora abafados em boa parte pelos sistemas de mídia, de outra parte pela crescente individualização egocêntrica de massa) de trabalhos exercidos em condições desumanas, subumanas e degradantes abrem as portas para os novos fenômenos sociais dessa virada de século, em que as corporações ganham destaque vital, não só cultural, como político e econômico.

De fato, a existência das empresas globais (unificadas, tanto pelo pensamento único de que trata Milton Santos (2006, p. 67), como pela sociedade em rede de que discorre Manuel Castells,[1] tem legitimado o poder punitivo trabalhista (quer pela via do direito penal, quer pela via do direito administrativo sancionador), como verdadeiro instrumento de controle na observação e no cumprimento da função social da empresa.

2. EVOLUÇÃO HISTÓRICA E DIFERENTES CONCEPÇÕES DE BEM JURÍDICO. CRITÉRIOS DETERMINANTES PARA A ESCOLHA DE BENS JURÍDICOS PENAIS

Para que se possibilite uma análise acerca dos critérios determinantes da inclusão dos diversos e atuais direitos sociais no rol de proteção jurídico-penal,

[1] Para um aprofundamento a respeito do que o sociólogo espanhol chamou "sociedade em rede": (CASTELLS, 2011).

é fundamental que se discorra, ainda que não com o *animus* de exaurimento do tema, acerca da evolução histórica dos bens jurídicos penais.

A realidade do direito penal desdobra-se sempre sob dois atores: autor e vítima. Quer dizer que o saber empírico penal se concentra sobre pessoas ou grupos de pessoas, e assim igualmente o é o direito do trabalho, onde ele exatamente se aproxima daquele ramo do direito público. Por tratar do interesse de pessoas, e não coisas ou direitos em si, esses dois ramos perseguem o objetivo de contribuir com a paz e a justiça sociais e, em algum momento, esbarram no objetivo de conter condutas consideradas injustas, ilegais e/ou criminosas.

Foi a partir dos ideais jusnaturalistas do século 16, e de autores atemporais como Beccaria (e seu *Dei delitti e delle pene*), que o crime passa a ser entendido não mais como um pecado, uma expiação, mas um fato danoso à sociedade; esse momento consagra o nascimento do direito penal secularizado.[2] Assim, o italiano pode ser considerado o precursor da humanização nas penas, vez que a medida do crime passa a ser exatamente o dano causado à sociedade, não mais a intenção de quem os comete (BECCARIA, 1998, p. 75).

Não se cogitava, ainda, a existência de bens jurídicos em sentido estrito, mas direitos subjetivos, permitindo traçar, simultaneamente, os limites de liberdade garantidos pela ordem jurídica e o início de seu exercício arbitrário, violador de direitos alheios. Cada indivíduo possuía um "âmbito de vida" a ser protegido, o que demarcava a fronteira entre o lícito e o ilícito, entre a violação e a não violação de direitos subjetivos alheios. Nesse período iluminista, a essência do crime consistia na violação de um direito subjetivo. von Feuerbach (1801) foi a mais forte expressão dessa concepção material de crime. O Estado existia somente para proteger o âmbito da liberdade do indivíduo e prevenir violações a direitos subjetivos, na exata medida dos chamados direitos positivos de primeira geração. Em suas palavras, "a razão geral da necessidade e da existência" da sanção penal "é a necessidade de preservar a liberdade recíproca de todos mediante o cancelamento do impulso sensual dirigido às lesões jurídicas" (VON FEUERBACH, 1989, p. 61).

---

2 Laicização (ou secularização do direito) representa os processos pelos quais a sociedade, a partir do século 15, viu ocorrer uma cisão entre a cultura eclesiástica e as doutrinas filosóficas. Em outras palavras, abandonou-se a crença religiosa como meio de explicação de todos os fenômenos mundanos e a razão e o antropocentrismo atingem o *status* de fonte científica maior. Crime e pecado não mais se confundiriam.

Essa concepção de crime, porém, deparava-se com algumas limitações, nomeadamente no que se refere ao conteúdo de crimes contra a incolumidade pública, contra o erário nacional, o crime de falsidade, dentre tantos outros cuja legitimidade não se poderia delimitar. Para além dessa questão, há ainda que se ressaltar que a lesão à integridade física de outrem não coloca em risco o direito subjetivo em si, pois que este continua intacto, mas o objeto do direito, que nesse caso se coaduna com a integridade física, mas bem poderia ser a vida, a honra, o patrimônio, etc.

Assim surgiu a concepção material de crime como ofensa a bens jurídicos, cujo maior intérprete foi Birnbaum (1834), o qual afirmou que "o conteúdo do crime deveria ser buscado não na violação de direitos subjetivos, mas na ofensa a valores assim reconhecidos pela sociedade" (BIRNBAUM apud DÁVILA; SOUZA, 2006, p. 79). Uma formulação que, por um lado, destaca uma noção de bem jurídico como objeto de proteção da norma penal incriminadora e, por outro, a noção de ofensividade em suas duas formas fundamentais, dano e perigo.

Posteriormente, e sob a influência do positivismo jurídico, Binding trará uma noção de bem jurídico que vai além do Direito e do Estado. Norma e bem jurídico se tornarão termos inseparáveis, na medida em que toda norma possui um bem jurídico que é exatamente produto de uma decisão política do Estado. Bem jurídico, para Binding, é "um estado valorado pelo legislador" (JESCHECK, 1993, p. 231-232). Em outras palavras, o jurista alemão supervalorizava a atuação legislativa na formulação do bem jurídico, restringido-o a uma total conformidade com a norma.

Ainda, e mais posteriormente, sobrevém o corte político-criminal de von Liszt, para quem "todos os bens jurídicos são interesses vitais, interesses do indivíduo ou da comunidade" (VON LISZT, 1927, p. 6). Verifica-se uma aproximação com o modelo de direito penal clássico que perdurou, e ainda perdura, salvas algumas tendências de expansão do direito penal, nos dias hodiernos. Os bens jurídicos, ainda na concepção de von Liszt, ultrapassam as fronteiras do ordenamento jurídico, chegando mesmo a atingir os valores da vida, explicando-se a estreita relação existente entre os modelos de crime e os modelos de Estado, claramente perceptível através do transcorrer dos tempos.

Restava delimitar quais seriam os "interesses vitais", os "valores supremos", as "condições primordiais" de dada comunidade, no que, sem dúvida, von Liszt pecou, ao se olvidar de demarcá-los. A escolha desses valores supremos merecedores de proteção normativa e fonte de criação de bens jurídicos é tema que desde sempre acomete os pesquisadores da ciência penal, desde o nascimento do positivismo até a expansão da sociedade de risco atual.

Fez-se necessário esse breve transcorrer histórico para a propagação do entendimento atual do bem jurídico-penal, que, após Roxin (2000, p. 14),[3] passou a ser fundamentado desde uma perspectiva político-criminal. Em outras palavras, a noção de bem jurídico foi moldada através de modernos recortes constitucionais que, sob a influência de Roxin, vinculou a teoria do bem jurídico aos fins do ordenamento jurídico-penal e, também, aos fins do Estado. Então, a proteção dos bens jurídicos passou a ser entendida como missão fundamental do direito penal, sobrevindo a funcionalização do direito penal. Diz-se, assim, que o direito penal orienta seus procedimentos pela escolha dos valores humanos mais relevantes e, a partir dessa eleição, seleciona-os como bens jurídicos penais e pune, por consequência, aquelas condutas que, concreta ou abstratamente, os lesionem.

3. A EMERGÊNCIA DOS DIREITOS SOCIAIS COMO MERECEDORES DE TUTELA PENAL

Dadas as premissas básicas e o ponto de partida que se utilizará neste texto, ou seja, a revolução teórica fundada por Roxin, tem-se que é a partir da Constituição Federal e dos valores ali contidos são obtidos os valores sociais de referência para a seleção de bens jurídicos merecedores de intervenção penal. Nesse sentido, leciona o jurista alemão:

> O ponto de partida consiste em reconhecer que a única restrição previamente dada ao legislador se encontra nos princípios da Constituição. Para tanto, um conceito de bem jurídico vinculante político-criminalmente só pode derivar, orientado pela Lei Fundamental, do nosso Estado de Direito baseado na liberdade do indivíduo, através do qual se marcam os limites ao poder punitivo estatal. Em consequência, se pode dizer: os bens jurídicos são circunstâncias dadas ou finalidades que são úteis para o indivíduo e seu livre desenvolvimento como marco de um sistema global estruturado. (ROXIN, 1997, p. 55-56). (t.n.)

[3] A versão original, de 1970, é usualmente apontada como obra inaugural do funcionalismo jurídico-penal.

A teoria da lesividade social ganha destaque no estudo do direito penal, aproximando-o das modernas ciências sociais, de que a política criminal, enquanto ciência empírica e interdisciplinar, é parte. Em outras palavras, o conceito de "lesividade social", para além de importar ao direito penal, importa, sobremaneira, às necessidades e aos interesses do sistema social.

Historicamente, tem-se, em meados dos anos 1930, a passagem de um Estado liberal para um Estado social de Direito, perspectiva histórica enquadrada num mundo que esteve diante do início da Segunda Grande Guerra e da Grande Depressão, que se propagou com a queda da bolsa de valores de Nova Iorque.

À época, o modelo sociopolítico adotado pelo Estado brasileiro correspondia a um Estado basicamente inerte, não interventor e, logicamente, não protecionista do interesse público como *prima ratio*. Era o tempo da *República Velha*. O giro se deu com o trabalhismo de Vargas. Com essa bandeira ideológica, ganhou lugar, no país, a segunda geração de direitos – os sociais, econômicos e culturais – que relocou o Estado como garantidor de trabalho, educação, previdência social, etc. Tais direitos já eram fortes noutros lugares, nomeadamente aqueles sob a influência socialista. Uma nova face era dada – com algum atraso – à ação do Estado brasileiro, uma face intervencionista e garantidora da igualdade entre os indivíduos, através da invocação do interesse público em lugar do particular.

O advento do Estado social não representou uma derrocada do liberalismo, mas uma reestruturação – ainda que efetiva – nas dimensões socioeconômicas vigentes. O viés primordial do Estado de bem-estar social consubstancia-se na busca pela igualdade material, por meio de um modelo mínimo de exigências à condição vital. Segundo essa teoria, valora-se a pessoa humana como digna de um mínimo de patrimônio e condições necessárias à vida em sociedade, o que certamente não se coaduna com elementos meramente quantitativos, vez que esse "mínimo" não se converge em valores, mas em salvaguarda da dignidade humana.

Após vencerem seus direitos individuais à liberdade, esses direitos básicos foram alçados ao controle do Estado: direito à educação, saúde, previdência, moradia, etc. A intervenção estatal veio para suprir essas carências, só nesse momento sentidas, da maior parte da população. Esse modelo intervencionista só se legitimaria na medida em que os próprios indivíduos, enquanto possuidores dos direitos sociais, participassem ativamente na escolha de seus representantes políticos, pois, afinal, já não persistia, há muito, a autotutela.

O advento da Constituição Federal de 1988 culminou na consagração dos direitos sociais, alçados a um *status* de fundamental relevância. O primeiro dos direitos salvaguardados no preâmbulo da Lei Maior são os direitos sociais, que, "promulgados sobre a proteção de Deus", empresta seu nome ao espírito da Constituição: Estado democrático e social de Direito.

Desde a virada do século 19 para o 20, a emergência dos direitos sociais deu-se para frear os direitos "negativos" de liberdade dos cidadãos. Propagou-se a ideia de que "os direitos sociais, econômicos e culturais são autênticos e verdadeiros direitos fundamentais e, por isso, devem ser reivindicados como direitos e não como caridade ou generosidade" (PIOVESAN, 2003, p. 110).

Convergem, assim, os direitos sociais como direitos fundamentais do homem, cuja observância é obrigatória em um Estado social (e democrático) de Direito e que se fundamentam na busca pela melhoria de condições de vida aos hipossuficientes, visando à concretização da igualdade social, conforme preconiza a Carta Magna, em seu art. 1.º, IV, que, aliás, de orientação sociodemocrática, considerada inovadora e detalhista, lista os direitos sociais como rol amplo, especificado nos artigos 6.º ao 11. Opta-se, neste texto, por analisar um dos direitos sociais, o direito do trabalho, fortemente marcado pelo conteúdo socioeconômico e sua relevante inclusão constitucional. Canotilho e Vital Moreira bem complementam:

> A individualização de uma categoria de direitos e garantias dos trabalhadores, ao lado dos de caráter pessoal e político, reveste um particular significado constitucional, do ponto em que ela traduz o abandono de uma concepção tradicional dos direitos, liberdades e garantias como direitos do homem ou do cidadão genéricos e abstractos, fazendo intervir também o trabalhador (exactamente: o trabalhador subordinado) como titular de direitos de igual dignidade. (CANOTILHO; MOREIRA, 1978, p. 285).

Para além do seu reconhecimento como direitos sociais, os direitos fundamentais, assim previstos no Capítulo II dos "Direitos e Garantias Fundamentais" da Constituição da República são verdadeiros direitos humanos, uma vez que resumem a concepção de mundo e informam a ideologia política de cada ordenamento jurídico (HENSEL apud LUÑO, 1999, p. 31). O trabalhador subordinado possui, nessa medida, direitos fundamentais, sociais e humanos, previstos constitucionalmente, que são normas de ordem pública e carregam as características da inviolabilidade e da imperatividade em relação ao que for contratado numa relação trabalhista.

Nessa medida, listados os direitos sociais como bens culturais vitais e fonte de proteção do Direito, certamente podem (e devem) estar autorizados a ingressarem no rol de bens jurídicos penais. E a lição é dada por Roxin, ao lecionar que:

> a função do direito penal consiste em garantir a seus cidadãos uma existência pacífica, livre e *socialmente* segura, sempre quando estas metas não possam ser alcançadas com outras medidas político-sociais que afetem em menor medida a liberdade dos cidadãos. [....] A ideia que se subentende a esta concepção é que se deve encontrar um equilíbrio entre o poder de intervenção estatal e a liberdade civil, que então garanta a cada um tanto a proteção estatal necessária como também a liberdade individual possível. (ROXIN, 2006, p. 16-17).

A lição do jurista alemão se dá nos exatos moldes do art. 1.º da Constituição Brasileira de 1988, que dedica um de seus fundamentos à eleição dos valores sociais, paralela e simultaneamente, à eleição da livre iniciativa como formas de propagação do bem-estar e da justiça social à sociedade. Corroborando essa tese, Jescheck sustenta que "os bens jurídicos são interesses vitais da comunidade aos que o Direito Penal outorga sua proteção" (1993, p. 231).

Ocorre que um novo modelo socioeconômico surgiu em escala global no último quartel do século 20, um modelo pós-industrial, informacional, global e em rede, que elevou o papel das corporações a níveis poderosos de influência generalizada. A atual rede de empresas alcança diferentes níveis da sociedade, e seu poder é tão corrosivo que Santos chegou a lecionar sobre a "morte da política", pois que a política, hoje, é exercida para, e através das empresas (2006, p. 58). De fato, "a identificação da empresa como uma comunidade institucional da qual fazem parte o empregador e o empregado, é uma das principais e mais usuais formas de fundamentação de seu poder punitivo" (ANDRADE, 2010, p. 26).

Emerge o chamado "Direito penal do trabalho", atualmente, como poder punitivo de contrabalanço ao poder punitivo corporativo. Atua em conjunto com o direito administrativo-sancionador. Não há que se olvidar e, nessa toada seguiu Hassemer, um cuidado precípuo deve ser tomado aqui: o respeito ao princípio *non bis in idem*. Se, de um lado, tem-se o direito penal, com sua principiologia clássica de ser ultima ratio do sistema, por outro, tem-se o moderno direito administrativo sancionador, que, igualmente, define infrações e fixa sanções no âmbito das relações laborais. O tema foi abordado por Baylos Terradillos:

> A existência desta dupla via tipificadora e sancionadora provoca problemas derivados da possibilidade de subsunção dos comportamentos infracionais nas normas administrativas e penais, pelo pressuposto de que se deve respeitar o principio non bis in idem. (...) Os riscos que correm são menos evidentes, já que a decisão sobre bens e interesses em conflito deve ser realizada pela autoridade administrativa, que por esta via decidirá sobre a imposição ou não de penas, convertendo-se o direito penal em apêndice das decisões administrativas. (1997, 39).

O atual direito penal laboral modificou-se em comparação àquele que constou do Código Penal de 1940. O legislador, na primeira metade do século 20, quando elegeu proteger a chamada *organização do trabalho*, designou "um bem jurídico que representava o projeto das relações laborais criado, implantado e mantido pelo ente estatal brasileiro, sob a ideologia do trabalhismo" (GUARAGNI, 2010, p. 139). O bem jurídico-penal em questão representava uma extensão das razões – e ideologia – de estado. Esse propunha um modelo organizativo do trabalho. Assim, "todo indivíduo que, por razões pessoais desprezasse este modelo, fosse na condição de trabalhador ou na de empresário, seria captado pelo sistema penal e sofreria reprovações pela prática de crimes contra esta organização do trabalho" (GUARAGNI, 2010, p. 140). Atualmente, o bem jurídico tem outra interpretação.

Essa mudança de interpretação deriva de uma necessidade democrático-liberal: o direito penal não pode (e não deve) ser levado a cabo por meras razões de Estado, o que se explica pela proibição de ser ter um direito penal atrelado a ideologias políticas, morais, sociais ou ideológicas. A organização do trabalho aqui mencionada não é objeto de tutela penal como bem jurídico em si, mas um de seus componentes, este, sim, merece proteção jurídica do "braço armado" do direito. Trata-se, pois, da coletividade dos trabalhadores. São três as argumentações para as quais este elemento é induzido como destinatário da proteção penal nos crimes contra a organização do trabalho:

> a) A histórica hipossuficiência do trabalhador nas relações laborais mantidas no ambiente capitalista de produção de bens e serviços, atualmente intensificada pelo fenômeno da globalização; b) a tutela dos interesses empresariais pelo direito penal clássico, caracterizado pelo comprometimento com o ideário liberal burguês de proteção ao patrimônio; c) a percepção destes fenômenos no conteúdo da Carta Constitucional de 1988. (GUARAGNI, 2010, p. 142)

A sociedade dessa virada de século vivencia outra lógica global, diferenciada da de 40 anos atrás – perspectiva temporal não tão longínqua.

A difusão das instituições modernas, em uma escala de progressão geométrica, quebrou barreiras e gerou uma interdependência generalizada. "Hoje em dia, as ações cotidianas de um indivíduo produzem consequências globais. É um mundo em que a oportunidade e o perigo estão equilibrados em igual medida" (GIDDENS; BECK; LASH, 1995, p. 75).

Assim, os efeitos danosos produzidos pelas corporações, em grande medida intensificados nesse cenário global de riscos e riquezas, na vida de um trabalhador podem (e devem) gerar punição estatal penal, conquanto sejam reconhecidos numa coletividade e pertencentes a uma dada organização de trabalho.[4]

Neste artigo, optou-se pela abordagem do art. 149 do Código Penal, como exemplificação empírica de crimes que, como a redução à condição análoga à de escravo, se enquadram no rol de bens jurídico-penalmente tuteláveis.

4. O CRIME DE REDUÇÃO À CONDIÇÃO ANÁLOGA À DE ESCRAVO COMO DESTINATÁRIO DA PROTEÇÃO PENAL NO ÂMBITO DA ORGANIZAÇÃO DO TRABALHO

Em primeiro plano, faz-se necessário elucidar que os crimes previstos no Título IV do Código Penal (crimes contra a organização do trabalho) carregam valores sociais merecedores de tutela penal, uma vez que transcendem a esfera do singular e ofendem a organização do trabalho. O crime previsto no art. 149, de que se tratará aqui, não engloba o rol de crimes previstos naquele Título por mera desatenção do legislador, uma vez que, se incorporado à relação de trabalho mantida por empregador em relação a trabalhadores, possui todos os requisitos próprios dessa esfera de crimes.

Mais de 120 anos depois da abolição da escravatura no Brasil, as estatísticas demonstram não serem poucos os casos de trabalhadores, sobretudo os pertencentes à zona rural, submetidos a condições subumanas, degradantes e, porque não dizer, de verdadeira escravidão, no trabalho.

É recente, contudo, a atenção que o governo brasileiro despendeu a esses modernos casos de exploração desumana do trabalhador. Trata-se,

[4] Súmula n.º 115 do extinto TFR: "Compete à Justiça Federal processar e julgar os crimes contra a organização do trabalho, quando tenham por objeto a organização geral do trabalho ou direitos dos trabalhadores considerados coletivamente".

certamente, de um problema de liberdade, ou melhor, da falta dela. Um direito fundamental cotidiana e reiteradamente sendo desrespeitado. A questão da liberdade, outrossim, não é nova; já fora tratada por Adam Smith e Karl Marx, este último ressaltando a importância de "substituir o domínio das circunstâncias e do acaso sobre os indivíduos pelo domínio dos indivíduos sobre o acaso e as circunstâncias" (MARX apud SEN, 2000, p. 328).

O desenvolvimento das técnicas e a proliferação de informações em escala de progressão geométrica certamente formam um paradoxo se tomados em comparação às baixíssimas concentrações de renda de mais da metade da população que, sem possibilidade de escolhas mais benéficas, acaba por se submeter a condições degradantes de trabalho (valor social alçado ao *status* de fundamental pela Lei Maior).

O Código Penal brasileiro vigente abarca, em seu art. 149, o crime de "reduzir alguém à condição análoga à de escravo, quer submetendo-o a trabalhos forçados ou à jornada exaustiva, sujeitando-o a condições degradantes de trabalho, restringindo, por qualquer meio, sua locomoção em razão de dívida contraída com o empregador ou preposto", e prevê a pena de dois a oito anos de reclusão e multa, além da pena correspondente à violência praticada contra a pessoa do trabalhador.

Ainda que o bem jurídico tutelado no caso em tela seja a liberdade do trabalhador enquanto vítima, certo é que o direito social ao trabalho, previsto no art. 6.º da Constituição Federal (e, portanto, um direito fundamental), combinado com um dos objetivos fundamentais da República Federativa do Brasil, qual seja, a construção de uma sociedade livre, justa e solidária, acaba sendo relativizado, o que tem induzido as sociedades modernas a combaterem, de forma acirrada, essa modalidade de crime.

Com efeito, nossa Suprema Corte, ao cuidar da competência para o julgamento do crime em análise, tratou de rechaçar quaisquer condutas que possam ser tidas como violadoras dos direitos dos trabalhadores e da própria organização do trabalho. Segue a ementa de julgado do Supremo Tribunal Federal, lançado no Recurso Extraordinário n.º 398.041-6, Relator Ministro Joaquim Barbosa:

> Ementa: Direito penal e processual penal. art. 149 do Código Penal. Redução à condição análoga à de escravo. Trabalho escravo. Dignidade da pessoa humana. Direitos fundamentais. Crime contra a coletividade dos trabalhadores. art. 109, VI da Constituição Federal. Competência. Justiça Federal. Recurso extraordinário provido. A Constituição de 1988 traz um robusto conjunto normativo

> que visa à proteção e efetivação dos direitos fundamentais do ser humano. A existência de trabalhadores a laborar sob escolta, alguns acorrentados, em situação de total violação da liberdade e da autodeterminação de cada um, configura crime contra a organização do trabalho. Quaisquer condutas que possam ser tidas como violadoras não somente do sistema de órgãos e instituições com atribuições para proteger os direitos e deveres dos trabalhadores, mas também dos próprios trabalhadores, atingindo-os em esferas que lhes são mais caras, em que a Constituição lhes confere proteção máxima, são enquadráveis na categoria dos crimes contra a organização do trabalho, se praticadas no contexto das relações de trabalho. Nesses casos, a prática do crime prevista no art. 149 do Código Penal (Redução à condição análoga a de escravo) se caracteriza como crime contra a organização do trabalho, de modo a atrair a competência da Justiça federal (art. 109, VI da Constituição) para processá-lo e julgá-lo. Recurso extraordinário conhecido e provido.[5]

Na mesma esteira, a Convenção Europeia dos Direitos do Homem proíbe expressamente a manutenção de qualquer modo de escravidão ou trabalho forçado e, pormenorizadamente, exclui algumas condutas que se enquadram do lado de fora destas modalidades:

> 1 – Ninguém pode ser mantido em escravidão ou servidão.
> 2 – Ninguém pode ser constrangido a realizar um trabalho forçado ou obrigatório.
> 3 – Não será considerado trabalho forçado ou obrigatório no sentido do presente artigo:
> a) Qualquer trabalho exigido normalmente a uma pessoa submetida à detenção nas condições previstas pelo artigo 5.º da presente Convenção, ou enquanto estiver em liberdade condicional;
> b) Qualquer serviço de carácter militar ou, no caso de objectores de consciência, nos países em que a objecção de consciência for reconhecida como legítima, qualquer outro serviço que substitua o serviço militar obrigatório;
> c) Qualquer serviço exigido no caso de crise ou de calamidade que ameacem a vida ou bem-estar da comunidade;
> d) Qualquer trabalho ou serviço que fizer parte das obrigações cívicas normais. (BARRETO, 2005, p. 78).

As exceções ficam pelo trabalho ou serviço realizado em casos de crise ou de calamidade pública. Nesses casos, a vida ou o bem-estar da comunidade poderá exigir a prestação de um serviço. A situação, porém, além de carregar consigo extremo nível de gravidade, deve possuir caráter temporário,

[5] O documento pode ser acessado no endereço eletrônico <http://www.stf.jus.br>.

como, por exemplo, uma catástrofe natural, circunstância em que pode ser exigido a cada um, segundo suas capacidades e possibilidades, determinado trabalho ou serviço.

Não se admite que, nessa virada de século, formas desumanas e degradantes de trabalho persistam em diversas corporações mundo afora. A importância de se promover modificações conceituais e valorativas na cultura jurídica brasileira é inquestionável, devendo-se afastar alguns preceitos jurídicos que ainda hoje são utilizados como suporte para diversas empresas e, até mesmo pela sociedade civil, para mitigar suas obrigações com a comunidade em que estão inseridas.

A concepção contemporânea de empresa não mais admite uma cultura empresarial que privilegie tão somente o lucro, em detrimento de valores éticos que tenham por escopo a valorização da dignidade da pessoa humana. Toda e qualquer corporação que assim se denomine nesta sociedade contemporânea (uma sociedade paradoxal, de riquezas e riscos) deve primar pelo respeito à sua função social, que deixou de ser mera funcionalidade, e passou a ser verdadeiro dever. Pensar a função social da empresa implica, assim, posicionar a empresa em face da função social da propriedade, da livre iniciativa (autonomia privada para empreender) e da proporcionalidade (equilíbrio na consecução dos interesses privados diante das necessidades sociais).

5. CONSIDERAÇÕES FINAIS: A DEVIDA PROTEÇÃO PENAL AO DIREITO SOCIAL AO TRABALHO

Em que pese o art. 149 do Código Penal, prescrever o crime de submeter alguém (trabalhador, no caso) à condição análoga à de escravo, tem-se que não só o direito individual à liberdade encontra-se violado, mas, e ousamos dizer, sobretudo, viola-se o direito social (e fundamental) ao trabalho.

A Carta Política de 1988 fez por bem alçar o direito ao trabalho (leia-se trabalho digno, exercido sob condições regulares de exigência à dignidade da pessoa humana) como um verdadeiro direito fundamental. O legislador ordinário elegeu o citado valor como essencial à existência harmoniosa em sociedade e fato é que o direito penal existe exatamente para "garantir a seus cidadãos uma existência pacífica, livre e socialmente segura, sempre quando estas medidas não possam ser alcançadas com outras medidas político-sociais." (ROXIN, 2006, p. 16-17).

Significa que a tutela penal da coletividade dos trabalhadores, como elemento da organização do trabalho, é medida que se perfaz necessária frente ao novo contexto social pós-industrial, reflexivo e de riscos. O papel das empresas ganhou não só destaque em uma escala de progressão geométrica, como *status* de influenciadoras da política e da economia mundiais.

O crime de redução à condição análoga à de escravo causa espanto e alguma intriga, pois que sua existência mais de um século depois da abolição da escravatura no país se dá em um contingente significativo da população, principalmente a da zona rural. É de se perceber, infelizmente, que a promulgação da lei não garantiu a efetiva liberdade dos trabalhadores, nem, tampouco, seu direito a um trabalho digno e em conformidade com os ditames de um Estado que se diz democrático e social de Direito.

O que se buscou argumentar, neste artigo, foram os motivos determinantes para a escolha do direito ao trabalho, enquanto direito eminentemente social (leia-se, de prestação positiva por parte do Estado, com o fim de se atenuarem as desigualdades existentes), na ordenação de bens jurídicos merecedores de intervenção penal. Para isso, fez-se necessária uma argumentação histórico-evolutiva dos bens jurídicos penais, desde von Feuerbach, Birnbaum, passando pelo direito penal clássico do século passado e aterrissando nas modernas escolas de direito penal, hoje conglomeradas essencialmente na Alemanha.

Para além de reconhecer que o direito penal deva se debruçar sobre condutas que causem lesão ou perigo de lesão a bem jurídicos penais, deve-se compreender que, dentre os diversos ramos da ciência jurídica, a intervenção penal é a mais radical, a *ultima ratio* do sistema e só deve subsistir "en los casos de ataques muy graves a los bienes jurídicos más importantes. Las perturbaciones más leves del orden jurídico son objetos de otras ramas del Derecho" (MUÑOZ CONDE, 1975, p. 59-60). E isso porque o direito penal possui plenas condições de fornecer aos bens jurídicos tutela diferenciada, tanto civilmente, como administrativamente, devendo a tutela penal estar resguardada àquilo que, indubitavelmente, perturbe o convívio social e ponha em risco a segurança da sociedade. Reconhece-se, neste artigo, e sem sombra de dúvidas, que o direito social ao trabalho mereça destaque no rol de valores merecedores da intervenção do direito penal.

Referências

ANDRADE, Guilherme Oliveira de. Democracia e poder punitivo do empregador. In: BARACAT, Eduardo Milléo. **Direito penal do trabalho**: reflexões atuais. Belo Horizonte: Fórum, 2010.

BARRETO, Irineu Cabral. **A convenção europeia dos direitos do homem anotada.** Lisboa: Editora Coimbra, 2005.

BAYLOS, Antonio; TERRADILLOS, Juan. **Derecho penal del trabajo.** Prólogo de Aurelio Desdentado. Madrid: Editorial Trotta, 1997.

BECCARIA, Cesare. **Dos delitos e das penas.** Tradução de José de Faria Costa. Lisboa: Fundação Calouste Gulbenkian, 1998, v. 7.

DÁVILA, Fábio Roberto; SOUZA, Paulo Vinicius Sporleder. **Direito penal secundário**: estudos sobre crimes econômicos, ambientais, informáticos e outras questões. São Paulo: Revista dos Tribunais, 2006.

CANOTILHO, J. J. Gomes; MOREIRA, Vital. **Constituição da República Portuguesa anotada.** Lisboa: Coimbra Editora, 1978. v. I.

CASTELLS, Manuel. **A sociedade em rede.** Prefácio Fernando Henrique Cardoso. São Paulo: Paz e Terra, 2011. v. I.

GIDDENS, Anthony; BECK, Ulrich; LASH, Scott. **Modernização reflexiva.** Política, tradição e estética na ordem social moderna. São Paulo: Edunesp, 1995.

GUARAGNI, Fábio André. Organização do trabalho: contornos atuais do bem jurídico-penal. In: BARACAT, Eduardo Milléo. **Direito penal do trabalho**: reflexões atuais. Belo Horizonte: Fórum, 2010.

JESCHECK, Hans-Heinrich. **Tratado de derecho penal.** 4. ed. Trad. José Luis Manzanares Samaniego. Granada: Comares, 1993.

LUÑO, Antonio Enrique Perez. **Derechos humanos, estado de derecho y constitución.** 8. ed.. Madrid: Tecnos, 1999

MUÑOZ CONDE, Francisco. **Introducción al Derecho penal.** Barcelona: Bosch, 1975.

PIOVESAN, Flávia. **Temas de direitos humanos.** Prefácio Fábio Konder Comparato. São Paulo: Max Limonad, 2003.

ROXIN, Claus. **Derecho penal.** Parte general. Fundamentos. La estructura de la teoría del delito. Trad. Diego-Manuel Luzón Peña, Miguel Díaz y García Conlledo e Javier de Vicente Remesal. Madrid: Civitas, 1997.

__________. **Política criminal e sistema jurídico-penal.** Trad. Luiz Greco. Rio de Janeiro; São Paulo: Renovar, 2000.

__________. **A proteção de bens jurídicos como função do direito penal**. Trad. André Luiz Callegari e Nereu José Giacomolli. Porto Alegre: Livraria do Advogado, 2006.

SANTOS, Milton. **Por uma outra globalização**: do pensamento único à consciência universal. Rio de Janeiro: Record, 2006.

SEN, Amartya. **Desenvolvimento como liberdade**. Trad. Laura Teixeira Mota. São Paulo: Companhia das Letras, 2000.

VON FEUERBACH, Paul Johann Anselm Ritter. **Tratado de Derecho Penal**. Trad. Eugenio Raul Zaffaroni e Irma Hagemeier. Buenos Aires: Hammurabi, 1989.

VON LISZT, Franz. **Tratado de derecho penal**. 3. ed. Trad. Luis Jiménez de Asúa. Madrid: Instituto Editorial Reus S/A, 1927. t. 2.

O PRINCÍPIO DO POLUIDOR-PAGADOR, UM IMPORTANTE INSTRUMENTAL PARA O DESENVOLVIMENTO SUSTENTÁVEL

Alexandre Alves Vieira(*)
Márcio Antonio Teixeira, *in memorian*(**)

1. INTRODUÇÃO

A partir do século 20, especialmente no seu último quarto, as atenções humanas se despertaram para as questões relativas à degradação do planeta. A constatação de que os recursos naturais vêm se tornando cada vez mais escassos, pondo em risco a sobrevivência na Terra, impulsionou o mundo a se reunir para a discussão acerca de soluções para os problemas ambientais.

Logo nos primeiros encontros dos quais participaram os chefes de Estado de diversos países, era evidente a dissonância entre os interesses, especialmente entre as nações em desenvolvimento e as desenvolvidas.

Foram realizadas algumas convenções internacionais de relevo, tendo sido produzidos documentos importantes para o futuro da humanidade e para a preservação ambiental, contribuindo para a formação das ciências ecológicas e consolidação de normas jurídicas, de âmbito doméstico e

---

(*) Possui graduação em Direito pelo Centro Universitário de Rio Preto (1996). Mestre em Direito pelo Centro Universitário Eurípides de Marília – UNIVEM. Advogado com atuação empresarial, com destaque para a área tributária. E-mail: alexandre@ava.adv.br

(**) Mestre e Doutor em Geografia Humana pela Universidade de São Paulo (USP) e Pós-Doutor pela L'École des Hautes Études em Sciences Sociales (EHESS), Paris, França; Professor Doutor III do Centro Universitário Eurípedes de Marília (Univem) – Mestrado; pesquisador no Grupo de Pesquisa GcTec (Gestão, Competitividade e Tecnologias), cadastrado no Diretório de Grupos de Pesquisa do CNPq e sob a liderança da Professora Vânia Érica Herrera.

internacional, voltadas à proteção do meio ambiente, dando ensejo ao ramo do direito conhecido como Direito Ambiental.

Um dos conceitos que tem sido um grande vetor das discussões ambientais é o do desenvolvimento sustentável, que objetiva romper com a dicotomia existente entre as formas de pensar que são influenciadas por interesses antagônicos, determinados por experiências e desejos experimentados pelos países desenvolvidos e em desenvolvimento, como vistas a uma posição intermediária conciliadora, que não descuida de fazer a junção dos propósitos de proteção ambiental com o desenvolvimento socioeconômico.

A evolução do Direito Ambiental revelou o surgimento e a evolução dos princípios informadores das normas jurídicas afeitas às questões ambientais, entre os quais, notadamente para o propósito deste artigo, destaca-se o princípio do poluidor-pagador, um instrumento à disposição do desenvolvimento sustentável.

No núcleo daquele princípio está a ideia de internalização de custos, como forma de compensar a sociedade em geral pelos gastos que viria a suportar, em decorrência de falhas de mercado que fazem com que os agentes produtores e consumidores, tendo extraído recursos da natureza sem pagar por eles, lucrem com essa atividade, transferindo à sociedade o ônus para a recomposição do meio ambiente.

Essa é a temática que será explorada neste artigo, uma revisão bibliográfica que percorre, ainda que de forma oblíqua, áreas de conhecimento multidisciplinares.

2. DESENVOLVIMENTO SUSTENTÁVEL

Levando em consideração a história da humanidade, a discussão a respeito da preservação do meio ambiente é extremante recente, mas, tendo em conta o período de uma só geração, o debate pode não ser tão novo assim.

No início da década de 1970, as nações passaram a se unir e organizar, de maneira institucional, para discutir e tentar encontrar soluções para os problemas enfrentados pelo homem no que tange ao esgotamento dos recursos naturais em decorrência da sua própria ação.

Em meio a isso é que se começou a forjar o conceito de desenvolvimento sustentável.

Essa expressão, que, para o bem ou para o mal, tornou-se "lugar comum", habitando atualmente até mesmo as campanhas publicitárias das grandes corporações privadas mundiais, tem origem no embate entre correntes teóricas alarmistas, que vislumbravam, num espaço de tempo diminuto, a extinção da espécie humana por força da degradação ambiental, e aquelas que, imbuídas pela premência do crescimento econômico que impulsionaria a redução das desigualdades sociais, especialmente nos países em desenvolvimento,[1] relegavam ao segundo plano as questões afetas à proteção ambiental, quando não as enxergavam como mero capricho.

A dicotomia entre os modos de pensar é revelada por Ignacy Sachs, segundo quem, nos momentos que precederam a Conferência de Estocolmo, que ocorreria em 1972, havia o grupo dos que previam a abundância, conhecidos como *the cornucopians*, e o grupo catastrofista, os *dommsayers*, entre os quais ainda podiam ser encontrados os *malthusianos*, que debitavam os problemas ambientais à explosão populacional. Por suas palavras:

> os primeiros consideravam que as preocupações com o meio ambiente eram descabidas, pois atrasariam e inibiriam os esforços dos países em desenvolvimento rumo à industrialização para alcançar os países desenvolvidos. Em grande escala, o meio ambiente não era uma preocupação de peso para as pessoas ricas e ociosas. A prioridade deveria ser dada à aceleração do crescimento. As externalidades negativas produzidas nesse rumo poderiam ser neutralizadas nesse rumo, quando os países em desenvolvimento atingissem o nível de renda *per capita* dos países desenvolvidos. [...]
> Do lado oposto, os pessimistas anunciavam o apocalipse para o dia seguinte, caso o crescimento demográfico e econômico – ou pelo menos o crescimento do consumo – não fossem imediatamente estagnados. Ao final do século, a humanidade poderia encarar o desaparecimento em consequência da exaustão dos recursos ou pelos efeitos caóticos da poluição. Alguns desses pessimistas eram *malthusianos*. Para eles, a perturbação do meio ambiente era consequência da explosão populacional, como se o número de não consumidores – a maioria pobre – importasse mais do que o consumo excessivo da minoria abastada. (SACHS, 2002, p. 52).

Com efeito, o enfrentamento entre as duas maneiras de pensar ainda se faz presente na agenda política dos países em geral. Servem de exemplo as

---

[1] Segundo Barbieri, "no âmbito da ONU, os países são classificados com o *desenvolvidos* ou *em desenvolvimento*, conforme o nível de industrialização, a estrutura e a diversificação da economia, o Produto Nacional Bruto (PNB), a renda *per capita* e outros indicadores quantitativos que privilegiam as questões de natureza econômica" (1997, p. 28).

declarações da então Presidente do Brasil, Dilma Rousseff, quando, indagada a respeito da participação do país na conferência das Nações Unidas, que viria a ser realizada no Rio de Janeiro em junho de 2012, conhecida como Rio+20, afirmou que os grupos ambientalistas contrários à construção de usinas hidrelétricas, mais do que utópicos, são fantasiosos, sendo incompatível com o mundo real, concluindo que trabalharia pelo desenvolvimento sustentável, conciliando o progresso e o meio ambiente, e eliminando a pobreza, conforme divulgou o jornal *O Estado de São Paulo*, em 5 de abril de 2012 (DOMINGOS; MOURA, 2012, p. 1).

É compreensível o movimento que projeta cada polo em uma posição que prestigia tão somente a defesa dos seus interesses, distanciando-se do bem comum, em prol da humanidade, mormente das futuras gerações.

Os países em desenvolvimento, normalmente vítimas de processos de colonização predatórios, amargaram as mazelas do subdesenvolvimento por séculos a fio, de maneira que, ao tempo de aspirarem a uma reversão do seu panorama econômico-social, não colocariam a perder seus anseios para adotarem políticas ambientais restritivas, principalmente porque alimentam a sensação de que, a par do seu sacrifício, as nações desenvolvidas alcançaram o seu progresso à custa do meio ambiente, e não seriam eles, em desenvolvimento, que pagariam essa conta.

De seu turno, os países desenvolvidos agem como o pai que descuidou da própria saúde na juventude, desfrutando dos excessos de toda ordem, e que, conscientizado dos enganos, impõe aos filhos a adoção de comportamentos saudáveis.

De todo modo, a ideia de desenvolvimento sustentável caminha em uma posição intermediária.

Em verdade, o raciocínio, consistente em uma proposição conciliadora, que mais tarde seria edificado sob o título de desenvolvimento sustentável, foi cunhado no início da década de 1970 com o nome de ecodesenvolvimento, em resposta à disputa entre as correntes teóricas mencionadas, como assinala Romeiro, atribuindo a terminologia à obra de Sachs (1999, p. 76).

No encontro de Founex, preparatório para a Conferência de Estocolmo, realizado em 1971, ditando o ritmo das discussões sobre o meio ambiente nos anos que se sucederam, foram rechaçadas as posições extremistas, fazendo emergir uma alternativa média, que se posicionou entre o economicismo arrogante e o fundamentalismo ecológico (SACHS, 2002, p. 52-53).

Não obstante, no mesmo ano da Conferência de Estocolmo, um grupo de cientistas, economistas e industriais, o *Clube de Roma*, reuniu-se para debater os problemas ambientais enfrentados em escala internacional em virtude do crescimento demográfico e da atividade industrial, fazendo publicar relatórios bastante pessimistas – o que lhes rendeu o apelido de *Clube do Juízo Final* –, que prenunciavam o colapso da economia mundial, por conta do esgotamento dos recursos naturais da Terra, nas palavras de Carneiro, parafraseando Paulo Cadete Ferrão e Elmar Altvater (2003, p. 53).

Ainda sobre o Clube de Roma, Barbieri acrescenta que as teses *malthusianas* que pregavam o desenvolvimento zero tornaram-se populares a partir da publicação, em 1974, do relatório *Limites do crescimento*, mas encontraram resistência por parte dos países em desenvolvimento, que defendiam o direito de crescer e alcançar os níveis de bem-estar vivenciados pelas populações dos países ricos (1997, p. 18).

Em 1972, na Conferência das Nações Unidas sobre Meio Ambiente Humano, conhecida como Conferência de Estocolmo, da qual participaram cerca de 120 países e 400 entidades não governamentais (CARNEIRO, 2003, p. 53), a exposição dos conflitos entre os países desenvolvidos e os em desenvolvimento se deu de maneira bastante acentuada. À guisa de exemplo, a Primeira Ministra da Índia, Indira Gandhi, propagou no plenário da Conferência: "A maior poluição é a pobreza".

O Brasil não tomou caminho diferente, uma vez que, por aqui, havia sido implantada uma política desenvolvimentista, como se evidencia no II Plano Nacional de Desenvolvimento (II PND),[2] instrumentalizada pela industrialização substitutiva de insumos industriais e pela expansão das fronteiras agrícolas sobre as áreas do cerrado e da floresta amazônica (BARBIERI, 1997, p. 19-20).

Seguindo as conclusões produzidas no Encontro de Founex, em que pesem as investidas dos teóricos das opostas posições, que tornavam exageradas as manifestações de cada qual, deixando turva a visão de quem se deparava com os relatórios, como adverte Carneiro (2003, p. 53), na Conferência de Estocolmo prevaleceu o paradigma do *caminho do meio*, o que

---

[2] "Não é válida qualquer colocação que limite o acesso dos países subdesenvolvidos no estágio de sociedade industrializada, sob pretexto de conter o avanço da poluição mundialmente" (BRASIL. 1974, p. 92).

veio a inspirar a Declaração de Cocoyoc, em 1974, e o relatório *What Now*, em 1975, que tratou do desenvolvimento endógeno, autossuficiente, orientado para as necessidades, em vez de influenciado pelo mercado, em harmonia com a natureza e adaptável às alterações institucionais (SACHS, 2002, p. 53-54).

De maneira gradual, a denominação *ecodesenvolvimento* foi cedendo lugar para a expressão *desenvolvimento sustentável*, utilizada pela primeira vez, segundo Barbieri, em 1980, no documento *Word Conservation Strategy*, produzido pela União Internacional para a Conservação da Natureza (IUCN) e pela *World Wildlife Fund* (atual *World Wide Fund for Nature* – WWF), por solicitação do Programa das Nações Unidas para o Meio Ambiente (PNUMA), o qual teria estabelecido estratégias que almejavam manter os processos ecológicos essenciais e os sistemas naturais vitais necessários à sobrevivência e ao desenvolvimento do Ser Humano, preservar a diversidade genética e garantir o aproveitamento sustentável das espécies e dos ecossistemas que constituem a base da vida humana (BARBIERI, 1997, p. 23).

Mas a expressão *desenvolvimento sustentável* se consolidaria por ocasião da publicação, em 1988, do relatório *Nosso Futuro Comum*, fruto da reunião da Comissão Mundial sobre Meio Ambiente e Desenvolvimento (CMMAD), constituída pela ONU e ocorrida em 1984.

A Comissão foi presidida pela ex-primeira ministra da Noruega, Gro Harlem Brundtland, motivo pelo qual passou a ser conhecida como Comissão Brundtland e o relatório respectivo como Relatório Brundtland. Eis a definição de desenvolvimento sustentável veiculada naquele documento:

> desenvolvimento sustentável pode ser entendido como a forma de desenvolvimento que satisfaz as necessidades das gerações presentes sem comprometer a capacidade das gerações futuras de alcançar a satisfação de seus próprios interesses. Essa ideia contém dois conceitos-chave:
> a) O conceito de necessidade, em particular as necessidades essenciais dos países pobres, para as quais deve ser dada prioridade absoluta;
> b) A ideia da existência de limitações à capacidade do meio ambiente de satisfazer as necessidades atuais e futuras impostas pelo estágio atual da tecnologia e da organização social. (CMMAD, 1988, p. 59).

Percebe-se que os trabalhos não se limitaram à discussão das questões ambientais, demonstrando a preocupação com as relações econômicas internacionais e com os esforços para atenuar os desequilíbrios entre os países (BARBIERI, 1997, p. 19-25).

Derani contribui ao afirmar, parafraseando Ramón Martín Mateo,

> que o desenvolvimento sustentável é um processo pelo qual a exploração de recursos, a direção dos investimentos, a orientação do desenvolvimento tecnológico e as mudanças institucionais se harmonizam e coordenam a fim de que nosso potencial atual e futuro satisfaça as necessidades e aspirações humanas. (DERANI, 1997, p. 127).

Aliás, as conclusões se coadunam com o pensamento de Sachs, que, reportando-se a Michel Serres, explicitou que o desenvolvimento deve ser pautado pela solidariedade sincrônica em relação à geração atual e pela solidariedade diacrônica no que tange às relações futuras (SACHS, 2002, p. 48).

Na mesma linha, são pertinentes as colocações de Carneiro no sentido de que "a utilização dos recursos ambientais em tais processos deve ser feita de tal maneira que permita seu contínuo aproveitamento, sem prejuízo de sua capacidade de promover a satisfação das necessidades populacionais futuras" (2003, p. 55).

Derani reafirma a relação intertemporal que compõe a definição de desenvolvimento sustentável, defendendo que o bem-estar presente não pode ser custeado pela escassez futura, acrescentando que os fatores de produção natureza, capital e tecnologia devem ser trabalhados com o objetivo de atender as aspirações presentes sem comprometer os interesses futuros, o que não é possível sem alterações institucionais e nas políticas respectivas, de modo a se forjar um planejamento com visão redistributiva das riquezas e ônus da atividade humana (1997, p. 128).

As ideias retratadas no Relatório Brundtland, bem sintetizadas pelos autores citados neste trabalho, foram assimiladas e incorporadas por entidades governamentais e não governamentais.

Em 1992, com vistas à efetividade do pensamento a respeito do desenvolvimento sustentável, foi promovida pela ONU uma Conferência na cidade do Rio de Janeiro, contando com a presença de 178 países e 1.500 organizações não governamentais, denominada Cúpula da Terra, também conhecida como ECO-92 ou Rio-92. Foram aprovados os seguintes documentos: *Agenda 21*, um programa que objetivou a implantação do desenvolvimento sustentável, por meio de medidas financeiras, tecnológicas e institucionais; *Convenção sobre Mudanças Climáticas*, visando à contenção de emissão de gases de efeito estufa de modo a estabilizar o aquecimento global; *Convenção sobre a Diversidade Biológica*, focada na proteção da biodiversidade, com a previsão de direitos de acesso e de utilização econômica das espécies; e *Declaração do Rio sobre o Meio Ambiente e Desenvolvimento*, que elencou os princípios informadores da postura dos Estados quanto à proteção do meio ambiente e à busca do desenvolvimento sustentável, consoante Carneiro que, por sua vez, se valeu do trabalho de Paulo Cadete Ferrão (2003, p. 53-54).

Em linhas gerais, os documentos produzidos nas diversas convenções que se debruçaram sobre o tema desenvolvimento sustentável, assim como as conclusões dos pensadores sobre o assunto, convergem para a constatação de que o desenvolvimento sustentável não prescinde dos componentes que dizem respeito à ecologia, aos aspectos sociais e econômicos, sempre com o propósito de garantir às gerações futuras a manutenção de recursos naturais que satisfaçam as suas necessidades.

De acordo com Romeiro, o desenvolvimento sustentável depende de uma mudança institucional, sobretudo com alteração profunda nos padrões de consumo, mostrando-se necessária a imposição de restrições severas à racionalidade econômica prevalecente (1999, p. 98). Adverte, ademais, o autor que não há definição de condições objetivas claras que permitam a execução de políticas de desenvolvimento sustentável, marcadas por um caráter voluntarista (p. 89).

Certamente, o princípio do poluidor-pagador é um dos instrumentos para a concretude de tais políticas.

3. AS FALHAS DE MERCADO E AS EXTERNALIDADES NEGATIVAS

Da economia se extrai a existência da teoria das falhas de mercado, que se apresentam em cinco modalidades. Dizem respeito ao presente trabalho as chamadas falhas de sinalização, também conhecidas como externalidades, que podem ser positivas ou negativas.

O pressuposto é o de que os custos e os benefícios relacionados com determinada atividade econômica recaem sobre a unidade responsável pela sua condução, de tal sorte que, quando se constata que essa lógica nem sempre é confirmada, verifica-se um entrave ao funcionamento do sistema, na medida em que os preços dos respectivos produtos deixam de incorporar e sinalizar todas as informações relevantes (NUSDEO, 2010, p. 152).

Fala-se em externalidades positivas quando há ganhos usufruídos por agentes privados que não concorreram para a consecução das atividades que ocasionaram tais ganhos, a exemplo do que ocorre em virtude de determinadas obras públicas que proporcionam aos habitantes circunvizinhos valorizações em suas propriedades.

Por sua vez, as externalidades negativas são verificadas quando o mercado não consegue repassar no preço das mercadorias alguns custos decorrentes do exercício das atividades econômicas, os quais acabam se transformando em custos sociais, portanto, suportados pela coletividade, indistintamente. Esse raciocínio deu origem à lógica do mercado tendente à "externalização dos custos e a internalização dos ganhos".

Segundo Nusdeo,

> as externalidades correspondem, pois, a custos ou benefícios circulando externamente ao mercado, vale dizer, que se quedam incompensados, pois, para eles, o mercado, por limitações institucionais, não consegue imputar um preço. E, assim, o nome externalidade ou efeito externo não quer significar fatos ocorridos fora das unidades econômicas, mas sim fatos ou efeitos ocorridos fora do mercado, externos ou paralelos a ele, podendo ser vistos como efeitos parasitas. (2010, p. 153).

Por outras palavras, não há sinalização, por meio dos preços, acerca dos custos decorrentes do desempenho de atividades econômicas, desencadeando-se consequências que impõem à sociedade arcar com o ônus da sua eliminação.

É o que se verifica em relação às atividades poluidoras.

Para Carneiro, "agindo assim, alheio aos efeitos externos de sua atividade produtiva – a dizer, sem internalizar suas externalidades –, o poluidor transfere para a sociedade um custo que deveria ser privado, ou seja, transforma um custo privado em um custo social" (2003, p. 66).

A título de exemplo, a emissão de poluentes em rios por uma empresa impõe à sociedade a adoção de medidas, que naturalmente têm um custo, aferível em termos econômicos, com a finalidade de eliminação dos dejetos. Certamente, esse ônus não é suportado pelo agente poluidor, tampouco está embutido no preço das mercadorias comercializadas pela empresa a ser pago pelos consumidores.

Pertinentes são as palavras de Machado, quando assinala que "[...] o poluidor que usa gratuitamente o meio ambiente para nele lançar os poluentes invade a propriedade pessoal de todos os outros que não poluem, confiscando o direito de propriedade alheia" (2009, p. 66).

Nusdeo bem ilustra a ideia:

> imagine-se uma lavanderia que estenda a roupa lavada em um gramado a fim de secá-la ao sol. Após algum tempo, uma usina metalúrgica instala-se nas vizinhanças e de sua chaminé é expelida fumaça preta, bojada de partículas de fuligem que se depositarão sobre a roupa estendida. Haverá aí um custo adicional para a lavanderia, imposto pela usina. Ou, o que dá na mesma, ela lhe transferiu um custo que seria seu, pois ela é a responsável pela combustão imperfeita de onde provém a fuligem. Logo, a lavanderia passou a ter um custo a mais: o de reenxaguar a roupa ou construir um abrigo para ela. Tentará repassar aquele custo adicional aos seus clientes. Em caso positivo, estes arcarão, no fim das contas, com o custo da usina, ao pagarem mais caro pela roupa lavada. Caso não haja a possibilidade de transferência dos custos (em virtude da concorrência de outra lavanderia imune à fuligem), ela arcará com o excesso de custo e possivelmente perderá o incentivo de ampliar os seus serviços. Ainda na primeira hipótese, a da possibilidade de repasse, os usuários poderão reduzir a frequência da lavagem de roupa. Em ambos os casos, a comunidade talvez acabe ficando com roupas menos limpas do que desejava, antes de surgir o custo parasita gerado pela usina. O exemplo pode ser levado adiante. A fumaça preta, certamente, afetará as vias respiratórias dos moradores locais – clientes ou não da lavanderia –, os quais terão custos adicionais com a compra de remédios, consultas médicas ou temporadas para mudança de ar. (2010, p. 177-178).

O exemplo trazido por Nusdeo, para além de didático, deixa evidenciada a maneira como as empresas, sempre buscando reduzir ao máximo seus custos, para maximizar os resultados, majorando as oportunidades de ganho (CARNEIRO, 2003, p. 66), esquivam-se dos encargos ambientais, que deveriam compor o preço dos produtos que vendem, mas que são transferidos indistintamente à sociedade.

4. O PRINCÍPIO DO POLUIDOR PAGADOR

Se é verdade que o uso indiscriminado dos recursos naturais externaliza custos transferindo esse encargo à sociedade, do mesmo modo, a sociedade se defende criando mecanismos para a correção das externalidades.

O Estado assume esse papel mediante a adoção de políticas públicas, manifestadas por meio da regulação direta em relação aos agentes econômicos, da concessão de incentivos e da utilização de instrumentos econômicos que seduzam comportamentos que controlem os níveis de consumo dos recursos naturais (CARNEIRO, 2003, p. 73).

No campo dos instrumentos econômicos, situa-se o princípio do poluidor-pagador. Conforme enfatiza Derani, tal princípio, também conhecido como princípio da responsabilidade, presta-se a impor a internalização dos custos pelos agentes poluidores, que arcam com a diminuição, eliminação ou neutralização dos danos ao meio ambiente, reduzindo o ônus suportado pela sociedade (1997, p. 158).

Como assinala Taboada (2005, p. 80), a internalização dos custos ambientais, que serve de base ao princípio do poluidor-pagador, obedece a uma lógica econômica, mas não deixa de se tratar de uma questão de justiça, na medida em que o indivíduo não deve obter lucros às expensas da sociedade

Nusdeo faz referência à legislação ambiental de países como Estados Unidos e Alemanha, entre outros, em que são cobrados valores por unidade de poluente lançado ao rio, cujos recursos são empregados na despoluição, em evidente demonstração de emprego do princípio do poluidor-pagador, que se presta à internalização de custos sociais. Interessante é o raciocínio de que, com isso, corrige-se a falha de mercado. Pelo fato de o custo internalizado não existir para a empresa, tampouco para o consumidor, a atividade econômica é enxergada, artificialmente, como mais lucrativa do que efetivamente é e o produto consumido mais barato do que de fato é, fazendo com que a sociedade consuma mais "meio ambiente" do que consumiria se houvesse um preço associado a essa utilização. O princípio do poluidor-pagador distribui o custo a quem deve suportá-lo, corrigindo a falha (2010, p. 160).

O fenômeno da falha de mercado, explorada no item anterior, ocorre, segundo Nusdeo, porquanto os recursos naturais não são alcançados pelo direito de propriedade, uma vez que, em havendo um proprietário e verificando-se a escassez de um determinado recurso, a fixação de preços mais altos cuida de restringir o consumo de artigos não abundantes, lógica que não se aplica em relação aos bens viúvos de proprietários, por não haver como impor a contenção do consumo, nesse caso, pela fixação de preços condizentes com essa realidade (2010, p. 156).

O princípio do poluidor-pagador, que serve de veículo à reposição do custo ao poluidor e, consequentemente, ao consumidor final, certamente desperta nesses agentes uma predisposição à redução do consumo de recursos ambientais afetados pela escassez. Esse, aliás, é o comportamento a ser disseminado como forma de romper paradigmas, servindo aos ideais de desenvolvimento sustentável.

Carneiro encontra na transferência dos custos aos consumidores a oportunidade de contribuir para que se desenvolva a consciência quanto às consequências de seus hábitos de consumo sobre a qualidade do meio ambiente (2003, p. 82).

Quanto à atuação do princípio do poluidor-pagador, este se dá não só pela cobrança de valores pelo uso de recursos ambientais, mas também pelo emprego de mecanismos de tributação ecológica (CARNEIRO, 2003, p. 81).

É importante ter em mente que o princípio em apreço não caracteriza punição, haja vista que é verificada sua incidência, mesmo que não se vislumbre na atividade desenvolvida pelo pagador nenhuma ilicitude (MACHADO, 2009, p. 67).

De todo modo, como demonstrado, os custos em apreço são repassados aos usuários (consumidores) dos produtos de cuja industrialização tenha ocasionado danos ao meio ambiente. Nesse particular, Derani adverte que a condução desse princípio deve estar atenta aos limites do mercado. *Verbis*:

> [...] Assim, as leis que dispõem sobre a internalização dos custos ambientais concentram-se geralmente até o limite em que não se sobrecarrega o valor dos custos da produção, evidentemente porque levando a aplicação do princípio do poluidor-pagador até os seus limites, chegar-se-ia à paralisação da dinâmica do mercado, por uma elevação de preços impossível de ser absorvida nas relações de troca (1997, p. 159).

O princípio do poluidor-pagador deixa de se apresentar benéfico para a sociedade se, voltado para atribuir o ônus respectivo aos usuários de bens que contribuem para o consumo de recursos naturais, torna os preços inacessíveis a um consumo razoável, ocasionando o colapso da atividade econômica. Apesar de alcançar efeitos interessantes quanto às questões ambientais, desencadearia consequências funestas no que tange ao equilíbrio socioeconômico. Daí a Derani afirmar que o conceito de ótimo de Pareto[3] anima as normas jurídicas que expressam o princípio do poluidor-pagador (SILVEIRA, 2009, p. 159).

---

3 Segundo Silveira, contextualizando o conceito de ótimo de Pareto, "uma solução está no uso do critério de ótimo de Pareto, dado que representa uma forma objetiva de determinar-se uma política que maximiza ganhos para todos os indivíduos envolvidos com

Tal princípio configuraria ainda, segundo Derani, antes de uma norma determinante de comportamentos, uma figura orientadora, que contribui para a elaboração de textos legais destinados à proteção dos recursos naturais e para a formação de políticas públicas, aproximando-se das preocupações de regulamentação macroeconômicas, mais do que simplesmente da normatização da produção e o consumo individuais (1997, p. 160, 164-165).

5. CONSIDERAÇÕES FINAIS

Passados 40 anos da Conferência de Estocolmo, o conceito de desenvolvimento sustentável se solidificou, inspirando o pensamento contemporâneo acerca da preservação ambiental, tendo como suporte as premissas de que a proteção do meio ambiente, que alcança os interesses não só dessa geração, mas das futuras, deve se compatibilizar com o desenvolvimento econômico e social. As políticas públicas e as preocupações que as animam não podem ter olhos somente para a proteção ambiental, negligenciando os anseios das populações, sobretudo dos países em desenvolvimento, quanto ao desenvolvimento econômico e social, sob pena de não se alcançar o bem-estar social.

Sem embargo, o caminho para que as políticas públicas sejam delineadas em compasso com a ideia de desenvolvimento sustentável passa necessariamente por uma mudança institucional, com alteração profunda nos padrões de consumo.

O princípio do poluidor-pagador, há muito debatido e incorporado aos ordenamentos jurídicos da maior parte das nações, é algo que pode servir de veículo à adoção de políticas públicas que, atentas ao conceito de desenvolvimento sustentável, objetivam interferir na mudança de paradigmas e na maneira de consumir hodierna.

Tendo como pressuposto a constatação de que os custos são externalizados por agentes produtores, em sua maioria empresas, que encontram nos recursos naturais insumos gratuitos, de cuja reposição ou correção, quando possível, implica ônus indistintos à sociedade, e também por

aquela utilidade. A fórmula da Pareto indica que uma solução é maximizadora quando o incremento de posição de uma parte não produzirá um prejuízo para nenhum indivíduo envolvido" (2009, p. 71).

consumidores, que, sem serem onerados por preços mais elevados em virtude da inexistência de tais custos, sentem-se mais estimulados ao aumento dos seus níveis de consumo, o princípio do poluidor-pagador tem por finalidade a compensação da sociedade mediante a imposição de encargos financeiros àqueles que se valem dos recursos naturais, direta ou indiretamente, sem contrapartida econômica.

Sem que interfira sobremaneira sobre as dinâmicas do mercado, pois do contrário revelaria consequências desinteressantes sob o ponto de vista econômico e, porque não dizer, social, o princípio em foco, vetor das normas jurídicas de direito ambiental, atua no campo da regulamentação macroeconômica. Certamente, o viés demonstrado pode ser um valioso instrumento à disposição de alterações institucionais e de mudança nos padrões de consumo, com o fito de se aproximar dos ideais de desenvolvimento sustentável.

Referências

BARBIERI, José Carlos. **Desenvolvimento e meio ambiente**: as estratégias de mudanças da agenda 21. 1. ed. Petrópolis: Vozes, 1997.

BRASIL. **II Plano Nacional de Desenvolvimento (1975-1979)**. Brasília: Imprensa Oficial, 1974.

CARNEIRO, Ricardo. **Direito ambiental**: uma abordagem econômica. 1. ed. Rio de Janeiro: Forense, 2003.

COMISSÃO Mundial sobre Meio Ambiente e Desenvolvimento – CMMAD. **Nosso futuro comum**. Rio de Janeiro: Editora da Fundação Getúlio Vargas, 1988.

DERANI, Cristiane. **Direito Ambiental Econômico**. 1. ed. São Paulo: Max Limonad, 1997.

DOMINGOS, João; MOURA, Rafael Moraes. Pessoas contrárias a hidrelétricas na Amazônia vivem "fantasia", diz Dilma. **O Estado de São Paulo**. São Paulo, 5 abr. 2012. Disponível em: <http://m.estadao.com.br/noticias/vidae,pessoas-contrarias-a-hidreletricas-na-amazonia-vivem-fantasia-diz-dilma,857484.htm>. Acesso em: 5 abr. 2012.

MACHADO, Paulo Affonso Leme. **Direito ambiental brasileiro**. 17. ed. rev., atual. e ampl. São Paulo: Malheiros, 2009.

NUSDEO, Fábio. **Curso de Economia**: introdução ao Direito Econômico, 6. ed. rev. e atual. São Paulo: Revista dos Tribunais, 2010.

ROMEIRO, Ademar R. Desenvolvimento sustentável e mudança institucional: notas preliminares. **Revista Econômica**. Rio de Janeiro, v. 1 n. 1, jul. 1999.

SACHS, Ignacy. **Caminhos para o desenvolvimento sustentável**. 4. ed. Rio de Janeiro: Garamond, 2002.

SILVEIRA, Paulo Antônio Caliendo Velloso da. **Direito tributário e análise econômica do Direito**: uma versão crítica. Rio de Janeiro: Elsevier, 2009.

TABOADA, Carlos Palao. El principio "quien contamina paga" y el principio de capacidad económica. In: TÔRRES, Heleno Taveira (org.). **Direito Tributário Ambiental**. São Paulo: Malheiros, 2005. p. 79-95.

RESPONSABILIDADE SOCIAL DAS EMPRESAS E A APRENDIZAGEM JUVENIL - UM EXEMPLO DE CIDADANIA

Luiz Eduardo Gunther(*)
Luciana Piccinelli Gradowski(**)

1. INTRODUÇÃO

A responsabilidade social está ligada à ideia de eticidade e igualdade e, por isso, é considerada a mola propulsora da inclusão social.

(*) Pós-Doutor em Direito pela PUC-PR (2015). Doutor em Direito pela Universidade Federal do Paraná (2003). Mestre em Direito pela Universidade Federal do Paraná (2000). Graduado em Direito e em História pela Universidade Federal do Paraná (1977). Desembargador no Tribunal Regional do Trabalho da 9ª Região. Professor Permanente do Programa de Mestrado em Direito Empresarial e Cidadania do Centro Universitário Curitiba – UNICURITIBA. Tem experiência em: Direito Internacional do Trabalho. Direito Sindical e Coletivo do Trabalho. Tutela dos Direitos de Personalidade na Atividade Empresarial. Crise da Jurisdição: Efetividade e Plenitude Institucional. Autor de diversas obras na área do Direito do Trabalho. Poeta nas horas vagas, com diversos livros publicados. Membro da Academia Brasileira de Direito do Trabalho, do Conselho Editorial do Instituto Memória – Centro de Estudos da Contemporaneidade, do Centro de Letras do Paraná e do Instituto Histórico e Geográfico do Paraná. Orientador do Grupo de Pesquisa que edita a Revista Eletrônica do TRT9 (http://www.mflip.com.br/pub/escolajudicial/).

(**) Possui graduação em Direito pela Pontifícia Universidade Católica do Paraná (1995). Assessora e Consultora Empresarial em Relações Trabalhistas e Negociações Sindicais. Professora de Direito do Trabalho e Constitucional do Trabalho da FANEESP. Coordenadora do Comitê de Relações Sindicais do Instituto Brasileiro de Governança Trabalhista (IBGTr). Coordenadora da Pós-graduação em Direito Coletivo do Trabalho da Faculdade da Indústria IEL/PR.Membro da Comissão de Direito Sindical da OAB/PR. Especialista em Direito Material e Processual do Trabalho pela Faculdade de Direito de Curitiba. Pós-graduada em Direito do Trabalho pela APEJ e em Direito Administrativo pela Faculdade de Direito Curitiba. Pós-graduada em Docência e Direito do Consumidor pela Fundação Getúlio Vargas (FGV). Mestra em Direito Empresarial e Cidadania (Unicuritiba).

A cidadania é um conceito corolário de outros como participação e compreensão; já a responsabilidade social e a cidadania empresarial podem ser confundidas e realizadas sob o mesmo pretexto: o da intervenção na realidade social.

> O homem torna-se humano nas relações de convívio social. O ser humano torna-se indivíduo quando descobre o seu papel e função social. O indivíduo torna-se pessoa quando toma consciência de si mesmo, do outro e do mundo. A pessoa torna-se cidadão quando intervém na realidade em que vive. (ROSAS, 2012, p. 1).

A inclusão dos jovens no mercado de trabalho é uma questão de cidadania. A juventude é criativa e inovadora, mas essas características não bastam para o sucesso na obtenção de emprego. A experiência é a mais requisitada das capacidades em uma sociedade capitalista e veloz. A falta dela assombra os jovens que são marginalizados e excluídos.

O que mais preocupa toda a sociedade é que essa "falta de uma perspectiva profissional para os milhares de jovens é um fator preponderante de desagregação social e aumento de criminalidade" (BRASIL, 2012a, p. 45).

A efetivação da aprendizagem juvenil, pelo viés da responsabilidade social, pode ser uma solução para a equação "trabalho-inexperiência" e para os problemas sociais decorrentes do desemprego das pessoas dessa faixa etária.

2. RESPONSABILIDADE SOCIAL

A responsabilidade social das empresas é muitas vezes associada à filantropia, mas com essa não pode se confundir. A primeira relaciona-se diretamente às atividades inerentes ao negócio, já a segunda foge ao objeto da empresa; é voluntariedade. Para Bessa, ela também pode ser associada à boa-fé: "Lá onde atua a boa-fé, colaborando para a determinação do comportamento devido e do limite ao exercício de direitos subjetivos, é que se faz a 'conciliação' dos direitos e deveres que darão feitio à atividade empresarial socialmente responsável". (2006, p. 150).

A responsabilidade social está ligada às pessoas (social) e às empresas (responsabilidade) e é nessa perspectiva que se analisam em tempos atuais o papel e a importância desse tema.

O Presidente do Conselho do Instituto Ethos de Empresas e Responsabilidade Social entende que "agir de forma socialmente responsável na vida pessoal, profissional e empresarial é se preocupar com a qualidade do impacto das ações sobre as pessoas" (BARBIERI, 2009, p. 68). Responsabilidade social empresarial é, então

> a forma de gestão que se define pela relação ética e transparente da empresa com todos os públicos com os quais ela se relaciona. Também se caracteriza por estabelecer metas empresariais compatíveis com o desenvolvimento sustentável da sociedade, preservando recursos ambientais e culturais para as gerações futuras, respeitando a diversidade e promovendo a redução das desigualdades sociais. (INSTITUTO ETHOS, 2012).

Importante ressaltar que há vários documentos internacionais que dizem respeito à responsabilidade social da empresa. A declaração da Organização para a Cooperação e o Desenvolvimento Econômico (OCDE) de 1976, intitulada *Princípios Diretores para as empresas multinacionais*; a *Declaração tripartida sobre os princípios relativos às empresas multinacionais e a política social*, da Organização Internacional do Trabalho (OIT) e, por fim, o *Pacto Global*, lançado em 2000 pela Organização das Nações Unidas (ONU).

O *Pacto Global* não é um instrumento regulatório ou obrigatório, fornece diretrizes para o crescimento sustentável e para a cidadania através de lideranças corporativas. São dez os princípios fundamentais, que orientam as empresas, previstos nesse Pacto:

1) As empresas devem apoiar e respeitar a proteção de direitos humanos reconhecidos internacionalmente;
2) Assegurar-se de sua não participação em violação desses direitos;
3) As empresas devem apoiar a liberdade de associação e o reconhecimento efetivo do direito à negociação coletiva;
4) A eliminação de todas as formas de trabalho forçado ou compulsório;
5) A abolição efetiva do trabalho infantil;
6) Eliminar a discriminação do emprego;
7) As empresas devem apoiar uma abordagem preventiva aos desafios ambientais;
8) Desenvolver iniciativas para promover maior responsabilidade ambiental;
9) Incentivar o desenvolvimento e difusão de tecnologias ambientalmente amigáveis;

10) As empresas devem combater a corrupção em todas as suas formas, inclusive extorsão e propina.

As empresas cumprem sua função social também quando atendem aos comandos legais ou quando criam seus próprios códigos de ética (ou de conduta) prevendo ações de responsabilidade social.

A empresa O Boticário, por exemplo, por meio de seu código de conduta, informa que aderiu ao *Pacto Global*; ao Compromisso de Conduta Empresarial para a Erradicação do Trabalho Infantil; ao Compromisso Empresarial para a Valorização da Diversidade no Local de Trabalho; ao Programa Empresa Amiga da Criança – Fundação Abrinq.

2.1. Ética e responsabilidade social

A explicação filosófica da Ética já não nos interessa se não a colocarmos em prática, por isso a vinculação umbilical com a Moral, que é um conjunto de regras, aí consideradas em sentido amplo, que orientam a vida em sociedade, em um dado momento, isto é, ela pode ser mutável. A Ética, por sua vez, tem a pretensão de ser universal e sua razão última parece ser a dignidade da pessoa humana, por isso é imutável e referencial.

Fundamental, então, conhecer "os postulados éticos universais que traduzem a homogeneidade na essência das manifestações humanas na história e na fundação e extinção das sociedades" (GONDIM, 2007, p. 257). São eles:

1. Respeitar a si mesmo e aos outros;
2. Cumprir e fazer cumprir as leis;
3. Honrar à família;
4. Não roubar;
5. Não matar;
6. Não cobiçar as coisas alheias;
7. Não trair aos que lhe confiam;
8. Preservar o que é de todos;
9. Educar-se continuamente;
10. Contribuir para o desenvolvimento humano e social.

A Ética é importante porque se mostra como um valor permanente tão necessário nessa fase da modernidade em que vivemos. Para o sociólogo Bauman, vivemos em um tempo de desapego e uma suposta sensação provisória de liberdade que, na verdade, traz consigo um desapego social. A solidez das Instituições está se derretendo, transformando-se em estado líquido, vivemos então em uma "modernidade líquida" (2001, p. 98).

Como bem ressalta Martins:

> a verdade, todavia, é que a retirada dos valores permanentes, cujo conteúdo ético condicionava o comportamento humano, permitindo uma convivência mais saudável entre os homens, deixou o homem no vazio, e a emancipação desejada por Freud outra coisa não gerou senão a emancipação para o nada, de um ser que não sabe por que nasceu, para onde irá, de onde vem e a razão de ser de sua vida, pelos caminhos da psico-análise. (2010, p. 28).

A Ética, então, não se mostra apenas como pressuposto de harmonia e coerência na convivência entre os seres humanos, faz-se necessária e justificada. É vital.

No estudo doutrinário da Ética, não há como colocar de lado a questão da religião, que em muito influenciou nosso entendimento sobre o tema. A ligação da Ética com a empresa também se deu em um ambiente religioso.

Pimentel (2012, p. 32), quando discorre sobre a origem do investimento socialmente responsável, remete-nos às igrejas e aos seus seguidores, que "utilizavam os seus princípios morais" para investir em uma empresa. Isso acontecia nos EUA e no Reino Unido no século 19 e início do século 20.

Araújo esclarece melhor o assunto quando afirma que

> constituía-se num hábito as congregações de caráter religioso selecionarem seus investimentos e aplicarem recursos em empresas selecionadas por atividades, dando preferência àquelas que desenvolviam atividades não relacionadas à armamentos, tabaco, jogo etc, e investindo naquelas que se enquadrassem nos padrões de atividade ética da época. (ARAÚJO, 2007, p. 115).

Ressalta ainda que "surgiram nesse momento os fundos éticos, precursores do que conhecemos hoje por fundos socialmente responsáveis". Esses fundos são aqueles no qual os investidores levam em conta "os aspectos sociais, ambientais, éticos e morais na alocação das suas carteiras" (ARAÚJO, 2007, p.115).

Agora, no século 21, volta-se a falar em ética, religião e empresa. Na revista *Época*, de 20 de fevereiro de 2009, foi publicada uma matéria sobre o lançamento de um dos mais famosos fundos éticos do mundo pela freira francesa Nicole Reile. Retomando o que aconteceu em séculos anteriores, as congregações aplicam agora seu dinheiro não diretamente nas empresas, mas para ganhar na Bolsa de Valores, por meio de um fundo com papéis de empresas escolhidas por seu comportamento ético.

Esses fundos tiveram rentabilidade muito acima do mercado francês, sendo salutar o conhecimento e a divulgação dos principais mandamentos do investidor cristão na escolha de empresas para formar um fundo. São indicadas aquelas que possuem: políticas de inovação que criem empregos; programas de qualificação profissional; bens e serviços produzidos com utilidade social e participação ativa na proteção do meio ambiente.

Uma empresa ética, enfim, é uma empresa que respeita a dignidade da pessoa humana e que, além do valor monetário, dá valor social às suas ações.

Não basta, em tempos atuais, a empresa construir e implantar ideias e planos apenas objetivando o lucro, precisa ser ética e agir a partir desse preceito para ser considerada socialmente responsável. A responsabilidade social empresarial é, portanto, um desdobramento do comportamento ético empresarial.

2.2. Igualdade e responsabilidade social

A igualdade é um valor ético fundamental. É entendida sob dois aspectos: formal e material. A igualdade formal é a igualdade perante a lei, o que implica a garantia de igual trato na legislação e a aplicação do direito.

A igualdade perante a lei se identifica com os requisitos de generalidade e abstração da norma jurídica, ou seja, com a exigência de uma tipificação em termos impessoais e universais. Pode se dar também como exigência de equiparação que pressupõe o tratamento igual para os que não são iguais no plano fático, mas que juridicamente deveriam ser.

Ressalte-se ainda que a igualdade perante a lei, como exigência de diferenciação, dá-se quando há tratamento diferenciado de situações semelhantes, porém, de acordo com os pressupostos normativos que excluem a arbitrariedade e a discriminação. Esse princípio da diferenciação jurídica pode ser usado para uma política de nivelação econômica.

A igualdade formal pode ser entendida, ainda, como exigência de regularidade de procedimento de aplicação das normas, em que todos estão sujeitos às mesmas regras procedimentais. A igualdade material, por sua vez, é aquela relacionada ao equilíbrio na distribuição das oportunidades e dos bens.

A importância e o valor da igualdade podem ser considerados uma exigência da vida social, que varia de intensidade e ângulo conforme a época. Os diferentes aspectos da igualdade se mostram evidentes ora em um tempo ora em outro. Ora referem-se à religião, ora a políticas, ora à raças ou ainda a características socioeconômicas.

Nos dias atuais, parece estar em voga a preocupação com a igualdade no trabalho. A OIT publicou, em 2011, o Relatório Global, em que analisa a igualdade no trabalho e reconhece que ela ainda se mostra como um desafio contínuo, apesar de avanços na legislação e nas políticas de combate à discriminação.

As Convenções n.º 100 e 111 sobre a Igualdade de Remuneração e sobre Discriminação (emprego e profissão) respectivamente, são a quarta e a quinta convenções da OIT mais ratificadas. Quer dizer que parece haver maior conscientização de que a discriminação no trabalho deve ser combatida.

A despeito dessa preocupação legislativa por parte dos Estados e das instituições, relacionada à igualdade formal, a igualdade material ainda está longe de ser alcançada, até porque os homens não são inteiramente iguais.

A falta dessa igualdade prepara o terreno para as discriminações que se mostram no trabalho das seguintes formas: gênero; trabalhadores com responsabilidades familiares; raça; etnia; trabalhadores migrantes; por motivos religiosos; com base na origem social; por pessoas com deficiência; pela orientação sexual; baseada no estilo de vida (tabagismo, obesidade) e, por fim, a discriminação com base na idade.

Tanto os trabalhadores mais velhos como os muito jovens são discriminados no mercado de trabalho. Cerca de 30 países têm legislação que proíbe expressamente a discriminação direta e indireta fundada na idade (ILO, 2011, p. 55).

No intuito de tentar resolver ou pelo menos equilibrar o cenário de desigualdades e discriminações no trabalho, a OIT propõe ações que considera prioritárias: promover a ratificação e a aplicação universal das duas Convenções fundamentais da OIT sobre igualdade e não discriminação; desenvolver e partilhar conhecimentos sobre a eliminação da discriminação no emprego e na profissão; desenvolver a capacidade institucional dos mandantes da OIT para aplicar mais eficazmente o direito fundamental à não discriminação no trabalho; e reforçar as parcerias internacionais com os principais atores em matéria de igualdade.

Não se pode deixar de lado outro mecanismo eficaz que propulsiona a igualdade no trabalho, viabiliza ou até impede a discriminação: a responsabilidade social das empresas. Por meio dela pode ser criado um ambiente de trabalho saudável e igualitário baseado no respeito, na inclusão e na dignidade do trabalhador.

3. APRENDIZAGEM EMPRESARIAL

A aprendizagem pode ser classificada como aprendizagem empresarial e aprendizagem escolar de formação profissional. Configura-se a primeira quando o "adolescente ou o jovem desenvolve a sua atividade de formação técnico-profissional no âmbito de uma empresa" e a segunda diz respeito àquela aprendizagem que "se realizará no âmbito das entidades sem fins lucrativos, que tenham por objetivo a assistência ao adolescente e à educação profissional, caso em que não gera vínculo de emprego com a empresa tomadora de serviços" (ROSSATO, 2011, p. 100-101).

A aprendizagem, objeto deste artigo, é a empresarial, porque possibilita enfatizar e conciliar a atividade que objetiva o lucro com a preocupação social pelo instituto da responsabilidade social, que deve estar presente nessas atividades empresariais.

O contrato de aprendizagem deve ser anotado na Carteira de Trabalho e não pode ser estipulado por mais de dois anos (exceto quando se tratar de aprendiz portador de deficiência). O empregador, através dele, assegura ao maior de 14 e menor de 24 anos, inscrito em programa de aprendizagem, formação técnico-profissional metódica e o aprendiz se compromete a executar as tarefas necessárias com zêlo e diligência.

> Aprendizagem é um instituto que cria oportunidades tanto para o aprendiz quanto para as empresas, pois prepara o jovem para desempenhar atividades profissionais e ter capacidade de discernimento para lidar com diferentes situações no mundo do trabalho e, ao mesmo tempo, permite às empresas formarem mão de obra qualificada, cada vez mais necessária em um cenário econômico em permanente evolução tecnológica. (BRASIL, 2012b, p. 65).

Várias leis estabelecem parâmetros para serem seguidos pelas empresas quando da contratação de aprendizes. Todas modificaram ou suplementaram comandos constantes nos artigos 428 e seguintes da CLT. Podem-se citar ainda a Lei n.º 11.180/05, a Lei n.º 11.788/08 e o Decreto n.º 5.598/05, que regulamentou a aprendizagem, e também o ar. 7.º inciso XXXIII, além dos artigos 60 a 69 do Estatuto da Criança e do Adolescente (ECA). Mais recentemente o Decreto n.º 9.579/2018 trouxe nova sistematização para a execução das ações e programas que buscam efetivar os direitos fundamentais de crianças e adolescentes, tratando na aprendizagem.

A Lei n.º 10.097/2000, por sua vez, alterou alguns artigos da Consolidação das Leis do Trabalho (Decreto-lei n.º 5.451/43), que versam sobre o trabalho do menor e sobre aprendizagem, obrigando os estabelecimentos de qualquer natureza a empregar aprendizes desde que tenham pelo menos sete empregados.

A cota de aprendizes é de 5% no mínimo e 15% no máximo por estabelecimento, fixada e calculada com base no total de empregados cujas funções demandem formação profissional. Estão excluídas da base de cálculo as funções que exijam formação de nível técnico ou superior, cargos de direção, gerência e confiança, os empregados em regime de trabalho temporário e os aprendizes já contratados.

As empresas que possuem ambientes ou funções perigosas, insalubres ou penosas também devem contratar aprendizes, porém, devem preencher a cota por meio da contratação de jovens entre 18 e 24 anos de idade que deverão receber o adicional respectivo.

O aprendiz tem direito ao salário mínimo-hora considerando o piso estadual, se houver, e nele devem ser computadas as horas trabalhadas e as destinadas às atividades teóricas, além do descanso semanal remunerado e os feriados. A alíquota do FGTS a ser recolhida é de 2%.

A jornada de trabalho máxima permitida para o aprendiz é de seis horas diárias, para os que ainda não concluíram o ensino fundamental, e de oito horas diárias, para os que já concluíram.

Faculta-se às microempresas e empresas de pequeno porte a contratação de aprendizes, mas há a obrigatoriedade para as empresas públicas e as sociedades de economia mista.

O descumprimento da legislação da aprendizagem gera as seguintes penalidades: lavratura de auto de infração e imposição de multa administrativa pelo MTE; envio de relatórios ao Ministério Público do Trabalho, que poderá instaurar inquérito administrativo, ajuizar ação civil pública ou formalizar termos de ajustamento de conduta; e também ao Ministério Público Estadual (Promotoria da Infância e da Juventude) ou Federal para que tomem as providências legais cabíveis.

A fiscalização do cumprimento da cota dos aprendizes pelas empresas cabe às Superintendências Regionais do Trabalho e Emprego, por meio da fiscalização do trabalho.

A rescisão do contrato de aprendizagem acontece por término do seu prazo de duração (e a empresa poderá contratar o ex-aprendiz por prazo indeterminado); quando o aprendiz chegar à idade de 24 anos (exceção nos casos de aprendizes com deficiência); ou ainda por desempenho insuficiente ou inadaptação do aprendiz, falta disciplinar grave, ausência injustificada à escola que implique perda do ano letivo e pelo próprio pedido do aprendiz.

3.1. Aprendizagem empresarial juvenil

No Brasil, é considerada jovem a pessoa que tem de 15 a 29 anos, de acordo com a Lei n.º 11.692/08, que instituiu Programa Nacional de Inclusão de Jovens (PROJOVEM).

Apenas 36% dos jovens têm emprego e outros 22% estão desempregados, mas já trabalharam anteriormente. Em média, o jovem consegue o primeiro emprego após 15 meses de procura e a maioria precisa do emprego para complementar a renda familiar (BOTELHO, 2012, p. 19).

Entretanto, há uma triste constatação no País, pois "há desemprego em um quadro paradoxal de excesso de vagas e falta de qualificação para preenchê-las" e também "grande é a população de adolescentes e jovens que se encontra dentro desse paradoxo" (OLIVEIRA, 2009, p. 17).

O jovem de hoje quer educação, conciliação dos estudos, trabalho e inserção no mercado de trabalho de forma digna e igualitária (AGÊNCIA BRASIL, 2012, p. 1). A aprendizagem é um instrumento que pode propiciar aos jovens a absorção de sua mão de obra pelas empresas, acabando com a discriminação por idade fundada na falta de experiência profissional.

4. EXEMPLO DE RESPONSABILIDADE SOCIAL DA EMPRESA: APRENDIZAGEM JUVENIL

A responsabilidade social da empresa é um fator decisivo de inclusão do jovem no mercado de trabalho. O mecanismo usado para isso pode ser a aprendizagem.

"Uma criança a quem é negada a oportunidade do aprendizado escolar básico não só é destituída de juventude, mas desfavorecida por toda a vida (como alguém incapaz de certos atos básicos que dependem de leitura, escrita e aritmética)" (SEN, 2000, p. 322). Um jovem, por sua vez, que não tem a possibilidade de se inserir no mercado de trabalho acaba sendo encapsulado pela bolha da exclusão, que o conduz inevitavelmente a uma vida adulta impotente e de risco.

Pensando nessa realidade, há várias ações de empresas ou de entidades empresariais que visam à qualificação e à colocação dos jovens no mercado de trabalho. Um desses exemplos é a parceria efetuada entre o Sindicato da Indústria da Construção Pesada do Estado do Paraná (Sicepot-PR) e o Serviço Nacional de Aprendizagem Industrial (Senai-PR), que, obedecendo aos ditames da Lei n.º 10.097/2000, da CLT e do Decreto n.º 9.579/2018, que regulamenta a contratação de aprendizes, criaram o Curso de Aprendizagem com o intuito de formar auxiliares de operadores e/ou operadores de máquinas pesadas.

O setor da construção pesada emprega hoje cerca de um pouco mais de um milhão de pessoas. Ele exige muita qualificação, pois as máquinas usadas para as obras são grandes e complexas. A demanda por operadores de equipamentos se tornou uma realidade devido às obras do Programa de Aceleração do Crescimento (PAC), da Copa do Mundo e das Olimpíadas.

Várias empresas e órgãos públicos, nesse contexto, manifestaram-se e apoiaram a realização e implantação desse programa de aprendizagem, dentre eles pode-se citar: a Secretaria de Estado dos Transportes do Paraná, através do Departamento de Estradas e Rodagem (DER/PR); J. Malucelli Construtora de Obras Ltda.; Cesbe S.A.; DM Construtora de Obras Ltda.; Ivai Engenharia de Obras S.A.; Empresa Curitibana de Saneamento e Construção Civil Ltda.; Rochconsult Engenharia e Empreendimentos Imobiliários Ltda.; CNN Construções Civis Ltda.; Construtora Brasileira e Mineradora Ltda.; Construtora Roca Ltda.; Antonio Moro & Cia. Ltda.; Tibagi

Engenharia e Construções Ltda.; Construtora Castilho S.A.; Construtora Triunfo S/A; CR Almeida Engenharia de Obras; Associação Paranaense de Empresários de Obras Públicas e a Associação Nacional de Empresários de Obras Públicas.

A matriz curricular do curso engloba disciplinas básicas como: Língua Portuguesa, Matemática, Saúde e Segurança do Trabalho, Informática, Ética e Cidadania, Desenvolvimento de Qualidades Pessoais e de Vida, dentre outras não menos importantes. A idade mínima para o curso é 18 anos, visto que a lei exige a Carteira Nacional de Habilitação para operar máquinas.

O curso é ministrado pelo Senai/PR e não gera qualquer ônus financeiro para as empresas, pois estas já contribuem de maneira compulsória na folha de pagamento, recolhendo a alíquota de 1% sobre os salários de seus empregados.

Os custos e os encargos do contrato de aprendizagem (trabalhistas e previdenciários) serão arcados pelas empresas contratantes dos aprendizes e o Senai fica responsável pela estruturação do curso, incluindo material.

O mais vantajoso dessa proposta é que o aprendiz entra em um mercado que realmente o requisita e precisa de seus serviços, passando a ser, portanto, por esse ponto de vista, uma mão de obra extremamente valorizada.

5. CONSIDERAÇÕES FINAIS

É dever da família, do Estado e da sociedade assegurar ao jovem o direito à profissionalização de acordo com o artigo 227 da Constituição Federal. O Estado promulga leis que têm como objetivo viabilizar tal comando constitucional e é esse o escopo da Lei da Aprendizagem.

A sociedade, representada aqui pela empresa, pode, imbuída de sua responsabilidade social, alavancar os jovens para o mercado de trabalho pelo simples fato de cumprir a lei, aqui destacada na forma do art. 429 da CLT.

Tem a possibilidade, porém, independentemente de qualquer obrigação legal, manifestar-se como agente social e proporcionar ao jovem a inclusão através do trabalho.

A aprendizagem juvenil focada na fase recém-chegada da adolescência e tão sensível às nuances laborais de um mercado ultraespecializado se faz necessária na medida em que atender a demanda do mercado de trabalho passou a ser uma questão de consciência solidária e sobrevivência empresarial.

A responsabilidade social está sendo cobrada por uma sociedade que quer o desenvolvimento, mas com respeito aos direitos e à dignidade das pessoas. Quer ações empresariais que promovam a igualdade e a solidariedade pela cidadania, porque ser cidadão é participar, ser pró-ativo. A inserção do jovem no mercado de trabalho comandada pelas empresas/empregadores diz respeito, por sua vez, ao conceito de cidadania empresarial.

A invisibilidade social do jovem passa a ser analisada e resolvida por meio de políticas empresariais que contornem o perfil dessa camada tão importante e ao mesmo tempo tão menosprezada por falta de experiência profissional.

A responsabilidade social entra nesse cenário para colorir a imagem, já delineada, de um futuro promissor para o trabalhador que tem o primeiro emprego como uma oportunidade de aprender, estudar e ser inserido no mercado de trabalho através da aprendizagem juvenil.

Referências

AGÊNCIA Brasil: Empresa Brasil de Comunicação. **Fórum Nacional de Aprendizagem Profissional faz primeira reunião do ano.** Disponível em: <http://agenciabrasil.ebc.com.br/noticia/2012-06-28/forum-nacional-de-aprendizagem-profissional-faz-primeira-reuniao-do-ano>. Acesso em: 10 jul. 2012.

ARAÚJO, Gisele Ferreira de. A responsabilidade social empresarial (RES) e o desenvolvimento sustentável no contexto do moderno direito regulatório – iminência de um instituto jurídico?. In: SOUZA, Carlos Aurélio Mota de (coord.). **Responsabilidade social das empresas**. São Paulo: Juarez de Oliveira, 2007. p. 111-130.

BARBIERI, José Carlos. **Responsabilidade social empresarial e empresa sustentável**: da teoria à prática. São Paulo: Saraiva, 2009.

BAUMAN, Zygmunt. **Modernidade líquida**. Rio de Janeiro: Zahar, 2001.

BESSA, Fabiane Lopes Bueno Netto. **Responsabilidade social das empresas**: práticas sociais e regulação jurídica. Rio de Janeiro: Lumen Juris, 2006.

BOTELHO, Joaquim. **Os jovens e o mercado de trabalho**. Disponível em: <http://www2.uol.com.br/aprendiz/guiadeempregos/palavra/jbotelho/ge140202.htm>. Acesso em: 11 jul. 2012.

BRASIL. **Juventude e trabalho**. Disponível em: <http://portal.mec.gov.br/secad/arquivos/pdf/06_cd_al.pdf>. Acesso em: 12 jul. 2012a.

BRASIL. Ministério do Trabalho e Emprego. **Manual da Aprendizagem**: o que é preciso saber para contratar o aprendiz. Disponível em: <http://portal.mte.gov.br/data/files/8A7C816A4295EFDF0142E699A72E23F3/manual_apresentacao_perguntas_web.pdf>. Acesso em: 2 jul. 2012b.

GONDIM, Viviane Coêlho de Séllos. Por uma Ética empresarial em prol da dignidade humana: uma questão de responsabilidade social. In: SOUZA, Carlos Aurélio Mota de (coord.). **Responsabilidade social das empresas**. São Paulo: Juarez de Oliveira, 2007. p. 243-265.

INTERNATIONAL Labour Organization – ILO. **Igualdade no trabalho:** um desafio contínuo. Relatório Global no quadro do seguimento da Declaração sobre os Princípios e Direitos Fundamentais no Trabalho, 2011, p. 55.

INSTITUTO Ethos de Empresas e Responsabilidade Social. Disponível em: <http://www1.ethos.org.br/EthosWeb/modelo12.aspx?lang=pt&conteudo_id=90&diretorio=servicos_do_portal%2fperguntas_frequentes%2fitens%2fo_que_e_responsabilidade_social_empresarial&_primeiro=s>. Acesso em: 10 jul. 2012.

MARTINS, Ives Gandra da Silva. As contradições do homem. In: CAVALCANTI, Thais Novaes; SOUZA, Carlos Aurélio Mota de (coords.). **Princípios constitucionais humanistas**: reflexões sobre o humanismo do século XXI. São Paulo: Letras Jurídicas, 2010. p. 27-40.

OLIVEIRA, Oris de. **Trabalho e profissionalização de adolescente**. São Paulo: LTr, 2009.

PIMENTEL, Gustavo. **Finanças sustentáveis**. Disponível em: <http://gustavopimentel.blogspot.com/2006/09/origem-do-investimento-socialmente.html>. Acesso em: 15 mar. 2012.

ROSAS, Vanderlei de Barros. **Afinal o que é cidadania?**. Disponível em: <http://www.mundodosfilosofos.com.br/vanderlei7.htm>. Acesso em: 12 jul. 2012.

ROSSATO, Luciano Alves; LÉPORE, Paulo Eduardo. **Direitos Trabalhistas das crianças, adolescentes e jovens**. São Paulo: Revista dos Tribunais, 2011.

SEN, Amartya. **Desenvolvimento como liberdade**. São Paulo: Companhia das Letras, 2000.